HR
赋能
书系

HUMAN
RESOURCE

HR赋能
劳动人事争议
预防与处理指南

刘继承 / 著

策划与编写支持
杨　畅　李芳芳　李昀书

法律出版社
LAW PRESS·CHINA
北京

图书在版编目(CIP)数据

HR赋能：劳动人事争议预防与处理指南 / 刘继承著
. -- 北京：法律出版社，2022
ISBN 978 - 7 - 5197 - 6585 - 9

Ⅰ. ①H… Ⅱ. ①刘… Ⅲ. ①劳动争议 - 处理 - 中国
- 指南 Ⅳ. ①D922.591 - 62

中国版本图书馆CIP数据核字(2022)第052398号

HR赋能:劳动人事争议预防与处理指南
HR FUNENG:LAODONG RENSHI ZHENGYI YUFANG YU CHULI ZHINAN

刘继承 著

策划编辑 朱海波
责任编辑 朱海波
装帧设计 汪奇峰

出版发行 法律出版社
编辑统筹 法律应用出版分社
责任校对 蒋 橙
责任印制 刘晓伟
经 销 新华书店

开本 710毫米×1000毫米 1/16
印张 29.25 **字数** 450千
版本 2022年8月第1版
印次 2022年8月第1次印刷
印刷 固安华明印业有限公司

地址:北京市丰台区莲花池西里7号(100073)
网址:www.lawpress.com.cn
投稿邮箱:info@lawpress.com.cn
举报盗版邮箱:jbwq@lawpress.com.cn
销售电话:010 - 83938349
客服电话:010 - 83938350
咨询电话:010 - 63939796

书号:ISBN 978 - 7 - 5197 - 6585 - 9
定价:86.00元
凡购买本社图书,如有印装错误,我社负责退换。电话:010 - 83938349

自　　序

2001年，我在江西刚刚踏入律师行业不久，就遇到了一件较为棘手的劳动争议案件，一名在当地酱油厂工作的女职工被单位无任何补偿辞退了，而这名女职工跟单位没有签署任何合同，是属于单位的“临时工”，单位根本不承认与她存在劳动关系，也不给予任何待遇。一位在当地老年人法学会工作的前辈兼职律师把她介绍给我，她快到退休年龄又没上过学也不识字，更谈不上懂得搜集对自己有利的证据了，好在我“初生牛犊不畏虎”，虽然个中办案过程难辛，但总算维护了她的合法权益。后来这个案件被中央电视《夕阳红》栏目组的《纪念〈中华人民共和国老年人权益保护法〉实施五周年特别节目》选中制作播出，这期节目名称就叫《“临时工”的待遇》。节目播出后的很长一段时间内，我所在的律师事务所的座机还经常接到全国各地联系我办案或咨询的电话，很是火爆，让刚做律师的我深刻体会了维护当事人合法权益所带来的成就感。自此案开始，我结下了与劳动法的不解之缘。

后来，我从江西来到了广州，执业生涯与劳动法的联系也越来越紧密，从代理劳动者到代理中小微企业、上市公司、世界五百强企业；从市律协劳动法专业委员会的委员、秘书长到两届广东省律协劳动法专业委员会的主任、全国律协劳动与社会保障专业委员会委员；从不敢上台讲话到先后为数万人讲授人力资源管理法律风险防控课程、成为多个律师学院的兼职教授，先后为超过一万五千名广东律师的岗前培训讲授劳动法课程。我从律师协会获得的共计数十个“业务成果奖”、“理论成果奖”、“维护社会稳定奖”等奖项也大多与劳动法业务有关，因为从事劳动法律师业务，我被获聘广东省劳动人事争议调解仲裁专家咨询委员会首批咨询专家、被评定为广东省劳动法律事务律师专家库首批专家；因为从事劳动法律师业务并在劳动立法、工会维权等方面有突出的表现，我获得了“广东省五一劳动奖章”；因为从事劳动法律师业务，我所撰写的与社会保险有关的社情民意信息获得了国家领导人批示，并被评为“全国政协优秀社情民意信息”。入行至今，转眼二十一年过去了，我的律师执业生涯已经深深烙上了劳动法的烙印。

2020年以来，持续不断的本土疫情对我国经济造成了较大冲击，加上俄乌冲突导致全球供应链混乱、能源供应日益紧张、全球进入通胀上行区间等因素叠加，我国经济发展也面临需求收缩、供给冲击、预期转弱三重压力，受此影响，各行各业企业的正常经营都或多或少面临减员降薪、岗位调整、组织优化、机构裁撤等一系列问题，同时，也越来越多的企业需要应对不断产生的劳动争议纠纷。

本书结合了我过去二十多年从事劳动法律服务和企业内训的经验，从劳动争议处理的特点、常见误区、法律规制到规章制度内容设计、证据收集、各类典型劳动争议纠纷的处理，等等，系统地将劳动争议预防与处理相结合，通过大量已经发生的典型案例提示法律风险，提供管理指南，希望对于企业的人力资源管理岗位和法务岗位的人员处理劳动争议、预防劳动纠纷有所启发，也是对我二十多年来从事劳动法律服务的一种纪念，是为序。

二〇二二年六月于广州

目　录 CONTENTS

第一章　从典型案例看劳动争议处理的特点及常见误区

第二章　劳动争议处理的法律规制

第三章　劳动争议处理的规章制度设计

第五章　员工违纪解除纠纷常见类型的处理技巧

第七章 员工劳动合同变更类纠纷处理技巧

第八章 招聘录用类纠纷处理技巧

第十一章　休息休假类纠纷处理技巧

第十二章　社会保险类纠纷处理技巧

附件一　劳动争议纠纷处理常用法律文书

附件二　劳动争议处理常用法律法规

第一章

从典型案例看劳动争议处理的特点及常见误区

劳动争议是企业单位人力资源管理中不可避免会遇到的问题，随着《劳动合同法》的颁布实施，劳动争议的案件数量一直居高不下，个中原因既包括员工法律意识及维权意识的普遍增强、员工获取法律知识和信息更加便利、新时代下员工群体个性及诉求的变化带来的影响等，也包括不少用人单位人力资源管理理念和管理能力滞后于法律的变化，管理风格不适应新时代下员工关系管理的要求等因素。不恰当的劳动争议处理将蕴含着巨大的风险： 轻则被判决支付赔偿、恢复劳动关系，重则引发群体性停工、罢工或员工跳楼自残，甚至被媒体曝光引发重大舆情事件等。由于劳动争议具有事项繁多、情节复杂、举证困难等特点，对用人单位人力资源管理人员的各项管理能力要求也非常高。

要想正确处理和应对劳动争议，首先需要清楚了解劳动争议处理的特点，更应该避免落入劳动争议处理的误区。

第一节　劳动争议处理的复杂性

劳动争议处理之所以让很多的HR朋友感觉十分头疼而产生畏难心理，首要原因与劳动争议处理的复杂性有关，只有亲身参与处置过相关争议的人才能够体会其中的挑战。劳动争议处理的复杂性体现在争议发生复杂性、争议影响的复杂性、争议处理依据的复杂性、争议处理机制的复杂性等各个方面。

下面我们从一个案例来看一下劳动争议处理的复杂性。

案例：A公司因欠缴社会保险费引发的群体性纠纷案

2013年8月，A公司员工甲到达退休年龄向社保局申领退休待遇，社保局核算后告知他每个月可以拿到的退休工资是668元，甲听到后十分吃惊，因为他在退休前每个月可以拿到3000~4000元的工资，现在听说收入一下子降到只有退休前的1/5，觉得非常意外，于是向社保局领导信访并认为社保局计算退休工资错误要求重新核算。社保局复核后告知其计算无误，也给甲解释了其退休工资如此低的原因。原来虽然甲的工作年限不短，但是在很长一段时期内，甲所在的用人单位并没有为其缴纳社会保险，而开始参保之后的年限内，用人单位也只是按最低的参保标准缴纳社会保险，而不是依法按照员工的正常工资参保，所以导致退休工资偏低。社保局还告知甲如果想要提高退休待遇，可以要求用人单位A公司补缴社会保险。于是甲找到A公司的人力资源部门，要求补缴社会保险，可是A公司认为单位并没有过错，公司是严格按照当地政府的政策要求缴纳的社会保险，而且在当地，A公司已经是社会保险缴纳最规范的企业之一了。甲在诉求得不到有效处理后，只能向还在A公司工作的前同事和老乡等诉说遭遇，其他在职员工听说此事后，纷纷向单位要求补缴社会保险，从而引发了群体性诉求，后来员工诉求不断加码，发展到全员要求补缴社会保险、补缴住房公积金、涨工资、买断工龄等，在诉求得不到满足后，最终发展到数万人参与停工的特别重大群体性事件，A公司因此遭受非常巨大的损失。

案例分析

上述案例十分具有典型性，很多企业的HR没有处理类似争议和群体性纠纷的经验，对可能发生的重大事情毫不敏感，导致十分严重的后果，我们认为A公司的HR在处理这起纠纷时至少存在以下问题：

1. A公司的HR对社会保险法定义务的理解及认识都存在错误。

A公司的HR认为只要按照政府政策要求企业交的部分缴足了社会保险就没问题，政府没有处罚就是完全合法的，这其实是认知错误。首先，在实践中，早些年确实有不少地方政府为了招商引资的便利，在社保缴纳等问题给予企业不少优惠的政策，甚至出现有些地方公开发文允许企业按员工一定的比例而不是全员来缴纳不同险种的社会保险，如养老保险缴纳员工总人数的80%、工伤保险缴纳员工总人数的85%即属合规等，这就必然导致出现部分员工没有参保的情况，本案中的员工甲恰好就属于因为地方政策企业没有为其参保的情况。但是这些优惠政策是与上位法相冲突的，根据《社会保险法》等相关法律法规的规定，第一，只要是存在劳动关系就必须参加社会保险，哪怕只是入职两三个月还在试用期内的职工也必须参保，没有例外；第二，社会保险的缴纳基数是以员工的工资总额为基数来计算，而不是以基本工资或最低参保工资标准作为缴费基数，但是很多企业都是以员工的基本工资或最低参保工资标准来作为社会保险的缴纳基数，这显然是不合法的。

其次，长期以来不少企业都存在不缴或少缴社会保险的普遍情况，但是由于社会的发展阶段不同和执法力量的有限，早期很多地方的社保征缴机构都不会自动追缴社会保险，即使个别追缴也是有限度的追缴（如只追缴两年以内的社会保险），而对于员工而言，很多员工早期也不愿意缴纳社会保险，因为缴纳社保意味着本来就不多的工资还要被代扣一部分用来缴纳社会保险的个人部分，而对不少人来说，离退休还很远，他们并不关心甚至也不相信将来可以凭社会保险享受退休待遇，更着眼于眼前的利益，因此对于缴纳社会保险有排斥心理，甚至出现如果单位要扣社会保险就要离职的情况，或者缴纳了社会保险也要到年底以申请离职的形式申请退保，以便拿回社会保险的个人缴费部分。

但是随着社会的发展和进步，我国渐渐进入老龄化社会，原来员工年轻时并不关心的退休问题变得越来越紧迫和重要，而在国家层面，长期欠缴社会保险也导致巨大的社保费用尤其是养老保险的漏洞，因此国家对社会保险的征收进行了全面的改革，禁止员工的退保行为，采取将社会保险纳入税收征管等措施。因此，原来政府相关部门没有主动追缴、没有进行处罚，并不意味着企业欠缴社会保险的行为是合法的，更不等于员工不能主动要求补缴。

2. A公司的HR对于欠缴社会保险问题的严重性及敏感度不高，导致严重后果。

社会保险的缴交不是个别员工的问题，而是所有员工都会面临的问题，本案的纠纷虽然只是因员工甲的个人诉求引发，但是在员工甲的诉求没有得到妥善处理之后，本案的纠纷由个案的纠纷迅速转化为群体性纠纷，单位由此付出了惨痛的代价。很多HR缺乏对欠缴社会保险类诉求的性质和敏感度的认知。须知包括社会保险在内的相关劳动法诉求，都是极容易引发其他员工的共鸣而采取一致行动的诉求，一旦引发员工集体抱团维权，则事态发展犹如决堤之水汹涌而下，一溃千里。所以，在本案中我们看到员工抱团后不仅提出了补缴社会保险的诉求，还提出了诸如补缴住房公积金、涨工资、买断工龄等诉求，而其中任何一个诉求对于企业来说都是不可承受之重，足以压垮整个企业。因此，劳动争议无小事，忽视任何一个细小的火苗都足以引发熊熊烈火。

管理指南

对于类似纠纷的处理，有以下建议可供HR参考：

1. 对于员工提出的任何法律诉求，无论员工是否还在职，也无论诉求的金额大小，均应当予以重视，并向法务部门和法律顾问征求意见，进行定性及合规分析，而不要认为“存在即合理”或“其他公司也存在同样问题”等不予理睬或轻视处理；

2. 在接访员工时，HR应当详细了解员工诉求的背景和依据，尤其是如果其诉求无法直接解决时，员工有无替代诉求方案，以了解结束纠纷可能的途径及成本，以备企业领导决策；

3. 对于可能引发其他员工同类诉求的法律问题，应当高度警惕并认真对待，做好对可能发生的群体性纠纷的预防（本书后文将详细论述），必要时可聘请熟悉群体性纠纷的劳动法律专业人士介入处理。

一、劳动争议发生的复杂性

劳动争议纠纷的发生有其偶然性，但是也有必然性。偶然性是指纠纷什么时候发生、发生在哪个员工的身上是具有偶然性的，而必然性是指由于企业的管理缺失或者合规性存在问题，发生纠纷的概率非常高，可以说是发生纠纷是必然的，这种必然性换个角度看也是劳动争议发生的复杂性的体现。

从前述典型案例和分析来看，这起特别重大的群体性纠纷案件发生的原因非常复杂，既有企业没有依法缴纳社会保险和员工维权意识强的原因，也有地方政策突破了法律规定允许部分少缴或不缴社会保险以及人口老龄化后劳动者对退休待遇的高度关注的原因；既有企业在员工提出诉求时没有妥善处理的原因，也有外部力量推波助澜搞扩大式维权的原因。劳动争议纠纷的发生往往就是这样复杂，不会是单一的原因，用人单位的管理不完善、制度不健全、操作不合规、应对没经验等都会成为纠纷发生的主要原因，而劳动者一方的权利意识不断增强、信息获取更加便捷、相互沟通更加紧密、维权技巧不断提升也是劳动争议纠纷发生的重要原因。另外，移动互联网社会带来从纸质化到电子化管理转变、从线下管理到线上管理的办公模式的转型，都会给人力资源管理带来全新的挑战，也在一定程度上导致劳动争议纠纷的发生。

二、劳动争议影响的复杂性

劳动争议影响的复杂性在于，劳动争议涉及的不仅是简单的法律问题，还有可能涉及经济问题、政策问题，如果是群体性纠纷，还会涉及社会稳定问题甚至是地区发展问题。在上面所举的案例中，由于社会保险问题引发停工事件，也给同地区其他工厂的员工以触动，不少群体性事件的发生中员工都提出了补缴社会保险的要求，而A公司在长达二十几天的停工期间除遭受数千万美元的直接经济损失外，还导致客户流失、订单减少、企业搬迁等一系列后果，昔日辉煌不再。

由于劳动争议纠纷具有员工间联动性甚至企业间、地区间联动性的特点，其处理往往牵动整个企业甚至整个工业园区、整个区域，涉及的问题不仅是法律，还包括用工政策、地区经济、地区就业、地区稳定等一系列问题，发生在佛山的“南海本田事件”可以证明这一点。2010年5月17日，位于佛山南海区的本田汽车零部件制造有限公司（以下简称南海本田）数百名员工因对工资和福利不满停工一天；5月21日晚间七八时许，因不满公司的回复，南海本田在勤的四五百名工人全线停工；5月22日，两名带头停工的工人遭到了南海本田的辞退；5月28日，本田在中国的三家整车厂受到停工事件影响全部停工，后在有关部门和人士的介入下，工人成立了16人的谈判代表团，并聘请中国人民大学知名劳动法学者担任工人的法律顾问，与企业进行集体协商谈判，直到2010年6月初，双方达成协议，厂方同意为工人涨薪，人均约400元，工人全线复工。

在这起停工事件中，不仅南海本田本身受到了重大的影响导致生产停滞，由于汽车产业的上下游联动特点，任何一个部件的缺失都会导致整车无法合格生产出厂，因此这次停工事件也导致本田系的各大工厂被迫停产，日均损失达上亿元人民币。同时，这次完全由员工主导而获得加薪的停工事件也刺激其他日系汽车配件工厂的员工，引起了本田、丰田、日产三大日系汽车生产配套厂商大范围的停工，各厂商不得不通过涨薪和集体协商等方式与员工达成协议。这一系列停工事件充分证明了劳动纠纷影响的复杂性。

三、劳动争议处理依据的复杂性

劳动争议处理的依据包括国家法律法规、地方性法规、部门规章、地方规章等各方面，以及国家和地方层面出台的各类政策文件等。由于劳动争议涉及的事项非常繁杂，涉及劳动关系、劳动报酬、工时、休息休假、劳动保护、社会保险、住房公积金等诸多方面，所适用的依据除国家层面的法律、国务院制定的行政法规和最高人民法院的司法解释外，还大量适用省、自治区、直辖市人大及其常委会和设区的市人大及其常委会依法制定的地方性法规，人力资源和社会保障部（包括原劳动部、劳动与社会保障部）颁布的部门规章，各省、直辖市、自治区以及各设区的市、自治州的人民政府依法制定的地方规章，以及上述范围之外的国家机关（如人社部办公厅以及各地的人社厅、人社局）等制定的政策性文件，都是处理劳动争议非常重要的依据。

除上述的处理依据外，还包括大量在处理劳动争议时最常涉及的各地裁审意见，包括由各省、自治区、直辖市的高级人民法院，各市中级人民法院，各省、自治区、直辖市或各市的劳动争议仲裁委员会单独或联合出具的各类劳动争议司法裁审意见，成为企业人力资源管理的重要依据。

从以上内容可以看出，处理劳动争议的依据包含范围之大、数量之大、内容之多是处理其他法律争议所没有的情况，而且这些依据之间还存在效力大小、内容冲突、结论矛盾等适用的冲突问题，不可谓不复杂。

四、劳动争议处理机制的复杂性

处理劳动争议尤其是群体性纠纷，不仅涉及企业与劳动者，还涉及地方总工会、人力资源和社会保障行政部门、街道、公安、维稳综治甚至妇联等众多机构，需要协调和参与的部门远远超出一般的法律纠纷。从各用人单位及用人单位工会自行设立的劳动人事争议调解委员会，到依法设立的基层人民调解组织和在乡镇、街道设立的具有劳动争议调解职能的组织；从各级劳动人力资源和社会保障行政部门设立的行政机构到各级总工会设立的纠纷调处和维权机构；从各级工商联企业联合会等设立的企业维权中心到各级劳动人事争议仲裁委员会和各级人民法院，都是与处理劳动争议密切相关的组织，这些组织机构都有可能参与处理劳动争议纠纷，并依据不同的法律法规形成各种处理机制，这就是劳动争议处理机制的复杂性。

因此，处理劳动争议不仅仅是考虑法律问题就够了，而是需要在了解法律法规要求的前提下，充分了解劳动争议处理的复杂性，综合考虑应对的措施和策略，从而寻求最稳妥、最有效且成本可控的解决方法。

第二节　劳动争议处理的特殊性

劳动争议之所以处理起来难度大，相对于其他法律纠纷而言，除了其复杂性之外，还跟其第二个特点“特殊性”有关。

一、典型案例中的劳动争议处理的特殊性

下面，我们通过一个典型案例来看一下劳动争议处理的特殊性。

案例：做好人引发的群体性纠纷案

四通公司是一家设立了近20年的中型玩具工厂，经营效益和待遇都很不错，全厂有5000多名员工。一天有3名班组长级别的老员工求见老板，这3名员工的身份特殊，是创厂之初就已经入职的老员工，因为文化水平低故层级不高，但是与老板等管理人员都很熟悉。3名员工跟老板说明来意，原来是每个人家里最近都出现了意外情况，有的家里有人生重病，有的发生了交通意外或火灾等，需要员工回去帮忙处理，再加上3人年纪太大，心有余而力不足，于是大家都动了想回老家的念头，由于打工多年没什么积蓄，他们找老板的目的就是希望公司能够给点困难补贴金，让他们也有点儿钱回去救急和生活，但是3名员工非常清楚，自己是主动离职，工厂是不用给任何补偿的，但是除此之外没有其他办法，因此也是怀着既无奈又忐忑的心情厚着脸皮跟老板开口。

四通公司的老板年过花甲，为人非常善良，平时对待员工也不错，他听完3人的

诉说，对他们3人家庭的遭遇表示十分同情，于是老板叫来厂长，让3人把他们各自的情况跟厂长再说一遍，让厂长想办法解决一下3个人的困难，既是救急也是行善。于是厂长跟人事经理商量，觉得既然老板都开了口，一定得把事办好，最重要的问题是怎么发给困难补助金。两人商量后决定，按照经济补偿的标准，按每工作1年给1个月的工资的标准给3名员工支付困难补助金，虽然大家工资都不高，但是每个人拿到五六万元的困难补助金。

3名员工非常感动，临走时把这个情况告诉了几个要好的徒弟和舍友，希望他们在工厂继续好好干，碰上这么仁慈的老板非常难得。3名员工这样做的本意是内心感激老板而作出的真诚表达，但没想到的是，这个消息一传十、十传百，一下子全厂几千人都知道了，大家接收的信息不是“老板的仁慈善良”，而是“员工主动离职也可以拿补偿金”。于是工厂就出现了这样一幕：先后有56名员工分别向厂里提出书面申请，以各种各样不重复的理由要求离职，并请求工厂给予困难补助金。

这时四通公司意识到了问题的严重性，因此断然拒绝了员工的诉求，并明令通告全体员工，谁要求离职都可以，按法律规定提前30天提出申请即可，但是公司不会给予任何补助或补偿。看到公司发出的通告，很多员工内心非常不满，认为公司和老板处事不公平，同为工厂员工，有的人甚至工龄比前面3个人更长、职位更高，但是一分钱也拿不到，于是这56名员工商量后决定抱团“维权”，他们通过聘请律师，以拖欠加班工资为由，要求公司支付入职以来多年的加班工资，并以此要求解除劳动合同和支付经济补偿，仲裁请求的金额高达800多万元。更为严重的是，全厂还有5000多名员工都密切关注和观望事态的发展，如果这些员工能够通过这种方式拿到钱，其他员工也可能随时采取行动，而且几乎所有员工整天都在讨论这件事，无心认真工作，生产线上不断出现质量问题，产品不断出现退货的情况，整个公司面临成立以来最大的危机，随时有可能因此倒闭。

二、什么是劳动争议处理的特殊性

前述案例是一起非常典型的案件，由于忽视人力资源管理的特殊性导致非常严重的后果。什么是人力资源管理和劳动争议处理的特殊性，就是人力资源管理和劳动争议处理中与其他纠纷不同的、具有显著特征和重大法律意义的特点。

人力资源管理和劳动争议处理的特殊性是什么，这种特殊性叫作“骨牌效应”。企业无论大小不分行业，小到三五十人，大到数千、数万人，人力资源管理基本上都是一体的，这意味着虽然员工不同，但是管理上是同样的劳动合同版本、同样的工资福利体系、同样的工时休假制度、同样的员工奖惩机制。因此，在一个员工身上会产生的问题，也可能在其他所有同类员工身上产生；一个员工的诉求得到满足，其他所有同类员工也可能有同样诉求必须满足，否则就可能产生法律风险。当一个员工出现纠纷时，我们必须想到这个纠纷的处理结果可能影响其他人，这时就不能只从案件本身来考虑，必须在综合考虑案件影响的前提下进行处理。某些时候，一个员工的诉求可能很小，但是如果诉求是其他所有员工都普遍存在的，则很有可能引发群体性纠纷事件，诉求的总额就可能是一个天文数字，前面我们所列举的补缴社会保险的案例就是很好的证明。所有用人单位在处理劳动争议时，必须时刻注意劳动争议的特殊性，才能避免出现上述案例中的严重后果。

三、忽视劳动争议处理特殊性的风险及管理建议

结合上述案例来看，在前述案例中，四通公司的做法存在以下问题：

1. 忽视人力资源管理行为的“骨牌效应”，引发不必要的事端。

很明显，本案中四通公司的处理是完全不了解人力资源管理行为的“骨牌效应”，向本来不需要支付补偿或补助的员工支付额外的补助，相当于给员工提供了法定义务外的福利，虽然出发点为善意和良好的愿望，但是公之于众后，显然就不可避免地引起全体员工的欲望，将公司置于两难境地：其他员工的要求都满足显然不可能，但是如果不给其他员工，他们就会想：“自己跟那 3 名员工相比，能力职位贡献都不比他们差，为什么他们能够得到补助，而我却一分钱也拿不到，老板做人太不公平了。”古人云“不患寡而患不均”就是这个道理。本来这个企业劳资关系十分和谐，成立近 20 年从来没有发生过劳动争议纠纷，但是由于这个善意的举动打破了一直以来的平静，没有拿到补助的 56 名员工一下子感到了心理失衡，为了找回平衡，于是选择找理由通过仲裁维权的方式来达到目的。

2. 缺乏对人力资源管理行为的敏感性认知，关键问题存在失误。

当然，必须说明的是，本案虽然出现了因老板做好人而爆发群体性纠纷，但是绝对不是告诉大家，企业或老板不能对员工好，不能在员工困难时不给予帮助，而是要提醒 HR，人力资源管理的行为具有相当的敏感性，如果缺乏这样的认知，就容易出问题。就本案而言，老板出于善意给困难员工以补助当然完全没问题，但是给的方式、方法、金额等都有值得商榷的地方，最为重要的是，对于这类可能引发反响的行

为,最为关键的注意事项应当是保密,绝对不可以宣扬。在本案中,最后造成的后果恐怕也是3名员工始料未及的,他们最初的想法只不过是出于朴素的情感,因为公司给予的补助大大超出期望,内心充满感恩才在离开时对极少数人说了这件事,目的也是希望同事们继续在公司努力工作。对于一个普通员工来说,这样的想法是完全没有问题的,但是对于企业管理人员尤其是HR来说,一定要提前意识到这种行为的敏感性并叮嘱相关员工保密,我们十分有理由愿意相信,只要单位有这种意识,这3名员工应该是不会去主动泄露相关信息的。而正是因为企业在关键问题上的失误,才导致后来发生的群体性纠纷。

管理指南

对于上述案例中类似的管理行为,笔者有以下管理建议:

1. 掌握并利用技巧解决问题往往事半功倍且规避风险。

上述案例中之所以发生纠纷,在于其他员工收到的信息不是“老板帮助家庭有重大困难的员工”,而是“员工主动辞职公司也照发经济补偿”,这两者之间看上去风马牛不相及,为什么同样的行为其他员工得出的结论与3名员工想传递的信息完全不同呢?原因在于四通公司在向3名员工发放困难补贴时的方式、方法、金额都存在问题。我们可以设想,除要求保密外,如果四通公司不是采取公司直接发放的形式,而是通过老板个人私下支付,或者通过工会的形式支付,甚至直接发动企业员工为困难职工捐款,老板个人再带头捐出相应款项,可能3名员工不仅可以收到更多的款项,全厂上下还能开展助人互助的活动传递正能量,也没有哪名员工会因此有异议。同样,如果公司向3名员工支付困难补助时不是以工龄和工资作为计算依据,其他员工是否还会因此跟经济补偿挂钩呢?由此可见,为了好心不办成坏事,除了有善心外还得有技巧、有策略。

2. 警惕人力资源领域的“好人没好报”现象,做到真正的“人性化管理”。

在人力资源管理领域,经常会见到“做好人却没有好回报”的现象,例如,有的企业在员工存在严重违纪行为时,没有立即固定证据,合法解除劳动合同,而是进行调岗降薪处理,结果过了一段时间,员工反而因此提出公司降薪违法,要求补发工资;再如,员工表现很差不能胜任工作,但是到了年底,为了不使员工的年终考评为“不合格”而太难堪且没有任何年终奖,还是给予了员工“合格”的评价,结果等到实在忍无可忍想以不胜任工作进行调岗降薪时,员工却拿出年终考核评价为“合格”的结果进行抗辩，类似这样的事例数不胜数。

人力资源管理的对象是有感情的人、具象的员工，这就意味着这与对生产、对产品的管理有着本质的不同。我们经常强调企业要进行“人性化的管理”，这本身并没有错，“人性化的管理”对于发掘员工潜能，激发员工积极性具有正面的意义，问题在于很多企业和 HR 并不懂得什么是真正的“人性化管理”。笔者认为，真正的“人性化管理”是“理性排除了法律风险之后的感性关怀”，而很多企业只会做感性关怀，忽略了更为重要的理性风险控制，所以才出现前述案例中的情况，老板为了做好人好事却几乎让企业走到了关闭的边缘，如果不是当时笔者受聘及时介入处理，企业可能就真的倒闭了。明白了这个道理后，当有一天，员工为了买房按揭，想找作为 HR 的您出一份比真实工资更高的收入证明时，您想好怎么规避法律风险了吗？

第三节　劳动争议处理的地域性

一、什么是劳动争议处理的地域性

劳动争议的第三个特点是它的地域性。由于劳动争议涉及的问题非常多，非常复杂，而劳动法律法规的制定又存在滞后性，没法解决现实中的很多实际问题，因此，在司法实践中，各地纷纷出台各自的地方法规、地方规章，然而对于处理实务问题用的最多的并不是这些地方法规、规章，而是各地法院、各地劳动人事争议仲裁委员会单独或者联合出台的一系列审判政策，这些审判政策名目很多，有的称为“指导意见”，有的是“座谈会纪要”，还有的则是名为“会议纪要”或者“××疑难问题的解答”等，甚至有些规定都没有公开，只是某次会议的讨论记录，其中有些问题的结论都还没有达成一致。但正是这些根本算不上正式法律法规或规章的文件，指导着实践中的案件审理，反过来也影响企业的人力资源管理。

实践中，不同地方对于同一法律问题有完全不同审判政策的例子有很多。以“连续两次订立固定期限劳动合同后，是否需要订立无固定期限劳动合同”的问题为例，上海市高级人民法院印发的《关于适用〈劳动合同法〉若干问题的意见》（沪高法〔2009〕73 号）中规定，“《劳动合同法》第十四条第二款第（三）项的规定，应当是指劳动者已经与用人单位连续订立二次固定期限劳动合同后，与劳动者第三次续订合同时，劳动者提出签订无固定期限劳动合同的情形”。按此理解，第二次固定期限劳动合同期满后，只有在用人单位同意续订劳动合同的前提下，劳动者提出签订无固定期限劳动合同时，才应签订无固定期限劳动合同。而广东省高级人民法院、广东省劳动人事争议仲裁委员会《关于审理劳动人事争议案件若干问题的座谈会纪要》第 19 条规定，用人单位与劳动者已连续订立二次固定期限劳动合同，第二次固定期限劳动合同期满后，且劳动者没有《劳动合同法》第 39 条和第 40 条第 1 项、第 2 项规定的情形，劳动者提出续订劳动合同并要求订立无固定期限劳动合同的，用人单位应当与劳动者订立无固定期限劳动合同。按照广东上述裁判口径，第二次固定期限劳动合同期满后，劳动者有权直接要求签订无固定期限劳动合同，而无须以用人单位同意续订为前提，如果用人单位不同意续订而终止劳动合同，或者仅同意续订固定期限劳动合同均属违法。因此，对于同一法律问题，广东和上海的裁判标准明显不同。再如，关于“高管人员实行不定时工作制是否需要审批的问题”，无论是上海还是广东，对于企业实行不定时工作制的，都需要按规定审批人员范围并提供相应的证明材料，而在北京的企业高管人员实行不定时工作制则无须审批，原因在于北京市劳动和社会保障局颁发的《北京市企业实行综合计算工时工作制和不定时工作制办法》（京劳社资发〔2003〕157 号）第 16 条第 2 款明文规定：“企业中的高级管理人员实行不定时工作制，不办理审批手续。”

不同省、市、自治区之间有着完全不同的司法裁判标准，而同一省、市、自治区之内，由于各地立法权限的不同以及各地的市一级中级人民法院也出台了各种不同的裁判指引，这样就产生大量的各不相同的地方司法裁判政策。以广东省为例，由于深圳市有独立的地方立法权，不少做法与广东省其他地方不同，如《深圳市员工工资支付条例》第 20 条规定：“用人单位安排实行不定时工作制的员工在法定休假节日工作的，按照不低于员工本人正常工作时间工资的百分之三百支付员工加班工资”；而根据《广东省工资支付条例》第 20 条的规定，用人单位法定休假日安排劳动者工作的，支付不低于劳动者本人日或者小时正常工作时间工资的 300% 的工资报酬；但第 23 条同时规定，经人力资源和社会保障部门批准实行不定时工作制的，不适用本条例第 20 条的规定。因此，对于实行不定时工作制法定节假日加班的员工，深圳市是需要支付加班工资，而广东省除深圳市以外的其他地区则无须支付加班工资。

这样就带来一个问题，各地都出台了这种类似“地方粮票”的规定，由于各地的地方法规及裁判政策不同，同样争议的案件在不同的地方审理就有可能产生完全不同的结果。对于企业而言，如果业务遍及全国各地，发生劳动争议时，就不能仅以企业总部所在地的法律来判断行为的对错以及案件的走向，而是要考虑案件发生地的相关地方司法裁判政策标准，否则有可能发生法律风险。

二、劳动争议处理地域性的风险规避

如果用人单位的下属组织或业务跨越本地甚至遍及全国各地，则在用工的问题上一定要注意劳动法律问题的地域性特征所带来的管理风险，并可以从以下几个方面提前进行规范和预防，进而规避法律风险。

1. 针对下属组织和业务所涉及的地域进行有针对性的研究，搜集各地的基础管理数据整理成册并实施动态更新。

如果用人单位的下属组织如分公司、子公司或者办事处等在异地用工，发生用工争议，则涉及的社会保险缴费、工伤赔偿、最低工资、高温津贴等标准以及当地社会平均工资等都有可能与本地不同，即使用人单位在当地没有设立组织，但是只要发生用工，也属于劳动合同履行地，完全有可能适用当地的相关标准。因此有必要针对组织和业务涉及的所有地域进行人力资源管理的基础数据汇编，以准确掌握各地标准及差异性做法，并且按年度实施动态更新管理。

2. 汇编组织或业务涉及各地的司法裁判标准。

对于组织或业务涉及的异地司法裁判标准，包括各类法院或劳动争议仲裁委员会出台的指导意见、会议纪要等，进行搜集整理，并且对于本单位有可能常发生争议事项的裁判标准，如拖欠工资争议、违法解除劳动合同的认定、经济补偿的计算、未签合同双倍工资的支付等进行归纳比较，以备发生争议时第一时间查询和研究。

3. 根据劳动争议的地域性特征制定本单位异地处理劳动争议的操作指南。

由于很多的 HR 都缺乏地域性特征的概念，有必要为本单位的下属组织在处理异地劳动争议时提供清晰的指引，包括处理的注意事项、流程、律师聘请、政策查询等，以避免法律风险。

第四节　劳动争议处理的综合性

一、什么是劳动争议处理的综合性

劳动争议处理的第四个特点是它具有综合性。人力资源管理工作并不是人力资源部一个部门的事，同时，劳动争议处理也并非人力资源部门的“独角戏”，正因为人力资源管理行为需要各部门的参与和配合，在发生劳动争议时，无论是违纪处理

还是薪酬福利争议,抑或是合同变更和裁员终止等,都需要具体用人部门的密切协调配合。另外,从风险防范角度来说,其他非人力资源管理部门也在从事大量的人事管理工作,那些认为只有人力资源部门的处理才是代表公司的想法会带来法律风险。

案例:林某与B公司劳动争议案

林某为B公司某生产车间主管,因性格原因与其上级领导车间经理黄某关系恶化,黄经理一怒之下,在未与人力资源部门沟通协商的情况下,在部门早会上即以林某"能力太差无法胜任工作"为由直接免去其主管职务,将林某的岗位调整为生产车间一般员工,薪酬也同时作出下调,林某将会议的全过程进行了录音。随后林某被要求办理了主管的工作交接,在与黄经理沟通无果后,林某以公司违法调职降薪为由提出其被迫解除劳动合同,并要求B公司支付经济补偿金。B公司辩称,根据《员工手册》的规定,调岗降薪的权限属于人力资源部,车间经理并无权限作出上述行为,因此车间经理的调岗降薪行为无效,没有发生法律效力,请求驳回林某的诉求。法院经审理后认为,车间经理由公司授权管理员工,其已经作出调岗降薪的决定并且实际执行,其后果理应由公司承担,公司内部有关权限的规定不能作为企业违法的抗辩理由,林某的请求最终获得了法院的支持。

从以上案例可以看出,所谓劳动争议处理的综合性就是用人单位在处理劳动争议时,必须从用人单位的整体利益进行考量,从总体上把握风险和防范纠纷,不能只着眼于部门利益或者小团队利益,必须由各部门之间协同配合才有可能防范法律风险。劳动争议处理的综合性体现在:一方面,无论企业大小规模、行业特性及管理架构有何不同,人力资源部门不可能完成所有与人事管理有关的事务,人力资源部门虽然负责搭建架构、制定规章、招聘录用、文化建设等诸多人力资源管理事宜,但是绝大多数员工的管理工作仍然需要由具体业务部门的管理人员实施和配合,这就决定了人力资源管理法律风险的防控做得好不好,不仅仅靠人力资源部门的努力,更重要的是具体业务部门管理行业的合规;另一方面,具体业务部门的管理人员对员工作出的任何管理行为,都有可能引发劳动争议,管理过程中的任何沟通记录,都有可能成为日后劳动争议中的呈堂证据,而正如案例中法院的裁判理由所说,企业规章制度中对管理权限的具体分工或者限制,是不能作为企业免责的理由的,企业可以对上述案例中的车间经理违反权限处理员工进行处罚，但是无法改变管理行为已经产生法律后果的事实。

二、如何利用劳动纠纷处理的综合性完善用工管理

充分了解劳动纠纷处理的综合性特点后，可以从以下方面应对相应的风险：

1. 加强对非人力和非法务部门的管理人员的培训。

相对于较为熟悉劳动法律法规的人力资源管理及法律合规部门的人员，非人力和非法务部门的管理人员往往不具备相关的法律知识，对于可能发生的法律风险缺乏识别能力，甚至有些基层管理人员文化水平也不高，而越来越多的员工却通过微博、微信朋友圈、抖音等即时通讯软件学习劳动法的知识，因为涉及自身具体利益，员工比谁都更关心自身的事情。因此，一边是法律意识和管理技能都缺乏的基层甚至中层管理人员，另一边是法律意识和法律知识日趋增长的被管理员工，要想不出问题是很难的。

鉴于此，企业必须加强对业务部门管理人员尤其是中层部门总监和基层主管经理等人员的培训，让其通过具体的案例了解人力资源管理的常见风险，提升预防人力资源法律风险尤其是重大风险的意识，掌握应对和处理人力资源管理纠纷的基础技能，做到这些，企业人力资源管理法律风险将大大降低。

2. 制定企业内部劳动争议处理的指引。

要避免企业处理劳动争议各自为政，胡乱出招的状况，就要制定企业内部劳动争议处理的具体指引，包括出现什么样的情形属于纠纷，业务部门应当反馈到人力资源部门由人力资源部门参与处理，员工不同的诉求业务部门应当如何回应才算妥当，产生纠纷后管理人员与员工沟通的话术及注意事项，哪种情形应当由内部法务人员及外部律师介入等，有了清晰的指引和规范，就可以避免出现纠纷时政出多门、该做的没做该说的没说，而不该做和不该说的都已经无法收回的情况。

第五节　劳动争议处理的常见误区

职场电影《杜拉拉升职记》中有一句话说“没有炒过人的 HR 不是真正的 HR”，现实中有不少 HR 不仅没有炒过人，甚至都没有处理过劳动争议，由于缺乏专业的培训和训练，在企业日常处理劳动争议的过程中，经常会犯一些常识性的错误，步入

一些常见误区。下面我们就来分析一下这些常见的误区。

一、先处理后取证的误区

不少企业在处理劳动争议纠纷时,缺乏合规意识和证据意识,通常是简单了解情况后即作出处理,等到员工提出异议、开始维权甚至已经提出了仲裁申请,才匆匆委托律师,并在律师的指导下开始取证工作。这种典型的“先处理后取证”的做法风险极大,原因在于:

首先,劳动争议纠纷案件涉及人的问题,处理起来较为复杂,需要还原事实,很多地方要依赖于当事员工的配合,事发之初当事员工为解决诉求一般都会配合调查和处理,有利于用人单位固定事实、查清真相及进一步搜集证据。但是如果员工到了开始维权甚至已经提出了仲裁申请,基本上双方的矛盾已经完全激化,再想要员工配合基本是“不可能完成的任务”。

其次,从合规管理的角度,对任何员工进行处理,都应依法遵循合规的流程,这些流程包括从发生纠纷、了解情况、启动调查、寻求法务或外部顾问的介入和协助、询问当事人、搜集固定证据、查找法律和制度依据、作出处理决定、履行内部处理审批程序、通知员工等,而如果没有遵循这些流程,只是简单了解情况后即作出处理,无疑处理决定的合规性将大打折扣,一旦员工提出法律挑战,公司将有很大可能输掉案件。

二、字面理解劳动法律条文的误区

字面理解法律条文是企业处理劳动争议易犯的第二个错误。《劳动法》作为社会法,有其基本的内在逻辑和法律规则,很多的法律条文要从立法背景和目的来理解,如果只是从字面来理解条文,是无法得出正确的结论的。

举例来说明。《劳动合同法》第 10 条规定:“建立劳动关系,应当订立书面劳动合同。已建立劳动关系,未同时订立书面劳动合同的,应当自用工之日起一个月内订立书面劳动合同。用人单位与劳动者在用工前订立劳动合同的,劳动关系自用工之日起建立。”根据这个条文,建立劳动关系后 1 个月内要签订劳动合同,如果不签将面临双倍工资的法律风险。很多企业在操作时就理解为用工 1 个月之内可以不签劳动合同,但是,这样做真的没有法律风险吗?

上述条文的设计都是建立在理想和完美的前提下,那就是员工入职之后会乖乖配合企业签订合同，企业何时拿合同给他签，他就会签，因此只要1个月快到期了让员工签合同就没问题了。可现实中很多员工通过普法了解前述法律规定，知道不签合同劳动者有要求支付双倍工资的权利，而且员工手里有工卡、工服、工资条等证据证明劳动关系，并不需要劳动合同来证明，所以才会在劳动争议里面不时出现“劳动争议领域的王海事件”，就是员工故意消极回避签劳动合同，并不断通过法律手段来追索公司的双倍工资等。

那么，如果员工不签劳动合同，企业是否可以合法解除呢？当然是可以的，《劳动合同法实施条例》第5条规定：“自用工之日起一个月内，经用人单位书面通知后，劳动者不与用人单位订立书面劳动合同的，用人单位应当书面通知劳动者终止劳动关系，无须向劳动者支付经济补偿，但是应当依法向劳动者支付其实际工作时间的劳动报酬。”第6条第1款规定：“用人单位自用工之日起超过一个月不满一年未与劳动者订立书面劳动合同的，应当依照劳动合同法第八十二条的规定向劳动者每月支付两倍的工资，并与劳动者补订书面劳动合同；劳动者不与用人单位订立书面劳动合同的，用人单位应当书面通知劳动者终止劳动关系，并依照劳动合同法第四十七条的规定支付经济补偿。”也就是说，不管是1个月以内还是1个月以上，劳动者不签劳动合同的，企业都可以合法地终止劳动关系，但是我们发现合法终止的前提是“劳动者不签订劳动合同”，而举证证明“劳动者不签订劳动合同”的责任在企业，企业必须证明是劳动者的原因导致劳动者不签订劳动合同。

那么问题又来了，企业要证明劳动者不签订劳动合同的原因容易吗？看起来很容易，但是实践中并不是这样的。实践中，员工认为劳动合同内容太复杂，条款不合理，不愿意签订劳动合同，甚至提出要求按自己的版本签订劳动合同，企业当然不可能同意，如果每个员工都是这种诉求，那企业还不得签成千上万种合同版本，这样无法管理，所以不会同意，但是如果因为劳动合同版本的问题导致合同没有签订，是不是属于劳动者的原因呢？当然不属于，根据《劳动合同法》第16条第1款的规定，“劳动合同由用人单位与劳动者协商一致，并经用人单位与劳动者在劳动合同文本上签字或者盖章生效”，因此劳动合同内容是双方协商一致达成的，并非是企业说了算，但是实践中绝大多数的劳动合同都是企业的版本，极为个别的劳动合同（如强势的高管等）可能会特殊制定。因此企业无法证明是员工的原因不签合同，就无法合法终止。

另外，如果员工对劳动合同版本没有意见，员工还可以有其他的抗辩理由，比如说:“当时公司招聘说好月薪6000元,劳动合同里现在写的是3000元/月,工资填写不对所以不签劳动合同。”但是对于很多企业来说,如果是高层级的员工招聘可能还会发offer写明薪酬,绝大多数情况下招普工的时候招进来就干了,并没有严格的流程并留下文字记录,企业根本无法证明当时说好的月工资是3000元还是6000元,因此只能各说各话谁都证明不了。但是由于法律上规定举证责任是在企业,当员工说工资达不成一致时,企业还是无法证明“是员工原因无法签署劳动合同”,也又无法合法终止劳动关系。

所以我们通常会说“一个月的合同签订期”其实是“一个美丽的陷阱”,为什么是美丽的陷阱?就是看起来这个条款好像对企业有利,但实际上如果不了解其中的风险就用这个条款,会产生很大问题。为了规避法律风险,企业需要举证证明以下一系列的事实:企业的劳动合同版本公平合理、企业已经在1个月内向员工提供的劳动合同版本、劳动合同的约定内容符合最初双方达成的意见、企业对员工不签劳动合同的行为进行了催促和警告、企业合理期限内对员工作出了终止劳动关系的决定并已经送达了员工等,如果其中任何一个环节没有完成举证责任,就有可能导致承担违法终止的责任。所以用这个条款的后果是给人力资源管理工作带来无尽的麻烦。

那么,最合规的用工建议是什么呢?是先签订合同再入职,也包括合同续签这个环节,一样的完成续签之后再延续劳动关系。只有这样才能真正规避法律风险。

所以回到我们上面的话题,不要去照本宣科地理解条文,劳动法的法律制度是非常复杂的,一定要去探究条文背后真正的意义,包括去探究其立法的原意和目的,才能真正地去理解一个法律条文。

三、滥用用工自主权的误区

第三个误区是滥用用工自主权。很多企业老板动辄强调企业的用工自主权,安排员工工作是用工自主权,调动员工岗位还是用工自主权,解雇员工也是用工自主权,总之,企业内的任何人事管理行为都以用工自主权来解释和辩护。用工自主权真的可以成为人力资源管理的保护伞和护身符吗?

企业当然享有用工自主权,而且用工自主权的范围十分广泛,既包括宏观的员工管理政策、岗位设置、薪酬福利制度等,也包括微观的具体岗位的招人用人,但是在与员工的关系中,要慎用用工自主权的概念。

从建立劳动关系的流程来看，企业在设定岗位招聘人员建立劳动关系之前是可以强调用工自主权，包括岗位的名称职责定级薪酬、招聘要求标准等都是由企业单方设定，夸张一点说，企业可以花数万元月薪招一个清洁阿姨，也可以招一个前台要求博士学历，还可以设定很高的招聘标准要求获得过全国武术冠军才有资格做公司保安，这些都是在体现企业的用工自主权。但是建立劳动关系之后，所有的员工管理事项都要按照劳动关系的法律法规来调整，无论是调岗、降薪，还是调整工作地点、处罚员工，都必须遵守法律法规，否则就可能导致违法的后果。

案例：洪某与信基公司劳动争议案

洪某于2009年3月6日入职信基公司，工作岗位为生产部钣金车间主管，双方于2013年12月30日订立书面劳动合同。劳动合同中约定：合同期限为2014年1月1日至2016年12月31日，洪某工作内容为管理和专业技术类，非生产工人类，信基公司可根据工作需要和对洪某业绩的考核结果，按照合理诚信原则变动洪某的工作岗位，薪资待遇根据岗位变动而作相应调整，洪某服从信基公司的安排。劳动合同中明确洪某的基本工资为每月3049元，岗位补贴为3048元。

2015年6月8日信基公司发出通知将洪某调往中试车间，协助车间的生产管理工作，具体工作由车间主管安排，薪酬随工作岗位性质进行调整。后信基公司拟变更为生产部中试车间技工，原薪级档为6097元，拟定薪级档为3500元，变更理由为工作需要。2015年8月12日信基公司再次发出通知称撤销中试车间，将洪某调往五金车间。2015年8月14日，洪某向信基公司邮寄解除劳动合同通知书，称因信基公司不按时足额支付劳动报酬及私自克扣其住房公积金，并违法单方面减少了其劳动收入及将其岗位调至其他职位，上述行为已属于单方面违法解除与其的劳动关系，要求信基公司支付工资以及相应的赔偿并办理离职手续等。信基公司在次日收到上述解除劳动合同通知书。2015年8月17日信基公司向洪某邮寄通知，称洪某自2015年8月14日起未上班，也未办理请休假手续，属于旷工行为，要求洪某收到通知后按时上班。洪某于次日收到上述通知。2015年8月21日，信基公司向洪某邮寄解除劳动合同关系通知，称截至2015年8月21日洪某仍未回公司上班，也未办理请休假手续，已连续旷工6天，根据《员工手册》第二章第2.8条、《员工考勤管理办法》第二章第14条及《劳动合同法》的有关规定，决定与洪某解除劳动合同关系，双方劳动合同关系自2015年8月21日起终止。

2015年9月2日，洪某向某市劳动人事争议仲裁委员会申请仲裁，请求裁决信基公司向其支付违法解除劳动关系赔偿金128,984.73元。一审、二审法院均判令信基公司应在该判决书生效之日起十日内向洪某支付经济补偿金64,492.37元。

案例分析

本案中，信基公司对于岗位撤销调整等均以用工自主权来进行抗辩，认为是合法行为，且合同中亦有相应条款予以约定，调整有合同依据。但是法院经审理认为，虽信基公司主张在劳动合同中约定“信基公司可根据工作需要和对洪某业绩的考核结果，按照合理诚信原则变动洪某的工作岗位，薪资待遇根据岗位变动而作相应调整”，但该条款的前提为工作需要和对业绩的考核结果，二者应是并存的，即在洪某出现考核结果无法满足于工作需要的前提下才可适用，但信基公司的该次调岗并非是该前提下作出，故法院认为该条款并不适用于本案。同时，信基公司的调岗事宜亦并未与洪某协商一致，且法院认为即使信基公司经营存在困难，但此次调岗降薪并不合理，洪某据此主张解除双方劳动合同，应属于《劳动合同法》第38条规定的情形，信基公司应向洪某支付经济补偿金。而信基公司在洪某提出解除劳动合同后再以旷工为由解除洪某的劳动合同，该行为既不合法，也没有实际的法律意义，因为在单位解除前员工已经行使了解除权解除双方劳动合同。

从上述法院的裁判理由可以看出，用工自主权的适用必须符合法律的规定，抛开法律规定来谈用工自主权是没有意义的。同时，劳动合同中的任何约定也必须符合法律的规定，本案中即使合同中出现企业可以任意单方调整员工的劳动岗位这样的约定，也因与法律规定“变更劳动合同须协商一致”相冲突而无法适用。

第二章

劳动争议处理的法律规制

劳动争议的处理有其自身逻辑、准则、标准，本章主要就劳动争议合规处理的基本原则、关键要素以及违法处理的法律后果进行讨论。

第一节 劳动争议合规处理的基本原则

劳动争议处理的基本原则是指在处理劳动争议过程中应当遵循的准则和标准,违反这些基本原则可能导致相应的法律后果,这些基本原则包括依法依规、公平公正、注重调解、预防群体性纠纷等,下面分别予以阐述。

一、依法依规的原则

"依法"就是按照法律、法规、规章的规定来处理劳动争议,依法意味着劳动争议的处理不仅要遵守国家层面的法律、法规、规章、政策,也要遵守各地方的法律、法规、规章、政策和地方的裁判标准;不仅要遵守实体的法律、法规、规章的规定,也要遵守程序的法律、法规、规章的规定(如"解除劳动合同要通知工会"就是法定的程序要件)。

"依规"是指要按照企业的规章制度来处理劳动争议,企业的规章制度就是企业管理自身的基本法,企业管理包括人力资源管理要"有章可循",必须遵守企业自身制定的规则,否则也可能导致处理的行为得不到法律的支持。

二、公平公正的原则

公平公正处理劳动争议是人力资源管理的必然要求,公平公正的原则要求企业在处理劳动争议时,遵循以下规则:

第一,对员工的违纪行为处理应当与其行为严重程度相当,罚当其过;

第二,对于不同级别、岗位的员工违反同样的制度的应当处罚结果相当,一视同仁;

第三,在规章制度没有调整的前提下,对于前后不同时期发生的同一行为应当处理结果一致;

第四,不得因员工的层级、薪酬、合同期限等不同而在处理时对员工有所歧视。

三、注重调解的原则

劳动争议发生的对象毕竟是企业员工,虽然可能因与企业有不同的主张而导致产生分歧,但是毕竟还是属于"内部矛盾",无论矛盾大或小,都有可能通过沟通协商解决。因此企业应当通过建立内部纠纷处理机制，包括通过企业工会的协调或内部其他诸如“员工纠纷调解委员会”等争议解决内设机构进行调解，和平解决纠纷，促进劳资关系的和谐。

当然，除企业内部的调解机制外，也可以借助外部机制进行调解，包括街道或乡镇的工会、调解委员会或劳动行政部门相关机构等，在内部调解无效的情况下，通过带有一定官方及中立色彩的外部第三方机构介入调解，往往也是一种解决问题的很好方式。

无论是内部调解还是外部调解，相对于仲裁诉讼的司法途径而言，通过调解和平解决纠纷不仅能够使个案及时了结，也有助于与纠纷员工之间继续和平相处，对于整个企业的和谐稳定也有意义，并可以大大节省管理资源，因此怎样强调都不为过。

四、预防群体性纠纷的原则

正是由于前一章提到的劳动争议具有“骨牌效应”的特点，因此单个劳动争议处理起来可能相对比较简单，但是如果处理不好，单个的纠纷也可能成为起爆点，引发巨大的连锁反应，因此在处理单个的劳动争议纠纷时，尤其是那些具有共性、可能其他员工也还存在同类诉求的纠纷，一定要非常谨慎、细致地评估是否有可能引发群体性纠纷，在处理时严格限制参与人员的范围、注重保密、采取措施防止传播扩散等，尤其是处理结果有可能引发其他员工效仿时，应注意保密而不能扩散消息，避免引发群体争议。

第二节　劳动争议合规处理的关键要素

劳动争议合规处理有三大要素，分别是法律事实、规章制度和处理程序。

一、法律事实

企业在处理劳动争议时，必须以事实为前提，认定事实必须有相应的证据支撑，否则不能轻易作出处理。这里所讲的事实又包括两种类型：一是客观事实，二是法律事实，客观事实是指真实发生的事实，而法律事实是能提供有效的证据加以证明的事实，因此客观事实和法律事实的差距在于证据的还原力度，证据越多越充分越有效，客观事实与法律事实就越接近。而处理劳动争议要依据的事实是后者即法律事实，因为只有依据法律事实处理纠纷才能做到依法合规、有理有据，在发生纠纷案件时立于不败之地。例如，一个员工确实存在违纪行为要被解除劳动合同，企业仅是知道存在违纪这个事实是不够的，因为一旦发生纠纷走向仲裁诉讼环节，所有行为都必须经得起法律的检验，而很多劳动争议纠纷无论是基于法律的规定还是出于举证的合理分配，大多数情况下都是由用人单位来承担举证责任，因此员工通常无须证明其不存在违纪行为，而企业要提供充分的证据来证明员工违纪行为的客观存在。如果缺乏有利的证据支撑，企业主张的违纪事实将无法成立，自然会在案件的仲裁和诉讼中一败涂地。

案例：唐某与甲公司劳动争议案

唐某于2011年11月15日入职甲公司，担任数据库工程师，月工资标准为6200元（税前），每月15日左右通过银行转账形式发放上月工资；双方签订了期限为2011年11月15日至2016年12月31日的劳动合同，唐某最后工作至2015年1月23日。甲公司主张唐某自2015年1月23日之后无故不到岗上班，故其于2015年2月15日以唐某旷工11天为由与其解除劳动关系。唐某认为是甲公司于2015年1月23日与其违法解除劳动关系，故其此后未出勤。唐某主张甲公司的部门经理赵某于2015年1月12日告知其公司领导孟总不让其继续上班了，因为其还有年休假和倒休，故其从1月13日起休年假及倒休，休完年假和倒休之后，于1月21日回公司继续上班，甲公司要求其办理离职手续，其要求甲公司出具离职证明，但甲公司出具的系其主动离职的证明，所以其不同意签收该证明，其于1月21日至23日继续上了3天班，甲公司告知其公司已经与其解除了劳动关系，上班也没有意义，后其于3月6日收到了甲公司邮寄的解除劳动合同通知书。唐某就其主张提交其与甲公司员工唐某上司经理赵某及人事部员工宋某的电话录音，录音内容主要为：公司要唐某办理离职手续，但是离职手续上面显示的是唐某主动离职，唐某认为自己不是主动离职，是被公司辞退的，因此拒签。甲公司对上述录音均不予认可，但认可赵某、宋某均原系其员工，主张赵某于2015年2月28日离职，宋某于2015年3月31日离职，并称因其现在无法联系上二人，故无法对录音申请鉴定。

唐某就本案诉讼请求申请劳动仲裁，仲裁委裁决甲公司支付违法解除劳动关系的赔偿金43,400元，甲公司不服该裁决诉至法院。

法院认为，当事双方均认可唐某自2015年1月23日后未再出勤，甲公司虽主张甲公司未出勤系因旷工，故其于2015年2月15日以旷工为由与甲公司解除劳动关系，但唐某主张甲公司于2015年1月23日即提出解除劳动关系，故其自1月23日后未再出勤，唐某就其主张提交了其与甲公司员工赵某、宋某的电话录音，甲公司虽不认可该录音，但其亦无法联系赵某、宋某二人；且甲公司虽主张唐某自1月23日旷工，但其并未在作出解除通知前通知唐某返岗工作，亦与常理不符；故法院对唐某关于甲公司于2015年1月23日与其解除劳动关系的主张予以采信，现甲公司并未举证证明其1月23日的解除行为合法有效，法院对甲公司违法解除劳动关系的事实予以采信，裁决甲公司支付违法解除劳动关系赔偿金43,400元。

案例分析

解除劳动合同由用人单位承担举证责任，本案中用人单位甲公司主张唐某因从2015年1月23日之后旷工而被解除劳动合同，而唐某认为自己是2015年1月23日后被解除劳动合同，法院最终采信唐某的观点主要有两方面的原因：一是唐某提供了相关录音的证据，甲公司虽不予认可但没有证据足以反驳，法院采信唐某的证据；二是甲公司主张唐某旷工，但是在唐某2015年1月23日之后没有上班的情况下，没有对唐某进行催告、沟通、协商便直接作出解除劳动合同通知，完全不符合常理和处理逻辑。因此最终甲公司败诉。

因此，用人单位想要在纠纷中立于不败之地的前提是发生纠纷时高度重视证据的提供，并在专业人士的指导下开展证据的搜集和完善工作。

二、规章制度

企业规章制度是公司人力资源管理的基本行为准则，也是企业人力资源管理最重要的手段。劳动争议的处理都必须有制度作为依据。

以员工违纪解除处理为例，企业对违纪员工进行处理，在规章制度方面的要求包括以下几点：

首先，公司必须有违纪惩罚的相关制度。缺少书面制度的依据，企业的惩处将无从谈起。

其次，公司的规章制度对违纪行为要有明确具体的条文进行约束。例如，涉及员工旷工的处理，必须有关于旷工的相关条款规定，包括旷工的定义、界定、不同天数的违纪后果等；涉及员工利益冲突的处理，也必须在规章制度中有明确的关于利益冲突的定性、范围、违反后果等内容，否则也无法处理。实践中如果出现公司相关制度或要求曾在公司内部公布但是又由于某种原因无法举证的情况，公司或者就赶紧设法补充让违纪员工签署知悉规定的文件，或者通过与违纪员工的谈话，让违纪员工承认知悉自己的行为违反了公司的某项制度，否则处理也是难以成立的。因此，即使公司的制度没有成文的规定或者说公司的制度仅是在会议上领导宣布过，如果员工承认企业确实存在这个制度，员工的自认是具有法律效力的。只是实践中大多数情况是当企业要炒掉员工的时候，员工并没有那么老实，很多员工甚至在有事实、有证据的情况下也不会承认违纪，更何况根本没证据没制度。

最后，公司的规章制度需明确严重违纪解除的标准。再以违纪解除为例，如果只是规定了某种行为是严重违纪行为，但是没有明确具体的可量化标准，同样会产生法律的风险。例如，同样的旷工行为，有的公司可以规定连续旷工 3 天构成严重违纪，有的则可能规定是连续 7 天；再如，针对严重失职给公司造成重大损失的违纪行为，规章制度必须规定具体的数额或标准，如果用“后果极为严重”“情节极为恶劣”等含糊其词的表述，还是无法合规解除，原因在于企业必须对解除行为的合法性承担举证责任，即企业要证明某个行为已经构成了规章制度中可以直接解除合同的严重违纪行为，可是如果某个制度关于“什么行为可以直接构成解除合同的严重违纪行为”本身是不清晰、有争议、可以有不同解释的，那又怎么可能完成“构成严重违纪”举证呢？

案例：韦某与泰东公司劳动争议案

韦某 2005 年 12 月 12 日入职泰东公司，岗位客服部主管。2017 年 11 月底，按泰东公司的安排，由韦某负责泰东大厦圣诞装饰事宜，后公司发现韦某在为泰东公司采购 2017 年度圣诞树等圣诞饰品过程中，没有经过比价违规选定其亲属所在的公司作为供应商，共报价 16,000 元，但所购得的饰品市场上的实际价值仅为 4890 元，且实际呈现的圣诞装饰效果很差，严重影响了大厦的形象，造成泰东公司重大名誉损失，故认为韦某严重失职，泰东公司于 2017 年 12 月 12 日向韦某发出《解除劳动合同通知书》，以严重违反公司管理制度为由解除与韦某的劳动关系。泰东公司确认该公司的采购流程由行政人事部负责，报该公司总经理签名决定才生效，而本次圣诞饰品采购由于时间紧急，未按照正常流程，未经总经理审批，财务部门也违规进行了支出。泰东公司提交的《员工手册》第5章第2条第3款规定:“员工如有下列过失之一,公司将给予即时解雇。被解雇的员工,将自动丧失其在公司享有的一切权益并不获任何赔偿……3.4造成公司经济损失达人民币3000元及以上的。”庭审中泰东公司称:“我方只确认金额是16,000元,我方确实支付了4890元,目前还没有支付剩余的11,110元。”

韦某提出仲裁,要求泰东公司支付解除劳动合同经济补偿金250,291.75元,仲裁委裁决泰东公司支付违法解除劳动合同的赔偿金185,948.75元,一审、二审均维持同样的裁决。

案例分析

本案的主要争议焦点是泰东公司是否需要向韦某支付违法解除劳动关系赔偿金。法院审理认为,首先,泰东公司系以韦某违规采购而解除劳动关系,但泰东公司提交的《员工手册》内并未明文规定员工存在违规采购的行为其可以解除劳动关系。其次,泰东公司主张韦某造成其经济损失11,110元,但其未提供充分有效的证据予以证明,且前述11,110元泰东公司在解除劳动关系之前亦尚未支付,即损失并未发生,故泰东公司依据《员工手册》解除劳动关系,理据不足。最后,韦某的行为即使存在过错,在泰东公司规章制度没有明确规定可予以解除的情况下,劳动者对自身行为后果欠缺可预见性,泰东公司在没有采取警告、记过等措施的情况下直接采取解除劳动关系这一最后、最严格之惩戒措施,对于劳动者而言,有失公允。故认定泰东公司解除劳动合同违法,判决支付违法解除劳动合同的赔偿金。

三、处理程序

劳动争议纠纷处理的合规除实体上的要求外,程序上也必须符合相关的规定,程序上的规定来自法定程序和约定程序两部分。

法定程序是指法律规定劳动争议处理时必须遵守的程序,最为常用的规定是《劳动合同法》关于解除劳动合同通知工会的规定。《劳动合同法》第43条规定:“用人单位单方解除劳动合同,应当事先将理由通知工会。用人单位违反法律、行政法规规定或者劳动合同约定的,工会有权要求用人单位纠正。用人单位应当研究工会的意见,并将处理结果书面通知工会。”通知工会是为了保障工会的知情权和参与权、监督权。并不是说企业解除劳动合同需要工会同意,工会是否同意不影响企业解除劳动合同的决定，公司可以对工会的意见进行审查，如果工会的理由不合理或者理由站不住脚，公司也可以不接受。当然也有些企业的工会可能相对比较强势，但即使工会的立场跟企业不一样也没关系，只要企业有充足的证据并且符合法律和制度，也可以继续作出解除决定。另外，如果工会不同意，企业肯定要更加慎重，因为可能解除真的存在问题。

最高人民法院《关于审理劳动争议案件适用法律问题的解释（一）》（法释〔2020〕26号）第47条规定："建立了工会组织的用人单位解除劳动合同符合劳动合同法第三十九条、第四十条规定，但未按照劳动合同法第四十三条规定事先通知工会，劳动者以用人单位违法解除劳动合同为由请求用人单位支付赔偿金的，人民法院应予支持，但起诉前用人单位已经补正有关程序的除外。"因此，对于建立了工会的企业如果解除员工劳动合同没有通知工会，有可能构成违法解除的法律后果并支付赔偿金，当然最高人民法院的司法解释又给予了补正程序的机会，前提是企业必须在法院起诉前进行补正，因此有不少人认为不提前通知工会问题也不大，可以后补，但是这样的观念还是会带来风险，毕竟仲裁很有可能因为程序违法而败诉，更为关键的是，如果案件涉及的金额不大属于仲裁"一裁终局"的案件，企业可能并没有机会在起诉前补正程序了，稳妥起见，还是要在解除前履行通知工会的程序。

除上述最常见的程序要求外，其他的法律规定中也有程序性的要求，例如，《劳动合同法》第40条规定："有下列情形之一的，用人单位提前三十日以书面形式通知劳动者本人或者额外支付劳动者一个月工资后，可以解除劳动合同：……（三）劳动合同订立时所依据的客观情况发生重大变化，致使劳动合同无法履行，经用人单位与劳动者协商，未能就变更劳动合同内容达成协议的。"根据该条文，当企业以"劳动合同订立时所依据的客观情况发生重大变化，致使劳动合同无法履行"的理由解除与劳动者劳动关系时，前提条件就是"用人单位要与劳动者协商"，这个协商程序就是程序性的要件，如果不符合这个要求，解除劳动合同的行为也可能导致无效。

约定程序是指程序不是源于法律规定，而是源于事先约定或制度规定的处理劳动争议的程序性规定，包括在劳动合同中事先约定的程序以及规章制度中事先规定的程序。这些程序虽然并非源于法律规定，但是事先的约定或制度规定的程序不仅对员工有约束力，对企业也同样有约束力。较为常见的做法是，有的企业会在规章制度中规定处理员工的流程，在流程中规定如果员工对违纪处理有异议，可以申请向企业内设的机构如"企业奖惩委员会""人力资源委员会"等进行申诉，申诉后的结果为最终决定。这个做法本身并没有问题,体现了企业在处理员工时的谨慎态度及纠错机制,但是部分企业在实践中有时并没有完全遵守这个规定,尤其是对于严重违纪解除的员工,为了快速处理,发出解除通知后立即让员工办理离职手续,导致员工根本来不及进行内部申诉或者即使提出了申诉在申诉结果出来前也已经离职。这种情况下一旦诉至法院,企业将面临败诉的法律风险。因为既然企业设定了相关流程和程序,就应当遵守,如果没有遵守同样属于程序违法。因此,建议企业一般不要额外设定解雇程序,即使设定了类似的程序,也可以在规章制度中加上诸如“员工的申诉不停止处理结果及相关手续的办理”等表述,以避免风险。

案例:马某与某船厂劳动争议案

马某于2006年5月1日入职某船厂工作,双方之间最后一期劳动合同的期限是2016年5月1日至2019年4月30日。马某的工作岗位是生产管理岗位,从事电舾装技术工作。2013年及2014年马某在某船厂仪征项目部任副主任主管,具体负责该项目的工作。2014年6月8日,某船厂以马某不能完成生产任务和考核目标为由,将马某调回南京,双方未能就马某的新岗位达成一致意见。2014年7月2日,某船厂调整马某为生产科副科长,工资待遇中的岗位工资系数由原来的2.2调整至1.8,进而导致马某每月岗位工资减少880元(2200元×2.2－2200元×1.8)。马某拒绝到新岗位任职。2014年7月31日,某船厂发文以马某不服从工作的调动,拒不到岗,严重违反了企业规章制度为由,依据《劳动合同法》第39条第2项及某船厂《职工奖惩条例》第2章第4条之规定,决定于2014年7月31日起与马某解除劳动合同。解除劳动合同前3周,马某每天上班,但未到新岗位报到。

某船厂《职工奖惩条例》第2章第4条规定:“……无正当理由不服从组织调动和工作分配的,或经培训仍不适应新的工作岗位的,企业有权解除劳动合同。”第23条规定:“……对于需要给予行政警告以上处分者,报厂长办公会议报批。”第25条规定:“给予职工行政处分和经济处罚,必须弄清事实,取得证据,经过附件厂仲裁会或厂长办公会议讨论,征求工会意见,允许受处分人本人进行申辩,慎重决定。”

2014年8月14日,马某申请劳动仲裁,要求撤销某船厂作出的解除劳动合同决定,继续履行劳动合同。2014年9月28日,裁决撤销某船厂作出的解除与马某劳动合同决定,继续履行劳动合同。某船厂不服该裁决,遂诉至法院,一审、二审法院均作出了“撤销解除劳动合同决定,继续履行双方之间的劳动合同”的裁决。

案例分析

关于某船厂与马某解除劳动关系是否合法是本案的焦点问题，法院认为，首先，《劳动合同法》第40条第2项规定，劳动者不能胜任工作，经过培训或者调整岗位，仍不能胜任工作的，用人单位可以解除劳动合同。2014年6月8日，某船厂以马某不能完成生产任务和考核目标为由，将马某调回南京。对于马某能否胜任原工作岗位，某船厂在马某任职期间，既不对其进行考核，也不将其工作中未完成生产任务的节点情形公示，故主张马某不能胜任原工作岗位缺乏事实依据，在未协商一致的情况下，对马某的工资待遇进行下调，不符合法律规定。其次，某船厂《职工奖惩条例》中明确规定："给予职工行政处分或经济处罚，必须弄清事实，取得证据，经过附件厂仲裁会或厂长办公会讨论，征求工会意见"，该规定并不违反法律规定，对用人单位及劳动者双方均有约束力。某船厂在解除与马某的劳动合同过程中，虽然已征求了厂工会的意见，符合《劳动合同法》第43条之规定，但该法条仅为规范解除劳动合同程序，减少劳动争议发生的规定，除此之外，某船厂还应依照《职工奖惩条例》之规定履行相应的解除程序，某船厂未能提供已经就解除与马某劳动关系事宜经过了附件厂仲裁会或厂长办公会讨论的证明，违反了自身制度，解除程序不合法。故裁决撤销了解除劳动合同的决定。

第三节　劳动争议违法处理的法律后果

一旦企业处理劳动争议的行为被认定为违法，企业将承担以下几个方面后果。

一、支付赔偿金或承担赔偿责任

关于支付赔偿金的行为，主要有以下规定。《劳动合同法》第87条规定："用人单位违反本法规定解除或者终止劳动合同的，应当依照本法第四十七条规定的经济补偿标准的二倍向劳动者支付赔偿金。"第85条规定："用人单位有下列情形之一的，由劳动行政部门责令限期支付劳动报酬、加班费或者经济补偿；劳动报酬低于当地最低工资标准的，应当支付其差额部分；逾期不支付的，责令用人单位按应付金额百分之五十以上百分之一百以下的标准向劳动者加付赔偿金：(一)未按照劳动合同的约定或者国家规定及时足额支付劳动者劳动报酬的；(二)低于当地最低工资标准支付劳动者工资的;(三)安排加班不支付加班费的;(四)解除或者终止劳动合同,未依照本法规定向劳动者支付经济补偿的。”第 83 条规定:“用人单位违反本法规定与劳动者约定试用期的,由劳动行政部门责令改正;违法约定的试用期已经履行的,由用人单位以劳动者试用期满月工资为标准,按已经履行的超过法定试用期的期间向劳动者支付赔偿金。”

关于承担赔偿责任的行为,主要有以下规定。《劳动合同法》第 84 条第 2 款规定:“用人单位违反本法规定,以担保或者其他名义向劳动者收取财物的,由劳动行政部门责令限期退还劳动者本人,并以每人五百元以上二千元以下的标准处以罚款;给劳动者造成损害的,应当承担赔偿责任。”第 86 条规定:“劳动合同依照本法第二十六条规定被确认无效,给对方造成损害的,有过错的一方应当承担赔偿责任。”第 89 条规定:“用人单位违反本法规定未向劳动者出具解除或者终止劳动合同的书面证明,由劳动行政部门责令改正;给劳动者造成损害的,应当承担赔偿责任。”此外,第 88 条、第 92 条、第 93 条等均有关于企业承担赔偿责任的相关规定。

二、继续履行劳动合同

无论是最常见的劳动争议解除劳动合同问题,还是降岗降薪的劳动合同变更问题,都存在员工主张继续履行劳动合同的风险。《劳动合同法》第 48 条规定:“用人单位违反本法规定解除或者终止劳动合同,劳动者要求继续履行劳动合同的,用人单位应当继续履行;劳动者不要求继续履行劳动合同或者劳动合同已经不能继续履行的,用人单位应当依照本法第八十七条规定支付赔偿金。”同时,《劳动合同法》第 35 条规定:“用人单位与劳动者协商一致,可以变更劳动合同约定的内容。变更劳动合同,应当采用书面形式。变更后的劳动合同文本由用人单位和劳动者各执一份。”如果企业未经协商一致而单方调岗降薪,则员工完全有权要求继续履行劳动合同,恢复岗位和薪酬。而当法院支持劳动者的主张判决企业继续履行劳动合同时,对企业的管理会产生巨大的负面影响。可以想象一下,某员工因为违纪被解除合同,在此过程中员工与企业双方关系肯定已经僵化,当企业的所有员工都认为这个人已经被炒掉,结果发现某员工竟然因为案件胜诉而回来上班,那以后企业的管理权威何在?企业日后将如何管理这名员工?又如何面对可能有样学样的其他员工?这种情况对于企业人力资源管理来说是灾难性的后果。

此外,对于克扣工资拖欠工资等违法行为,也面临要求补发和支付相关待遇的后果,也是属于履行原有劳动合同的诉求。

案例:王某与某上市公司劳动争议案

王某于1991年7月入职,2012年12月18日起被聘任为某上市公司总经理,2013年11月19日,双方签订自2014年1月1日起的无固定期限劳动合同,约定王某每月固定工资为人民币51,900元;王某具有严重违反规章制度或者严重失职,营私舞弊,对某上市公司造成重大损害的情形时,某上市公司可以随时解除劳动合同。

2013年11月20日,某上市公司因关联交易收到中国证券监督管理委员会上海监管局沪证监(2013)49号《责令改正的决定》,2014年5月12日,某上市公司召开第五届第十五次董事会,认为王某在此次事件中负有不可推卸的责任,审议并通过关于解除王某总经理职务及提请股东大会解除王某董事职务的议案。5月13日,某上市公司向王某送达《员工违纪处理通知书》,以严重失职,对公司造成重大损害为由解除劳动合同。

王某不服向劳动争议仲裁委员会申请仲裁,要求与某上市公司从2014年5月14日起恢复劳动关系,仲裁委员会裁决支持了王某要求与某上市公司恢复劳动关系的诉求,某上市公司不服,起诉至法院,要求判令该公司无须与王某恢复劳动关系,一审、二审法院均支持了王某要求恢复劳动关系的诉求。

案例分析

法院认为,某上市公司对王某存在《员工手册》所列可予以解除的严重违纪、严重失职行为并未提供充分证据证实,依据现有证据亦无法认定王某任总经理期间具有法律规定用人单位可单方解除之"严重"违纪、失职行为,故某上市公司以此为由与王某解除劳动关系缺乏事实依据。根据《劳动合同法》的规定,用人单位违反劳动合同法规定解除或者终止劳动合同,劳动者要求继续履行劳动合同的,用人单位应当继续履行;劳动者不要求继续履行劳动合同或者劳动合同已经不能继续履行的,用人单位应当依据《劳动合同法》第87条的规定支付赔偿金。本案中某上市公司作出解除劳动合同决定不当,根据劳动合同法规定是否恢复劳动关系首先需考虑当事人意愿,对于当事人要求恢复履行劳动合同的,除非无继续履行的可能性,用人单位应当继续履行。而是否存在无法继续履行的情形,应结合实际情况综合判断。首先,从查明事实看,王某系由某上市公司的普通员工逐步成长为公司副总经理、总经理的,某上市公司称其与王某建立劳动关系的基础是王某担任总经理与事实不符。其次,对于具体岗位,某上市公司主张王某总经理的岗位已无法恢复,故合同无法继续履行,但王某已明确表示对董事会撤销其总经理职务没有异议,愿意在公司从事其他工作,故对于岗位的变更王某并无意见,某上市公司再主张无总经理岗位可继续履行,理由难以成立。再次,王某入职某上市公司时系普通员工,在该公司工作了十五六年,其对该公司的业务是熟悉的,其原工作能力亦得到过肯定。而某上市公司系具有一定规模的上市公司,雇用员工千余人,其现称无任何岗位可以安排王某,无法让人信服。最后,法院认为,王某原虽为公司高管,但连续工龄已满 10 年,不予恢复劳动关系实质上亦剥夺了王某作为老职工可以要求履行无固定期限劳动合同的权利,有失公平。故此作出恢复劳动关系的判决。

本案是一起影响较大也是较为典型的要求继续履行劳动合同恢复劳动关系的案件,对处理其他同类案件具有一定的参考意义。

三、骨牌效应

前面我们讲到劳动争议的特殊性时,谈到了“骨牌效应”,处理纠纷时,如果处理行为被认定为违法行为,很有可能产生连锁反应并形成“骨牌效应”。

企业在处理纠纷时,不能完全就事论事,必须考虑一个决定或因一个行为可能会影响其他的员工,同为一个企业的员工,管理制度是相同的、劳动合同版本是相同的、管理模式类似、薪酬结构可能也是相同的,其他员工不可能对涉及自身利益的行为无动于衷、毫不关心。所以当一个员工有这个问题的时候,其他员工也会有这个问题,一个员工的诉求得到满足,如果公司不满足其他员工的诉求就会出现问题。例如,有员工告企业要支付加班工资,然后当员工一提出仲裁申请,企业考虑到打官司影响企业的声誉,于是选择妥协与该员工和解并支付了其加班工资,其他员工见到这种情况,从自身利益出发,很大可能也会选择提出诉求,如果公司不给加班费他们也会寻找法律途径解决,而一旦发展成多人,就有可能抱团维权形成群体性劳动争议,企业将处于一发而不可收拾的状态。

四、负面信息的公示

根据国务院的《企业信息公示暂行条例》(国务院令第 654 号),我国建立了全国工商信息企业信用查询系统,将在工商行政管理部门登记的企业从事生产经营活动过程中形成的信息，以及政府部门在履行职责过程中产生的能够反映企业状况的信息及时公开。该条例第7条规定："工商行政管理部门以外的其他政府部门（以下简称其他政府部门）应当公示其在履行职责过程中产生的下列企业信息：（一）行政许可准予、变更、延续信息；（二）行政处罚信息；（三）其他依法应当公示的信息。"也就是说，国家企业信用查询系统中可以查询到所有企业的行政处罚的记录。如果其他企业想要跟你做交易，他可以进入这个系统查询公司的信用情况。那为什么劳动争议处理会产生这个问题呢？因为很多情形下，无论是违法解除劳动合同、调岗降薪，还是拖欠工资欠发加班费，都可能引发员工的投诉并导致劳动监察部门等政府行政机关介入处理。如果一旦认定企业构成违法，此时行政部门可能会对企业进行行政处罚，一旦进行行政处罚，对企业的后果是非常严重的，因为行政处罚的记录将会直接保留在工商部门的信息系统里。此外，如果企业是做政府部门等国有机关企事业单位等业务的也会有很多麻烦，很多国有机关企事业单位的招投标项目都把有类似"三年之内无行政处罚记录"等作为投标的资格条件。所以，如果企业一旦因为劳动争议受到行政处罚，则连参与招标投标的资格都没有。因此一个劳动争议案件如果处理得不好而产生这样的后果，公司老板会怎么看待人事部门的工作呢？我们平时可能不一定能意识到这些问题，某种意义上行政处罚的后果可能比员工要求继续履行劳动合同、支付赔偿金等还严重得多。

五、影响企业评级

人力资源社会保障部在2016年颁布了《企业劳动保障守法诚信等级评价办法》（人社部规〔2016〕1号），目的是增强劳动保障监察的针对性和效率，实行企业分类监管，督促企业遵守劳动保障法律规定，履行守法诚信义务。

该办法第7条规定："企业劳动保障守法诚信等级划分为A、B、C三级：

（一）企业遵守劳动保障法律、法规和规章，未因劳动保障违法行为被查处的，评为A级。

（二）企业因劳动保障违法行为被查处，但不属于C级所列情形的，评为B级。

（三）企业存在下列情形之一的，评为C级。

1. 因劳动保障违法行为被查处三次以上（含三次）的；

2. 因劳动保障违法行为引发群体性事件、极端事件或造成严重不良社会影响的；

3. 因使用童工、强迫劳动等严重劳动保障违法行为被查处的；

4. 拒不履行劳动保障监察限期整改指令、行政处理决定或者行政处罚决定的；

5. 无理抗拒、阻挠人力资源社会保障行政部门实施劳动保障监察的；

6. 因劳动保障违法行为被追究刑事责任的。”

从以上规定可以看到，如果因为劳动争议而对员工处理违法，员工一旦投诉则有可能认定为劳动保障违法行为，而一旦有多次被认定为劳动保障违法行为，则劳动保障守法诚信等级可能被评为B级或者C级。

如果被评为B级或者C级会有什么后果呢？

《企业劳动保障守法诚信等级评价办法》第10条规定：“人力资源社会保障行政部门根据企业劳动保障守法诚信等级评价情况，对劳动保障监察管辖范围内的企业实行分类监管。

对于被评为A级的企业，适当减少劳动保障监察日常巡视检查频次。

对于被评为B级的企业，适当增加劳动保障监察日常巡视检查频次。

对于被评为C级的企业，列入劳动保障监察重点对象，强化劳动保障监察日常巡视检查。”

第11条规定：“对于被评为C级的企业，人力资源社会保障行政部门应对其主要负责人、直接责任人进行约谈，敦促其遵守劳动保障法律、法规和规章。”

从以上规定可以看出，A级是减少巡查，就是本来企业按规定一年要去做一次核查的，但是基本上不用查，因为完全不存在劳动保障违法的情况；如果是B类，则是要增加巡查，可能平时是一年一次的可能会增加到两次；如果是C类则是重点巡查对象，强化日常监管，可能频繁被作为巡查对象，企业的人力资源管理由此变得如履薄冰，战战兢兢。综上，我们对于劳动争议的处理，不要简单地把它看作赔钱就行，要真正了解违法处理的各种后果，防患于未然。

第三章

劳动争议处理的规章制度设计

企业的规章制度既是企业人力资源管理的重要工具和手段，也是处理劳动争议的基本准则和依据，其重要性不言而喻。本章我们结合具体案例来聊聊劳动争议处理的规章制度设计。

第一节　规章制度设计的重要性

在前一章我们提到规章制度是合规处理劳动争议的关键要素。在公司日常的人力资源管理中，最主要的管理手段无外乎分两种途径：一是规章制度，二是劳动合同。而这两者的作用其实是各有侧重的。首先，规章制度是普遍适用性的规则，一般适用于全体员工，而劳动合同是有相对性的约定，只对合同双方有约束力，两者是互补的关系。其次，劳动合同是双方经协商后签订的，而规章制度是用人单位单方制定的，当涉及同一个事项时，如果规章制度与劳动合同不一致，员工有权要求优先适用劳动合同制度。最高人民法院《关于审理劳动争议案件适用法律问题的解释（一）》（法释〔2020〕26 号）第 50 条第 2 款规定："用人单位制定的内部规章制度与集体合同或者劳动合同约定的内容不一致，劳动者请求优先适用合同约定的，人民法院应予支持。"正因为劳动合同是协商签订的，而规章制度是由单方制定，协商签订的合同比单方制定的规章制度更能体现员工的意志和保障员工的利益。

很多企业在人力资源管理中经常出现一些误区，就是把劳动合同内容写得非常详细，从工资构成明细、具体办公地点到上下班时间、违纪惩处规定等，全部都写进劳动合同中，这会带来什么样的问题呢？从法律上讲，合同的任何变更都要经协商一致，如果事无巨细地都写进劳动合同中，意味着企业将来如果要调整劳动合同中约定的上下班时间，都要跟每个员工进行协商，这显然不太可能。

所以对于劳动合同内容的约定，应该把不太容易变动的原则性规定或者企业管理中没有太大变化的一些条款写进合同中，但是对于一些经常可能变动的内容如工资结构的明细则不适合写在合同中，很多企业喜欢把劳动合同中的工资条款写得特别细致，工资结构全写在合同中，但是意味着当公司想变更工资结构的时候，如果合同不变，光变制度，此时制度跟合同的规定不一致的，员工是可以要求优先适用劳动合同，就容易产生风险。所以可以和员工协商不常发生变化的原则性的规定，比如，约定薪酬方面，可以只列基本工资以及基本工资之外的其他工资构成名目，并同时约定绩效年终奖励等以规章制度规定为准，这样就可以实现规章制度跟劳动合同的衔接。因为劳动合同中都已经明确以规章制度为准，如果要修改规章制度，只要规章制度制定程序没问题，就可以适用。反过来如果把大量的管理细节的东西都写在其中，当某一个小的事项需要修改的时候，就会出现很大的问题，因为法律规定了合同的变更需要合同双方协商一致。

因此,规章制度在管理中的优势就体现出来了,因为规章制度的内容虽然需要经过民主程序,但最终还是由企业决定。将企业的管理意志和管理理念通过形成规范并最终成为企业管理文化,规章制度的重要性之一正在于此。对于处理劳动争议,规章制度的内容设计是必不可少的前提条件,其重要性体现在以下几个方面。

一、完备的规章制度是劳动争议处理的实体准则和程序标准

员工行为是否构成违纪、解除劳动合同是否合法、调整员工工作岗位是否有依据、扣减工资是否合规等一系列的问题都需要以具体的规章制度的规定来作出判断,缺少具体的制度,不仅处理员工无据可依,全凭主观意识和临时起意,而且一旦对簿公堂必然败诉。同时规章制度设定的纠纷处理程序也是处理纠纷必须遵守的标准流程。

二、完善的规章制度对于处理劳动纠纷起到指引和评价的作用

企业的人力资源管理并非仅由人力资源部门完成,诸多的管理职能其实是由具体业务部门来实施的,因此清晰的规章制度对各部门各分支机构处理劳动纠纷起到十分重要的指引作用。同时规章制度也可以用于评价某个部门或某个员工的行为是否合乎公司的规定,并以此来指导的具体行为规范。

三、清晰的规章制度对员工行为也带来警示和预测的作用

对于员工个体而言,清晰的规章制度对哪些行为属于违纪行为、哪些行为甚至可能导致严重违纪被解除合同,都有十分清晰的规定,在此情况下,员工不仅对行为规范的边界非常清楚,而且对什么样的行为可能引起对应的后果也很清楚,这样,规章制度对员工行为不仅有警示作用,也为行为后果的预测提供了参考。

四、违法的规章制度可能诱发道德风险和管理危机

《劳动合同法》第 38 条规定,“用人单位有下列情形之一的,劳动者可以解除劳动合同:……(四)用人单位的规章制度违反法律、法规的规定,损害劳动者权益的”,因此根据此条款,如果用人单位的规章制度存在违法情形,比较常见的包括制度中规定“试用期不签订劳动合同”、“试用期不得结婚怀孕”、“四小时以内的加班

无须支付加班工资”、企业可以对员工进行各种罚款等类似违法规定等，如果单位存在这样损害员工合法权益的规定，员工完全可以依据法律的规定，主动提出解除劳动合同并要求企业支付经济补偿。

这样还会存在另外一种道德风险或管理危机，如员工的表现本来不好甚至存在严重违纪行为，企业准备解除员工的劳动合同，或者员工准备辞职，结果员工就可能找到企业制度上的漏洞——如存在大量的罚款条款并且确实依据制度进行过处罚，以此为理由，抢先一步通知公司解除劳动合同并要求支付经济补偿。从中可以看出公司制度的设计合法性是非常重要的，不能想当然地认为“我的地盘我做主”，企业想怎么设计条款就怎么设计。

第二节　规章制度设计的常见错误

企业在制定规章制度过程中，经常会犯一些常见的错误，这些错误归纳起来有四类：表述含糊、英文直译、前后矛盾、不够精细。下面我们分别来讨论一下。

一、表述含糊

表述含糊是指企业的规章制度中存在内容含混不清、表述存在争议或者多种理解的条款。

案例：王某与江夏公司劳动争议案

王某于2012年8月入职江夏公司销售部，合同期限为2012年8月1日起至2015年7月31日止。2012年6月23日和2012年7月12日王某先后因家中私事未请假而未出勤，存在旷工行为，再加上王某业绩不佳，工作表现消极，错误不断，2012年8月8日，江夏公司以严重违反规章制度为由解除了与王某的劳动关系。江夏公司的《员工手册》及《考勤管理规定》上都明确规定“员工经常无故旷工，属于严重违纪，公司可以解除劳动合同”，且该制度已通过会议向员工宣讲。

王某认为，他从来不知道单位的相关规定，且两次旷工不能算作经常旷工，根据有关规定连续旷工15天以上才能解除劳动合同，因此江夏公司解除劳动合同违法，并于2012年9月30日向劳动争议仲裁委员会提起申诉，要求裁决公司支付赔偿金。

仲裁委员会经审理后认为，江夏公司的规章制度已经在年度业务会议上向员工宣讲，王某在会议签到表上签字，其辩称不清楚规章制度的规定与法不符，江夏公司有权对员工出勤及旷工认定等事由制定制度，但是江夏公司关于旷工处理的制度语意不清，到底何种行为构成“员工经常旷工”，王某旷工两次是否属于经常旷工存在争议，江夏公司无法提供依据证明王某符合相关规定，作出解除决定不符合法律规定，应认定为违法解除劳动合同并判令支付赔偿金。

类似这样的案例在实践中有很多，企业在制定规章制度时，为了给自身更大的空间和余地，往往将很多条文写得含糊其词，并在制度最后加上一句“本公司对制度有最终解释权”，尤其是在严重违纪解除的规章制度方面，公司并没有明确规定什么样的行为构成严重违纪，对于违反的后果也没有明确的表述，这样的条款实践中是没有法律意义的。最高人民法院《关于审理劳动争议案件适用法律问题的解释(一)》(法释〔2020〕26 号)第 44 条规定：“因用人单位作出的开除、除名、辞退、解除劳动合同、减少劳动报酬、计算劳动者工作年限等决定而发生的劳动争议，用人单位负举证责任。”根据该条文，单位如果要解除员工的劳动合同，应当依据承担举证责任，这种举证责任包括既要证明员工客观存在违纪行为，还要证明员工的违纪行为符合企业规章制度的规定可以直接解除劳动合同，但如果企业的规章制度连什么行为构成严重违纪都没写清楚，又如何能够完成证明“违纪行为应当解除”的举证责任呢？

案例：黄某与某知名汽车销售公司劳动争议案

黄某在某知名汽车销售公司从事销售工作。2018 年公司通过民主程序制定了《员工手册》，《员工手册》其中一条规定，“有下列行为之一的，公司将视情节处以警告、严重警告或者解除劳动合同的处分”，行为之一是“将公司客户、潜在客户或工作中获知的业务机会介绍给同行或竞争对手，使公司蒙受损失的”。黄某确认其参加了公司组织的对新版《员工手册》的培训，认同并愿意遵守《员工手册》的所有内容和规定，培训签到表、《员工手册》接收单上均有黄某的签名。

2019 年 6 月，公司经人举报发现黄某在工作中私下介绍公司的客户给二手车经营商户而赚取高额的提成，导致公司与该客户之间交易失败。公司因此决定与黄某解除劳动关系。黄某先后提出仲裁和诉讼要求公司支付违法解除劳动合同的赔偿金。

法院经审理后认为，公司虽然有证据证明黄某的行为违反了公司的规章制度，但是公司《员工手册》中规定违纪的后果是警告、严重警告和解除劳动合同三种后果，公司未能举证证明黄某的行为足以被解除劳动合同，因此判令公司败诉并支付赔偿金。

通过上述案例我们可以看出，除对严重违纪行为没有清晰表述的情形外，还存在另外一种表述含糊的做法，也就是虽然规定了哪些行为构成严重违纪，但是对行为的后果却采取选择性的表述，如案例所描述的那样"有下列违纪行为之一的，可以处以警告、严重警告或者解除劳动合同"。这样带来的问题是，当真正发生纠纷的时候，如果选择较高的处罚幅度，如选择解除劳动合同或严重警告，这种做法就会带来法律风险，还是前面说过的道理，因为根据法律规定，企业有举证义务证明解除行为合法，而当企业采用选择性的处罚后果时，除非在此规章制度外企业还有更为详细的实施细则作为制度补充，否则企业根本没办法证明为什么要适用严重警告或者解除劳动合同的处罚，而不是更轻的警告处罚。而在实践中，当条款含糊双方都有争议的时候，由于规章制度是企业单方制定的，如果企业无法对此进行清楚的解释，此时只能适用对劳动者最有利的条款，使用最轻的处罚。

二、英文直译

不少外企为了管理的需要，同时也是为了保持文化、价值观的统一性，规章制度的内容是从境外的母公司规章制度直接翻译过来的，导致规章制度中有很多晦涩难懂或有歧义的表述，诸如"服用违禁药物或(和)酗酒以致未能恰当地履行职责之行为公司可以直接解雇"，这样的后果导致可能有些条款因为文法与中文常用的文法不同而产生不同理解，在适用时导致法律风险。

我们要求公司的规章制度的制定应该尽可能地详细，其实最终还是为了防止发生纠纷，而发生纠纷之后谁来审理这个案子呢？是我国的法官以及仲裁员，他不是外国人，他跟我们看东西的习惯一样，习惯看的是中文的表述，如果是外文表述方法导致歧义，跟前面说的结论一样，应当适用对劳动者有利而对企业不利的解释。

另外，我们还发现有很多企业与境外员工签的合同是英文版本，当然，并不是说劳动合同签英文版本不可以，但是最好同时有中文翻译，并且最好条文中有诸如"当两个版本出现歧义时以中文为准"类似的表述。这样做的原因在于发生纠纷时企业不能拿一个英文版本向法官举证,哪怕法官的语言水平是英语专业八级,也不可能使用英语去审理案件和写判决书,最终还是得进行翻译工作,因此一般在诉讼仲裁之前先要让公证处翻译,如果翻译的内容不精准有歧义,还会影响整个案件的审理。

三、前后矛盾

前后矛盾也是规章制度中经常出现的问题。所谓"前后矛盾",是指同一行为在企业规章制度中规定后果是A,但是在另外一个制度中规定的后果又是B,如在《考勤制度》中规定"员工代他人打卡或要求他人代打卡的行为构成一般违纪",但是在《员工手册》的奖惩规定中又规定"任何欺诈不诚信的行为构成严重违纪"。当员工出现"代他人打卡或要求他人代打卡"的情形,企业以在《员工手册》奖惩规定为依据解除员工劳动合同,员工肯定会以《考勤制度》的规定进行抗辩。那么应当采纳哪一方的规定呢?我们认为,同样的一个行为用企业自己制定的制度进行判断会产生不一样的后果时,此时当然是以对员工最有利的条款为主。因此如果出现这样的矛盾表述,应当在制度中及时明确有不一致时如何处理,避免风险。

四、不够精细

企业规章制度最普遍的一个问题是制度规定不够精细、不够清楚。例如,企业的制度中规定"违反安全规定措施,致使公司造成重大损害的行为构成严重违纪",但是对于什么叫"重大损害"并没有进行更为详细的规定,所谓重大损害是烧坏了一台机器还是发生了一场火灾?抑或是造成了10万元以上的经济损失或是虽然没有造成经济损失但导致了其他严重的损失?这些需要公司的制度去细化。而且不同规模、不同类型的企业对重大损害的标准通常也会不一样,如大型的企业,可能100万元是重大损失,对于小微企业来说,可能是一两万元甚至几千元就算是重大损失,具体额度都是可以由企业在合理的范围内进行规定明确的。从法律角度来讲,重大损害并不完全都是经济损失,也可能是损害商业声誉导致企业在社会上的社会信用评价降低,或者丧失重大交易机会等。

还有些企业表述为"情节严重的可以解除劳动"同样存在不够精细的问题,因为什么是"情节严重"又需要其他条文来解释,如果解释不了,那解除行为必然违法。

第三节　规章制度的合法性与合理性

合法性和合理性是相互依存的两个方面，企业的规章制度要真正产生法律上期望的后果，必须同时符合合法性和合理性的要求。那么怎样去理解合理性和合法性的问题呢？合法性是指公司的规章制度不能与法律规定相抵触，如果法律上明确要求这么做，而企业的制度反其道而行之，那这个制度可能没有法律效力。而合理性是指企业规章制度不能存在过分不合理的条款，如果存在，虽然不违法但是也有不被采纳的可能性，例如，企业在制度中规定"员工造成公司一元钱以上的损失均属于重大损失可立即解除劳动合同"，这样就属于过于极端、过分不合理的条款。

在实践中有很多的企业有这样的一些条款，如规定"女职工在规定期限内不能怀孕"，这个规定在法律上是没有效力的，因为生育是法律赋予每个人的合法权利，并不能由企业通过制度加以剥夺。再如，有些企业规定在一定的工作年限内不能结婚，这样的规定也是没有法律效力的，因为《婚姻法》规定每个人都有结婚的自由，这也是法定权利不能剥夺；还有些企业规定"试用期员工不能请病假"，这个从法律层面来说也是没有法律效力的，因为生病就医是基本人权。

一、从典型案例看规章制度的合法性问题

案例：马某与某民办幼教机构劳动争议案

马某于2011年8月1日进入某大型民办幼教机构工作，双方签订劳动合同至2014年7月31日，入职时单位告知马某《考核管理规定》中规定"年度考核末位淘汰"，同时明确"淘汰是指公司将解除与员工的劳动关系，并不支付任何赔偿金和补偿金"，马某在上述《考核管理规定》上签字，该《考核管理规定》实施前已经过职代会民主商讨。2013年12月1日，幼教机构作出《解除劳动合同通知书》称马某考核结果低于淘汰线，无法胜任工作，根据《考核管理规定》解除劳动合同并不给予任何补偿。2014年1月，马某以该幼教机构违法解除劳动合同为由提起仲裁申请，请求该幼教机构支付违法解除劳动合同的赔偿金17,690元，最终法院支付了马某的诉求。

案例分析

“末位淘汰”是很多企业都喜欢采用的管理措施，因为从一定程度上可以对员工起到激励作用，形成你追我赶的局面。但必须注意的是，“末位淘汰”在合法性方面存在很大的硬伤。最高人民法院在《第八次全国法院民事商事审判工作会议（民事部分）纪要》（2016 年 11 月 21 日）第 29 条中规定：“用人单位在劳动合同期限内通过‘末位淘汰’或‘竞争上岗’等形式单方解除劳动合同，劳动者可以用人单位违法解除劳动合同为由，请求用人单位继续履行劳动合同或者支付赔偿金。”因此，幼教机构以排名末位为理由直接通过解除劳动合同的方式淘汰员工，明显与法律的规定相抵触，合法性存疑。

二、企业规章制度规定罚款的合法性问题

在规章制度中规定罚款也是很多企业比较常见的做法。那企业到底有没有权力对员工实施包括罚款在内的经济处罚呢？这个问题在实践中一直有很大的争议。因为罚款在法律上是个专有法律用语，是《行政处罚法》中规定的一种行政处罚行为，既然是行政处罚行为，意味着只有行政机关才有权力行使，而企业是没有罚款权力的。但是过去为什么一直有很多企业在规章制度中规定罚款呢？原因有以下两点：第一，有历史渊源。关于企业奖惩我国最早的法规之一是国务院 1982 年颁布的《企业职工奖惩条例》，其层级很高，是国务院颁布的行政法规，其中在“处分”部分有明确规定企业关于罚款和扣款的权利，该条例第 16 条规定：“对职工罚款的金额由企业决定，一般不要超过本人月标准工资的 20%。”第 17 条规定：“对于有第十一条第（三）项和第（四）项行为的职工，应责令其赔偿经济损失。赔偿经济损失的金额，由企业根据具体情况确定，从职工本人的工资中扣除，但每月扣除的金额一般不要超过本人月标准工资的 20%。如果能够迅速改正错误，表现良好的，赔偿金额可以酌情减少。”但是请注意这个法规出台的时间是 1982 年 4 月 10 日，当时还没有私营企业，都是国营企业或集体企业，所以该条例第 4 条也明确规定：“本条例适用于全民所有制企业和城镇集体所有制企业的全体职工”。因为是最早的法规且里面规定是允许经济处罚的，所以即使后来政策开始慢慢允许私营企业产生，但是管理还是大多延续全民所有制企业和城镇集体所有制企业的方法和制度，在企业的管理制度中打下很深的烙印。

第二，最有关键的原因是经济处罚手段非常有效和好用，如很多企业发现，想让员工上班不迟到、不旷工，三令五申没用，罚款是最有用的。其他包括员工不服从工作安排，没完成工作任务等一律罚款了事，简单粗暴却很有效，这也是至今很多企业尤其是一些管理比较粗放的企业大量存在罚款等经济处罚行为的原因。

但是罚款从法律上来讲，确实是有争议的行为。因为随着《企业职工奖惩条例》在2008年《劳动合同法》实施后被废止，翻遍所有的劳动法律法规，没有一个条款明确允许企业进行罚款。劳动法属于社会法的一部分，与民法体系有很大不同，在民法中有一古老原则叫“法无禁止则自由”，意思是法律没有明文禁止我这么做，那我这样做就不违法。但是在劳动法领域，因为它属于社会法，所以它的原则有时可能反过来，如果法律没有允许企业可以这么做，则意味着企业就不可以这样做。举个例子，《劳动合同法》颁布前，根据《劳动法》第19条，劳动合同的应当具备的条款中是包括可以约定劳动合同终止的条件的，但是《劳动合同法》颁布后第17条中，劳动合同应当具备的条款中删除了约定终止条件的表述，意味着企业不能在劳动合同中随意约定终止条件，劳动合同终止条件上都是法定的，这样可以避免企业利用优势地位在劳动合同中任意约定终止条件，并在实践中通过随意终止劳动合同而损害员工利益。

如果说禁止罚款在其他地方还存在一定争议，那么在广东已经没有这种争议了。《广东省劳动保障监察条例》第50条规定：“用人单位的规章制度规定了罚款内容，或者其扣减工资的规定没有法律、法规依据的，由人力资源社会保障行政部门责令改正，给予警告。用人单位对劳动者实施罚款或者没有法律、法规依据扣减劳动者工资的，由人力资源社会保障行政部门责令限期改正；逾期未改正的，按照被罚款或者扣减工资的人数每人二千元以上五千元以下的标准处以罚款。”也就是说，无论是企业的规章制度直接规定罚款还是以其他形式对员工进行扣款，都必须有法律法规的依据，而光有规章制度的依据进行罚款或扣款是违法的，并且可能导致行政处罚的严重后果。

实践中有些企业知道不能对员工罚款，经常变换说辞来对员工进行经济处罚，例如，不写罚款而是换了一种表述，诸如“员工迟到自动捐款一百元”等，表面上看好像是捐款，但是这个捐款大家都知道员工肯定不是自愿的，只不过是变相的经济处罚，即使变换了名目表示仍然没有办法达到法律上的合规要求。如果被认定为违法，人力资源和社会保障行政管理部门仍然会对企业责令改正并给予警告。如果用人单位对劳动者实施罚款或者没有法律法规依据扣减工资,有关行政部门会给予企业警告,责令限期改正,逾期不改正的,按照被罚款费扣减工资人数的按每人2000元到5000元的标准处罚。如果企业里有5000名员工,每名员工都有不合法的扣款或罚款,那么行政部门的处罚标准是5000乘以2000元到5000元的标准,这个处罚的额度是非常高的。一旦解雇员工,然后在审理案件中发现有处罚的条款,员工也可能会选择通过行政途径去投诉企业,并以此为把柄要挟企业给予补偿金。现在员工斗争经验非常的丰富,如果员工去行政机关投诉说企业违规了要求处罚,行政机关如果不予处理,员工可以告行政机关不作为,从而对行政机关进行施压并进行行政处罚。所以千万不要小看劳动者的力量,有时这些案件如果真的出现这种情况,那可能带来很严重的后果。

管理指南

很多人可能会提这种问题,如果不能罚款和经济处罚,企业还能怎么办?是不是跟经济挂钩扣钱的所有管理行为都是不合法的呢?当然不是,还是要看管理行为的性质。如果行为的性质是直接扣款罚款,那肯定是不行的,但是如果企业是通过绩效考核等方式,在符合考核制度的前提下合法扣款,则就可以得到法律支持。

举个例子,很多企业喜欢对员工的迟到行为进行罚款,总有员工一个月中迟到一次或两次,最多四次的情况,于是企业规定迟到一次罚款50元,员工最多一个月会被罚200元,这样做当然不合法。但是如果我们换一种思维,通过绩效考核的方式来达到罚款的效果,要怎么做呢?我们可以通过协商在员工工资结构中拆分出全勤奖200元,如果没有迟到情况则可以全部获得200元奖金,如果有一次迟到,则当月只能获得150元奖金,如果有四次以上迟到,则全勤奖为0元。有人可能会觉得这是一个文字游戏,实质上与直接扣钱并没有区别啊。其实在法律层面上是有区别的,假设员工每月5000元工资,如果因为员工迟到而直接扣钱,迟到一次扣50元,这就是罚款,因为工资已经是他应得的了,而如果是以考核为前提根据员工的表现进行发放,那员工所获得的全勤奖就是他本来该得的奖金,当员工表现全勤时,就获得这200元,如果迟到一次那只能获得150元,而并非扣除50元,因为这个钱不是员工当然就应该拿到的。

所以经济手段在企业管理中还是可以用的,只不过需要明白其中的操作技巧。

三、规章制度的合理性问题

规章制度除了合法性这个必要前提外，是否还要合理呢？从法律规定上来讲，规章制度并没有规定一定要具备合理性，但是从司法实践角度来看，各地都存在一些规定要求企业规章制度具有合理性。广东省高级人民法院、广东省劳动争议仲裁委员会《关于适用〈劳动争议调解仲裁法〉、〈劳动合同法〉若干问题的指导意见》（粤高法发〔2008〕13 号）（2021 年 1 月 1 日起废止，但相关规定的内容仍具有参与性，HR 在具体的事务处理中应注意查找本区域内的相关规定）第 20 条第 2 款规定："《劳动合同法》实施后，用人单位制定、修改直接涉及劳动者切身利益的规章制度或者重大事项时，未经过《劳动合同法》第四条第二款规定的民主程序的，原则上不能作为用人单位用工管理的依据。但规章制度或者重大事项的内容未违反法律、行政法规及政策规定，不存在明显不合理的情形，并已向劳动者公示或告知，劳动者没有异议的，可以作为劳动仲裁和人民法院裁判的依据。"江苏省高级人民法院、江苏省劳动争议仲裁委员会《关于审理劳动争议案件的指导意见》（苏高法审委〔2009〕47 号）第 18 条第 2 款规定："用人单位在《劳动合同法》实施后制定、修改规章制度，经法定民主程序与工会或职工代表协商，但未达成一致意见，若该规章制度的内容不违反法律、行政法规的规定、不存在明显不合理的情形，且已向劳动者公示或者告知的，可以作为处理劳动争议的依据。"此外，湖南省、安徽省等各地都有类似规定。

上述地方规定都规定企业的制度不得存在"明显不合理"的情形，否则企业的制度可能没有法律约束力，判断标准是"明显不合理"。笔者理解，所谓"明显不合理"就是按照通常的标准、站在普通人的角度去理解这个事情觉得是不合理的，而不是放到一个很高的道德标准或者是很低的道德标准，或者要求很专业的标准判断，就是以普通人的视角、常识性的视角去理解这个行为到底合不合理。比如，企业规章制度可以规定迟到多长时间属于违纪行为，但是如果企业的制度规定迟到一分钟也算严重违纪，那可能大多数人都觉得不合理。为什么？因为规定过于苛刻，坦白地说一分钟的标准有时可能就是我们的手表、手机计时的误差范围内。如果企业规定迟到一两个小时算严重违纪，虽然很严厉但是还在可接受范围内，因为一两个小时的迟到是可以避免的、可控的。

下面我们来举一个最高人民法院公报的案例，这个案例体现了关于规章制度的边界，即应该如何理解合理和不合理，其中的边界在哪里？最高人民法院公报的案例对于同类案件是有指导意义的，以后裁判同类案件时可以参考此判断的原则和标准。

案例：不允许坐黑车，违者开除

原告张某从事设备维护工程师工作，月工资为2542元。2009年4月13日上午10时左右，张某乘坐牌照为苏E8×××2的车辆前往金石公司宿舍区。2009年4月20日，金石公司向张某发出离职通知单，以张某乘坐非法营运车辆为由与张某解除劳动关系。被告金石公司于2008年9月8日召开职工代表大会，通过“不允许乘坐黑车，违者以开除论处”的决议。经双方确认，2009年4月13日原告张某休息。

法院经审理认为，用人单位的规章制度是用人单位制定的组织劳动过程和进行劳动管理的规则和制度，也称为企业内部劳动规则。规章制度既要符合法律法规的规定，也要合理。金石公司有权通过制定规章制度进行正常生产经营活动的管理，但劳动者在劳动过程以及劳动管理范畴以外的行为，用人单位只能进行倡导性规定，对遵守规定的员工给予奖励，但不宜进行禁止性规定，更不能对违反此类规定的员工给予惩罚。

“金石公司以乘坐非法营运车辆存在潜在工伤危险为由，规定员工不允许乘坐黑车，违者开除，该规章制度已超出企业内部劳动规则范畴；且乘坐非法营运车辆行为应由行政机关依据法律或法规进行规范，由用人单位依据规章制度进行处理不合理、不适当。工伤认定系行政行为，工伤赔偿责任是用人单位应承担的法定责任，金石公司意图通过规章制度的设置来排除工伤责任，不符合法律规定，因此亦属无效规章制度。故金石公司不得依据该规章制度对员工进行处理，该公司因张某乘坐非法营运车辆而解除劳动合同系违法解除，损害了劳动者的合法权益，应当按劳动合同法之规定，向张某支付赔偿金。”最终，法院判决金石公司应支付张某赔偿金7800元。

管理指南

这个案件最终的判决结果是企业败诉。为什么企业会败诉呢？法院认为，企业规章制度的管理是有边界的，这个边界就是规章制度规范的行为应当是与员工的工作相关的行为，企业不能把手伸得太长。员工坐黑车虽然是不提倡的行为，但如果是涉及乘坐非法营运车辆，不管是开车的人还是坐车的人，违反行政法规应该由运管行政部门进行处罚，而不是由企业去处罚。公司制度虽然程序很合法，经过了职代会讨论也进行了公示，但是如果管得太宽，管到了劳动合同履行以外的范畴，就会被法院认定为无效。例如，公司章程规定“员工应该听从领导安排，违反者按严重违纪处理”。这个条款，第一个应当具体看领导安排什么内容，如果领导安排员工去买早餐等与工作无关的事情显然不合理。第二个就是违反者就按严重违纪解除劳动合同也是过于苛刻。无论是劳动合同，还是普通的民事合同，立法的目的都是维持合同关系的稳定，《劳动合同法》的立法目的就是维持劳动关系的和谐和稳定，《劳动合同法》第39条规定中严重失职、严重违反等措辞，就是表明只有行为到了一个很严重的程度，严重到劳动合同没办法履行了，才能行使解除的权力，法官和仲裁员在审判时也是采用同样的标准。

因此，企业制定规章制度时应当慎重，避免以下几种情况出现不合理的规定：

1. 针对员工家庭生话方面等八小时以外的行为的规定。

例如，企业规定“员工存在生活作风问题影响家庭和睦属于违纪”。过去有些国企存在企业办社会的情况，无所不包什么都管，包括离婚、结婚这类事情都要介入，但是从现在的法律规定来说显然是手伸得太长，因为员工是否存在生活作风问题、品行问题、情感问题等跟工作没有必然的联系，不属于企业管理的范围。但是也有一种情况是例外，就是故意隐瞒亲属情况、规避企业利益冲突审查的，很多企业都会要求员工做利益冲突的申报，即要求了解有亲属关系的两个人在同一个公司中是否存在上下级关系、相互监督制约关系（如一个是财务，另一个是出纳）的情形，因为存在这种关系就有可能诱发道德风险，必须了解并作出相应处理。这时的亲属关系不再是涉及隐私的问题，因为它已经涉及工作的安排和企业的管理了，跟工作有很紧密的关系。

2. 违背人情事理方面的规定。

例如，曾经有新闻报道某公司制度规定“员工上班时间上洗手间，每天不超过两次，每次不超过五分钟”。显然这是不合理的制度，因为“人有三急”，上厕所是基本人权，公司无权进行限制，而且每次五分钟这样的规定也不合情理，即使有这样的规定，也会因为明显不合理而得不到法律的支持。

3. 明显侵害员工私人空间的规定。

例如，有企业要求员工24小时手机不关机，要求员工24小时待命，要求随叫随到等。如果是特殊时期、特殊事件、特殊岗位，比如，疫情暴发期间救死护伤的医生、发生重大火灾的消防员或其他重大突发公共事件时的管理人员等，这样规定是合理的，但是放在平时的日常管理中，或者要求所有员工都这样做，就明显不合理。请注意这里不合理与明显不合理的区别，相关地方规定都在不合理前面加上了“明显”两字的修饰，表明被否定的规章制度不是一般的不合理条文，而是明显背离常理、比较离谱的管理规定。

第四节　规章制度的程序性问题

程序性问题也是规章制度中非常重要的一个问题，因为即使企业的内容再合法、再合理，但是不符合程序方面的法定要求，最终也无法在发生纠纷时作为有效的证据采用。关于规章制度的程序性问题涉及两个方面：一是民主程序问题，二是公示告知问题。

一、民主程序问题

《劳动合同法》第 4 条第 2 款规定：“用人单位在制定、修改或者决定有关劳动报酬、工作时间、休息休假、劳动安全卫生、保险福利、职工培训、劳动纪律以及劳动定额管理等直接涉及劳动者切身利益的规章制度或者重大事项时，应当经职工代表大会或者全体职工讨论，提出方案和意见，与工会或者职工代表平等协商确定。”民主程序的要求包括两个步骤：一是由职工代表大会或者全体职工讨论，提出方案和意见；二是与工会或者职工代表平等协商确定。

第一个步骤由职工代表大会或者全体职工讨论，如果单位有职代会则应当通过职代会，没有职代会的，应该由全体职工去讨论。全体职工讨论不一定说大家都要在会议室来讨论，讨论的方式有很多种，比如，企业给员工发一个通知，告知规章修改的文本已发给员工，让员工提出意见，这也是全体员工参与讨论的方式。讨论的目的是对制度初稿提出方案与意见，因此在员工讨论之后，将员工提出意见和要求进行收集整理，将其中的一些意见和要求进行筛选，形成修改版后与工会或者工代表进行协商。此处着重讲的是公司规章制度的制定需要经过民主的程序，即必须让工会或职工代表参与，强调的是参与权、监督权。还有一个错误的认知，很多企业认为在职代会或职工大会上要对规章制度进行表决，当然如果是大会表决能通过最好，但是《劳动合同法》并没有规定企业必须去作表决，如果表决通过当然好办，可万一职代会表决没有通过被否定,公司再推行必然会遇到很大阻力。所以在法律没有要求的情况下,不需要职代会表决通过,职代会只是讨论即可,没有要求需要经职代会通过,当然对于国有企业的管理有些重大事项要求经职代会表决通过,那是另外一个层面的问题。对于企业而言,重要的是要在过程中收集好规章制度已经征求全体职工或者职工代表大会意见的相关证据。

第二个步骤是“与工会或者职工代表平等协商确定”。在职工或职工代表提出了意见后,企业经修改形成最终的制度版本,当然企业也可以认为员工意见都已吸收而不作任何调整。需要注意的是,“与工会或者职工代表平等协商确定”仍然是程序上的要求,体现工会或职工代表的参与,协商的形式可以是书面也可以是现场会议,前提都是要留下相应的证据。虽然是平等协商确定,但是当企业与工会或职工代表出现不一致意见时,应该如何确定内容呢?实务中通常认为应实行“单决制”,也就是企业说了算,因为根据《公司法》的规定,制定规章制度本来就是企业管理层的权力,而征求工会或职工代表意见不过是程序上的要求,并不意味着制度的制定需要征得工会或职工代表的同意。

完成以上两个步骤后,规章制度制定的程序就完成了第一步。

二、公示告知问题

完成民主程序后,另一重要程序问题就是公示告知问题。《劳动合同法》第 4 条第 4 款规定:“用人单位应当将直接涉及劳动者切身利益的规章制度和重大事项决定公示,或者告知劳动者。”

公示或告知程序在实践中一般简化为制度的签收,那规章制度是否必须员工签字确认才有效呢?法律规定用人单位应当将直接涉及劳动者切身利益的规章制度和重大事项决定公示或者告知劳动者。无论是告知还是公示,都要求有证据证明员工已经知晓该制度,因为当出现纠纷之后,很多企业会发现没办法证明企业的制度已经公示或者告知过员工,最后导致即使公司的制度规定得再好,对员工也没有约束力。因此企业只要能证明员工知晓相关制度,无论是书面签收形式,还是视频录音或其他形式,都是没问题的。

在公示和告知的问题上,企业经常会犯错,比如,有一些企业喜欢把公司制度贴在单位的公告栏里面拍照留存,当发生纠纷时以照片作为证据,其实这是有很大风险的。因为数码相机照片上的时间是随相机设定而可以修改的,企业无法仅凭照片上的时间证明制度在公告栏贴出的时间;退一步讲,即使能够证明贴出制度的时间也无法直接证明员工已经知晓制度,这两者之间是不能画等号的。再者就是通过OA系统等电子方式告知制度的做法,这也会带来很多问题,例如,企业通过发送邮件方式进行告知送达是否有效,取决于企业的人力资源基础性管理工作是否到位,比如,在员工进入公司后对公司分配的邮箱有没有签字确认?邮件发送之后有没有要求员工发送回执?或者能否通过IP地址证明邮件其实已经送达等。此外,还面临着如何用电子证据证明的问题,因为邮箱发送邮件作为证据要怎么证明已经发送?通常的做法是把它打印出来递交仲裁庭或法院,但是仲裁员或法官无法判断打印的证据到底是不是来自员工邮箱的内容,所以最好的证明方法是去作公证,但是实践中公证处作公证也会有争议,因为很多单位的OA系统是自己开发的,而不是第三方提供的系统,这就意味着企业的IT其实是可以进行后台操作的,公司随时可以在系统里进行增加删除,公证处即使受理公证也只是证明整理下载邮件的过程,无法对邮件本身的真实性进行证明,公司可能又要用更加专业的第三方机构鉴定证明邮箱从来没有删除过记录,所以涉及这方面举证中的问题是非常复杂的。总之,通过邮箱、OA系统或者其他APP等电子系统进行规章制度的送达,相对于纸质送达签收的效力来说,由于存在举证方面的天然障碍,因此企业在采用时必须注意其中的法律风险。

因此,对于公告送达的程序问题,风险最低的做法其实还是书面的签收,如果在《员工手册》里面已经就有那就签收《员工手册》,《员工手册》之后出台新制度就签收新制度。其他书面送达方式还包括制度传阅签字、会议培训签到等,公司的制度制定之后在部门各成员之间进行传阅签字,或者公司召开会议学习新版的规章制度,让所有的参加人员都签到,在签到中写明会议的学习内容。在这种情况下如果员工还辩称说不知道规章制度的内容,法官很难采信员工的说法。

管理指南

在公告和送达的程序问题上,总是存在效率与合规的冲突问题,从管理效率的角度来看,公司采用包括邮箱、OA系统等电子送达方式进行送达,实行无纸化办公,不仅节省资源、提高效率也方便存储,但是带来的问题是一旦发生纠纷,举证存在困难,有可能因为无法证实电子证据的真实性而导致企业在诉讼仲裁中处于不利地位。但是如果企业全部采用书面的告知送达程序,虽然从举证角度来说是最佳选择,法律风险大大降低,但是大大提高了管理成本,尤其是当企业员工分散且人数众多时,工作难度大大提高。

笔者认为,首先我们必须了解在公司的管理过程中,效率和合规从来都是矛盾体,没有一种方法既合规有效又方便快捷,想要高效可以通过电子送达等各种方式,但是想要赢得官司,最好、最稳妥的办法就是书面送达,这里面其实是个天然的矛盾,在公司管理中确实很难两全其美,只能从中间寻找一个平衡点,每个企业都有自己的特殊情况,每个企业都面临着不同的选择,有些企业觉得风险防范最重要,所以采取最稳妥的做法,有些企业觉得没有这么多人力和成本来进行书面管理,那可以考虑电子送达。综合来说,企业可以根据以下原则来解决送达的问题。

1. 重要且常用的规章制度原则上应当采取书面送达方式。

重要且常用的规章制度包括《员工手册》《员工奖惩办法》《员工违纪处分规定》等普遍适用且对于日常管理必不可少的重要且基础性的规章制度,原则上应当采用书面送达的方式,尽量不要使用电子送达方式,判断的标准是相关制度在管理中使用频率以及发生纠纷的情况下的重要性。除此之外的其他规章制度可以采用电子送达的方式。

2. 基础性管理的规章制度中应对电子送达方式进行明确规范。

考虑到社会的发展和进步,移动互联对于管理的提升作用明显,任何一个企业都不可能完全为了风险防范而放弃高效便捷的管理方式,越来越多的管理在线上进行已经是不可避免的事情,既然如此,企业应当在基础性管理的规章制度中如员工手册等明确规定相应内容,包括哪个管理方式(如考勤、绩效考核等)采用电子软件管理?具体分别采用哪种管理软件,软件的使用方法、流程?管理软件上存储数据信息的性质及作用,员工对采录和存储信息定期核查确认等一系列制度,防备在发生纠纷时出现无法可依的状态。

3. 即便采用电子送达的方式,也应考虑多种方式和手段,提高证据的有效性。

即便是采用电子送达的情况下,企业也可以考虑采用多种方式,比如,在通过邮件、OA 系统发送规章制度的同时,也可以同时通过微信、短信等方式一并群发制度,以增加送达行为真实性的证据。或者还可以专门设立一个第三方公共邮箱(如网易、QQ 邮箱等)作为规章制度专用收件邮箱,在邮件群发制度给员工的同时抄送该第三方公共邮箱,以备在发生纠纷时可以通过对第三方公共邮箱的公证来证明规章制度送达的事实。

在实际操作中，规章制度送达的两个步骤中一般来说告知送达程序比民主程序更为重要。广东省高级人民法院、广东省劳动争议仲裁委员会《关于适用〈劳动争议调解仲裁法〉、〈劳动合同法〉若干问题的指导意见》(粤高法发〔2008〕13 号)第 20 条规定："用人单位在《劳动合同法》实施前制定的规章制度，虽未经过《劳动合同法》第四条第二款规定的民主程序，但内容未违反法律、行政法规及政策规定，并已向劳动者公示或告知的，可以作为用人单位用工管理的依据。《劳动合同法》实施后，用人单位制定、修改直接涉及劳动者切身利益的规章制度或者重大事项时，未经过《劳动合同法》第四条第二款规定的民主程序的，原则上不能作为用人单位用工管理的依据。但规章制度或者重大事项的内容未违反法律、行政法规及政策规定，不存在明显不合理的情形，并已向劳动者公示或告知，劳动者没有异议的，可以作为劳动仲裁和人民法院裁判的依据。"江苏省高级人民法院、江苏省劳动争议仲裁委员会《关于审理劳动争议案件的指导意见》(苏高法审委〔2009〕47 号)第 18 条也规定："用人单位在《劳动合同法》实施前制定的规章制度，虽未经过《劳动合同法》第四条规定的民主程序，但其内容不违反法律、行政法规及政策规定，且不存在明显不合理的情形，并已向劳动者公示或者告知的，可以作为处理劳动争议的依据。用人单位在《劳动合同法》实施后制定、修改规章制度，经法定民主程序与工会或职工代表协商，但未达成一致意见，若该规章制度的内容不违反法律、行政法规的规定、不存在明显不合理的情形，且已向劳动者公示或者告知的，可以作为处理劳动争议的依据。"其他各省高级人民法院也有类似的规定。因此，在司法实践中普遍存在重公告送达程序而轻民主程序的做法。但是，由于各地的指导意见并非法律规定，而是司法实践的裁判标准，且时常发生变动，我们也发现有不少法官在审判过程中会严格按《劳动合同法》关于民主程序的要求来判断规章制度是否合法，因此，建议企业在规章制度制定过程中，尽量遵循民主程序，保留相关证据如向员工征求意见、员工进行反馈等，以最大限度地规避风险。

第四章

劳动争议处理的证据搜集及操作技巧

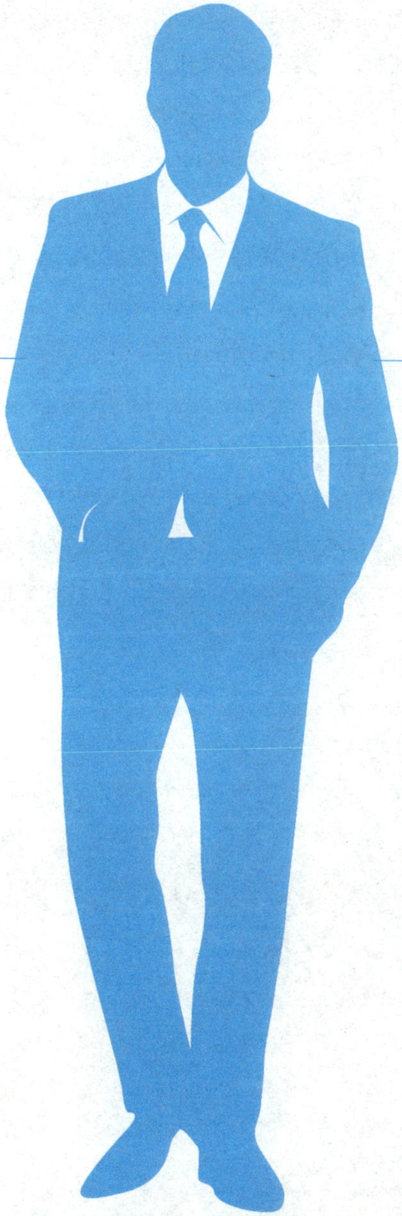

劳动争议处理的关键问题是证据问题，正如笔者前面所说，发生争议后对处理争议有意义的是法律事实，而有证据能够证明的客观事实才属于法律事实。由于劳动争议中大多数事实均由用人单位承担举证责任，而很多用人单位在证据搜集方面缺乏意识和技巧，是导致用人单位在劳动争议中败诉的根本原因。本章我们就来谈一谈劳动争议处理中的证据搜集和操作技巧。

第一节　证据的类型及要求

一、证据的类型

劳动争议案件中，其证据类型其实跟其他民商事案件的证据类型没有太大差别，通常包括以下几种类型。

（一）当事人陈述

劳动争议案件的当事人包括用人单位和员工，涉及劳务派遣的可能还包括用工单位，所谓当事人陈述就是作为当事人一方对案件事实的说明、解释、辩解等，当事人的陈述可以是在申请书或答辩状中，也可以是在庭前证据交换、庭审或其他诉讼仲裁环节中的陈述。

需要注意的是，最高人民法院《关于民事诉讼证据的若干规定》（法释〔2019〕19号）第3条规定："在诉讼过程中，一方当事人陈述的于己不利的事实，或者对于己不利的事实明确表示承认的，另一方当事人无需举证证明。在证据交换、询问、调查过程中，或者在起诉状、答辩状、代理词等书面材料中，当事人明确承认于己不利的事实的，适用前款规定。"这就像我们在香港电影台词中耳熟能详的一句话"你有权保持沉默，但你所说的每一句话都将成为呈堂证供"，因此，在劳动争议案件中，当事人一方对于事实的陈述和庭审中的表述一定要非常谨慎，措辞需字斟句酌，切忌信口回复或者随意推测，如果确实不记得、不清楚或者不知如何回复，可以请求在庭后书面回复。

（二）书证

书证是指用文字、图画或表格所记载的内容来证明案件事实的证据，在劳动争议案件中，书证是数量最多的证据之一，例如，劳动合同、离职交接表、入职申请表、员工手册、其他规章制度等都属于书证。大多数的书证因为有签字或盖章，从法律上来讲它的效力是比较高的，因为书面的材料比较难做手脚，做假是很容易通过司法鉴定识别出来的，因此司法实践中仲裁委和法院通常将书证作为认定事实的主要证据。

按照法律的规定，书证在举证时一般都提供复印件，在质证时需要提供原件进行核对,无法提供原件核对的复印件不能单独作为认定事实的证据。

在劳动争议案件中,还有一个特殊情况,就是由于用人单位是管理者,员工是被管理者,因此在劳动合同履行过程中,与管理有关的大量的书证是由用人单位保管的,例如,员工的考勤记录、休假记录、绩效考核材料等一般都是由用人单位掌握,而根据最高人民法院《关于适用〈中华人民共和国民事诉讼法〉的解释》第 112 条规定,“书证在对方当事人控制之下的,承担举证证明责任的当事人可以在举证期限届满前书面申请人民法院责令对方当事人提交。申请理由成立的,人民法院应当责令对方当事人提交,因提交书证所产生的费用,由申请人负担。对方当事人无正当理由拒不提交的,人民法院可以认定申请人所主张的书证内容为真实”。因此,用人单位在应诉中确定案件的抗辩思路时,应当考虑到自身所掌握的管理证据有可能被要求作为证据提交的可能性,并在此基础上作出稳妥的陈述。

(三)物证

在劳动争议案件中,物证是指争议发生过程中某些物品可以作为证明事实的证据。例如,在员工打架斗殴的案件中,员工损坏的办公用品或生产工具就是物证;在员工盗卖产品的案件中,被盗卖的产品就是物证。根据最高人民法院《关于民事诉讼证据的若干规定》(法释〔2019〕19 号)第 22 条的规定,“人民法院调查收集的物证应当是原物。被调查人提供原物确有困难的,可以提供复制品或者影像资料。提供复制品或者影像资料的,应当在调查笔录中说明取证情况”。实践中由于携带不方便,大部分物证以照片或录像的形式呈现。

(四)视听资料

视听资料也叫“音像资料”,在劳动争议案件中一般是指录音录像证据,而且这类证据在实践中有越来越普遍使用的趋势,主要原因在于:一方面,随着员工法律意识增强,用人单位想要员工配合进行调查并承认对己不利的事实越来越难,在搜集证据的过程中不得不采用悄悄录音、录像的形式进行取证;另一方面,由于智能化手机的普及,人人都是智能化手机不离身,员工一方通过互联网学习到很多的维权技巧,经常会通过手机录音、录像的方式偷录下与管理人员的沟通过程或被辞退的经过,以作为日后对簿公堂时的证据使用,因此,案件中作为证据呈现的大多是沟通过程或者事情经过的录音或者视频。

视听证据因为以储存内容作为证明事实的依据，根据法律规定，当事人以视听资料作为证据的，应当提供存储该视听资料的原始载体，因此用人单位在使用该类证据时，切记不要删除原始录音录像文件，以免导致证据失去效力。

（五）电子证据

电子证据也就是电子数据，是指通过电子邮件、电子数据交换、网上聊天记录、博客、微博客、手机短信、电子签名、域名等形成或者存储在电子介质中的信息。

电子证据一般有以下几种类型：

1. 网页、博客、微博客等网络平台发布的信息；
2. 手机短信、电子邮件、即时通信、通讯群组等网络应用服务的通信信息；
3. 用户注册信息、身份认证信息、电子交易记录、通信记录、登录日志等信息；
4. 文档、图片、音频、视频、数字证书、计算机程序等电子文件；
5. 其他以数字化形式存储、处理、传输的能够证明案件事实的信息。

电子证据有易传输、高效的特点，也有容易破坏、不易提取且较脆弱的特征。劳动争议案件中最常见的电子证据是短信、微信、电子邮件或者在企业 OA 或第三方如钉钉等平台上储存的信息等。

根据法律的规定，当事人以电子数据作为证据的，应当提供原件。电子数据的制作者制作的与原件一致的副本，或者直接源于电子数据的打印件或其他可以显示、识别的输出介质，视为电子数据的原件。

（六）证人证言

证人证言是指以知晓案情的当事人之外的第三方陈述作为证据。在劳动争议中，经常有用人单位派员工出庭作证，也有员工找到已经离职的同事出庭作证，或者由了解事情的第三方物业公司负责人、保安、供应商员工等出庭作证，这些都属于证人证言。

根据法律的规定，作为证人必须出庭作证，接受审判人员和当事人的询问，且当事人申请证人出庭作证的，应当在举证期限届满前提交申请书，另外，证人不得旁听庭审。

劳动争议案件中关于证人证言的效力要客观看待，如果是与当事人双方没有任何利益关系的人提供的证人证言，一般来说可信度更高，更容易被裁判机关采纳。

但是如果证人是本单位的在职员工，则被采纳的概率不高，例如，不少企业在发生纠纷应诉时，说员工都进行了企业的制度学习，但当律师要求提交相应的学习签到记录时却发现根本没有保留，为了证明公司的制度进行了送达，企业希望找来其他员工作证证明企业有针对制度进行培训的事实，但是实践中一般不会被采纳。在劳动争议案件中，如果在职员工站出来作证，而且证言是对企业有利的，一般情况下是不会被接受的，因为在职员工跟用人单位之间存在管理和被管理的关系，这种人身属性导致员工不敢说出对企业不利的话，企业提供的证人作证内容肯定也都是对企业有利的内容，因此除非有其他证据来佐证，否则一般而言这类证人证言的效力是非常弱的。

（七）鉴定意见

鉴定意见是指由专业机构针对其他专业性问题进行科学性鉴别并出具报告作为案件证据。在劳动争议案件中，鉴定意见通常是关于字迹或印章的鉴定，例如，在劳动合同上的签名是否真实、相关协议或文件上的公司盖章是否作假等。

根据法律规定，当事人申请鉴定的，应当向裁判机构提出书面申请，经同意后才将相关素材交由经程序选定的鉴定机构进行鉴定，鉴定机构出具报告后，要经当事人双方质证。当事人对鉴定书的内容有异议的，鉴定人应作出解释、说明或者补充，当事人在收到鉴定人的书面答复后仍有异议的，裁判机构应通知有异议的当事人预交鉴定人出庭费用，并通知鉴定人出庭。有异议的当事人不预交鉴定人出庭费用的，视为放弃异议。

在劳动争议案件中，有一类案件较为常见，就是员工离职后主张未签劳动合同的双倍工资，而用人单位认为已经签署了合同，并可以提供签署的劳动合同文本，但员工坚持认为合同不是他本人签署的，并且胸有成竹地提出鉴定申请，鉴定结果果然如员工所述，劳动合同上的签字并不是员工的笔迹，企业因此败诉。因为现在很普遍的现象是，很多员工都知道不签合同对自己有利可以事后主张双倍工资，当员工有了这种意识之后，他知道很多东西都可以拿来作为证明劳动关系的证据，比如工卡、社保参保证明、工资发放记录等，他并不需要劳动合同来证明劳动关系，所以员工故意不签劳动合同，或者在签署劳动合同时故意作假，用人单位等到发生纠纷鉴定后才发现员工本人真的没签合同。这就需要企业在管理中加强劳动合同签订的管理，例如，要求员工当面签署劳动合同，不得代签、不得带回家签署；除合同签署外，还要保留员工盖章版本交付给员工的签收记录，在签收记录中注明“员工已收到本人签署的劳动合同一份”等。

二、证据的“三性”要求

根据法律的规定，证据要符合“三性”的要求，即真实性、合法性、关联性，用人单位在搜集提供证据时，必须严格按照符合“三性”的特征来搜集。

（一）真实性

真实性也叫客观性，是指证据是否真实存在、是否客观。证据的真实性是证据具有证明力的前提，如果证据本身是虚假的、伪造或者变造的，则所能证明的事实必然是不客观的。在劳动争议案件中，证据真实性的问题有多种表现形式：第一类证据本身全是假的，如伪造的劳动合同、请假单、报销发票等；第二类是证据本身可能是真的，但是内容是虚假的，如某第三方公司出具了一份证明，该证明确实是由第三方盖章签字出具的，但是里面的内容全是虚假的，我们也会说这份证据不真实；第三类是证据部分存在虚假，如劳动合同本身是真实的，但是员工在劳动合同的最后增加了一两句对己有利的内容，这部分增加的内容就是不真实的；第四类是证据本身确实是真实的，但是由于只有复印件，对方又不予认可真实性，因为没有原件没有办法进行核对的，最后导致裁判机构不予认定。

（二）合法性

合法性是指证据的来源、形式、收集等均必须符合法律的规定。即使证据是真实的，但是如果证据来源不合法，证据也有可能不会被采纳，例如，在一个劳动争议案件中，员工为了证明自己的加班时间，趁单位管理松懈时从人力资源部偷走了公司的全部考勤记录，并在质证时提供原件进行核对，而偷走证据的过程被单位的监控全部拍摄下来，用人单位主张考勤记录这份证据的来源不合法，应当不予采纳，法院考虑到企业的考勤记录原本通常也是由企业保管，且有证据证明员工是偷窃获得，因此法院最终以考勤证据来源不合法为由否定了此证据，员工要求支付加班工资的诉求没有得到支持。

（三）关联性

关联性又称相关性，是指证据与案件事实是否存在联系，能否证实相关事实。

在劳动争议案件中,经常会出现以下情况,员工因为违纪被解除劳动合同,但是用人单位提供的证据是证明他平时的工作表现不佳,而平时工作表现不佳并不必然导致违纪,两者并无关联性;同样,员工因为不胜任工作被调岗降薪,但是员工提供的证据是证明前几年自己多次获得"优秀员工"的表彰,员工此前获得优秀员工并不能代表他的表现会一直好,两者也没有关联性,如果在上一考核周期内考核结果为不合格,公司按规章制度规定进行调岗降薪自然合法。因此,在举证过程中,应当注意所举证据与拟证明事实的关联性,否则所举的证据失去意义。当然,关联性是与证明目的相对应的,在员工违纪解除的案件中,企业在举证员工构成严重违纪时,为了证明员工表现一向较差而提供过往所犯过错的证据是没有问题的,因为此时的证明目的是指向"过往表现不佳"而不是"构成严重违纪",符合关联性特点。

用人单位在处理劳动争议过程中,所搜集的证据必须同时符合真实性、合法性、关联性三项特征,才有可能得到采纳。

第二节　电子证据的特性及取证技巧

随着社会的发展、智能电子设备的普及和科技的进步,企业的管理从线下转到线上的情形越来越普遍,电子证据的应用也越来越广泛,电子化的办公代替传统的书面管理模式成为常态,从规章制度的公示公告到考勤审核休假审批、从绩效考核管理到员工违纪处理,都是在线上进行,相关的过程记录也大都是存储在电子设备和线上平台中,这为企业处理劳动争议带来不小的挑战,处理不当甚至可能带来法律风险。

案例:罗某与百盛公司劳动争议案

2012 年 9 月 1 日,罗某与百盛公司签订劳动合同,工作岗位为品质主管,双方签订的最后一份劳动合同期限至 2018 年 8 月 31 日。2016 年 9 月 22 日,罗某因多次迟到,按公司规章制度被处以警告,罗某签字认可。2017 年春节期间,因临时订单导致生产任务紧迫,公司一改过往每年春节休假 15 天的做法,在 OA 系统发出通知,告知包括罗某所在部门在内的部分员工 2018 年春节休假调整为按国家法定节假日放假安排执行,只放假 7 天,而罗某因为早已提前买好机票准备与男朋友出国休假,在与经理电话沟通请假未获批准的前提下,不理公司的上班安排,继续休假到

15天期满才回来上班，由于人手不足，导致公司生产计划延误造成出货延后并赔偿了客户违约金数万元。公司认为罗某无视公司通知休假行为构成旷工，同时因不服从管理导致公司重大损失，于2018年3月7日对罗某作出解除劳动合同的决定。罗某不服提出劳动仲裁，要求公司支付赔偿金。

经查，百盛公司过往每年的放假安排都是15天，且公司的招聘宣传还把春节休假时间长作为公司福利亮点来宣传，2018年春节因生产任务紧迫而调整，公司在各部门内部都有口头或电话通知，并且还在OA系统发出了通知，但罗某在通知发出前一天已开始休年假，而罗某否认收到年后提前上班的通知，也否认与经理有口头请假，辩称通话是聊其他工作问题。百盛公司《员工手册》规定"连续旷工三天以上构成严重违纪可以直接解除劳动合同"，罗某也签收了员工手册。

法院经审理认为，本案争议焦点在于罗某是否存在旷工行为，证据显示，百盛公司确实存在长期按15天休春节假期的传统，本次因临时订单调整部分生产员工休假时间，行为并无不当，但是从现有证据来看，百盛公司无法证明已经将休假通知告知罗某，公司虽然提供了OA系统通知截图，但是该办公系统是百盛公司研发的自用平台而非第三方平台，对于该电子证据也未进行公证，无法确认其通知的真实性，且即使在OA系统发出了通知，罗某在通知发出前已休年假，无法证明其已经收到通知，百盛公司无其他证据证明曾告知或催促罗某回来上班，应承担举证不能的后果，因此判令百盛公司向罗某支付违法解除的赔偿金91,200元。

管理指南

就本案而言，百盛公司的管理做法存在不少问题。首先，在因临时订单发生休假调整的情况下，不能仅依赖于OA系统的通知，更不能凭口头通知来留存证据，这些都将导致举证困难；其次，在了解到有员工对调整休假有异议时（罗某通过电话跟经理请假），应有风险意识和证据意识，及时补正通知，例如，通过短信、微信、邮件、邮寄等形式补发书面的休假调整通知、与罗某再次通话并录音等；最后，当员工到期没有回来上班时，应当及时通过短信、微信、电话等形式进行催告，必要时可以通过邮寄公证的形式进行催告，并且在催告函中再次描述休假调整的事实。发生纠纷后，要证明休假调整的事实，前述的这一系列的动作就足以提供充分的证据证明不仅有提前通知休假调整，在事后也有催告动作。当然，更为重要的是，发生争议时对于使用OA系统这样的电子证据来证明事实，用人单位应当特别慎重，了解电子证据的特征及司法实践中的定性，以免产生法律风险。

一、电子证据的特点

电子证据在取证方面具有以下特点。

（一）脆弱性不易保存

相对于书证或其他证据而言，电子证据更加不易保存，书证物证等可能存储多年也没问题，存储条件上也没有特别的要求，但是对于电子证据来说，它的存储可能期限较短，保存条件更加严格、更加脆弱，很容易损坏或丢失内容等。有时我们发现电脑或者手机中储存的相关数据会在不经意间被删除了，微信中的相关图片或者文件如果不及时打开，过后再打开就会发现已经无法打开了，或者当时打开是在电脑中打开，手机中没打开，过几天手机中再也无法打开下载等。

（二）易被破坏

电子证据储存在相关介质中，容易受存储介质的质量影响保存效果，如很常见的用光盘、U 盘、硬盘等存储电子数据，都有可能出现无法打开播放的情况。同样，存储的手机中的数据也可能因为手机病毒、手机故障或者其他原因导致数据损毁，如有时电脑中病毒了，或者手机不小心摔坏了或进水了，都会破坏电子数据。

（三）易被篡改或删除

基于以上同样的理由，电子证据也是容易被篡改或删除的一类证据，现有科技技术足以让一些具有专业技能诸如“黑客”一类的技术人员轻易突破防火墙，进入办公系统或者平台的内部，对原来数据或文件进行删改。

二、电子证据效力的认证规则

根据最高人民法院《关于民事诉讼证据的若干规定》（法释〔2019〕19 号），对于电子证据效力，一般结合下列因素综合判断：

1. 电子数据的生成、存储、传输所依赖的计算机系统的硬件、软件环境是否完整、可靠；

2. 电子数据的生成、存储、传输所依赖的计算机系统的硬件、软件环境是否处于正常运行状态，或者不处于正常运行状态时对电子数据的生成、存储、传输是否有影响；

3. 电子数据的生成、存储、传输所依赖的计算机系统的硬件、软件环境是否具备有效的防止出错的监测、核查手段；

4. 电子数据是否被完整地保存、传输、提取，保存、传输、提取的方法是否可靠；

5. 电子数据是否在正常的往来活动中形成和存储；

6. 保存、传输、提取电子数据的主体是否适当；

7. 影响电子数据完整性和可靠性的其他因素。

人民法院认为有必要的，可以通过鉴定或者勘验等方法，审查判断电子数据的真实性。电子数据的内容经公证机关公证的，人民法院应当确认其真实性，但有相反证据足以推翻的除外。

三、电子证据的取证技巧

如前所述，在劳动争议案件中，最常见的电子证据是短信、微信、电子邮件或者在企业 OA 系统或第三方（如钉钉等平台上储存的信息等）。针对这些常见的电子证据，有哪些取证方面的技巧呢？下面我们一一进行分析：

（一）固定专属号码

无论是短信、微信、微博、钉钉，还是电子邮件或者 OA 系统，在发生纠纷后要提取与员工有关的信息，最重要的前提是要明确员工的身份，也就是说，确定在短信、微信或电邮、钉钉等对话的人是某一个员工，这个员工所对应的发言、陈述、考勤、登录等信息才有证据的意义。以最常见的微信对话作为证据使用为例，由于微信身份是个虚拟的主体，如果企业没有登记员工的微信号，且员工的微信号也没和手机捆绑，也无法从微信号上照片判断是否属于本人，在此情况下如何能够证明这个微信号是代理员工本人呢？在过往的案例中，很多企业就是因为无法证明员工在电子证据中的身份而导致败诉。

因此，电子证据取证技巧的第一个技巧就是要固定专属号码，所谓"固定专属号码"是指让员工的手机号、微信号、微博号、邮箱、钉钉等用户名都跟员工之间一一对应，并且让员工签字确认。具体做法可以在员工入职时填写《员工个人信息确认表》，该表中可以包括员工常用的所有联系方式，包括手机号码、微信号、微信号关联的手机号、支付宝、微博、经常居住地联系地址、紧急联系人等信息，并且在制度及该表格中明文规定如果员工变更上述个人信息的应当在变更之日起3日内主动申报，如未主动申报或者隐瞒不报的，将视为违纪行为处罚，并规定用于工作沟通的通讯工具只能通过已登记的号码进行。对于入职后获得的邮箱、钉钉号或OA系统的登录名等都应由员工书面确认。通过较为严格的措施设计可以让员工与其专属号码一一对应绑定，避免出现纠纷后无法举证的尴尬状况。

(二)保存原始介质

电子证据基本上都是保存在手机、计算机或者其他电子设备中，要作为证据出示时，大多是通过截屏、截图、复制等方式提供给仲裁庭或者法庭，但是根据法律规定，证据都需要原件原物与复印件、复制件核对才有效，电子证据也需要原始介质供庭审质证。一般来说，电子证据载体的原件形式要求包括能够有效地表现所载内容并可供随时调取查用、能够可靠地保证自最终形成时起，内容保持完整、未被更改的。

实践中，很多企业在提供电子证据时，或者只将短信或微信对话等进行截屏截图，而原始短信和微信等由于内存不足等原因进行删除，或者将短信微信内容从手机复制到电脑上，这些做法都破坏了电子证据的原始状态，使证据从一手证据变为二手证据，证明力大打折扣，甚至可能直接导致案件败诉。

(三)切忌删除修改

企业提取了相关电子证据后，应当注意不要对证据进行删改，有时企业为了剔除证据中一些对己方不利的描述，可能会对证据进行删改，但是这样做的后果可能导致整个证据因为不真实而达不到证明目的，尤其是有些如微信对话等证据，由于对方是双向的，在己方手机上删除只会导致己方的手机没有相关记录，并不能抹掉对方手机上的记录，而这样做反而会让裁判者得出相应的结论，因此如果相关证据中有些内容对己方不利，则要充分评估是否要将类似证据提交法庭。另外，即使有些证据对方手上没有掌握，但是也可以通过司法技术手段(如鉴定等)对证据完整性进行判定，删改动作只会得到相反的效果。

(四)借助第三方工具

借助第三方工具是指举证时通过第三方的陈述、功能或效力来证明证据的真实性和合法性。相对于当事人自身的说法,第三人的陈述相对会显得更加客观和真实,也更加容易被法院采纳。以电子考勤为例,相对于企业自身开发的考勤系统而言,由于必定存在技术后门,企业 IT 理论上是可以登录员工的账号或增删相关内容,因此第三方的考勤系统(如钉钉等)提供的考勤记录相对而言更加具有真实性更易被采信。同样的道理,如果能够借助第三方工具的功能进行举证,证明效力也更强,如前面提到的规章制度公示送达,在发送电子邮件时,可以同时抄送一份到企业在第三方平台预先开设的邮箱,这样发生纠纷后可以通过对第三方平台上的邮箱内容进行公证以达到证明邮件送达真实性的目的。

另外,还有一些第三方平台的邮箱也有公证邮的服务,要求发送邮件前申请这项服务,邮件发出后,如果将来发生纠纷,作为邮箱服务提供商的第三方就出具证明,证明你发出过这封邮件。还有些第三方的鉴定机构可以提供鉴定服务并出具鉴定报告,证明某个邮件没有经过删除修改,但其成本也同样很高。

(五)采用公证形式

公证的证据一般效力是很高的,根据法律的规定,已为有效公证文书所证明的事实,当事人无须举证证明;电子数据的内容经公证机关公证的,人民法院应当确认其真实性,但有相反证据足以推翻的除外。《广州市南沙区人民法院互联网电子数据证据举证、认证规程(试行)》第 5 条规定:"电子证据的内容或者固定过程已经公证机关公证的,当事人应当向法庭提供公证书。电子证据的内容或固定过程未经公证机关公证的,法官应当指引其进行公证,并释明未经公证的电子证据可能会存在不能获得法院采纳的诉讼风险。"可见,在实践中法院对于电子证据的公证是十分看重的。

当然,需要说明的是,即使是采用公证的形式,公证机关出具的公证书一般也不会对证据本身的真实合法性进行判定,只会如实记载登录相关系统后看到或下载的内容,无法对邮箱或系统本身的真实合性进行判定,因此即使是公证也要结合前面所说的固定专属号码等技巧来进行举证。

第三节　未经对方同意录音录像是否合法

由于劳动者的法律意识越来越强,在劳动争议处理时想要让员工乖乖配合做笔录是越来越难以完成的任务，因此，很多时候用人单位的HR会想到能否通过偷偷录音来取证，那么这种未经对方同意录音、录像的做法是否合法？所获得的录音证据能否作为证据使用呢？

案例：高某与甲传播公司劳动争议案

2016年4月1日，高某入职甲传播公司担任销售，每月基本工资为1500元，工资构成为基本工资加提成，2016年，高某招生人数为47人，但公司未按约定发放提成工资，高某愤而离职并向劳动人事争议调解仲裁委员会申请仲裁，后诉至法院。庭审中，高某提供的其与甲传播公司法定代表人陈某的谈话录音，录音中陈某提到50人以下（含50）提成标准为每人500元，50～60人按每人600元提，高某提供的招生明细表显示2016年录取并成功缴费人数为60人。法院认为，高某在仲裁笔录中自认其中47人为其个人招收，故甲公司应给付被告高某业绩提成23,500元（47人×500元=23,500元）；甲公司称提成为5%，但未提供证据证明涉及业绩提成标准的变化已经与工会或职工代表协商确定，故对甲公司主张的业绩提成为5%，对其该主张法院不予认可，高某提供了与甲公司法定代表人陈某的录音证据，该录音证据虽未经对方当事人同意，但该证据并未违反社会公共利益、国家利益和社会公德，也没有违反法律的禁止性规定，故法院采纳该证据，判令甲公司向高某支付业绩提成23,500元。

从以上案例可以看到，偷录的谈话也是可以作为证据使用的，但是为什么大家一直以来在头脑里有个概念就是"录音需要征得对方同意"，这是有原因的。1995年3月6日，最高人民法院对河北省高级人民法院作出最高人民法院《关于未经对方当事人同意私自录制其谈话取得的资料不能作为证据使用的批复》（法复〔1995〕2号），该批复内容为："证据的取得必须合法，只有经过合法途径取得的证据才能作为定案的根据。未经过对方当事人同意私自录制其谈话，系不合法行为，以这种手续取得的录音资料，不能作为证据使用。"因此，"录音需要征得对方同意"的说法深入人心，但是2001年，最高人民法院《关于民事诉讼证据的若干规定》（法释〔2001〕33号）出台，第68条规定："以侵害他人合法权益或者违反法律禁止性规定的方法取得的证据，不能作为认定案件事实的依据。"该规定出台后，法复〔1995〕2号批复所指的"未经对方当事人同意私自录制其谈话，系不合法行为"在实践中通常被理解为“系对涉及对方当事人的隐私场所进行的偷录并侵犯对方当事人或其他人合法权益的行为”，而除这些情形外，其他的录音、录像都是合法有效的。此外，最高人民法院《关于适用〈中华人民共和国民事诉讼法〉的解释》第106条也规定：“对以严重侵害他人合法权益、违反法律禁止性规定或者严重违背公序良俗的方法形成或者获取的证据，不得作为认定案件事实的根据。”

哪些行为叫作侵犯他人的合法权益的行为呢？比如说有人将录音笔偷偷地塞到其他人家中沙发下甚至枕头下面偷录，这个属于侵犯隐私权的违法行为；而“违反法律禁止性规定的方法取得的证据”包括通过刑讯逼供、威胁、引诱、欺骗等方法收集的证据。但是，如果企业与员工的谈话录音是在办公场所或者其他公共场所，即使未经对方同意进行录音取得的证据也是合法的。

第四节　劳动争议处理搜证的注意事项

劳动争议处理证据搜集是一个比较有专业技术含量的工作，需要HR密切的配合，一般来说，搜集证据有以下一些注意事项。

一、原始证据优于传来证据

原始证据是指第一手的证据，传来证据是指二手的证据，企业在搜集证据时，最好搜集原始证据，例如，案件发生时当时A员工正好在现场，他是亲眼看到事发经过的人，他的陈述就是原始证据，结果他把这个情况告诉B员工或者C员工，然后企业去找B员工或者C员工调查取证，这个就属于传来证据，因为B员工或者C员工是听到别人说的并非亲临现场，其陈述可能因为沟通不充分或者表述错误、理解错误、记忆错误等出现偏差，甚至作出完全相反的陈述。传来证据相对于原始证据而言，在传输的过程中会由于各种原因，不管是故意还是过失，也不管是沟通还是表述，会出现信息失真情况，因此其效力不如原始证据。

二、书证物证优于证人证言

在前面我们谈到证据类型和特征的时候也提到过，书证或者物证由于是通过书面记载和本身特性而反映相关问题，是一种客观存在，本身并不容易改变，或者即使有改变也容易被鉴别，因此在证明力方面效力相对更高，而证人证言则不同，证言可能由于提问的背景、在场人员、沟通气氛、第三方的干预、事后的记忆、表述的偏差等不同而会有所变化，尤其是外来的干预对证人证言影响最大，这也是为什么在刑事案件中确立了“仅有口供而没有其他证据印证的不能定罪量刑”的原则。

因此，在处理劳动争议处理的证据搜集过程中，如果同时具有同样的证明内容的不同证据，则原则是优先搜集书证物证，只有无法搜集书证或物证时才能搜集证人证言，例如，同新的证明内容，书面的考勤资料肯定比同事的口头证词更能客观反映员工是否存在旷工情况，当然如果两者都能搜集起到强化作用则更好。

三、第三方证据优于自身证据

第三方证据是指当事人双方之外的第三方就案件事实所提供的证据，第三方证据的效力一般来说肯定要强于企业自身就某些事实的陈述。举个例子来说明，当某个企业出现客观情况发生重大变化，如外部市场已经重大的调整导致利润严重下滑，需要进行内部组织架构重整以及裁员，此时企业需要提供证据证明它的效益确实在严重下滑，这时如果能够提供一些第三方的证据，如审计师事务所的审计报告或者说与重要客户取消合作的协议等这些证据，肯定比企业自己写份说明再盖个章递上去的效果要好得多。

四、自述证据最为有效

所谓“自述证据”，是指在劳动争议处理中，员工自行书写或签字确认的关于事情经过的材料。这一类的材料往往是最为有效的证据。原因在于从内容上来说，员工本人签字确认的内容除非事后有证据证明是由于存在暴力胁迫等情形不得已而签字，否则一般是不太可能推翻的；从形成时间上来说，这类材料往往是在事发最初的时候企业进行调查的过程中形成的，这个时点员工并没有太多时间思考对策和编造说辞，或者即使是有思考可能想得也不是特别完备，因而大多数的说法可能更贴近真实。而即使员工的说法充满谎言也没有关系，因为现实中假的就是假的，编造一个谎言必须用更多的谎言来圆，这样也给企业通过其他事实揭穿员工谎言的机会。

第五节　劳动争议处理中常用取证技巧

在劳动争议处理取证过程中，有一些技巧是经常会用到的，比如，通知送达问题、录音录像问题、谈话笔录问题等，下面我们分别就这些常见的事项取证技巧一一分述如下。

一、通知送达问题

处理劳动争议过程中，很多地方需要进行通知送达工作，包括违纪处理通知、解除终止合同通知、调岗降薪通知、督促到岗通知等，最理想的通知送达是向员工当面送达相关法律文书，员工配合亲自签收，但实践中因为双方有争议存在较大分歧和冲突，员工往往不会配合，企业必须考虑采取其他措施进行通知和送达。

（一）邮寄送达方式

如果无法采取直接对员工进行送达的方式，但是有员工确定的送达地址的，可以采用邮寄送达的方式。如果我们要向员工发出通知，无论是调岗通知还是催促上班的通知抑或是解除劳动合同的通知，这个通知到达对方才产生法律效力。但是在实务过程中员工拒签的情况很普遍，此时我们可能会采取邮寄通知的方法，大家一定要注意我们邮寄送达的前提是员工的送达地址准确无误。这里就要求企业的人力资源基础管理工作到位，也就是必须在劳动合同中或者其他材料中有员工亲笔签名确认的送达地址和收件人信息，所以企业一般来说在劳动合同中会设计一个专门的送达条款，明确约定如果员工通讯地址发生变更要及时告知公司，如果没有告知则相关通知文书等按原合同地址邮寄并视为已经收到，同时公司的规章制度中也应该相应配套条款。

邮寄送达还有一个问题需要注意，即使员工有签收确认的地址，但是有时员工的送达地址是身份证地址（尤其是集体户口会有这种情况）并非其真实可收件的送达地址，或者是居住在由公司提供宿舍的地址，如果按这些地址送达有可能根本无法送达本人，尤其是在当员工已经被解除劳动合同离开公司宿舍的前提下，这种情况如果再按平常地址邮寄其实是存在风险的，那么这个时候就得考虑其他方式送达。因此平时员工填写地址时，应当要求员工填写的是可收件的较固定家庭地址而不是前述的临时或无法收件的地址。

（二）电子送达方式

如果无法采取直接对员工进行送达的方式，又没有确认清晰的送达地址时，可以考虑采取电子送达方式，也就是通过短信、微信或者电子邮件的形式向员工送达通知，前提是固定专属号码，能够证明相关号码与员工一一对应的关系，如果是重要的文件如解除劳动合同的通知等，建议可以采取多种方式并行的方法，也就是同时采用短信、微信、邮件一并送达同一文件，以达到强化证明效果的目的；对于送达的内容，既可以采取文件拍照的形式，也可以采取直接发送文件内容的形式，视送达内容多少和格式是否有特殊要求具体确定；对于发送的主体，最好是能够直接代表公司发送通知的相关领导或职能部门人员，如公司法定代表人、部门领导、直接上司、人力资源部负责人或员工关系处理的专职人员等。邮寄的文件名记得写清楚具体名称、文号、份数等。

对于快递公司的选择也是有讲究的，虽然现实中有很多快递公司可以提供收件服务，但是从文书的邮寄来说，建议还是首选邮政的 EMS 服务，原因为相对于其他快递公司而言，EMS 的邮寄可以出具书面盖章的证明送达情况，交邮后可以要求邮政部门提供书面的送达回执，邮政有一个专门机构负责档案管理，对于邮件是否送达会出具一个书面证明，内容为邮件是已经签收还是代收或是拒收等，上面有盖有邮政的专用章明确文件送达的情况。而其他快递公司一般都只能在网上去打印送达情况，无法出具盖章的送达情况证明文件。

（三）视频录音送达方式

还有一种情况，就是员工虽然可以当面通知，但是可能会拒绝签收通知，这时企业就要准备视频录音的送达方式，具体方法是找一个有视频监控的会议室，确保监控设备的正常运转和内存充足，并且录音录像功能正常，让摄像头对准预留给员工的位置，确保拍摄的效果清晰，一切准备妥当后通知员工到会议室，注意要记得叫出员工的全名，并且读出欲送达文件的全部内容，再给员工签收，如果员工拒签，也要告诉他内容已经读给他听了，拒收并不影响送达效果。事后导出好拍摄内容并保管好储存卡。如果实在没有视频监控设备，也可以准备好录音设备，如录音笔或手机等，相关准备步骤及注意事项基本相同。

（四）公证送达方式

还有一种非常有效的送达方式就是公证送达，公证送达包括当面的公证送达，也包括邮寄的公证送达，前者采用的较少，重点说一下最常用的邮寄公证送达方式。

邮寄公证也就是寄出一封函件的全过程由公证员在旁边进行公证，在公证处设立的EMS投递箱进行投递，公证员会对整个邮寄文件的内容及邮寄过程记录下来并出具公证书。如果进行一般的邮寄工作，要在寄件封面上写明邮寄的文件名称内容如解除劳动合同通知等，但是企业有时不想让员工知道寄出的是解除劳动合同通知，以避免员工知道后不配合签收。而用邮寄公证就可以解决这个问题，可以无须在寄件的封面上填写内容，因为公证书不仅会记录邮寄的文件名称，还会把文件复印件的全文附在公证书中，一目了然。因此，对于一些重要的法律文件我们都建议作邮寄公证，虽然会增加成本，但是公证书在举证方面效力是非常高的。

二、录音证据问题

企业在处理劳动争议纠纷时，难免碰到需要录音取证的情形，录音证据也是劳动争议案件中碰到越来越多的证据类型。无论是企业一方还是员工一方，都喜欢提交录音证据来证明自己的主张。

在使用录音设备来取证时，要注意以下事项：

第一，录音设备首选录音笔或者手机，尤其是手机更加方便，由于智能手机和移动支付等大规模的普及，手机几乎成为人人不离身的生活必需品，而且手机的超大内存也足以解决录音存储的问题。而相对于录音笔需要隐蔽录音来说，手机可以光明正大地拿在手里或者放在桌上而不用担心被对方怀疑，因此更加便利、录音效果也更好。

第二，对于录音的场景上来说，一般应选择办公室等安静的环境，如果实在无法选择在室内，也应该选择在相对安静的谈话场所，如咖啡店茶座等，开始正式谈话前如果有背景音乐的应要求店家关掉或调小背景音乐音量。

第三，谈话录音开始时，应当通过称呼全名来确认对方身份，如果开头称呼全名过于突兀，可以在沟通过程中不经意地说出全名，以证明沟通的对象身份。

第四，录音谈话应当提前准备好提纲和问题，设想好对方可能的回复以及如何进一步提问等。

第五，录音完成后，不得对录音进行剪辑或删除，须同时保存在原始存储设备中。

第六，作为证据提交时，应当注明来源和获取途径，如果来源不明的或者非法获取的证据不能作为定案依据，同时，当企业提供录音证据时，需要同时提供内容摘录，即用文字资料将录音通话的内容进行摘录作为证据的附件一起提交法庭，文字内容也不要进行删减。之所以要提供文字版本，因为有时录音资料会由于录制状况、背景环境等各种原因致使录音内容不是特别清晰，尤其是当场播放的效果非常差，但是如果有一份文字内容的说明，法官可以对照文字去听取录音的内容，对方当事人也可以提前收听并准备好质证意见，大大降低了因现场播放设备等导致证据无法质证等风险。

三、谈话笔录问题

谈话笔录是企业在处理劳动争议时最常用到的证据类型，在发生纠纷的前提下，为调查了解事实真相，固定处理纠纷的证据，常常采用谈话笔录的形式，其实如果员工自己书写事实经过是最好的方式，但是很多员工都有趋利避害的心态，自书经过难免会避重就轻，没有回答企业想要了解的问题，或者一味推卸责任，这里就需要采用谈话笔录的形式。

（一）谈话笔录的对象

谈话笔录制作的对象一般是有纠纷的员工或者其他了解情况的员工、参与调查的同事及其他知情人士。其中对发生纠纷的当事员工本人进行谈话最为常见和重要。谈话笔录可以多次制作，没有时间和次数的限制。

（二）谈话笔录的准备

实践中很多企业的 HR 在制作谈话笔录时由于没有经验，经常是把整个聊天过程全程记录下来，没有重点也没有解决问题，甚至出现很多对企业不利的表述，不仅没有达到制作谈话笔录的目的，甚至还起到了反作用。

企业在准备谈话之前，首先要明确本次谈话的真正目的是什么，做笔录的时候可以朝着我们想要的方向去展开，比如说设计好公司需要了解的问题，以及各个问题员工可能作出的不同答案，每一种答案后续如何继续追问，何时需要出示证明材料等。

（三）谈话笔录的谈话人

如果与有纠纷的员工谈话，企业参与谈话的人员一般可以包括 HR、法务人员、直接上司、合规或监察部门人员、工会代表、外部律师等，具体参与人员及人数视具体情况而定，原则上 HR 与部门领导参与的概率最高。人数一般是两人以上，确保至少一人谈话一人记录。

如果谈话人除记录外有两人以上的，谈话人之间也需要有明确的分工和良好的配合，谁唱红脸谁唱白脸，都应该提前沟通好，必要时可以事先进行演练。

（四）谈话笔录的内容

谈话笔录也有写成调查笔录，其实叫什么名字问题都不大，性质都是一样的。谈话笔录的格式一般包括时间、地点、谈话人、被谈话人、记录人。谈话笔录的前面一般要问被谈话人的姓名、工号、入职时间、岗位级别等基本情况，接下来告知谈话人的身份以及谈话的目的，然后才是进入谈话的正式内容。

谈话的内容记录没有特别固定的格式，要求是言简意赅，提问要精练，回答也要记录得直接和明了。这就要求记录的人除要非常清楚提问的目的外，还要学会提炼员工的回复意见，可能员工对自己的答案作了很多的铺垫、解释、说明，这些一般都不重要，可以简单记录甚至可以不记，但是对于提问主要内容的回复一定要清楚地记录下来，切忌不要把员工每一个字、每个口头禅、每句话都原封不动记下来，既没有必要又导致笔录显得累赘拖沓没重点，关键有时还可能导致前后语意不一而产生歧义和不必要的风险。谈话结束后，要求员工认真看完记录再进行签字确认，一般在签字上方写上诸如“以上笔录我看过，与我说的一致”之类的表述，再签上姓名和日期；如果有涂改的部分，不管是谁提出的修改，都要由员工签字确认，谨慎时还可以在签名处加盖指印。

除了对相关事实的询问调查外，谈话笔录还可以起到补正其他证据效力的作用。例如，涉及规章制度送达的问题，可能出现企业没有充分证据证明相关规章已经送达，或者虽然有送达但是已经找不到当时送达的签收证明了，那此时企业可以通过谈话笔录去确认这个规章制度送达的事实，由于员工此时还不清楚企业手上掌握了多少证据以及找不到送达证明的情况，多半还是会配合作出企业想要的答案的。除了规章外，其他诸如考勤考核等相关事实都可以通过谈话笔录进行补正。

（五）谈话的场所及时机

关于谈话的场所，正如前面聊录音证据说的一样，一般应选择办公室等安静的环境,如果实在无法选择在室内,也应该选择在相对安静的谈话场所,如咖啡店茶座等,主要是确保安静不受外界干扰。为了避免员工谈完之后不肯签字,还是要同时做好录音录像的工作有备无患。

关于谈话的时机,最好在不惊动员工的前提下进行,就是在外围的客观资料调查结束,企业掌握了一定的情况后,再发起与员工的谈话,通知员工谈话时可以用召开会议的形式,在员工到场后再告知具体的谈话事由,避免员工推脱或者提前研究对策话术,在谈话过程中不如实回答问题。

第五章

员工违纪解除纠纷常见类型的处理技巧

员工违纪解除纠纷可以说是企业处理最多也是最为棘手的纠纷类型，由于员工违纪解除纠纷涉及的法律事实往往较为复杂，对于企业搜集证据、沟通谈话、处理流程等都有较高的要求，同时员工违纪纠纷发生仲裁诉讼的概率也非常高，由此引发的员工索赔等诉求金额也比其他纠纷更高。本章针对员工违纪解除的常见类型展开讨论，并提供相关处理的操作建议。

第一节　从典型案例看员工违纪解除的常见风险

员工违纪解除处理是HR在工作中处理劳动争议纠纷最常碰到的情形，不少HR也会发现在工作当中有员工表现很不好、公司领导要求HR解除该员工的劳动合同时，却发现找不到相应的制度依据予以解除，或者有些违纪处理事项，HR自己认为证据充分合法解除是没有问题的，但是案件到了仲裁或法院还是被判败诉。为什么很多HR自认为合法的员工违纪处理，在司法裁判时却没有获得期望的结果呢？曾火爆职场的畅销书《杜拉拉升职记》中有这样一句话："没炒过人的HR不是真正的HR。"这句话其实是很有道理的，为什么？因为在人力资源管理的模块中，员工的离职管理是技术难度最高的工作内容之一。我们经常会觉得员工的调岗也很难，但是即使有些员工的调岗可能不是完全合法，但是毕竟双方劳动关系还存在，员工可能出于各种考虑不会选择与公司走上法庭。但是违纪解除就不一样，由于双方没有了劳动关系，如果过程中员工是不满意、不舒服的，他没有了顾虑一定会以法律途径作为救济手段，并且将维权进行到底，且现在由于劳动争议中仲裁诉讼基本属于不收取费用，劳动维权的显性成本几乎可以忽略不计。因此对于企业来说，违纪解除也是一个法律风险非常高的事情，合规的操作是必不可少的要求。

一、忽视证据是企业HR最常犯的错误

有了纠纷要进行劳动仲裁或诉讼，最重要的问题在于证据的搜集，而在员工违纪解除的争议中，因为证据不充分导致败诉的案例占有相当高的比例。下面，我们可以从一些典型案例来看一下违纪解除的法律风险，了解一下HR们常常会犯哪些错误。

案例：张某与甲公司劳动争议案

2015年6月18日，甲公司管理人员在车间巡视时，发现员工张某上班时趴在办公桌上好像睡着了，于是拍下了照片。6天后，甲公司以张某严重违纪为由，作出解除劳动合同的决定，张某拒绝在解除劳动通知书上签字。据了解，2012年该公司通过职代会制定了员工手册，其中规定，员工如有严重违纪行为，公司可解除劳动合同，而"在上班时间睡觉"被定性为严重违纪，张某也签字确认遵守该员工手册。张

某也承认照片的真实性，但他辩称，他入职后一直兢兢业业，任劳任怨，当时只是打盹并没有睡着，而且时间很短只有几分钟，打盹的原因是前几天公司接连安排加夜班休息不好所致。张某对甲公司解除劳动合同的决定不服，于是提起仲裁，并在仲裁败诉后向法院起诉。

法院经审理后认为，解除劳动合同由用人单位承担举证责任，本案中，甲公司没有充分的证据证明张某存在“上班时间睡觉”的行为，解除劳动合同于法无据，因此认定甲公司解除劳动合同违法，判令甲公司向张某支付赔偿金18万余元。

案例分析

很多人不理解，这个案件中甲公司为什么会败诉？明明公司有“在上班时间睡觉”的规章制度，规章制度也经过民主程序并送达员工，现场也拍下了张某睡觉的照片，张某也承认了照片的真实性，但是法院最终却不认同解除行为合法，这是怎么回事呢？

法院的理由是，其一，对于“员工睡觉”这个事实来说，张某承认的事实是他只是打盹了5分钟，公司拍下的照片只能证明拍摄的瞬间而非整个过程，而法院认为双方对于睡觉的事实有不一致的表述，睡觉一般来讲是进入睡眠状态，是一个过程而不是某个时间点或瞬间，而打盹只是困倦情况下短暂的休息，睡觉与打盹这两者意义是不完全一样的。在目前的证据下，甲公司作为解除合同的一方有举证义务，但甲公司无法举证证明员工存在睡觉的行为，故只能采信员工的说法，即当时张某只是在打盹而没有睡觉。其二，这个案件还有一个情节，就是张某已经连续几天加夜班，法院认为，员工在连续加班工作的情况下，工作期间偶尔出现打瞌睡的情况情有可原，不足以构成严重违纪。因此基于以上理由，判决认定甲公司解除劳动合同违法并支付赔偿金。

管理指南

1. 违纪处理证据搜集非常关键。企业HR处理违纪员工时，一定做好员工违纪的证据搜集工作，就本案而言，企业只是凭借现场拍摄的照片和员工的笔录就作出了解除的决定，但是“上班时间睡觉”恰恰是一个要求证明过程的行为，某个时间点趴在桌子上并不等于睡觉行为，如果企业管理人员当时不是拍下照片，而是拍摄了一段员工睡着的录像（有拍到流口水、打呼噜效果更佳），并且同时拍下叫醒员工后的反应和对话，则完全有可能认定员工存在“上班时间睡觉”的违纪事实。

2. 员工违纪处理要综合考虑客观的情况。在员工违纪处理过程中，有时确确实实要考虑客观情况，哪怕这个行为确实违反了规章制度，但是仍然要考虑这种行为产生的因果关系以及合理性因素，这种因果关系和合理性因素可能并不会出现法律的规定或法院的判决中，却是法官判案必须考虑的要素。就本案而言，员工连续三四天都在加夜班，那么当他在工作时偶尔出现打盹的情况，公司以严重违纪为由开除，从法官甚至常人的角度来说是不可接受的。退一步讲，即使员工当时确实是睡着了，除非发生了严重的后果，否则企业的处理也不应过于严格，企业可以对此作为违纪处理，但是不应严重到要解除劳动合同，这也是人性化管理的要求和公司文化价值观的体现。

二、规章制度明确为严重违纪行为也有可能不被采纳

除了证据的重要性外，规章制度也是合法解除中极为重要的一环，我们再来看另外一个案例。

案例：乙与某日用品公司劳动争议案

甲系某日用品公司销售员，乙系甲的主管。2015 年 10 月，公司查实甲在销售产品时存在弄虚作假、虚报业绩的行为，该公司以甲严重违反《员工手册》规定为由解除劳动合同。同时，该公司还依据经过民主程序制定并公示的《中层及以下管理人员问责办法》中“员工因严重违反公司规章制度被辞退的，公司有权解雇对该员工负有直接管理责任的人员，并不支付任何补偿”的规定，与甲的上级乙解除劳动关系。乙大呼冤枉，认为甲通过伪造材料的行为虚报业绩，本人无权限进行核实也无法知晓，以公司解除劳动合同违法为由提起劳动争议仲裁申请，要求公司支付违法解除劳动合同的赔偿金。

案例分析

该案从表面上看是规章制度规定清晰、员工违纪事实确凿，似乎解除是没有什么问题的，但是最终结果是该案法官认为某公司解除劳动合同违法从而作出要求支付赔偿金的裁决。原因在于虽然规章制度有明文规定，公司也确实有权制定相关制度，但是并非所有制度制定出来就一定会被采纳，制度是否合理也是法官判案考量

的因素。本案中，作为上司的乙并未参与也不知晓甲的违纪行为，在权限设置上，乙也不负责审核甲的业绩材料而是由公司的财务部负责审核，因此乙无法也不可能知道甲的违纪行为，不存在监管失职行为，在甲违纪的过程中是没有任何过错的，在此情况下，公司仅仅因乙担任甲的上级就认定违纪并作出处罚，而且是解除劳动合同这样严重的处罚措施，显然是明显不合理的做法，不具有公正性。故最终法官没有支持这样的行为。

管理指南

不少企业之所以在员工手册中作出诸如下级违纪上级受罚这样的规定，是因为他们认为管理人员对其下属具有管理、监管的职责，如果管理团队中频繁出现员工严重违纪，说明直属领导的管理是存在问题的，直属领导应对其管理不当的行为承担一定的后果，但是从前述案例可以看出，其实这样的做法也是存在较大风险的，实际上根据笔者的研究，用人单位在员工手册中规定"严重违纪员工的直线上级要承担相应处罚后果"并非完全不能适用，但是在无法证明直属上级对下级员工的严重违纪行为具有严重失职的前提下，一味地株连或者连坐是缺乏合理性的。因此，用人单位在适用这条规定对直线上级进行处理时，除了要确保规章制度的内容、程序合法之外，还应当在实体上着重考虑以下几点：(1)下属的行为是否属于直线上级管理职责范围；(2)是否有确切证据证明直线上级属于严重失职，即上级没有尽到监管职责，或者有默认、怂恿甚至包庇下属的违纪行为。如果能够搜集到这些证据，用人单位作出解除得到支持的可能性则更大。

《劳动合同法》立法目的之一是维护劳动关系的和谐与稳定，单方解除劳动合同的前提一定是员工行为的性质严重恶劣导致劳动合同无法继续履行的情况下作出的，因此员工违纪的处理不仅需要规章制度合法合理、处理程序合规、证据充分确凿，还需要综合考量员工行为的性质、违纪的背景、是否必须采取解除劳动合同的严厉措施等因素，因此，用人单位应当谨慎作出单方解除劳动合同的决定。

第二节　旷工缺勤类违纪行为处理技巧要点

旷工缺勤类违纪行为是企业 HR 最常碰到的违纪行为，旷工在实践中有很多种表现形式，包括违反公司考勤制度不请假，或者超出请假时间不回来上班，或者请假手续存在瑕疵而无法补正及合理解释等，还包括员工不辞而别的情形。很多企业把员工不辞而别作为“自动离职”处理，其实这是不对的，因为法律上没有一种解除劳动合同的方式叫“自动离职”，所以当员工出现不辞而别、不办任何请假手续也不写辞职申请就走了，企业就应当作为旷工处理，旷工到一定期限符合公司规定的“严重违纪”或“严重违反用人单位规章制度”的情况后作出解除决定，这才是合规的处理方式。

在处理旷工缺勤的违纪行为时，通常处理技巧需要注意以下几个要点。

一、考勤记录

企业认定员工旷工的主要证据肯定是考勤记录，如果无法提供考勤记录，实践中一般也很难认定员工的旷工行为。对于旷工缺勤的问题，除非员工本人对此事实毫无异议，否则企业就必须举证证明员工存在足以解除劳动合同的旷工违纪行为，但是对证明缺勤的事实，企业在举证时又有两个最大的难点：

难点之一在于证明没有出勤存在难度。在举证问题逻辑上有一个通常的原则叫“证有不证无”，用法律的解释就是“主张事实发生的人而不是主张未发生的人对发生的事实承担举证责任”，因为要证明一件没有发生的事情是不可能完成的任务，在逻辑上是做不到的，这属于消极事实，因此让企业来证明员工没有上班本来是不合逻辑的，如果员工来上班了企业可以有很多方法证明，但是员工没有来是证明不了的，反过来员工很好证明自己来上班的事实，因此从逻辑上说应当由员工而不是由企业来证明出勤事实。但是根据法律的规定，如果企业因为员工旷工而解除劳动合同举证责任是在企业而不是员工，这样，在证明旷工缺勤的事实上，就存在一个天然的悖论。

难点之二在于大量的企业现在都采用电子化的考勤方法，通过刷卡、指纹、刷脸甚至手机应用来打卡，正如前面在阐述电子证据时所谈到的问题，电子化考勤资料由于易删改等特点导致举证存在一定的困难，仅凭电子系统导出打印的考勤记录很难让人确信无疑，让法官仅凭电子打印的文件来作出判断也确实存在难处。

因此，对于以上存在的难点问题，建议企业可以从两个方面来提升证据的效力，一是对考勤记录定期固定，例如，可以采用书面的形式，如公司将一个季度或者一个月考勤记录打出来，由员工进行签字确认。这样发生纠纷时公司有较完整的考勤记录，相对来说对法官的说服力会高很多。但是这里还是有问题，就是能让员工签字确认的考勤往往都是发生纠纷前的考勤，对于发生纠纷时的考勤往往是得不到员工确认的，这时候的解决办法也就是第二个方法得通过后面即将说的催告函来实现。

二、考勤制度

公司应当有完善的考勤和休息休假制度，无论是单独的《员工考勤管理制度》《员工休假管理制度》还是合并在《员工手册》中都可以。考勤和休假制度中一般要明确以下事项：首先，应当明确常态下的请假休假要求、流程和需要提供的材料；其次，应当明确突发意外情况下如突发急病、交通事故等情况下相关请假流程、材料补交等相关事宜；最后，应当明确如果员工存在弄虚作假提供虚假材料休假应视为旷工处理等违纪后果。

三、个人缺勤说明

当出现员工缺勤情形的时候，如果员工事后还在正常上班，最好让员工亲笔书写关于缺勤情况的说明，目的就是固定证据。无论员工在说明中如何解释或辩解，都可以起到固定部分事实的作用，只要这个解释是不符合公司制度的，我们照样处理。这种做法有一个好处，就是可以弥补前面所说的公司考勤记录可能没办法充分举证的问题。例如，员工对于缺勤有可能解释为"当时已经跟主管请过假、主管也回复同意了"；或者说"遇到突发状况手机丢了没法请假"等，但无论员工如何解释，最起码他确认了缺勤这一重要关键的事实，而至于员工的辩解和解释是否能够成立，完全可以依据公司制度来判定，同时这样做也让员工有了进一步充分举证的义务。而且因为相关事实是员工亲笔书写承认的，无论日后纠纷中员工怎么改口，都很难再改变这一事实。

四、催告函件

如果员工旷工后不再回公司上班，那就失去了让员工自书说明或者制作谈话笔录的前提条件，这时企业可以考虑通过催告函件来固定缺勤事实。企业可以在催告函中明确员工缺勤的事实，并告知已经导致的后果，如果第一次发出催告函后员工还是没有回来上班，那么企业再次进行催告，告知如果继续旷工可能导致解除劳动合同的严重后果。通过发送催告函，不仅可以固定员工缺勤的事实，还可以证明企业已经经过催告的程序，若员工仍然不改，解除劳动合同则更具有正当性和合理性。

如果书面的催告函因为客观原因无法送达，可以通过电话录音、微信、短信等形式进行催告，也可以多种方式并用。

需要提醒的是，催告函的内容中不要有诸如“逾期不来解除劳动合同”这样的表述，这种表述在实践中容易被理解为公司在制度之外又给了员工一个宽限期，员工万一在这个期限内回公司上班了，企业再进行解除可能就会存在风险。所以不要加这句话，只需要通知员工尽快回公司上班，对于旷工行为，“公司将依据规章制度处理”等即可。

五、谈话笔录

谈话笔录在违纪处理的证据中是非常重要的，基本上每一种违纪情形都可以用到这种证据方式。如前面讲证据时提到的，如果员工不愿书面说明事实经过或者对关键事实避重就轻，就可以采取谈话笔录的形式来固定证据。对于旷工缺勤类的违纪行为，谈话笔录关键是要固定员工缺勤的事实，至于缺勤行为是否构成旷工，完全可以根据制度进行判断，无须与员工争辩，因此在进行谈话时，如果员工承认缺勤事实，则进一步要求员工作出合理解释并提供相应证据，无法解释或者提供不了证据就可以认定为旷工行为；如果员工不承认缺勤的事实，则可以直接要求员工提供出勤的证据，包括工作成果、外勤轨迹证明、客户接触证明等，事后再进行调查核实。如有必要，可以安排第二次或者第三次的谈话，直至查清事实。

六、录音录像辅证

正如前文所讲的，随着员工法律意识的提高，想要员工完全配合调查不是一件容易的事情，有些员工一开始可能配合，但问到关键问题或者企业出示了重要证据后就开始抵赖反悔，前面已经承认的事情也改口不承认了，或者员工根本不愿意正式进行调查，需要调查人员以非正式的闲聊来了解情况，这个时候录音录像的功能就派上用场了。

在谈话过程中首先我们可以进行全程的录音录像，实在不行也可以只用录音笔或者手机进行录音，在信息化时代智能手机相当便捷方便，都可以进行长时间的录音录像，如今员工的法律意识不断提高，很多时候我们在进行录音录像的同时，员工也在进行录音，所以谈话人在谈话过程中一定要有风险意识和证据意识；其次，在录音录像过程中不能用员工的花名、英文名或者代号称呼，一定要用他身份证上的姓名，以免日后无法证实谈话录音的对象；最后，除了要表明对方身份，还要表明自己的身份，例如，明确我是人事部某某，否则录了半天最后都不知道是谁，然后还得去做声音鉴定，这个就会很麻烦，在录制的过程中，还是要把事情的背景简单讲一下，目的在于将事情完整地呈现出来，第三者在听的时候，更加了解事件的前因后果以及员工回复针对的问题，否则容易被人断章取义，即使成功录音录像效果也不会好。

第三节　对抗管理类违纪行为处理技巧要点

对抗管理类的违纪行为也是企业日常管理碰到比较多的一种违纪类型，表现为员工对于企业的正常管理行为采取积极或消极的对抗行为，不服务规定、不遵守要求等，具体包括以下几种情形：不服务工作安排、拒绝合法的调岗调职、消极怠工罢工、不服从管理等。那么，对于对抗管理类的违纪行为的处理技巧有哪些要点呢？

一、清晰明确的制度规范

首先，对于前述所列的对抗管理行为要有效处理，不能笼统地表述为不服从管理，一定要有具体明确的制度规定，把对抗管理行为的常见情形进行明确列举和概括性列举，必要时进行解释和定义，如什么情形构成怠工、什么情形属于旷工等，并将这些行为明确定性为违纪行为；其次，对于各种对抗管理的行为，根据情节和严重性的不同，规定不同的违纪后果和处罚措施，尤其是对于达到何种程度可以直接解除劳动合同应当更加明确具体可操作；最后，对于日常一般性的不服从管理的行为，并非一概都要构成违纪进行处理，或者视为较轻微的违纪进行管理，考虑到实践中员工不服从管理有很多种原因，既有员工本身的原因，也可能是管理者布置工作存在不合理、沟通不充分存在误解导致不服从，抑或是客观条件导致员工不服从工作安排，因此对于这类对抗管理的行为，还是要结合行为的背景等，规定诸如一定期限内多次出现不服从管理或者不服从管理导致一定后果等情况，才作为违纪行为处理可能更为合理。

二、具体工作指令证明

对于不服从管理、不听从工作安排这一类的违纪行为，产生纠纷后公司首先有义务提供证据证明给员工发出了什么样的工作指令、工作指令是否清晰具体可行、指令是否针对具体员工发出、对于完成工作的要求和期限是否明确等问题，因此当出现员工不服从管理的情况，HR首先应当有固定证据的意识，如果此前发出的是口头指令，要立即改为书面形式重新发出指令，无论是用邮件、书面函件还是用微信、短信都可以，关键在于日后可以举证证明曾发出过指令。如果来不及或者无法重新发出指令，那么就要在此后的沟通函件中重申曾多次发出工作指令以及指令内容等，以固定相关证据。

三、积极对抗管理的证明

如果员工不仅不听从管理指令，还以积极的行为干扰日常工作，如不仅不上岗工作还通过拉电闸、关门等行为阻止其他员工工作，这就属于积极的对抗行为。企业可以通过工作场所的监控或者用手机等设备进行拍摄取证，如果同时从不同的角度进行拍摄其效果更好，拍摄照片的同时也可以拍摄视频，并注意要放大拍摄作为组织者或积极参与者的员工的脸部特写，以确定参与对抗管理行为的员工身份，如果有安排专人负责拍摄取证效果更佳，当把照片或视频做成动态画面将其呈现在法官面前时，法官一目了然，强过口头的陈述或者用书面描述太多。

四、消极不作为的证明

另外一类对抗管理的行为是消极对抗的行为，相对于积极对抗行为来说，这类员工是采取"非暴力不合作"的形式来对抗管理，比如，对于正常的工作安排只听不做、只看不动手、找各种借口磨洋工等，对于这一类的员工，关键要做好过程中的证据固定，除了前面所说的固定指令外，还要更加明确要求汇报工作的进度，凡是达不到进度即给予催告函件，同时告知后果。

五、催告程序

对于对抗管理的违纪行为，催告程序是一个非常重要的程序，催告程序不仅可以起到固定工作指令的作用，还可以体现企业的合理忍让、员工违纪性质严重性等，催告的形式通过邮件、函件、微信、短信均可，催告的内容既可以要求返岗上班、要求按时按要求完成工作，也可以要求停止怠工罢工、要求按时搬迁等，另外在催告函中都应该有明确的警示内容，即不遵守公司指令可能导致的严重后果。在企业三令五申多次重复指令和警告后，员工仍然不遵守的，企业按规章制度作出解除决定，更易得到法院支持。

六、严重性证明

前文说到，不是所有不服从管理的行为都可以作为违纪甚至严重违纪处理，对于要作出最严厉性质的处罚即解除劳动合同的处罚，员工的对抗管理行为一定要具有严重性，至于严重性的标准可以在规章制度中提前规定，例如，“一个月内五次以上不服从工作安排的”“连续三次不接受工作指令或工作安排的”“拒绝企业合法调岗导致工作延误或订单损失的”“参与怠工罢工连续三天或一个月内累计五天以上的”等。除了规章制度的规定之外，企业还必须提供证据来证明员工的行为已经符合了上述解除的标准，才可以直接解除劳动合同。

第四节　过激行为类违纪行为处理技巧要点

第三类违纪行为类型是过激行为，包括打架斗殴、毁坏公司或他人财物、殴打他人、上演跳楼秀等。在处理的过程中，需要注意以下要点。

一、现场视频照片

无论是打架斗殴还是毁坏财物、跳楼秀等，因为行为过激必然引发围观，动静较大，较为容易留下证据，对包括过激行为过程及结果的现场照片、打人或损毁现场等进行拍照或录像，不仅可以证明事件发生的本身，还可以从视频照片中区分行为过错以及发生原因等，有利于事件的调查和事后处理。

但提取视频照片要注意，提取目的是证明公司的解除行为合法，所以应当是解除行为发生之前的违纪证据，而不是因为解除之后引发员工反弹，威胁要殴打同事或者威胁要跳楼等，因为这些并不能证明企业解除行为的合法性。例如，因为员工工资被扣了，然后在公司里大吵大闹或者跑去跳楼秀等激烈对抗管理行为，如果符合制度规定公司以此为由对员工予以解除合同是可以的；但是如果前面没有这种过激行为，而是在解除劳动合同之后有类似行为，是不可以作为解除合同合法性的依据的。

二、本人陈述

过激行为尤其是打架斗殴这类行为的发生都不是突发的，一定是有一个渐渐升级的过程，事发后在针对这些事件进行调查时，第一时间应当让当事人包括打斗双方自行书写经过较为重要，不管员工怎么辩解和掩饰，都可以起到固定证据、发现调查线索、准备下一步的调查方向、弥补证据的不足等作用。很多企业会在已经解除了劳动合同之后再找律师，要求律师帮忙处理，但其实最重要的取证时机是事发后的第一时间，此时员工并没有机会仔细思考和对外求助，往往可以获得较为真实的信息。如果得到解除劳动合同之后再进行调查，所有行为的合法性都来不及弥补，也没有机会再获取想要补充的证据。因此在解除劳动合同之前咨询律师，让律师协助企业弥补证据方面的缺失，并将证据收集齐全再进行解除才是合规流程。

三、第三人的证言

过激行为的发生往往有第三人在场，因此除当事人陈述外，此时第三人的证言也是非常重要的。但是也要区分不同情况，如果在场人员既有企业以外的人又有企业的员工，那建议尽量先找企业以外的人员取证，例如，供应商的员工、客户、物业公司或保安公司的员工等，然后再找本公司员工取证，因为如果第三人是涉事企业之外的人，其证言的效力往往会更高。如果只有本公司员工在场，建议尽量调取与当事员工没有任何关系甚至不认识的其他员工证言，同时在调取在场员工的证词外，一般要同时调取该员工在现场拍摄的照片或视频，并且最好除书面证词外，可以拍摄一段在场员工讲述事情经过和出示本人拍摄照片的视频，这样做的目的是增加法官对证言的信任度。避免因为作证员工在企业工作、受企业的管理，而使其证言的真实性受到质疑。

四、警方处理的证明

过激行为如打架、毁坏财物或者跳楼秀发生时，我们一般要选择报警处理，报警的原因首先是这些行为不仅已经影响了企业的正常管理，而且违反了法律规定，报警也是应尽义务；其次，报警处理的话警方通常会有报警回执，有些甚至有处理结果，警方的处理结果是代表政府有权机关对事件的调查和定性，其证据效力是非常高的。企业的处理如果建立在警方调查处理结论的基础上，则得到支持的可能性很高，即使警方最终没有作出处理，但是警方对事件调查形成的笔录也是非常重要的证据，一旦发生纠纷，企业可以申请仲裁委和法院前往调查，或者可由律师申请律师调查令等调取相关证据。

五、损失损伤的证明

如果出现过激行为，通常会造成人员一定程度损伤或者造成财物损毁，尤其是造成当事员工以外的人员受伤或者财物的损失，损失的大小通常是对当事员工违纪行为性质应当定性为一般违纪还是严重违纪的重要参考因素，因此这部分证据对于违纪解除来说是非常重要的。事发后 HR 应当做的是固定人员受伤或财物受损的证据，包括人员受伤、财物受损的照片视频；固定人员就医的相关凭证，包括挂号、治疗、手术、住院等各类证明票据等；固定财物修复、重购价值的证据，包括修复的委托和票据，重购的发票、定损鉴定报告等。

六、过错的证明

处理打斗事件时，还要注意区分员工过错的问题。我们碰到过这样的案例，例如，A 员工其实是被打的一方，A 进行还击，结果先动手打人的 B 员工打不过 A 员工，R 员工反而被打伤了，因为企业在制度中规定打架都要予以开除，这时企业将两名员工开除，A 员工不服。因为从法律角度上讲 A 员工是有正当防卫权利的，既然 A 员工是正当防卫、是合法行使权利，就不能将其行为定性为违纪行为，最终法院支持了 A 员工的诉求，认定企业解除劳动合同违法。因此我们在处理这一类纠纷时，要注意搜集员工过错的相关证据，包括打斗是由谁挑起的、谁先动人、是否反应过当等，这些都是判断是否存在过错的重要问题，如果有相关证据可以证明员工存在过错，则解除劳动合同的合法性更高。

第五节　弄虚作假类违纪行为处理技巧要点

弄虚作假类违纪行为是指员工因舞弊而引发的违纪行为，违纪行为的类型包括虚假休假、虚假报销或者虚假学历、虚假经历等。在处理弄虚作假类的违纪行为过程中应注意哪些情形呢？

一、规章制度的明确规定

企业规章制度应当明确规定哪些行为属于弄虚作假类的行为，如什么情况下构成虚假病假或年假、哪些行为构成虚假报销等都应当有明确具体的规定，此外对于各类弄虚作假行为如何进行核查、员工有哪些举证和配合的义务、各类行为构成什么样的违纪后果等问题也都应当明确具体的规定。

案例:陈某虚假报销被解除劳动合同案

陈某与某某(中国)有限公司(以下简称公司)自2002年6月起建立劳动关系,2013年5月20日签订无固定期限的《劳动合同书》。2016年6月6日,公司以陈某2013年1月1日至2015年4月30日多次违反单笔消费超过500元以上必须刷卡支付的财务制度,属于虚假报销费用,作出解除陈某劳动合同的决定。2016年9月7日,陈某提起劳动仲裁申请,请求裁决公司继续履行与陈某签订的无固定期限劳动合同,仲裁委员会裁决公司恢复与陈某的劳动关系,从2016年6月6日起继续履行与陈某签订的无固定期限劳动合同。公司不服裁决诉至法院。

公司认为,《员工手册》规定:"员工有下列严重违纪行为之一,经查证属实的,经公司总经理或本地事业部经理、本地事业部人力资源经理的批准,公司有权立即解除违纪员工的劳动合同:其他严重违反与礼品、款待和花费有关的公司规定的行为……"《礼品、款待和花费的修订政策》规定:"500元及以上的花费必须使用信用卡支付,现金仅限于500元以下的消费,如有例外情况,员工必须获得直线经理的审批,同时例外情况必须控制在最低频率。"而陈某超过500元的26笔报销均发生在某土鸡总店,而陈某提供的报销凭证却是某宾馆的发票。陈某在公司工作期间存在违规报销的事实,该事实并不因为其已经获得上级主管的批准报销而合法。关于报销发票与实际消费名称不一致的问题应当由陈某举证,否则应当认定其报销发票系虚假,公司解除劳动合同合法。而陈某则认为,依照公司的制度进行的报销,经过上级主管的批准,不属于违规报销。要求判令解除劳动合同违法并判断继续履行。

法院经审理认为,陈某提供的发票虽存在开票单位与实际消费场所不一致的问题,但陈某在报销凭证中均已备注被招待人员的姓名及人数,上述花费属于《礼品、款待和花费的修订政策》规定的例外情况,陈某的费用报销已按规定流程通过上级审批,不应以此认定陈某违规报销。公司称陈某与上级串通导致对陈某的报销凭证未尽严格审查之职,仅为公司单方陈述,未经生效的仲裁裁决或民事判决认定。因此,公司称陈某严重违反公司制度,证据不足,公司以此为由解除与陈某的劳动关系,属违法解除,故支持陈某继续履行劳动合同的诉求。

案例分析

该案中公司以员工存在虚假报销行为为由解除劳动合同，主要的理由是陈某报销的消费行为与报销凭证存在不一致的情况，认为属于虚假报销行为，故解除劳动合同。从法律角度讲，本案公司要胜诉，应当证明以下事实：员工存在虚假报销行为、该虚假报销行为被规章制度规定为可以直接解除劳动合同、规章制度已送达员工、解除有通知工会等，而本案中，首先，公司是通过报销的消费行为与报销凭证不一致就推定为虚假报销显然证据不足，实践中员工报销行为与报销凭证不符的情形并不少见，产生的原因也很多，有可能是客观原因当时无法取证报销凭证，也有可能是消费场所不正规没有报销凭证，还有可能是部分场所要发票需要自行支付税费而报销人为了省钱改为找其他发票冲账等，但显然报销凭证有问题不等于虚假报销。其次，公司解除的依据是《员工手册》的规定，即“有其他严重违反与礼品、款待和花费有关的公司规定的行为，可以解除劳动合同”，而这个条款本身就是一个含混不清、意义不明的条款，什么叫作“其他严重违反”？公司根本无法举证。最后，员工的报销行为是已经得到了上级批准完成的报销行为，公司是事后追责，虽然主张是员工陈某的上级与陈某在报销时串通损害公司利益，却无法提供任何证据，也没有举证陈某的上级有因此而被查实处罚，公司这样的抗辩理由显然很难成立。

因此，尽管员工陈某存在多次超额消费不刷卡、报销凭证与事实不符的情况，但是由于公司的规章制度存在缺失，调查员工舞弊行为时缺乏技巧与手段，从而导致败诉的后果。

管理指南

追究员工违纪行为的前提是有清晰完善的规章制度，并且要讲究调查的方法与技巧。以本案为例，首先，公司以一个违纪的兜底条款即“有其他严重违反与礼品、款待和花费有关的公司规定的行为”来解除劳动合同，显然是制度中没有找到关于虚假报销的相应描述，显见公司在针对虚假报销行为处理中制定管理存在严重的缺失，因此，该公司首先要做的是在规章制度中详细列举可能出现的一系列虚假报销行为，并将这些行为明确作为严重违纪行为。

其次，本案中陈某出现超过 500 元的 26 笔报销存在未刷卡消费、报销凭证不符的情况，但是《礼品、款待和花费的修订政策》却只规定了这种行为不合规，却没有相应的处罚结果，试想如果公司规章制度中规定员工“报销 500 元的未刷卡消费超过三次”或者“员工报销行为与报销凭证不一致超过三次”属于严重违纪行为，是不是案件的处理胜诉会大得多呢？

最后，从公司处理技巧上来说，员工高达二十多次的报销存在问题，这么多次的消费报销，很可能也有其他同事参与，公司完全可以通过调查消费场所、参与消费的同事、接受接待的客户等其他角度寻找线索和证据，也可以通过对报销员工作询问笔录等细查员工的违纪行为，从而找出漏洞和线索，但公司基本上没有提供这方面的证据，只是通过报销凭证来推定员工违纪，这样的处理过于粗糙，败诉在所难免。

二、真实性的承诺

对于虚假学历、虚假学历等违纪行为，虽然提供真实信息是员工的当然义务，但是没有提供真实材料的法律后果是不确定的，因此建议除了在规章制度中明确相关虚假行为的处罚外，企业可以在《入职申请表》《入职登记表》等面试和入职材料中增加员工对提供信息和材料的真实性的承诺，诸如“本人承诺所提供的材料及信息完全真实无误，如果日后经查实本人的学历或者经历存在虚假，单位有权在任何时候以欺诈为由直接解除劳动合同并不用支付任何赔偿”等表述，然后让员工进行签字确认。这样做的目的一是再次明确作假行为的法律后果；二是对员工在填写相关资料时进行警示；三是当日后出现纠纷时，如果员工以公司制度没有送达等进行抗辩，也可以员工入职材料中的承诺作为处罚依据。

三、材料或信息的核实证明

对员工提供的材料或者信息真实性有疑虑的话，企业一般要对相关情况进行核实，例如，企业认为员工提供的是虚假病历，那么企业通常可以去医院了解一下是不是真的诊断过此病例或者该名医生是不是真是存在的，尽管由于个人信息保护的立法越来越完善，但是也不排除有些医院或医生会在一定范围内配合相关调查。还有虚假学历和虚假经历的问题，企业也完全可以通过公函的形式向有关院校或企业发函了解，也有很大程度能够获得相关单位的回复。企业可以保留在相关调查过程中获得的各种证据，包括正式的回复、调整沟通的录音、电话访谈的录音等，均可以作为材料或信息核实的证明。

四、员工个人陈述

"谎言重复一千遍也不会成为真理"，如果员工编造谎言，一定需要他撒更多谎去弥补这个谎言，他要说更多的谎，所以让员工就存在的疑点自行书写个人情况的声明或陈述，其实是为了让员工暴露更多的问题呈现更多的谎言，更加有利于后续的调查和取证。

五、严重性的证明

对于员工作假的行为作出解除劳动合同的严厉处罚，即使企业有相关的制度规定，有时还是需要考虑违纪的后果，并就违纪行为严重性进行举证。例如，虽然企业能够证明员工学历作假，但是员工所应聘的岗位其实并没有学历的要求，而员工过往的获奖表现也证明他足以胜任这个岗位，企业再以学历作假来作出违纪行为就不一定能够得到支持。又如，企业虽然明文规定报销作假属于严重违纪行为，但是如果实践中确实存在有些偏远地区的差旅费没有正规票据报销，而员工提供其他发票后过往企业也给予了报销，这种情况再以员工虚假报销为由解除也很难得到法律的支持。

因此，为了降低法律的风险，对于弄虚作假类违纪行为的处理，企业最好能够搜集这类违纪行为造成严重后果或其他证明性质恶劣的证据，以获得法官支持。

第六节　屡教不改类违纪行为处理技巧要点

屡教不改类违纪行为也是较为常见的违纪行为，也可以说是企业处理起来最为头痛的违纪行为。对于任何一个企业来说，表现非常好和非常差的员工都是极少数，大多数员工都处于两者之间，"大错不犯、小错不断"可能是很多员工的一种常态，而对于其中屡教不改的员工应当如何处理呢？下面我们来谈谈这类违纪行为处理技巧的要点。

一、规章制度的明确规定

对"大错不犯、小错不断"的员工，需要设计精细化的规章制度进行规范。很多企业的规章制度中都规定了严重违纪行为、一般违纪行为和轻微的违纪行为，但是缺乏把轻微的违纪行为进行积累叠加成为严重违纪行为的制度设计。以员工考勤违纪为例,很多企业规定通常是诸如一年内"迟到累计十次给予警告处分、迟到二十次记过处分、迟到三十次解除劳动合同",要一个员工出现30次考勤违纪才能解除,这样的制度不仅过于宽松,管理成本过高,管理效果肯定也不会好。而如果采取累积制的设计,可以改为如"员工出现迟到行为,即可以给予警告处分""员工受到警告处分后,半年内再出现可处以警告处分的违纪行为则予以记过处分""员工受到记过处分后,半年内再出现可处以警告处分的违纪行为则予以解除劳动合同的处分"。通过这样的累积式的制度设计,可以将员工细小的违纪行为,累积成可以解除劳动合同的重大违纪行为,并且层层升级,警示员工谨慎行为,不得随意违纪。而对于前面所举例的规定,员工要迟到数十次才有严重后果,这样的制度很难让员工有敬畏之心,反而会不断迟到。

当然,企业对于违纪惩处可以根据自身习惯和特点进行设计,包括对违纪积累的次数也可以根据具体情况灵活规定,并非一律都要特别严厉的设计。此外,即使员工累积后存在严重违纪行为可以解除劳动合同,企业是有权解除并非必须解除,企业也可以解除作为手段进行降薪、降职等处理。

二、过去违纪事实及处理结果证明

当员工犯小错受到处罚的时候,即使员工本身没有异议,也不要把这样的违纪证据和处罚证据销毁,一定要保存好。因为对于屡教不改的员工进行解除劳动合同,需要以过去的违纪行为和处罚作为证据,需要对这部分事实进行举证,包括违纪事实证据、违纪处理程序证据、违纪结果送达证据等。

三、新违纪事实的证据

除过往的违纪处理证据,当下发生的违纪行为自然更需要详细的举证,证明员工的违纪行为违反规章制度的相关规定,并且可以与前面累积的处罚结果一起构成严重违纪。

四、个人陈述或者谈话笔录

与前面几类违纪行为一样,个人陈述和谈话笔录是调查违纪行为、固定事实证据非常重要的方法,在此不再赘述。

五、避免双重处罚争议

在处理累积式违纪员工的处罚时，经常会遇到双重处罚的争议。比如说员工第一次违纪予以记过处分，第二次又有可以处以记过的违纪行为，按照制度累积过错后是可以予以解雇的，那么这时是先给予记过处分，再解除劳动合同？还是直接解除劳动合同呢？这就像足球场上的犯规判罚一样，两次犯规，裁判一般是先掏第二张黄牌，然后再掏出红牌将犯规球员罚下场，但问题是足球场上这样做是因为有相关足球裁判规则规定。而处罚员工时，如果先作出记过处分，再作出解除劳动合同的处罚，有些法院会认为这属于双重处罚，违反“一事不二罚”的基本法律原则。所以为了避免这种争议，此时最好的做法就是在通知中明确这个行为构成了记过，但是按照制度直接解除劳动合同，而不是先作记过处分再解除劳动合同。

以上这五大类的违纪行为是企业日常管理中最常见的违纪行为，实践中当然还有很多违纪行为是不在这五大类之中的，其实大多数违纪行为的处理，在取证、沟通、送达等各方面与上述五类违纪行为的处理都有共通之处，完全可以参酌前述技巧要点处理。

第七节　员工违纪解除纠纷处理的常见误区

企业 HR 在处理员工违纪解除纠纷时，常常会犯一些较为低级的错误，落入一些常见的误区中，这一节我们来聊一下那些很多 HR 都常掉入过的坑。

一、严重违纪要导致严重后果才能解除

不少 HR 都有一种这样的观念，认为员工违纪解除的一定是造成的严重后果才能解除，虽然有违纪行为符合制度规定可以解除，但是如果没有实际损失，还是不能直接解除的，实践中也确实有类似的案例。

曾有某五星级酒店保洁员工在下班的时候偷拿了三卷厕纸回家，但是在出后门时被保安发现给拦住了，后来酒店以严重违纪为由解除了与该员工的劳动合同，因为酒店的规章制度中明确规定“员工有任何盗窃行为即构成严重违反规章制度，可以立刻解除劳动合同”，员工没有经过酒店同意偷拿厕纸当然属于盗窃行为，这没有争议，但是员工一方认为该行为属于盗窃未遂，酒店并没有任何损失，解除劳动合同

过于严苛。但最终法院还是支持了酒店解除劳动合同的行为。

这个案例也比较有代表性，不仅员工和部分 HR 会有类似的观点，甚至某些仲裁员和法官也有类似支持员工的判决。但其实这样的观点是不正确的，《劳动合同法》第 39 条规定表述是“严重违反用人单位的规章制度”，至于什么是严重违反就要看具体规章制度的规定了，上述案例中酒店制度明确规定“员工有任何盗窃行为即构成严重违反规章制度”，并没有规定盗窃是否成功、企业是否有实际损失作为解除劳动合同的前提，因此只要员工存在盗窃行为酒店的解除就应当认定为合法。

理解“严重违反规章制度”这种违纪行为，可以用刑法学中的行为犯进行类比就比较容易理解，刑法中有一类犯罪只要认定存在犯罪行为就属于犯罪既遂，并不以犯罪结果作为构成犯罪的前提条件，这类犯罪就叫行为犯，如抢劫罪的认定并不需要都认定犯罪嫌疑人实际抢劫金钱，只要有抢劫的行为都构成犯罪。在违纪解雇这个问题上也是一样的，只要员工的行为构成规章制度规定的严重违纪就可以解除劳动合同，而并不需要有违纪的后果，也就是这种行为本身性质就已经非常恶劣、非常严重，所以不需要后果也应当解除劳动合同。以前述案例中的盗窃为例，并不能因为盗窃厕纸没有成功故以酒店没有发生损失为由认为其不构成严重违纪，因为盗窃不仅是品德问题，也是违法行为。如果说盗窃行为还不严重，难道非得日后员工偷了客人的金表、钱包等贵重物品对酒店进行索赔，酒店才能以构成严重违纪予以解除？这岂不是很荒谬嘛。再举例来说，加油站的制度规定加油工在工作场所严禁吸烟，违反者可以立即解除劳动合同，因为任何正常人都可以想象加油工加油时吸烟的可怕之处，如果某一天加油站发现某个加油工偷偷吸烟而解除劳动合同，难道我们能说加油站太严苛了，加油工吸烟并没有把加油站点燃引爆，因此不能解除劳动合同？企业为了加强管理在规章制度中明确禁止某些行为，就是因为这些行为一旦发生可能导致严重后果，这些严重后果包括但不限安全生产等方面。因此，如果说未发生严重后果就不能解除劳动合同，无异于说本末倒置。

当然，如果企业在规章制度中规定了某种行为要造成严重后果或重大损失才能解除劳动合同，那自然应当符合制度规定时才能解除劳动合同。这里还需要提醒一点的是，员工某个违纪行为有可能同时构成“严重违反规章制度”和“严重失职、营私舞弊，造成重大损失”，前者无须证明损失，后者却需要证明造成重大损失，因此企业在选择解除的理由时，应当选择最利于举证的解除理由。

二、只有经济损失才是重大损失

《劳动合同法》第39条第3项规定，企业可以因员工严重失职、营私舞弊，造成重大损失而解除劳动合同，很多企业的的规章制度没有关于重大损失的标准，以致发生纠纷时无法证明是否构成了重大损失，即使有些企业的规章制度规定了重大损失的标准，绝大多数还是停留在经济损失方面，如规定“员工失职造成5000元人民币以上的损失属于重大损失”等，但是其实重大损失的标准远不止有经济损失这么简单。

员工严重失职造成重大损失既可以包括重大经济损失，也可以包括经济损失之外的其他损失，如重大商誉的损失、重大商业机会的损失等，如果员工在执行职务过程中，因为员工的不当行为导致企业被媒体曝光，大众舆论除了针对员工本人外，肯定也会有很多对该企业的负面评价，这些评价很可能对企业声誉造成重大损失，甚至有些会导致企业的“社会性死亡”，如此严重的后果可能比造成数万元甚至数十万元的经济损失更为严重。再如，因为员工的不尽责订错了机票，导致企业领导无法出席与客户提前约好的重大合约签署会议，最终合作告吹，虽然即使重大项目签约成功也未必一定会盈利，因此也无法证明经济损失，但是重大商业机会的丧失对于企业来说肯定是一种重大损失。

因此，企业在设计规章制度时，不应当把重大损失仅当作经济损失，还应明确将其他无法评估经济损失的非经济损失包括在内，而且还要明确定性何为“重大商誉损失”“重大商业机会损失”，以防止发生该类事宜时处理起来无据可依。

三、解除劳动合同都应当征得工会同意

为体现工会对企业人力资源管理的监督权与参与权，《劳动合同法》第43条规定：“用人单位单方解除劳动合同，应当事先将理由通知工会。用人单位违反法律、行政法规规定或者劳动合同约定的，工会有权要求用人单位纠正。用人单位应当研究工会的意见，并将处理结果书面通知工会。”但是不少HR没有正确理解该条的意思，误以为解除员工劳动合同应当征得工会同意。

通知工会并不等于要征得工会同意，如前所述，法律规定解除劳动合同应征得工会同意，是为了体现工会对管理的参与权与监督权，因此才在程序上要求通知工会，如果工会有异议，企业应当研究并回复，也就是说，企业要重视工会的意见，但是

并不等于企业要同意工会的意见，如果工会对于解除劳动合同持反对意见，但是企业研究后认为解除合法，企业仍然有权发出解除通知，不能视为程序违法。这样的立法设计较好地解决了工会监督权与企业管理权的辩证关系。因此企业解除劳动合同时，只要能证明已经将解除劳动合同事宜通知了工会即可。

四、解除通知应详细列明解除理由

不少企业在解除违纪员工的劳动合同时，喜欢把解除劳动合同的理由列得一清二楚、事无巨细，把事情发生、经过、适用的规章制度具体条文等写得非常清楚，其实这是不可取的。

首先，员工被违纪解除劳动合同后，发生纠纷的概率还是比较高的，而一旦发生纠纷，企业必须对解除劳动合同的理由进行举证，尽管企业在解除之前可能也已经进行了搜证工作，但是不能保证解除的事实和理由都完全无误，而解除通知写得越详细越具体，企业需要举证的事实就越多，更不要说在有些事实存在错误的情况下，很可能对解除行为合法性产生重大影响，因此，过于细致的解除事实与理由的描述加大了企业的举证义务，容易产生法律风险。

其次，在实践中，如果缺乏专业律师的指导，企业 HR 在认定解除的理由时经常出现偏差，例如，员工可能有三个违纪行为，但是由于企业取证的原因，最后以三个行为中的 A 行为作为解除的合法理由并写在解除通知中，但是发生纠纷后律师评估认为其实恰恰 A 行为是最弱、最不可能得到法官支持的理由，而 B 行为或 C 行为得到法院支持的可能性更高，但是由于企业在解除通知中已经写明了是因为 A 行为作为解除的理由，法院的审理也只能围绕“A 行为是否构成严重违纪”来审理，这样的结果可想而知。相反，如果企业没有在通知中写得过于具体，则企业在应诉时律师完全可以把所有解除的理由都进行举证以获得法官支持。

因此，企业在出具解除劳动合同通知中，应当慎重列举理由，避免过于详细地描述，最为稳妥的做法是仅列举法定理由，即按照《劳动合同法》第 39 条的规定“严重违反用人单位的规章制度”描述解除理由，需要提及规章制度时，也仅提及按照《员工手册》某一章违纪处理部分或者按照《员工违纪处理规定》等作出解除劳动合同通知，避免因描述过细产生法律风险。

第六章

员工不胜任工作类纠纷处理技巧

2016年年底，某知名劳动法学者在网络上发布『不能胜任解除之殇——北京已死，上海苟活』的文章，引起较大反响，该学者带领团队成员根据对于北京和上海数百个因劳动者不能胜任工作解除劳动合同引发纠纷的案件进行研究分析后得出结论，认为企业适用不胜任工作作为解除理由胜诉率极低，解除的劳动合同风险极大，由此可见，对于员工不胜任工作的处理存在较大的难度与风险。确实，在实践中因为员工绩效问题引发的对员工不胜任工作的界定、员工的调岗降薪、员工的解除等一系列问题向来也是企业人力资源管理的难点与痛点，这一章我们就来聊聊员工不胜任工作处理的技巧。

第一节　不胜任工作员工的认定

因员工绩效不达标而引发企业对员工的处理，不可避免地会涉及不胜任工作员工的认定问题，因为在无法协商一致的情况下，只有符合不胜任工作这个法定条件，对员工的调岗降薪等处理才会成为企业的合法手段。那么什么样的员工才是不胜任工作的员工？领导认为员工表现不好给出负面评价就是不胜任工作的员工吗？下面我们先看两个案例。

案例1：排名末位是否属于不胜任工作？

马先生是某房地产公司一个销售项目的员工，马先生的销售量连续3个月都居于团队倒数第一名，但是每个月都能成交一两单。公司认为马先生的销售业绩不符合公司要求，按照公司的末位淘汰制的规定，对马先生进行了辞退，也不予任何补偿。马先生认为自己的销售业绩虽然不佳，但是工作努力积极，而且每个月皆有成交单，在此情况下，不应该属于不能胜任工作的情况，遂提出仲裁申诉，要求撤销辞退，继续履行合同。仲裁结果支持马先生的诉求。

案例2：工作中弄虚作假是否属于不胜任工作？

王小姐属于某外企医药公司的医药代表，为了获得高额的佣金，王小姐对自己的销售业绩弄虚作假，提供了虚假的材料。在获得佣金之后，这一行为被公司审计出来了。公司认为王小姐作为医药代表，弄虚作假的行为严重损害了公司的利益，遂以王小姐不胜任工作为由，对其进行了辞退。王小姐不服，申请仲裁。最终仲裁委认为，王小姐的行为违反了职业道德，其行为本身失去了作为医药代表的意义，损害了公司的利益，但是医药公司是以不胜任工作的理由解除与王小姐的劳动关系，对王小姐的行为性质认定错误，明显不符合法律规定。后经仲裁员调解，医药公司向王小姐支付了部分补偿后双方互不追究。

以上两个案例属于比较典型的企业对不胜任工作存在认识误区的情形。很多管理人员不熟悉法律规定，往往从自身理解来认知，将员工表现不好、犯错过失等都纳入不胜作工作的范畴，但是表现不好并不等于不胜任工作，犯错违纪就更加不属于不胜任工作。案例1中虽然马先生的表现比其他同事都差，但是由于企业缺乏评判标准，并不能在法律上认为构成不胜任工作；而在案例2中，王小姐明明已经是故意舞弊行为构成重大违纪了，但是企业却以不胜任工作的理由解除劳动合同，显然是完全搞不清楚两者的法定解除理由和合规要求，导致本来完全可以轻易胜诉的案件陷入被迫调解的尴尬地步。

一、不胜任工作的定义

什么是不胜任工作，笔者认为，不胜任工作是指不能按要求完成劳动合同中约定的工作任务或者无法达到履行岗位职责规定的工作要求。通俗来说，要认定员工是不合格的，就得先要有合格的标准，并且这个标准应当是事先定好的，而不是事后的标准。不胜任工作是指客观上无法胜任而非主观上故意违纪违规，正因为是劳动者客观上能力不足无法胜任工作，才存在因不胜任工作而解除需要提前通知而且企业还需要支付经济补偿的要求，如果是主观上故意违纪导致被解除，是不需要支付任何补偿的。

二、不胜任员工界定的四个维度

明确了不胜任工作员工的定义后，需要解决的另一个问题就是具体如何界定不胜任工作员工？实践中应当按什么标准或原则来作出评判？笔者认为，符合以下四个维度的条件，即可以认定为不胜任工作员工。

（一）约定清晰的岗位职责或工作要求

认定为不胜任工作员工的第一个要素是定标准，要认定为不胜任，那么胜任工作的标准必须明确具体，工作业绩或表现达不到胜任的标准就可以认定为不胜任工作。这个标准可以通过劳动合同、规章制度、岗位说明书、岗位职责表、补充协议等各种方式进行确定，只符合以下条件都可以认定为确定了标准：

一是员工本人要提前知悉并确认。考核的标准必须提前告知员工，否则员工无法知晓怎么做才能达标，不能临近考核工作成果都全部出来后，才作出考核要求和标准，这难免有量身定做的嫌疑，当然如果一开始无法确定具体指标，可以先确定计算的原则和方法，例如，销售业绩考核达标的标准是全部门所有销售同事的平均业绩的95%，而全部门同事的平均业绩只有考核周期结束有知晓，但是由于方法和原则都确定了,这个标准也就是清晰明确的了。

二是考核标准必须明确清晰无歧义。无论是岗位职责还是工作要求抑或是其他考核的标准,都必须明确具体,尽量描述为客观标准而不是含糊其词或主观性很大的标准,否则在实践中无法操作,在发生纠纷后也无法举证。如果可能,建议尽量设置可量化的指标或者标准,便于考核。

(二)员工明确知悉的绩效考核制度

有了标准还不够,还需要有明确的考核制度,因为即使考核标准相同,考核制度不同结果也会大不一样,例如,同样是500万元的销售业绩,到底是以签订合同的约定金额为标准,还是以财务到账的统计为标准,结果会大不一样;即使同样是以财务到账为标准,如果存在合同解除退款的情况是否要作扣除,考核结果也会不一样,这些都需要具体明确的考核制度来加以规范。同样,考核制度也需要提前让员工知悉。

(三)公平公正的考核过程

有了考核标准和考核制度还不够,还需要考核过程。考核过程是否公平公正也是员工不胜任能否成立的重要前提,如果企业的考核只是上司一人拍脑袋作出来的,没有按照考核制度规定的考核过程进行考核,其结果也难说公平公正。

因此,企业应当严格按照考核制度的要求,完善考核过程中的证据收集,包括考核的评估材料、考核人员组成的证明、考核评分记录、考核会议记录等材料,确保评分过程的公平公正,同时对于其中影响评价导致考核不达标的关键事件或关键行为,最好能够提供有效的证明材料。当然,为了降低管理的成本,在资料的留存方面,应重点保存员工对考核结果有异议的考核资料,如果员工已经签字确认了考核结果,则风险较低,一般无须再保留大量的考核过程的材料。

(四)与考核标准相对应为“不胜任”的定性

还有一个最重要的问题,考核材料中一定要明确哪种情形属于不胜任工作,不同企业对于员工的考核评价是不一样的,有的考核结果为“A、B、C、D、E”,有的企业是“优秀、良好、合格、不合格”,还有的外企是“Top、Essential、Bottom”等,不一而足。除不合格与不胜任工作能够比较接近外,其他的考核等级都不能直接与不胜任工作画等号，比如在“A、B、C、D、E”五等考核结果，如果没有明确的规定，C、D、E 中到底只有 E 是最低等属于不合格，还是 D、E 都是不合格，或者 C、D、E 都属于不合格，没法评判。此外我们在过往案件中，还看到过部分的企业甚至同时出现“称职与基本称职”的考核结果，而在他们的概念中基本称职是不胜任工作的，但是又没有明确的规定，这样就导致与正常的理解出现偏差，因为正常人理解基本称职也是合格的，也就是胜任工作的。因此，如果不在考核制度中明确哪种考核结果属于不胜任，发生纠纷时就很难说得清，将必然导致风险。

案例：黄某与某汽车销售4S店劳动争议案

黄某于2015年12月入职某汽车销售4S店，职位为销售主管，最后一份劳动合同期限为2019年1月1日至2021年12月31日。2020年5月，因多个月的销售业绩不达标，黄某被安排停工培训。2020年6月3日，黄某向公司寄出《被迫解除劳动合同通知书》，以公司“未足额支付劳动报酬、未按劳动合同约定提供劳动条件”为由提出被迫解除劳动合同。2020年6月23日，黄某向仲裁委提出仲裁，要求支付被迫解除劳动合同的经济补偿、克扣工资、加班工资、未休年休假工资等近20万元。后仲裁驳回了黄某绝大部分诉求，只支持部分2000多元的未休年休假工资。黄某不服起诉至法院，法院驳回了黄某的诉求，黄某未再上诉。

案例分析

该案是由员工业绩不达标而引发的纠纷，案件争议的焦点在于如何证明黄某不胜任工作，该案在一开始存在一些不利的事实，比如，没有明确规定不胜任的标准；受新冠肺炎疫情等因素影响，其他同事也存在业绩不达标的情况；员工上一年的年度评价是合格；考核方案在争议期内确实有调整，员工主张调整具有针对性等。

为了证明黄某在公司规定的考核周期内，绩效考核结果达不到公司规定的达标等级的，应视为不胜任工作，律师主要从以下几种方面来搜集证据：

1. 通过每月定期发布绩效目标的证据来推定销售人员的考核周期为月度考核，每月都公开考核目标，同时通过举证规章制度证明考核周期内不合格是可以要求停工培训的；

2. 采取横向对比方法，通过对员工考核的两个主要指标开单数与签单数与其他销售主管的进行对比，证明在短短的9个月里，黄某有8个月未完成当月签单数，5

个月未完成开票数，其中，5 个月同时未完成签单数和开票数，并通过图表展示差距；

3. 针对上一年度考核合格的事实，通过举证来强调年度绩效评估与月度考核的差异，年度绩效评估结果主要影响的是第二年度的薪资调整，该年度绩效评估结果是结合申请人的业务表现和工作态度等多方面进行考量，同时上一年度的考核与争议期间也大部分不重叠，不能说明问题；

4. 针对员工主张因为考核方案要变化导致业绩不达标的问题，通过与其他销售主管的业绩比对，证明考核方案的调整是普遍性的并非针对黄某本人，而其他销售主管在考核方案调整后仍然业绩增长，证明不达标的原因只能是员工本人的主观努力不够所致。

从以上案例可以看出，要证明员工不胜任工作，在具体的案件中必须结合案件事实本身进行充分、不同维度的举证，方能达到证明目的。

第二节　不胜任工作员工的岗位调整与培训

在厘清了不胜任工作员工的界定标准之后，就可以开始讨论不胜任工作员的处理问题了。员工被认定为不胜任工作，企业既可以对员工进行调岗，也可以对员工进行培训，具体法律依据为《劳动合同法》第 40 条的规定，该条规定有下列情形之一的，用人单位在提前 30 日以书面形式通知劳动者本人或者额外支付劳动者 1 个月工资后，可以解除劳动合同，其中第 2 项为“劳动者不能胜任工作，经过培训或者调整工作岗位，仍不能胜任工作的”，根据该条法律的规定，当员工不能胜任工作时可以作培训或者调岗处理。

一、不胜任工作员工的处理

不胜任工作员工的处理流程包括以下几个方面：

第一，有证据证明员工符合不胜任工作的认定标准，具体参见上一节内容。

第二，在认定员工不胜任工作后，企业可以对员工进行培训，也可以选择对员工调整工作岗位，两者只可择其一，不能既培训，又调岗，培训一般意味着岗位不变。在调岗的同时能否调薪呢？答案是肯定的，岗变薪变、薪随岗变，因为调岗是员工的工作表现差所致，如果调岗同时不能调薪，那对同岗位的其他员工不公平，因此虽然法律上没有明确写，但是调岗的同时降薪的做法在实践中是被普遍认同没有异议的。

第三，无论是培训还是调岗，此后企业还是要对员工的业绩表现再次进行考核，再次考核的考核要求、标准和流程可以参考前文不胜任员工的认定标准、流程等。

第四，再次考核后还是认定为不胜任工作的员工企业可以直接解除劳动合同。这里的解除当然是无须员工同意的单方解除，但是需要支付经济补偿，同时应提前30天通知或支付代通知金。

二、不胜任工作员工调岗的合理性

尽管根据《劳动合同法》的规定，不胜任工作员工的调岗是企业单方权利，无须征得员工的同意就可进行，这也是法律上企业享有为数不多的单方调岗权之一，如果员工拒绝接受调岗安排，企业可以根据规章制度以不服从工作安排进行处理。但是即使企业享有单方调岗的权利，也不意味着企业的调岗权可以不受任何限制行使，调岗也必须有一定的限制，这种限制就是合理性的限制。笔者认为，不胜任工作情况下调岗的合理性至少体现在以下四个方面。

（一）级别的合理性

企业有权因员工不胜任工作而调岗降级，但是这种调岗降级首先在级别上必须有一定的合理性，例如，如果员工降级前是部门经理，不能直接降到部门普通员工，应当是降为副经理更为合理，如果没有副经理这一级，那应当降为下一级的部门主管才是合理的。员工在部门经理岗位不合格，但可能在部门副经理或部门主管的岗位上完全胜任，而因为员工也是一级一级晋升的，正是因为表现好才能从下一级晋升上来，因此降级应当是一级一级降才是合理的。

（二）技能的合理性

除降级的合理性外，调岗降薪也必须在技能上体现合理性，例如，员工是财务经理，如果他不能胜任工作，只能调到与财务相关的岗位，而不能调为工程副经理、法务副经理等需要专业技能的岗位，因其根本不具备工程或法务这样的专业技能，调到这样的岗位其结果必然是不胜任工作，这样的调整除了变相逼走员工或开除员工没有其他可能。当然也有例外，如果员工本人同意这样的安排，或者员工本来就具有多元化专业背景或者员工曾在不同领域担任过相关职务则另当别论。

（三）考核周期的合理性

除级别和技能的合理性外，调岗降级还要考虑考核周期的合理性。因为对于任何员工来说，调岗到新岗位后都有适应期，员工只有适应新岗位才可能完成业绩达到考核要求，如果不对考核周期进行限制，如员工到岗后 1 个月马上进行考核，员工不达标的概率将大大提高，这也成为变相炒人的一种手段。因此，调岗后的考核周期也必须合理，通常来说，如果在调岗降级前的考核周期是 1 年，则调整到新岗位后考核周期通常也是 1 年，如前面的考核周期是半年，则调整到新岗位的考核周期也应是半年，前后的考核周期应当是相同的。当然如果双方协商同意或者员工确实曾在新岗位有过很长的工作经历，也可以合理减少考核周期。

（四）调岗时间的合理性

调岗时间的合理性是指当员工被认定为不胜任工作后，在多长时间内企业应作出调岗或者培训的决定。实践中，有些案例员工的考核结果虽然是不胜任工作，但是企业既没有组织培训，也没有对员工进行调岗，过了近 1 年才因为员工新的表现对其进行调岗，调岗理由是上一年度的考核不合格，结果其做法没有得到法院的支持，原因在于一般的不胜任工作的员工通常都会在考核结果出来后较短时间进行调整，除非有特别的约定，否则超出正常合理的期限的调岗行为便不具有正当性。通常来说，在上一周期考核结果出台后 3 个月内进行调岗是比较合理的。

三、不胜任工作员工培训的合规要点

当员工被认定为不胜任工作的时候，企业可以调岗也可以培训，如果选择培训，则培训结束后继续在原岗位工作和接受考核。那么如果企业选择对员工进行培训要注意哪些要点呢？

（一）培训制度

对于不胜任工作员工的培训应当建立完善的培训制度，制度内容包括培训的适用范围、启动程序、培训形式、培训期限、培训内容、不遵守和服从培训的处罚等一系列的规定，以做到有据可依。根据过往笔者经办案例的经验，由于没有培训制度，企业的培训显得过于随意,需要大量证据来证明培训的合理性,对企业来说风险较大。

(二)培训形式

对于不胜任工作员工进行培训形式可以多样化,既可以在岗培训也可以停工脱产培训,可以是线下直接培训,也可以是线上在线的培训,甚至部分内容也可以是自学,具体视公司制度、培训内容需要、培训条件等拟定。无论采取何种形式,都应当建立在以帮助不胜任工作员工提升为目的,而不是流于形式。

(三)培训启动程序

对于启动培训程序而言,首先,应当书面告知员工对其启动培训程序,并要求员工书面签收回执;其次,通知中应当包括培训地点、培训时间、培训期间待遇、培训期间要求、培训提前结束或延长的条件、不遵守培训要求的后果等,并附上《培训计划书》作为附件,《培训计划书》中应当包括培训内容、课程安排、各项讲师名称、考核时间等内容。

(四)培训期限

培训期限多长取决于员工培训的内容和计划,既不宜过短流于形式,也不宜过长打击员工的积极性,一般设置为半个月到3个月较为合理。培训期间可以设定多个考核点,如果表现优秀可以提前结束培训,如果表现较差则要延长培训时间,以起到激励和监督的作用。

(五)培训期间的管理

培训期间的管理包括考勤管理、薪酬管理、纪律管理等多个方面,考勤管理应当根据培训计划中培训时间的要求进行管理,不再按正常上岗工作时间管理,薪酬的管理包括在培训期间一般应当调降员工薪酬,通常做法是培训期间不享受月奖、季度奖、年度奖等奖金以及其他以绩效为计算依据的奖金,个别情况下也可以调整基本工资,但前提是制度有明确的规定;纪律的管理是指应当制定明确的培训纪律,迟到早退或缺席培训、不尊重讲师、不参与考试等都应当有相应的处罚。

(六)培训内容及考核

培训内容设计应当具有针对性,如果员工是业绩不达标,应当是培训有助于提升业绩的内容;如果员工对规章制度不熟悉,应当针对规章制度进行培训;如果员工还存在遵守纪律方面的问题,则培训内容可以加上员工手册等制度,总之培训内容设计既要有针对性,也要有科学性,企业不可任性设计内容,以免失去正当性。另外,培训的考核应当与培训内容相配套,考核不应过于简单,应有专门针对性的试题,同时要设定考核标准,达到何种成绩才属于考核合格,甚至可以提前结束培训等,都要与制度、培训计划等相对应。

在不胜任工作员工的处理过程中,员工培训和调岗是重要的一环,如果在这个阶段没有合规操作,后续处理的合法性也不可能得到支持。

第三节　不胜任工作员工的解除

如本章开篇所说,不胜任工作员工的解除具有极大的风险性,主要原因在于要解除不胜任工作员工的劳动合同的流程和程序过于烦琐,企业举证的责任非常大,任一环节稍有不慎则有可能满盘皆输。下面我们来看一个案例。

一、从典型案例看不胜任工作员工的调岗和培训的合规性操作

案例:杨某与A公司劳动争议案

杨某于2006年入职A公司,最后一期合同期限为从2012年5月1日起至法定终止的无固定期限合同;约定工作内容为售后经理;乙方正常时间工资标准为13,160元/月。2013年3月1日,经杨某书面申请,A公司批准杨某工作岗位由售后经理调整为资深客服主管。2015年4月17日,A公司向杨某发出警告信,称杨某2014年上半年、下半年及2015年2月累计3次绩效考核未达标(2次半年度绩效、1次月度绩效),并存在未履行职位所规定的工作职责,工作能力不达标,拖延情况严重,团队合作意识薄弱并因此对团队氛围造成消极影响等,根据《A公司员工手册》对杨某给予三等警告,并处以解除劳动合同处罚;A公司另通过邮政特快专递EMS向杨某发出《解除劳动合同通知书》,以上述同样理由通知于2015年5月5日解除劳动关系;杨某不服提起仲裁,要求确认A公司解除劳动合同行为违法并裁决撤销《解除劳动合同通知书》,赔偿工资损失285,000元。《A公司员工手册》第五章第3.5条规定,连续或者累计三次绩效考核未达标的给予三等警告,可处以最高达个

人工资收入10%的降薪处罚，并视情节严重，有权调整其工作内容，调岗、降职及解除劳动合同。

法院经审理认为，首先，A公司主张杨某2013年3月11日因不胜任工作被调整岗位，但上述调整岗位系杨某主动申请，A公司上述主张明显不符合事实，A公司未提交客观证据证实应对杨某进行绩效考核的频次、认定标准和相关事实依据，其主张杨某三次绩效均不达标，事实依据不足，不能成立；其次，A公司主张因杨某不胜任工作进行过系列培训，但其提供的培训记录显示该培训均为进阶性质的培训，并非针对不胜任工作员工的专项岗位培训，可见其主张与事实不符，法院不予采纳；最后，按照《A公司员工手册》规定，A公司可以对三等警告员工处以降薪、调岗、降职或解除劳动合同四种不同的处理方式，公司作为用人单位对劳动者的惩戒过于随意，属于排除劳动者权利的行为，法院对此不予认可。最终法院判决公司败诉并支付赔偿金。

案例分析

该案存在的问题比较多，第一，A公司主张员工三次考核不达标而解除劳动合同，但是从A公司提供的证据显示，其中有一次调岗是员工主动申请的，考核不达标的证据并不充分，另外两次考核不达标虽然有提供证据，但是均为上司主观方面的认定，缺乏客观的考核不达标证据。另外，培训方面的证据也缺乏针对性。第二，A公司根据规章制度认为三次不达标可以直接解除，这本身与法律规定不相符，法律规定是不胜任工作的员工经培训和调岗后仍不胜任的，两者并不一致，规章制度合法性存疑。第三，即使制度合法，A公司对于不胜任员工的处理后果是选择性的，也就是降薪、调岗、降职或解除劳动合同四种结果，以这种可选择性的处理结果来解除劳动合同，此前笔者论述过，除非有更细的规章制度，否则用人单位直接选择对员工最不利的处罚后果显然是不具有合法性的。

二、不胜任工作员工解除的法律风险预防建议

除了前文阐述的不胜任工作员工的调岗和培训的合规性操作外，不胜任工作员工解除的法律风险预防还包括以下几个方面：

（一）相关规章制度的公示和送达

在不胜任工作员工的解除过程过程中，涉及很多的规章制度，包括员工手册、绩

效考核制度、员工培训制度、离职管理制度等，这些制度的合法性决定了发生纠纷后企业的行为能否得到支持，因此制度的公示与送达的合规变得很重要，尤其是对涉案员工的公示与送达，必须证据充分。

（二）证据的收集和保存

要证明企业解除不胜任工作员工的劳动合同合法，需要举证的内容非常多，包括员工的岗位职责或工作要求、业绩考核标准、考核过程、考核结果的告知、调岗或培训的合法合理、调岗或培训后一考核周期的考核要求过程结果等一系列的证明，由于要证明的环节和节点很多、过程拉得很长，无论是证据的收集还是保存都是对企业管理能力的一种考验。

（三）员工的书面签收和确认

不胜任工作员工的解除要注重员工的书面签收和确认，无论是《员工手册》等规章制度的签收，还是考核结果的告知、调岗的通知抑或是培训计划和内容的通知、解除的通知等都需要履行送达的程序，因此企业必须结合我们前一章所讲有关证据的送达内容，注重保存相关文件签收和确认的相关证据。

（四）单方解除合同应慎重

综合以上的分析，因员工不胜任工作而解除劳动合同可能是最难的解除劳动合同方式之一，因为无论是解除劳动合同的举证还是解除的过程、解除的风险等各个方面都相对于其他解除方式更加复杂，要先后两次证明员工的考核结果为不胜任工作，如果正常考核周期为 1 年，两次考核周期结束至少要 2 年时间才能完成解除劳动合同的流程，而且过程中所有的节点和环节的举证必须保证合法有效，另外，即使解除合法有效，也是要依法支付经济补偿，解除成本并不低。如此烦琐的程序、如此漫长的过程、如此难难的举证、如此巨大的风险，为什么不选择与员工协商解除劳动合同呢？协商解除所花费的解除成本可能还远远低于以不胜任工作的理由解除的成本，但基本上没有风险。

因此，在实践中，以不胜任工作的理由来解除员工的劳动合同是万不得已、不可取的做法，不胜任工作这个理由最广的用途还是应该用来给员工调岗降级，这是用人单位合法调岗的最常用的途径，甚至有时通过合法调岗降级也可以达到员工离职的目的。

第四节 不胜任工作员工处理的其他问题

除前文会涉及的法律问题外，企业在不胜任工作员工处理过程中还会碰到其他一些问题，下面我们来一一聊聊这些与不胜任工作相关的其他法律问题。

一、“末位淘汰”的法律问题

谈到不胜任工作就不能不提及企业在日常管理中经常会采用的管理工具“末位淘汰”的问题。“末位淘汰”制度据说是通用公司的前 CEO 传奇人物杰克·韦尔奇创立的，通用公司把员工分成三类：前面最好的 20%，中间业绩良好的 70% 和最后面的 10%，而排名最后的 10% 属于要淘汰的人员，在“末位淘汰”制度下，管理希望达到的是一种“人人努力、个个争先”的状态，员工唯恐被放入淘汰名单中，自然会提升整个团队、整个企业的绩效。推崇“末位淘汰”制度的人认为，在残酷的市场竞争下，企业在外部不以人的意志为转移地要面临市场的末位淘汰，企业在内部进行竞争也是自然而然的事情，只有人人充满危机感才能让人激发斗志，驱动创新发展，这与推崇“狼性文件”的管理理念如出一辙。由于对通用和杰克·韦尔奇的管理的推崇和膜拜，一段时期内国内很多知名企业都开始趋之若鹜地在公司内部推行“末位淘汰”制度。

“末位淘汰”制度对于激发员工的竞争意识和上进意识有着积极的作用，部分知名企业如海尔曾推行“末位淘汰”制度也取得了不错的效果，但是不可否认的是，“末位淘汰”制度也带有较为明显的负面效果，因为它是一种负向的激励，它使人人自危、员工长期处于高压的氛围中，也使同事之间的人际关系变得更为紧张。网上有个段子很形象地反映了这一点，段子的大概内容为两个同事相约去郊游露营，正躺在帐篷休息时，甲突然说不好了，有头熊朝我们冲过来了，并马上去穿鞋，乙说你穿鞋有什么用，你又跑不过熊，甲一边继续穿鞋一边回答说：“我不需要跑过熊，只要能跑过你就行了。”这头熊就是“末位淘汰”制度。

其实“末位淘汰”制度不仅是在管理上存在问题，更重要是在法律上也存在很大的风险，请看下面这个由最高人民法院发布的指导性案例。

案例:某通讯有限责任公司诉王某劳动合同纠纷案

2005 年 7 月,被告王某进入原告某通讯有限责任公司(以下简称通讯公司)工作,劳动合同约定王某从事销售工作,基本工资每月 3840 元。该公司的《员工绩效管理办法》规定:员工半年、年度绩效考核分别为 S、A、C1、C2 四个等级,分别代表优秀、良好、价值观不符、业绩待改进;S、A、C(C1、C2)等级的比例分别为 20%、70%、10%;不胜任工作原则上考核为 C2。王某原在该公司分销科从事销售工作,2009 年 1 月后因分销科解散等原因,转岗至华东区从事销售工作。2008 年下半年、2009 年上半年及 2010 年下半年,王某的考核结果均为 C2。通讯公司认为,王某不能胜任工作,经转岗后,仍不能胜任工作,故在支付了部分经济补偿金的情况下解除了劳动合同。2011 年 7 月 27 日,王某提起劳动仲裁。同年 10 月 8 日,仲裁委作出裁决:通讯公司支付王某违法解除劳动合同的赔偿金余额 36,596.28 元。通讯公司不服起诉至法院,法院判决内容与仲裁一致,宣判后,双方均未上诉,判决已发生法律效力。

法院生效裁判认为,为了保护劳动者的合法权益,构建和发展和谐稳定的劳动关系,《劳动法》《劳动合同法》对用人单位单方解除劳动合同的条件进行了明确限定。原告通讯公司以被告王某不胜任工作,经转岗后仍不胜任工作为由,解除劳动合同,对此应负举证责任。根据《员工绩效管理办法》的规定,“C(C1、C2)考核等级的比例为 10%”,虽然王某曾经考核结果为 C2,但是 C2 等级并不完全等同于“不能胜任工作”,通讯公司仅凭该限定考核等级比例的考核结果,不能证明劳动者不能胜任工作,不符合据此单方解除劳动合同的法定条件。虽然 2009 年 1 月王某从分销科转岗,但是转岗前后均从事销售工作,并存在分销科解散导致王某转岗这一根本原因,故不能证明王某系因不能胜任工作而转岗。因此,通讯公司主张王某不胜任工作,经转岗后仍然不胜任工作的依据不足,存在违法解除劳动合同的情形,应当依法向王某支付经济补偿标准 2 倍的赔偿金。

案例分析

“末位淘汰”制度存在天然的法律风险,是因为“末位淘汰”制度缺乏法律依据,按照我国劳动法律法规的规定,劳动合同的解除必须有法定理由,没有一条法律条文规定员工排名末位就可以直接解除劳动合同,而与“末位淘汰”最接近的法定理由就是以员工不胜任工作为由解除劳动合同,虽然接近但“末位淘汰”又完全不符合以不胜任工作解除的标准,理由如下:

首先,排名末位并不等于不胜任工作,不胜任工作是拿员工的表现与本人的考核要求进行对比得出结论,而末位淘汰是让员工与其他人的表现进行比较得出结论,这完全违反劳动合同的相对性原则。举个例子,如果一个部门10个员工搞末位淘汰,按百分制,如果有9个员工是90分以上成绩,只有1个员工是89分不得不位居末位,能说这名89分的员工就是不胜任工作吗?显然得不出这样的结论。

其次,即使排名末位等同于不胜任工作,按不胜任解除也要经历培训或调岗,然后工作一个考核周期再次考核这样的流程,而末位淘汰的做法显然没有遵守这一流程而是直接解除员工劳动合同。

最后,不胜任工作员工的解除是要支付经济补偿的,而不少企业末位淘汰根本不支付任何补偿,违法明显。

因此,最高人民法院在《第八次全国法院民事商事审判工作会议(民事部分)纪要》第29条中规定:"用人单位在劳动合同期限内通过'末位淘汰'或'竞争上岗'等形式单方解除劳动合同,劳动者可以用人单位违法解除劳动合同为由,请求用人单位继续履行劳动合同或者支付赔偿金。"至此,以"末位淘汰"解除员工劳动合同当休矣。

二、PIP 的法律问题及操作要点

PIP 是指 Performance Improvement Plan,也就是绩效改进计划,是企业根据员工绩效存在的不足方面制订提升计划,以在一定期限内完成员工绩效和工作能力改进与提高。绩效改进计划一般是由员工的上司与员工共同参与,先后经历通过设定绩效目标、寻找差距和原因、制订绩效改进计划、实施绩效改进计划的过程。一般来说,企业在员工绩效不达标的前提下启动绩效改进计划,如果经过绩效改进计划员工还是无法符合要求,则企业一般会采取解除劳动合同的措施。

绩效改进计划作为一项人力资源管理的常用工具,也必须符合法律法规的要求,否则也存在较大的法律风险,下面我们来看一个案例。

案例:黄某与某软件有限公司劳动争议案

黄某于2008年6月24日入职某软件有限公司(以下简称软件公司),双方签订最后一份劳动合同为期限自2014年8月24日起的无固定期限劳动合同,黄某工作岗位为业务发展岗位的普通员工,职级为P7。2018年3月31日,黄某2017-S2(含年度)绩效考核(2017 年 10 月 1 日至 2018 年 3 月 31 日)结果显示,黄某阶段绩效和年度绩效结果均为 3.25B,未满足当前岗位期望,不能胜任工作,需要进行改进,2018 年 5 月 22 日,黄某确认其接受绩效改进计划,绩效改进周期为 2018 年 4 月 30 日至 6 月 30 日。2018 年 6 月 5 日,其公司为黄某提供了“业务分享”的业务培训,旨在促进、提升员工的业务能力,黄某通过系统报名参加了此项培训。黄某在绩效改进周期中均未达到改进目标,绩效改进计划的最终评估结果被评为为“不合格”。

软件公司于 2018 年 7 月 31 日向黄某发出《解除劳动合同通知书》,解除劳动合同理由为不能胜任工作并经培训或转岗后仍不能胜任工作,并支付了经济补偿及代通知金等 333,211 元。黄某向仲裁委员会申请仲裁要求软件公司支付违法解除劳动合同赔偿金差额 276,413 元。仲裁支持了黄某的诉求,软件公司不服起诉到法院。

法院审理认为,软件公司适用《劳动合同法》第 40 条第 2 项规定即劳动者不能胜任工作的理由来解除劳动合同,应承担举证责任。在本案中,软件公司应当就以下事实承担举证责任:一是黄某不能胜任工作;二是软件公司对黄某进行了培训或转岗;三是黄某经培训后仍然不能胜任工作。关于黄某不能胜任工作方面,软件公司虽于 2018 年 4 月基于黄某 2017 - S2(含年度)阶段绩效及年度绩效成绩对其作出了第一次不胜任工作的认定,但该公司仅提交了绩效管理系统中所显示的绩效考核结果,而且其中所载评价主观成分较多,没有提交客观性考核指标等方面的证据。关于培训方面,软件公司主张对黄某进行了培训,但是其公司所述的培训系面向全体员工且由员工自愿选择报名的培训,并不是就黄某不能胜任工作一节而进行的有针对性地培训,培训时间亦仅有 2 小时,不符合法律的规定。关于黄某经培训后仍然不能胜任工作方面,软件公司提交的相关证据可以体现软件公司的绩效改进计划周期为 2018 年 4 月 30 日至 6 月 30 日,而软件公司对黄某进行培训的时间是 2018 年 6 月 5 日,此时改进周期已过 2/3 的时间,无论黄某是否接受公司的绩效改进计划,软件公司提交的绩效改进计划的考核结果均不能证明黄某经培训后仍然不能胜任工作。基于以上理由,法院认为软件公司解除劳动合同违法,应当向黄某支付违法解除劳动合同赔偿金。二审法院维持一审判决。

案例分析

这个案例比较典型地反映了企业在执行绩效改进计划中可能存在的问题,就是过于注重形式，而忽略了绩效改进计划的实质。

绩效改进的前提是员工不胜任工作，因此证明员工不胜任工作是前提，而本案中所有的绩效考核都没有提供客观的证据，也没有员工本人的确定，仅凭经过公证的绩效考核系统中的评分结果来认定，显然证据不足。另外，本应进行的专项培训却只是针对全体员工且还是一项属于自愿参与的培训，并且培训还是在绩效改进计划快要结束时才进行，也完全不符合法律的规定。绩效改进计划最为重要的是员工在管理者的帮助和专项指导下进行技能的提升，缺少指导和针对性的培训的绩效改进计划无非是延长了员工 2 个月工作时间就作出解除，企业的败诉也就不难理解了。

（一）绩效改进计划的法律问题

除了以上内容中提到的一些问题外，从法律风险防控角度来看，绩效改进计划还存在更为重要的问题。既然企业都把绩效改进计划放进不胜任工作解除当中，就应当符合不胜任工作解除的合法要件，即“考核—劳动者不能胜任工作—培训—考核—仍不能胜任工作—解除劳动合同”六个步骤的程序，而经绩效改进计划解除的员工，实际是相当于把第三个和第四个步骤都合并在绩效改进计划中，这是绩效改进计划的关键实质性的问题所在。因此，绩效改进计划除了必须体现有针对性的培训外，还面临一个问题，就是大大缩短了原有的考核周期，我们在本章前面的内容讲到过，无论是调岗还是培训，前面两次的考核周期大体上应是相同的才公平合理，而眼下绩效改进计划大多在两三个月，这里面还包括培训的时间，而对于因为客观能力和技能的不足导致考核不达标的员工来说，想要在短短两三个月内飞速提升满足企业管理者的要求，难度其实是很大的。因此绩效改进的方法、培训以及目标的设定变更尤为重要，如果企业并没有针对性的改进建议和培训，就如同案例中一样，员工的提升就成为空话；如果企业管理者没有结合员工的能力把目标设定的更为合理，则员工的达标大概率是无法实现的，绩效改进计划就成为披上漂亮外衣的解除员工劳动合同的工具。在此情况下，很多企业的绩效改进计划得不到法院的支持也就不奇怪了，但很多企业 HR 往往输了官司也没有明白其中的道理。

（二）绩效改进计划的操作要点

为降低合规风险，绩效改进计划应当注意以下几个操作要点：

1. 签署《绩效改进计划确认函》。

在启动绩效改进计划时,应当让员工亲自签署纸质版的《绩效改进计划确认函》(或者《绩效改进计划表》),《绩效改进计划确认函》应当包括:(1)启动绩效改进计划的原因是针对员工此前的绩效考核不达标的内容,这样做是为了固定员工不胜任工作的证据;(2)员工申请进行绩效改进计划的表述,突出员工的自愿性;(3)同意如果绩效改进计划的期限以及如果不达标的法律后果。

2. 完善绩效改进计划的制度。

除了《绩效改进计划确认函》外,企业还应当完善绩效改进计划的相关制度,无论是在《员工手册》中独立成章还是单独制定单行本的制度。制度内容应当包括绩效改进计划启动对象、启动程序、绩效改进计划的目标设定、培训实施、考核等内容,还包括员工在业绩不达标的情况下拒绝绩效改进计划可以认定为违纪的法律后果等。

3. 绩效差距分析的记录留存。

为进一步明确员工不胜任的事实以及固定绩效改进计划的合理性,建议最好在流程中设计管理者与员工进行绩效差距分析的步骤并且保留好书面的分析记录由管理者与员工签字确认。

4. 针对性的指导和培训并保存证据。

在明确绩效差距的基础上,管理者进行有针对性的指导并且制订相应的培训计划,相关过程以及形成的文书邮件等都应当保存作为证据,最好能让员工以签字或回复邮件等形式进行确认。

5. 绩效改进计划期限的合理设定。

绩效改进计划的期限也应当合理设定,应当与员工需要提升的内容和目标相关联,如果需要提升的内容多或者目标设定较高,相应的期限应当更长,计划期限必须合理,否则发生纠纷很难让法官相信企业是真正协助员工改进绩效而不是走形式变相炒人。

6. 绩效改进计划目标考核过程。

绩效改进计划结束后进行考核,考核的结果直接决定了员工的去留,因此考核的过程及相关证明材料的留存变得非常重要,在前面的案例中,法官对于仅有考核结果而缺少客观辅证材料的做法是不认同的,因为只有考核结果没有考核过程的做法过于主观,考核结果必须客观的考核过程证据来加以证明,并且应与绩效改进制度的规定或者绩效改进计划的约定的考核方式方法相一致。

三、两次不胜任后能不能再继续调岗降薪

不胜任工作的员工经过再次考核还是不胜任的，企业可以解除劳动合同，也就是说，两次不胜任后企业有权解除劳动合同。这里有一个问题：员工两次不胜任工作后企业如果不选择解除劳动合同，是否有权利继续进行调岗降薪？甚至如果员工一直不胜任，企业是否可以将调岗循环进行下去。

这个问题目前没有明确的答案，需要从法理上来分析，理论是可能会有两种不同的意见：

1. 两次不胜任后可以继续调岗降薪。

支持的观点认为：首先，两次不胜任后用人单位可以解除劳动合同，举重以明轻，如果用人单位选择比解除劳动合同更轻的调岗应当予以允许，这相对解除劳动合同而言对员工更加有利，并不属于损害员工的合法利益；其次，即使分开来看，员工第一次不胜任进行调岗或培训，第二次的考核其实也是一次独立的考核，这次考核不胜任也可以依法调岗降薪。

2. 两次不胜任后不能再继续调岗降薪。

反对的理由认为：首先，员工调岗降薪属于劳动合同的变更，劳动合同的变更根据法律无非是两种形式，一种是协商一致的变更，另一种是单方有权的变更如不胜任工作等，任何劳动合同的变更都需要符合其中的一种法定条件。而两次不胜任工作后法律赋予用人单位的是解除劳动合同的权利并非调岗权利，用人单位可以放弃解除的权利但无权更改自己的权利，且调岗对于员工来说未必就是比解除更好的结果，因为如果解除劳动合同，员工在获得经济补偿的同时还可以寻找更合适的岗位，无论是经济方面还是精神方面可能都更优，而如果继续调岗降薪，经过三轮的负面评价，员工无论是待遇还是精神都受到打击，可能大多数员工更愿意选择拿钱走人而不是留下。因此在用人单位没有选择解除的前提下，用人单位无权对员工进行调岗，如果调岗协商需要协调一致。其次，用人单位在前两次不胜任工作的考核是一种整体，不能完全无视前面的法律事实，凭空拆分开来用第二次的不胜任工作进行调岗，这样做没有法律依据。当然如果用人单位没有解除劳动合同，下一个考核周期结束后，如果还是不胜任工作，企业这时可以再进行调岗降薪。

这两种观点都各有道理，没有定论，笔者倾向于第二种意见，除了上面所提及的

理由外，还有以下原因让笔者支持反对的意见：

1. 劳动法作为社会法的一部分，与民商法“法无禁止则可行”的逻辑是不一样的，很多时候可能恰好相反，法律没有规定企业可为的行为则不能为，否则就是违法。

2. 对于大多数的企业来说，在第一次考核结果为不胜任工作的前提下，出于成本等考虑，用人单位的容忍度变低，往往在第二次的考核中通过绩效改进计划等缩短第二次的考核期间，使第二次的考核对于员工来说更难通过，从实践经验可知，在第一次不胜任的前提下，第二次能够通过考核的比例非常低。如果允许以第二次的考核单独作为调岗的依据，对于员工来说未必公平。

3.《劳动合同法》之所以规定两次不胜任工作员工单位可以解除劳动合同，但是要支付经济补偿，也是考虑到现实的问题，员工由于能力不足无法达标，解除劳动合同拿补偿走人对于企业和员工可能都是最优的选择，虽然法律规定这是企业的权利。如果允许企业循环不断进行调岗降薪，对员工的心理和未来的发展都可能有影响，对于企业和员工来说都未必是有利的处理方式。

总之，不胜任工作的员工处理是一项高难度、高风险、费时且费力的工作，企业应当谨慎应对，同时做好基础性的绩效管理制度以及相配套的相关制度、协议、法律文书等管理文件完善工作，最大限度地降低法律风险。

第七章

员工劳动合同变更类纠纷处理技巧

因员工调岗降薪及工作地点调整等引发的劳动争议纠纷数量可能是仅次于劳动合同解除的纠纷类型，属于劳动合同变更所引发的法律纠纷。劳动合同的变更履行是劳动合同过程中的重要内容，也是企业日常人力资源管理中最容易发生的行为之一，劳动合同变更的规范操作是人力资源管理合规的重要内容。

第一节　劳动合同变更的基本原则及内容

一、劳动合同变更的基本原则

劳动合同变更是指在劳动合同签订之后,因主观或客观原因对劳动合同的内容进行增删修改的行为。《劳动合同法》第35条规定:“用人单位与劳动者协商一致,可以变更劳动合同约定的内容。变更劳动合同,应当采用书面形式。变更后的劳动合同文本由用人单位和劳动者各执一份。”变更劳动合同需要劳资双方协商一致并且采用书面形式是《劳动合同法》确立的处理劳动合同变更的基本原则。

二、劳动合同变更的内容

劳动合同变更的内容理论上可以十分广泛,只要是在劳动合同中约定的内容都可以变更,劳动合同的期限、岗位、工作内容、薪酬、工时、休假、福利等均可以包括在内。但是在日常的管理过程中,最为常见的变更通常有三类:岗位、薪酬和工作地点,调岗、调薪、调整工作地点三类纠纷是企业管理中最常见也是最容易产生纠纷的劳动合同变更问题,原因在于这三类变更行为对员工的切身利益影响最大,如果变更没有协商达成一致,极容易引起员工的反对进而引发纠纷。除此之外的其他变更如改变上下班时间、调整部分福利等虽然也可能会影响员工利益,甚至对于个别员工影响较大,但是由于这些内容的调整一般范围比较大不具有针对性,且总体上对员工利益影响不大,引发员工反弹的概率相对小得多。

需要注意的是,劳动合同变更不包括合同主体的变更。在不少企业经营性调整过程中,会出现劳动合同主体变更的情形。例如,企业新设一个关联公司,将原有业务及员工一起转移到新公司,或者企业更换外包单位,要求所有外包员工与新的外包单位签订合同等,在这些情形下,员工的用人单位主体是发生变化的,很多企业的做法是将其视为劳动合同的变更,由新旧两个公司与员工一起签署三方变更协议,将用人单位主体变更,由新主体承接员工原来的工龄,员工岗位待遇不变,并认为根据《劳动合同法》的规定,变更只要协商一致,因此合法有效没有风险,但实际上这种做法其实是存在风险的,我们来看下面的案例。

案例:转签劳动合同引发的群体性纠纷案

某地公安分局由于编制原因人手不足,聘请了1500多名保安协助警方参与日常治安管理,由甲民营保安公司与保安签署劳动合同并发放工资,再以派遣形式派到公安分局下属各派出所和社区参与治安管理,后来由于治安管理制度改革设立辅警制,要将符合条件的保安全部转为辅警身份,辅警的劳动合同签署主体也由与甲公司签署改为与另行新设的国有性质的乙公司签署。在具体操作转制时,根据公安分局的法律顾问建议,由甲乙与保安人员三方一起签署《协议书》,约定劳动合同主体由甲变更为乙,乙公司承接保安人员在甲公司的工龄,保安人员的工资福利待遇不变。保安人员合同转签后,由于管理上的严格要求及部分福利变动导致大部分保安出现不满,最后发展到1000多名保安向劳动仲裁委员会提出仲裁请求,要求原用人单位甲公司支付在甲公司工龄的经济补偿合计数千万元,而甲公司只是劳务派遣法律关系中名义上的用人单位,如果诉求得到支持,公安分局作为用工单位无论是从法律上还是从情理上都不可能置身事外。

案例分析

这个案例较为典型地反映了企业将劳动合同主体变更混淆为劳动合同变更的做法而产生的法律风险。劳动合同的变更是劳动合同内容的变更,是不包括主体在内的,而劳动合同的主体变更的性质实质上并不是劳动合同的变更,而是旧劳动合同的协商解除与新劳动合同的协商成立并存,也就是员工与旧的用人单位协商解除劳动合同,与新的单位协商成立新的劳动合同。因此,劳动合同主体变更要适用的是劳动合同解除终止的法律规定,而不是劳动合同变更的法律规定,错误理解行为的法律性质及法律后果,是导致发生上述纠纷的根本原因。

既然劳动合同主体变更包括了劳动合同的协商解除,而根据《劳动合同法》的规定,在本案这种情形下的劳动合同协商解除是需要支付经济补偿的,这是员工的法律权利,并不需要特别约定就依法享有的,反过来,企业想要不支付经济补偿,反而需要进行特别的约定让员工放弃该项权利。同时需要强调的是,工龄连续计算与支付经济补偿是两个完全不同的概念,不能混为一谈,约定工龄连续计算并不等于不需要支付经济补偿,根据最高人民法院司法解释的规定,工龄连续计算的情形下如果存在已支付经济补偿金的,也只不过是在日后计算经济补偿时将已支付工龄部分扣减而已。

在上述案例中，虽然三方签署的《协议书》约定了"乙公司承接保安人员在甲公司的工龄，保安人员的工资福利待遇不变"的内容，但是并没有约定保安人员放弃对在甲公司原有工龄的经济补偿。因此，即使员工劳动关系已经转签到了新的公司，只要在协商解除后的1年时效之内，保安人员仍然可以主张对原单位的经济补偿，而公安分局作为用工单位，也很有可能因此承担连担责任。

三、如何理解"变更劳动合同协商一致原则"与用工自主权的关系

很多企业的老板或者高级管理人员认为，对员工进行调岗调薪是企业的正当权利，如果企业作为管理一方连调岗都没有权利，那企业的用工自主权又如何体现呢？甚至由此引发企业管理人员对《劳动合同法》等法律的质疑，这样的想法在实践中非常具有普遍性。那么，应当如何理解"变更劳动合同协商一致原则"与用工自主权的关系呢？要理解这个问题，首先要理解为什么法律要规定"变更劳动合同需协商一致"。

法律之所以规定"变更劳动合同需协商一致"是因为劳动关系本身特性决定的，用人单位与员工之间建立的劳动关系并非完全平等的法律关系，用人单位与劳动者之间是管理者与被管理者、约束者与被约束者、指挥者与被指挥者的关系，正是因为用人单位通过雇用的形式向劳动者支付报酬，劳动者让渡自己的劳动力的使用权和劳动成果，因此从某种意义上来说，用人单位享有对员工的"合法控制权"，即指挥、调动、命令员工的权利。在此前提下，如果不对用人单位的权利加以限制，可能出现的后果是，员工今天的月工资是10,000元，明天企业可以降为5000元；员工今天的岗位是人事经理，明天可以降为普通员工；员工今天在广州工作，明天就有可能调到西安。我们可以想象，在此情形下，员工的权益将极大受到侵害，因此法律才规定劳动合同的变更需要协商一致，因为员工最初的劳动合同是大家协商好的，要改变就需要重新协商。

那么，用人单位的用工自主权又如何体现呢？用工自主权是指用人单位有权根据自身意愿自主地选择用人的权利，包括决定用人的数量、薪酬福利、岗位设置、管理架构、企业文化等事项，这些都是用工管理的宏观层面，因此企业有权选择招什么样的人来工作，也有权针对具体的岗位设定不一样的要求和待遇，这些都是用工自主权的体现，但是在员工招收进来建立劳动关系之后，双方的法律关系就不是用工自主权能够解释的了，企业必须按照法律的规定来处理双方的劳动关系。《就业促

进法》第 8 条规定,用人单位依法享有自主用人的权利,但是该条第 2 款同时也规定,用人单位应当依照本法以及其他法律法规的规定,保障劳动者的合法权益。如果用更为简单的话来说,用人单位当然享有用工自主权,但是用工自主权往往体现在建立劳动关系之前即招聘录用环节,而不是建立劳动关系之后,建立劳动关系后无论是劳动合同的变更履行还是解除终止,都必须严格遵守法律的规定。

四、劳动合同变更在管理上面临的天然矛盾

劳动合同的变更还面临企业管理需求与法律刚性规定的天然矛盾问题。从企业人力资源管理需求的角度,企业人力资源管理必须服从于商业规律和市场需求,因此从管理角度来看待劳动合同的变更,必须是企业效益好时多招人、给多点工资、升职机会更多,企业效益不好时随时裁人、随时降薪降职,所以市场对劳动关系的要求就是所谓的"人员能进能出、职位能上能下、工资能高能低",但是正如前面所说的,这是不可能完成的任务,因为劳资双方的权利必须平衡、企业的管理必须有制约,才有健康和谐的劳动关系,所以在法律上才有"解除员工劳动合同必须有法定理由、变更劳动合同必须协商一致"等约束,这种法律规定的刚性要求与市场对人力资源管理的期望是一种天然矛盾,在此矛盾下没有非此即彼的解决方案,只有同时兼顾两个方面的规则和利益才有可能取得平衡,反映在司法实践中,对于劳动合同变更问题各地的法院仲裁委也是通过出台各类指导意见在两者之间进行平衡,这也许是另一种中庸之道吧。

第二节　劳动合同变更的法律规制

讨论完劳动合同变更的基本原则有内容,下面我们来谈一谈劳动合同变更的法律规制,包括法律法规规定的用人单位可以调岗的各种情形、实践中劳动者岗位和工作地点确定的原则等。

一、用人单位可以单方调岗的五类情形

尽管《劳动合同法》规定劳动合同的变更需要劳资双方协商一致,但是不表示用人单位绝对没有单方变更劳动合同的权利,从法律规定和司法实践来看,至少存在以下情形用人单位可以单方调岗。

（一）劳动者患病或者非因工负伤，在规定的医疗期满后不能从事原工作的

根据《劳动合同法》第40条第1项的规定，劳动者患病或者非因工负伤，在规定的医疗期满后不能从事原工作，也不能从事由用人单位另行安排的工作的，用人单位提前30日以书面形式通知劳动者本人或者额外支付劳动者1个月工资后，可以解除劳动合同。该条文虽然针对解除劳动合同的问题，但是也赋予了用人单位在劳动者患病或者非因工负伤且在规定的医疗期满后不能从事原工作的情况下，可以另行安排员工的工作，这里的“另行安排员工工作”显然是无须征得员工同意的，是用人单位的单方调岗权的体现。当然，可以另行安排员工工作是不是意味着用人单位想怎么安排就怎么安排呢，肯定不是，还是要体现调岗的合理性，如何体现合理性具体可以参见本书第六章《员工不胜任工作类纠纷处理技巧》中关于不胜任工作调岗的合理性部分的论述。

（二）劳动者不能胜任工作的

同样，根据《劳动合同法》第40条第2项的规定，劳动者不能胜任工作，经过培训或者调整工作岗位，仍不能胜任工作的，用人单位提前30日以书面形式通知劳动者本人或者额外支付劳动者1个月工资后，可以解除劳动合同。这就是最常见的用人单位单方调岗的法律依据，在第六章《员工不胜任工作类纠纷处理技巧》中已经有非常详尽的内容，这里不再赘述。

（三）脱密期内调岗的

脱密期是指用人单位针对负有保密义务的劳动者在离职前进行脱密处理的期限。对于掌握商业秘密的员工，为了避免其掌握了企业商业秘密离职后对企业造成损害，企业会在员工离职前采取调离工作岗位、调整涉密等级、隔离涉密信息、杜绝涉密接触等措施，采取这些措施要想达到一定的效果，肯定是不能在离职前一天或前几天，一定是要在离职一段期限前采取措施方有效果。对用人单位主动解除的员工，相对是比较好掌握离职时间的，但是对主动辞职的员工，企业一般是无法掌握离职日期的，这里就涉及涉密员工的离职通知期的法律问题。

那么涉密员工主动离职应提前多长时间通知企业呢？《劳动法》第22条规定：“劳动合同当事人可以在劳动合同中约定保守用人单位商业秘密的有关事项。”原劳

动部在《关于企业职工流动若干问题的通知》(劳部发〔1996〕355号)中规定:“……用人单位与掌握商业秘密的职工在劳动合同中约定保守商业秘密有关事项时,可以约定在劳动合同终止前或该职工提出解除劳动合同后的一定时间内(不超过六个月),调整其工作岗位,变更劳动合同中相关内容……”除此之外,各地方也出台很多规定。例如,《北京市劳动合同规定》第18条规定:“用人单位在与按照岗位要求需要保守用人单位商业秘密的劳动者订立劳动合同时,可以协商约定解除劳动合同的提前通知期。提前通知期最长不得超过6个月,在此期间,用人单位可以采取相应的脱密措施。”《江苏省劳动合同条例》第27条规定:“用人单位与劳动者可以在劳动合同中约定保守用人单位的商业秘密和与知识产权相关的保密事项。对负有保密义务的劳动者,用人单位可以与其在劳动合同或者保密协议中,就劳动者要求解除劳动合同的提前通知期以及提前通知期内的岗位调整、劳动报酬作出约定。提前通知期不得超过六个月。”《上海市劳动合同条例》第15条规定:“劳动合同当事人可以在劳动合同中约定保密条款或者单独签订保密协议。商业秘密进入公知状态后,保密条款、保密协议约定的内容自行失效。对负有保守用人单位商业秘密义务的劳动者,劳动合同当事人可以就劳动者要求解除劳动合同的提前通知期在劳动合同或者保密协议中作出约定,但提前通知期不得超过六个月。在此期间,用人单位可以采取相应的脱密措施。”从原劳动部和各省地方条例或规章来看,都把脱密期规定为最长不超过6个月。

但是这样会带来一个问题,无论是根据《劳动合同法》还是根据《劳动法》的规定,劳动者主动提出辞职的,只需要提前30天通知用人单位,原劳动部《关于〈中华人民共和国劳动法〉若干条文的说明》中针对《劳动法》第31条即“劳动者解除劳动合同,应当提前三十日以书面形式通知用人单位”的条文说明提到:“本条规定了劳动者的辞职权,除此条规定的程序外,对劳动者行使辞职权不附加任何条件。但违反劳动合同约定者要依法承担责任。”也就是说,员工提前30天通知解除劳动合同是员工辞职的唯一义务,《劳动合同法》也没有改变这一规定,而前述无论是原劳动部的规定,还是各地的地方性法规规章,都将规定提前通知期规定为6个月,两者岂不是完全冲突?而《劳动合同法》显然是属于上位法,根据《立法法》的规定,上位法当然要优于下位法适用。因此,脱密期也就是劳动者离职的提前通知期能否超过30天无论是在理论上还是在实践中都是存在巨大争议的,下面我们来看两个案例。

案例1:签署《保密协议》应视为放弃法定权利

伍某于2013年5月21日入职某银行,2017年8月29日申请辞职,最后工作至2017年9月28日。劳动合同履行期间,双方签订《保密协议》,约定在劳动合同终止前或员工提出解除劳动合同时应接受脱密管理,并提前6个月书面通知公司。经过稽核、问责等程序,某银行于2018年1月5日为伍某办理了解除日期为2018年1月2日的退工登记,缴纳社保至2017年12月。2018年1月16日,某银行向伍某出具退工单。案外公司为伍某办理了起始日期为2018年1月3日的招工登记,自2018年1月起为伍某缴纳社保,并自2017年10月起作为扣缴义务人为伍某缴纳个人所得税。伍某称2017年9月17日已获得案外公司的《录用通知书》,故主张2017年10月5日至2018年1月16日因某银行未办理退工手续造成的工资损失77,181.37元。法院驳回了伍某的诉讼请求。

法院认为,第一,双方签订的《保密协议》明确约定,负责资产业务的客户经理在提出解除劳动合同时应履行双方约定的6个月的脱密管理。伍某签署《保密协议》应视为放弃《劳动合同法》赋予的关于单方解除劳动合同的30日提前通知期。另外,《上海市劳动合同条例》明确规定,对负有保守用人单位商业秘密义务的劳动者,劳动合同当事人可以就劳动者要求解除劳动合同的提前通知期在劳动合同或者保密协议中作出约定,但提前通知期不得超过6个月。综上,该《保密协议》系双方当事人真实意思表示,且未违反法律、法规的强制性规定,双方均应按约履行。故伍某提出解除劳动合同,应履行6个月脱密期的规定。第二,自伍某2017年8月29日提出辞职后,某银行一直在办理稽核、问责事宜,并在问责决定出台且收到伍某的回复后于2018年1月5日办理合同解除日期为2018年1月2日的退工备案登记,并无拖延现象。第三,某银行认可自伍某提出辞职至2018年1月2日,双方处于劳动关系存续期间,且某银行为伍某缴纳社保至2017年12月。综上,双方关于6个月脱密期的约定合法有效,伍某提出辞职后,某银行为伍某办理了合同解除日期为2018年1月2日的退工备案登记,且该时间并未超过6个月脱密期,故2018年1月2日系双方劳动合同解除日期。某银行于2018年1月5日办理了退工备案登记、于2018年1月16日将退工单交给伍某,并不存在迟延办理退工手续的情形。且案外公司自2017年10月起为伍某缴纳个人所得税,可知伍某于2018年10月即获得工资性收入,并无损失。综上,对于伍某的诉请法院难以支持。

案例2:脱密期规定与法律相抵触无效

樊某于1992年7月到甲公司工作。2012年1月1日,甲公司与樊某续签了《劳动合同》,合同期限为2012年1月1日至2017年12月31日。甲公司制定的《保密管理制度》规定:涉密人员凡离开涉密岗位,必须进行脱密。重要涉密人员的脱密期为2年,一般涉密人员的脱密期为1年。2012年11月12日,樊某向甲公司递交了书面辞职报告,甲公司予以签收。2012年12月27日,樊某按甲公司要求出具了《离岗/离职保密承诺书》后离职,樊某离职后,甲公司未为樊某办理离职手续,也未为樊某办理档案和社会保险关系转移手续。2013年3月7日,樊某申请劳动争议仲裁,请求裁决甲公司为樊某办理离职手续(出具解除合同书面证明),并办理档案、社保移交。该仲裁委员会于同年5月22日作出成劳人仲委裁字(2013)第555号仲裁裁决,裁决甲公司为樊某出具解除劳动合同的书面证明,并为樊某办理档案和社会保险关系转移手续。甲公司不服该仲裁裁决,向法院提起诉讼。

法院认为,根据《劳动合同法》第37条的规定,劳动者提前30日通知用人单位,可以解除与用人单位的劳动合同。本案中,樊某于2012年11月12日向甲公司提交了书面辞职报告,并于2012年12月27日按甲公司要求签署了《离岗/离职保密承诺书》后离职,解除了与甲公司的劳动关系。樊某解除与甲公司的劳动关系符合法律规定,双方的劳动关系已于2012年12月27日解除。依照《劳动合同法》的相关规定,在劳动者解除劳动关系后,用人单位应当为劳动者出具解除劳动关系的书面证明,办理档案和社会保险关系的转移手续,甲公司应当履行上述义务。樊某解除劳动关系的行为符合我国劳动法律法规的规定,甲公司的规章制度与《离岗/离职保密承诺书》中规定脱密期与法律规定相抵触无效,均不能成为妨碍双方劳动关系解除的事由,不影响双方劳动关系的解除。法院判决支持樊某诉求,要求甲公司于判决生效之日起15日内为樊某出具解除劳动合同的书面证明,并为樊某办理档案和社会关系转移手续。

从以上两个案例对比可以看出,支持脱密期也即提前通知期可以超过30天的观点认为,虽然提前30天通知是法律规定的,但是签署脱密期更长的相关协议后,相当于员工放弃了自身权利,是对权利的一种处分;而不支持脱密期也即提前通知期可以超过30天的观点则坚持认为,员工辞职只需要提前30天通知是法定权利不得逾越,也不得通过协议制度等方式进行放弃。

笔者倾向于后一种观点，即认为脱密期也即提前通知期不能超过30天的法定期限，理由是劳动法是社会法不是民商法，协商一致不能成为所有法律行为合法的最大原则，正是由于用人单位与劳动者之间存在的不平等地位，以及绝大多数情况下的“资强劳弱”的现状并没有丝毫改变，在生存的压力下，劳动者的选择权极为有限，这也是劳动法律法规中设立众多底线原则对劳动者进行倾斜保护的根本原因。另外，保密与竞业限制虽然相关但是有很大的不同，保密义务可以覆盖全体员工，而竞业限制由于要支付补偿作为对价，更多还是针对高级管理人员、高级技术人员等特定人群，因此，如果让所有负有保密义务的劳动者都可以通过协议约定的方式延长离职的提前通知期，无异于变相将法律规定的最长30天的提前通知期的规定废止了，这样一来表面上看好像对企业有利，但是由此破坏既有规则导致劳动关系的过于失衡而带来的负面影响，最终必将损害劳资双方的利益。

综上分析，在法律允许的脱密期内，用人单位有权制定不同的脱密措施，包括单方调整岗位、变更劳动合同内容等措施，对拟离职员工进行脱密处理，但是为了避免法律的风险，脱密期应当不超过法律规定的1个月。

管理指南

1. 制定脱密期管理的规章制度，明确脱密期的适用范围、脱密期的启动、脱密措施、脱密期待遇、不服从脱密措施的责任及后果等内容，并送达员工；

2. 拟定单独的《脱密管理协议》或在《保密协议》中增加脱密管理相关内容，明确约定用人单位有权采取脱密管理的措施等；

3. 完善脱密管理的流程和指引，明确在员工进入脱密管理后相关部门应采取的配套措施、启动的配套流程及相关注意事项。

（四）职业病及工伤员工的调岗问题

1. 涉及职业病的员工调岗问题。

首先，根据《职业病防治法》第35条第2款规定：“用人单位不得安排未经上岗前职业健康检查的劳动者从事接触职业病危害的作业；不得安排有职业禁忌的劳动者从事其所禁忌的作业；对在职业健康检查中发现有与所从事的职业相关的健康损害的劳动者，应当调离原工作岗位，并妥善安置；对未进行离岗前职业健康检查的劳动者不得解除或者终止与其订立的劳动合同。”

该法从保护劳动者的权益出发，要求用人单位在职业健康监护的检查中，一旦发现有与所从事的职业相关的健康损害的劳动者，就必须调离原岗位，也就是说在此种情况下，调岗是用人单位的法定义务，当然也是用人单位的权利，属于可以单方调整的范畴，同时法律要求"妥善安置"，应理解为安排员工力所能及且不存在职业健康危害因素的岗位，至于工资待遇是否能降低，法律没有明确规定，笔者认为，在此种情况下的调岗，是由于企业的职业病危害导致发生而非员工本人因素导致，调岗后的薪酬应当与调岗前基本相当，不能借机降低员工的待遇。

其次，《职业病防治法》第 56 条规定："用人单位应当保障职业病病人依法享受国家规定的职业病待遇。用人单位应当按照国家有关规定，安排职业病病人进行治疗、康复和定期检查。用人单位对不适宜继续从事原工作的职业病病人，应当调离原岗位，并妥善安置。用人单位对从事接触职业病危害作业的劳动者，应当给予适当岗位津贴。"这条规定针对的是已经诊断为职业病的员工，如果认为不适宜从事原工作，应当调离原岗位并妥善安置，安置的原则应当与上一条文的精神是一样的。

2. 涉及工伤的调岗。

根据《工伤保险条例》第 36 条的规定，对于因工致残被鉴定为五级、六级伤残的职工，除享受一次性伤残补助金待遇外，保留与用人单位的劳动关系，由用人单位安排适当工作，难以安排工作的，由用人单位按月发给伤残津贴，五级伤残为本人工资的 70%，六级伤残为本人工资的 60%。五级、六级伤残的职工属于部分丧失劳动能力的工伤人员，这部分职工一般来说既不是完全丧失劳动能力，也肯定与受伤前的工作能力相比有显著的下降，一般很难再胜任原有岗位，在此前提下，用人单位安排员工力所能及的适当岗位，应是题中应有之义，这种安排当然也是用人单位的权利和义务。至于所安排岗位的报酬，应当也是遵循收入基本相当的原则，理由：一则工伤适用无过错原则，员工受伤不得视为自身过错，在自身无过错情况下导致的岗位调整不能以损害员工利益为代价；二则从条文后部分内容来看，即使企业因为难以安排工作的情况下，尚且要支付员工 60% ~70% 本人工资的待遇，在员工提供劳动的前提下，工资自然不应当加以降低。

（五）女职工孕期的调岗问题

根据《女职工劳动保护特别规定》第 6 条第 1 款的规定，"女职工在孕期不能适应原劳动的，用人单位应根据医疗机构的证明，予以减轻劳动量或者安排其他能够适应的劳动”。这里的“安排其他能够适应的劳动”就是用人单位可以单方调整岗位的意思，在这种情形下，建议由女职工提供相关医疗证明并提出书面申请，由用人单位酌情暂时安排女职工力所能及且不会对胎儿产生不良影响的岗位，同时也不得因此降低女职工的工资待遇。

以上五种属于有明确法律依据的企业可以单方调整员工岗位的情形，企业依据以上情形进行调岗时，应当加强相关证据的搜集，做好前期的基础性管理工作，以避免法律风险。

二、如何确定员工的工作岗位和工作地点

涉及调岗及调动的法律问题，还有一个前置的问题需要厘清，就是如何确定员工的岗位与工作地点的问题。如果员工与企业之间的劳动合同清楚明确约定了工作岗位和工作地点，而且也完全是按照劳动合同的约定进行履行，那当然没有争议，但是现实中很多的情况是，员工劳动合同的约定是不清晰的，或者虽然约定清晰但是与实际履行情况完全不一致，或者根本就没有约定工作岗位和工作地点，这些情况下应当如何确定员工的工作岗位和工作地点，并在此基础上来判定调岗和调动的合法性呢？

（一）没有约定工作岗位或工作地点的情形

实践中存在员工没有签订劳动合同，也没有对工作岗位或工作地点进行约定的情况，还存在员工虽然签订了劳动合同，但是劳动合同中对工作岗位或工作地点没有填写、画去删除或者根本就没有具体的工作岗位和工作地点约定内容的情况。无论是哪一种情况，在确定员工的调岗前的岗位和工作地点时，都应当以实际履行的岗位和工作地点作为员工的岗位和工作地点；如果员工同时存在多处实际履行的岗位或工作地点的情形，则应当以员工实际履行时间最长的岗位或工作地点确定；如果员工先后存在多处实际履行的岗位或工作地点的情形，则应当以员工最后履行的岗位或工作地点为准。

（二）虽然约定清晰但与实际履行情况不一致的情形

实践中比较常见的就是虽然约定清晰但与实际履行情况不一致的情形，即企业与员工在劳动合同中虽然有明确约定工作岗位和工作地点，也曾经按照约定履行劳

动合同,但是在劳动合同的期限内,因为工作需要员工的工作岗位或工作地点发生了变化。这种情形下,如果员工岗位或工作地点的调整表示同意或者虽然没有明确表示同意但也没有提出过异议默认单位的调整,并按新的岗位接受工作安排超出1个月的,应当按调整后的岗位来确定员工的岗位。

(三)员工劳动合同的工作岗位或工作地点约定不清晰

员工劳动合同虽有约定工作岗位或工作地点,但是约定的岗位或地点是不清晰的,例如,约定的岗位是某一类的工作岗位(如"后勤管理岗""业务操作岗""金融服务岗"等),甚至有的直接约定为"职员""管理人员"等;对于工作地点约定为"甲方业务所在地""甲方项目所在地"等,类似这样的约定都应当视为约定不清,还是应当以实际履行的工作岗位和工作地点来确定员工的岗位和工作地点。由北京市高级人民法院、北京市劳动人事争议仲裁委员会发布的《关于审理劳动争议案件法律适用问题的解答》中规定:"用人单位与劳动者在劳动合同中宽泛地约定工作地点是'全国'、'北京'等,如无对用人单位经营模式、劳动者工作岗位特性等特别提示,属于对工作地点约定不明。劳动者在签订劳动合同后,已经在实际履行地点工作的,视为双方确定具体的工作地点。用人单位不得仅以工作地点约定为'全国'、'北京'为由,无正当理由变更劳动者的工作地点。"

但是如果约定的是更为清晰的岗位类型或工作地点,比如,约定岗位是"后勤管理部司机班司机"或者"机械车间车床一组操作工",尽管"后勤管理部司机班司机"可能有小车司机也有中巴司机,"机械车间车床一组操作工"可能有车工也有铣工、钳工等不同工种,如果员工同时能够胜任不同的岗位,同时应当确认约定的有效性,如果企业在该约定岗位的范围内进行调整,如果将小车司机调整为中巴司机,则应当属于合法的调整范围,不应当过于严苛。

三、劳动合同约定单位可以单方调岗是否有效

实践中经常看到企业在劳动合同中作出这样的约定,"甲方(指企业)有权根据生产经营管理需要单方调整乙方(指员工)的工作岗位,乙方不得拒绝",这样的约定是否有效呢?

前文已经说过,《劳动合同法》第35条已经确立了"变更劳动合同需要协商一致"的原则,违反法律规定原则的约定都可能因为与法律相抵触而无效,如前所述,

《劳动合同法》第35条规定的最根本的原因是企业与员工的不对等的管理与被管理的关系，同时不可否认的是，即使在签署劳动合同之前，“资强劳弱”的现状同样是不可否认的客观事实，无论是从双方地位的差别，还是从对企业管理的了解熟悉、对合同条文含义的深刻理解，员工都无法真正与企业平等公平的进行协商，很简单的一个事实，除极个别极特殊的有谈判权的高管人员外，又有哪个员工能够在签订劳动合同时真正与企业来讨论协商修改条款呢？如果允许企业通过合同约定就可以规避《劳动合同法》第35条的法律条文，无异于直接架空该法条，让保护劳动者权益变成一句空话。因此，对企业根据劳动合同约定的这类条文径行进行单方调岗的行为，应当认定是违法行为。

当然，司法实践是丰富多样的，在具体案件中，也有不少判决支持这类调岗行为，认为劳动合同一经签署就应当有约束力，不能只约束企业而不约束员工，员工同意这样的约定应当视为员工自身对权利的放弃或让渡。笔者认为，此类观点其实还是过于理想，无视劳资双方地位的巨大差异，无视就业市场的残酷竞争，认为所有员工都有清晰的法律认知和轻松选择就业的权利，这显然是与现实不相符的。另外，具体案件也要具体分析，正是由于法律关于调岗的刚性规定无法适应管理的需要，因此在实际处理具体案件时，对于变更劳动合同法官还是会兼顾调整的合理性来灵活判断，不会一味地机械适用法律条文，这部分内容后面还会详细阐述。

四、违法单方调岗降薪的法律后果

企业违法单方调岗降薪，可能有以下法律后果：

1. 员工可以要求恢复原岗位并补发工资。

如果企业调岗被认定为违法，员工有权利要求继续履行劳动合同，恢复原来岗位，并补发由此导致的降薪等。

2. 承担行政责任。

如果调岗降薪违法，降薪行为就有可能会被认定为克扣工资等违法行为，根据《劳动合同法》第85条的规定，用人单位未按照劳动合同的约定或者国家规定及时足额支付劳动者劳动报酬的，由劳动行政部门责令限期支付劳动报酬、加班费或者经济补偿；逾期不支付的，还要责令用人单位按应付金额50%以上100%以下的标准向劳动者加付赔偿金。《劳动保障监察条例》也有类似规定。

3. 员工可以提出解除劳动合同并要求支付补偿金。

《劳动合同法》第 38 条规定，用人单位未及时足额支付劳动报酬或未按劳动合同约定提供劳动条件的，劳动者可以解除劳动合同并要求支付经济补偿，在企业违法调岗降薪前提下，员工如果不想再继续工作的，一般会主动提出解除劳动合同并要求经济补偿的诉求。

第三节　劳动合同单方变更的操作技巧

企业单方变更劳动合同时，要确定是否合规操作，可以按照以下步骤逐步判断，符合以下步骤中的任一步骤做法的操作才算合规，否则极有可能为不合规的做法，存在较大法律风险。

一、判断是否有证据证明符合《劳动合同法》第 40 第 1 项、第 2 项的规定

《劳动合同法》第 40 条第 1 项、第 2 项是法定用人单位可以单方变更劳动合同的重要依据，最关键在于用人单位是否有充分有效的证据能够证明员工存在《劳动合同法》第 40 条第 1 项、第 2 项即“劳动者患病或者非因工负伤，在规定的医疗期满后不能从事原工作”和“劳动者不能胜任工作”这两种情形，如果证据充分，则完全可以行使单方调岗权。

二、判断变更劳动合同是否符合劳动合同的预先明确约定

估计有人看到这个观点马上会产生疑问，前面不是刚刚说过用人单位在劳动合同中约定可以单方调岗的条款与法律相冲突没有法律效力吗？为什么这里又说可以在劳动合同中预先约定变更呢？

这里所讲的预先约定并不是概括约定用人单位可以单方变更劳动合同，而是相对更加具体和明确的变更约定。例如，甲企业为避免道德风险，对华南区域从事售后服务的售后专员采取轮岗制，轮岗期限为 6 个月，轮岗范围包括华南区域有分支机构的广州、深圳、海口、南宁、长沙五个城市，在此情况下，甲企业完全可以在员工入职时事先声明员工工作地点会发生定期变更的情况，并且在劳动合同中对将来会发生的工作地点变更的期限和范围进行约定，明确用人单位届时可以在此范围内调动而无须再征得乙方同意。再如，丙公司因业务发展需要扩大厂区范围，准备从广州市

荔湾区搬到邻近的佛山南海区，新的厂区在施工建设之中，预计1年后可搬迁，因为搬迁是事在必行，只是搬迁时间无法准确确定，在此过程中招聘人员时，丙公司也完全可以在劳动合同中对工作地点将发生的变更事项包括新的工作地点及大概搬迁的期限等进行事先约定，明确搬迁时无须再征求员工的意见，这样的做法都是合法的。

明确预先约定变更内容与概括性约定单方变更的权利最大的不同在于，前者的变更内容是清晰的、可预期的、后果可提前预测的，员工对这种变更可能带来什么样的影响有合理的判断，可以根据自身情况决定是否同样签约，比如前例所举从广州搬迁到佛山，员工提前知晓后，可以在1年后同意搬迁，也可以在1年后考虑辞职继续在广州找工作，如果这两种情况都可以承受，则员工可以选择签署合同，反之如果员工既无法接受搬迁佛山也不愿意1年后要重新找工作，那么员工可以选择拒绝签订合同。而概括性的变更约定对于员工来说是无法预测的、内容含混不清的、后果无法预计的，这样的变更必将损害员工的合法权益。

明确预先约定变更内容实际上是一种管理上的技巧，叫作"将劳动合同变更化为劳动合同的履行"，也就是提前把变更的事项协商一致并明确约定下来，到时双方只需要按照劳动合同约定进行履行合同，不需要再进行协商，也大大降低了双方发生纠纷的概率。

三、判断变更劳动合同是否符合司法实践标准

由于存在劳动法律刚性规定与人力资源管理现实需求的不平衡，因此在司法实践中，各地的法院或劳动争议仲裁委员会出台了很多地方性司法文件，从不同的维度来对法律适用进行调整，以指导对劳动合同变更引发纠纷的处理，进而进一步规范企业的管理行为。

（一）从企业生产经营管理需要的维度来判断劳动合同变更的合法性

为平衡管理需要和法律刚性的矛盾，各地出台的审判指导意见大多从"企业生产经营管理需要"这个维度出发来客观判断企业的调岗行为是否客观，在符合一定条件下也能得到支持。部分指导意见内容列举如下。

1. 广东省高级人民法院、广东省劳动人事争议仲裁委员会《关于审理劳动人事争议案件若干问题的座谈会纪要》（粤高法〔2012〕284号）。

22. 用人单位调整劳动者工作岗位，同时符合以下情形的，视为用人单位合法行

使用工自主权，劳动者以用人单位擅自调整其工作岗位为由要求解除劳动合同并请求用人单位支付经济补偿的，不予支持：

（一）调整劳动者工作岗位是用人单位生产经营的需要；

（二）调整工作岗位后劳动者的工资水平与原岗位基本相当；

（三）不具有侮辱性和惩罚性；

（四）无其他违反法律法规的情形。

用人单位调整劳动者的工作岗位且不具有上款规定的情形，劳动者超过一年未明确提出异议，后又以《劳动合同法》第三十八条第一款第（一）项规定要求解除劳动合同并请求用人单位支付经济补偿的，不予支持。

2. 浙江省高级人民法院民事审判第一庭《关于审理劳动争议案件若干问题的意见（试行）》（浙法民一〔2009〕3号）。

第四十二条　用人单位调整劳动者工作岗位，一般应经劳动者同意。如没有变更劳动合同主要内容，或虽有变更但确属用人单位生产经营所必需，且对劳动者的报酬及其他劳动条件未作不利变更的，劳动者有服从安排的义务。

3.《天津市贯彻落实〈劳动合同法〉若干问题实施细则》（津人社规字〔2018〕14号）。

第十条　用人单位与劳动者约定可根据生产经营情况单方调整劳动者工作岗位的，用人单位对劳动者工作岗位进行调整时，应同时符合以下条件：

（一）用人单位生产经营的客观需要；

（二）调整后工作岗位的劳动待遇水平与原岗位基本相当，但依据《劳动合同法》第四十条第一项、第二项有关规定调整岗位的除外；

（三）调整工作岗位不具有歧视性、侮辱性；

（四）不违反法律法规的规定。

用人单位与劳动者签订的劳动合同未约定调整工作岗位有关内容，用人单位规章制度也未做相关规定的，除依据《劳动合同法》第四十条第一项、第二项有关规定调整工作岗位情形外，用人单位与劳动者协商一致，可以调整工作岗位。

4.《重庆市六部门劳动争议案件法律适用问题专题座谈会纪（二）》（2017年9月11日）。

三、工作岗位、工作地点的调整问题

工作岗位对应的工作内容、工作地点均属于劳动合同的必备条款。用人单位在招用劳动者时，应当如实告知劳动者工作内容和工作地点。在劳动合同履行过程中，因用人单位调整劳动者工作岗位、工作地点而引发纠纷的，应当从是否确为生产经营之必需、是否显著降低劳动者的劳动报酬和劳动条件、是否对劳动者的工作、生活有重大影响、是否对劳动者具有侮辱性、歧视性等方面，综合认定用人单位的行为是否具备正当性。

综合各地大同小异的指导意见可以看出，为了平衡劳资双方的关系，虽然劳资双方没有协商一致，但是如果变更劳动合同是企业生产经营的客观需要，在符合变更前后劳动报酬相当、未对劳动者有重大或不利影响、不具有侮辱性歧视性惩罚性等条件的前提下，将企业单方劳动合同变更行为视为企业行使用工自主权而确认有效。这种变通其实也是一种中国特色实用主义的审判智慧体现，在法律规定的修改存在多方争议和立法程序繁杂的背景下，通过出台一些审判指南来解决日常庞杂而数量众多的案件，取得良好的法律效果。我们会发现，符合法律规定的如不胜任工作等调岗的同时是可以降薪的，所谓"岗变薪变"，但是在生产经营客观需要前提下的调岗，却是要求工资基本相当，实际上是相当于"岗变薪不变"的原则，这就是既兼顾企业的客观需要也兼顾员工的合法权益，在两者之间取得平衡。

（二）从是否存在合理性的维度来判断劳动合同变更的合法性

在没有协商一致前提下，以劳动合同的变更是否存在合理性的维度来判断其合法性是司法实践中常见的另一标准。如果变更存在合理事由，则法院支持变更合法。部分指导意见内容列举如下。

1. 上海市高级人民法院民一庭《关于审理劳动争议案件若干问题的解答（2002）》（沪高法民一〔2002〕6号）。

（十五）劳动合同中约定用人单位有权随时调整劳动者岗位发生争议的，应如何处理？

答：用人单位和劳动者因劳动合同中约定，用人单位有权根据生产经营需要随时调整劳动者工作内容或岗位，双方为此发生争议的，应由用人单位举证证明其调职具有充分的合理性。用人单位不能举证证明其调职具有充分合理性的，双方仍应按原劳动合同履行。

2. 四川省高级人民法院民事审判第一庭《关于印发〈关于审理劳动争议案件若干疑难问题的解答〉的通知》（川高法民一〔2016〕1号）。

22. 劳动合同中对劳动者工作岗位、地点有约定的，按照约定履行；没有约定的，用人单位具有合理事由可以调整劳动者工作岗位、地点。

用人单位对劳动者工作岗位、地点的调整不具有合理事由，因劳动者拒不履行而解除劳动合同，劳动者主张违法解除劳动合同赔偿金的，应予支持。

3.《江苏省高级人民法院劳动争议案件审理指南》（2012 年）。

七、劳动合同的变更

2. 关于工作岗位调整合理性的确定

（1）虽然《劳动合同法》第 35 条规定用人单位和劳动者协商一致方能变更劳动合同的约定，但不能因此完全否定企业的用工自主权。在实务中要注意把握企业的用工自主权与劳动者生存权保护之间的动态平衡，企业有权根据自身生产经营需要调整员工的工作岗位和薪酬标准，但其不得滥用权利损害劳动者利益。具体来说，企业实施合法的调岗、调薪应当满足以下两方面要求：第一，在劳动合同或规章制度有关于调整工作岗位和工资报酬的约定或规定；第二，岗位调整应当具有合理性。如果双方为此发生争议，用人单位应当对调整劳动者工作内容和工资报酬的合法性和合理性承担举证责任。

（2）调整工作岗位违反合理性的法律责任。如果用人单位的岗位调整行为违背了法律所要求的合理性原则，造成劳动者辞职的，则应当视为"推定解雇"，也就是劳动者被迫辞职，用人单位应当支付经济补偿金；如果用人单位借此解除劳动合同的，应当属于违法解除劳动合同，应按照《劳动合同法》第八十七条规定，承担违法解除的法律责任。

4. 北京市高级人民法院、北京市劳动人事争议仲裁委员会《关于审理劳动争议案件法律适用问题的解答》（2017 年 4 月 24 日）。

5. 用人单位调整劳动者工作岗位的，如何处理？

用人单位与劳动者约定可根据生产经营情况调整劳动者工作岗位的，经审查用人单位证明生产经营情况已经发生变化，调岗属于合理范畴，应支持用人单位调整劳动者工作岗位。

用人单位与劳动者在劳动合同中未约定工作岗位或约定不明的，用人单位有正当理由，根据生产经营需要，合理地调整劳动者工作岗位属于用人单位自主用工行为。判断合理性应参考以下因素：用人单位经营必要性、目的正当性，调整后的岗位为劳动者所能胜任、工资待遇等劳动条件无不利变更。

用人单位与劳动者签订的劳动合同中明确约定工作岗位但未约定如何调岗的，

在不符合《劳动合同法》第四十条所列情形时,用人单位自行调整劳动者工作岗位的属于违约行为,给劳动者造成损失的,用人单位应予以赔偿,参照原岗位工资标准补发差额。对于劳动者主张恢复原工作岗位的,根据实际情况进行处理。经审查难以恢复原工作岗位的,可释明劳动者另行主张权利,释明后劳动者仍坚持要求恢复原工作岗位,可驳回请求。

用人单位在调整岗位的同时调整工资,劳动者接受调整岗位但不接受同时调整工资的,由用人单位说明调整理由。应根据用人单位实际情况、劳动者调整后的工作岗位性质、双方合同约定等内容综合判断是否侵犯劳动者合法权益。

以上列举是各地一部分关于劳动合同变更应符合合理性要求的规定,从以上规定可以看出,企业调岗目的是否正当,是否是故意打击报复员工或者通过调岗逼员工辞职,还是确实是生产经营的正当需要,调岗后的职级安排是否适当、技能与经历是否相符等都是审判实践中考量的因素,也是企业要举证证明合理性的通常角度,当然除了合理性理由外,薪酬待遇相当也是必须同时具备的因素。

下面我们来看一个由人力资源社会保障部、最高人民法院联合发布第一批劳动争议典型案例的涉及调岗的案例。

案例:用人单位如何行使用工自主权合法调整劳动者的工作岗位和地点

孙某于2017年8月入职某模具公司,双方订立了无固定期限劳动合同,约定孙某的工作地点为某直辖市,岗位为“后勤辅助岗”,具体工作内容为“财务、预算管理和其他行政性工作”。双方还约定:“模具公司可以根据生产经营的需要,对孙某工作岗位、工作内容及工作地点进行调整。”入职后,孙某被安排在模具公司位于某城区的开发中心从事财务人事等辅助性工作。2019年7月1日,基于公司生产经营和管理需要,为减轻各中心的工作负担,模具公司将各中心的财务工作统一转回公司总部的财务处统一管理。为此,孙某办理了开发中心全部财务凭证的交接,模具公司与孙某沟通协商,提出安排其到开发中心其他岗位工作,但均被孙某拒绝。后模具公司安排孙某到位于相邻城区的公司总部从事人事相关工作。7月底,孙某要求模具公司将其调回原工作地点原岗位工作,双方由此发生争议。孙某申请仲裁,仲裁委员会裁决驳回孙某的仲裁请求。

案例分析

本案的争议焦点是模具公司对孙某调整工作岗位和工作地点是否属于合法行

使用工自主权。

《就业促进法》第8条第1款规定:“用人单位依法享有自主用人的权利。”用人单位作为市场主体,根据自身生产经营需要而对劳动者的工作岗位、工作地点进行适当调整,是行使用工自主权的重要内容,对其正常生产经营不可或缺。同时,用人单位用工自主权的行使也必须在相关法律和政策的框架内,符合一定条件和范围,如用人单位需对岗位或工作地点的调整作出合理说明,防止用人单位借此打击报复或变相逼迫劳动者主动离职,也即防止其权利的滥用。

仲裁和司法实务中,岗位或工作地点调整的合理性一般考虑以下因素:(1)是否基于用人单位生产经营需要;(2)是否属于对劳动合同约定的较大变更;(3)是否对劳动者有歧视性、侮辱性;(4)是否对劳动报酬及其他劳动条件产生较大影响;(5)劳动者是否能够胜任调整的岗位;(6)工作地点作出不便调整后,用人单位是否提供必要协助或补偿措施等。

本案中,双方在劳动合同中约定孙某的工作岗位为“后勤辅助岗”,该岗位不属固定或专业岗位;模具公司根据生产经营需要,适当调整孙某的工作岗位、工作内容及工作地点是基于财务统一管理的需要,对孙某并无针对性;同时,该工作地点和工作内容的调整模具公司亦与孙某进行了沟通协商,给出了包括在原工作地点适当调整岗位等多种选择方案,体现了对孙某劳动权益的尊重;且调整后的人事岗位与孙某的原来的岗位性质相近,孙某也完全能够胜任;最后,孙某调整后的工作地点也处于交通便利的城区,上下班时间虽有所增加,但该地点变更不足以认定对其产生较大不利影响,对其劳动权益也构不成侵害,故依法驳回孙某的仲裁请求。

以上典型案例,对于企业处理调岗问题具有重要的参考意义。

(三)因生产经营需要的临时性调整不视为劳动合同变更

在实践中,存在用人单位有临时性调岗调动的需要,例如,某公司在某地中标新项目,而该地的新团队尚未组建完善,需要总部派员临时支援,待本地新团队招聘到位后才可撤离;抑或某建筑类集团企业的某工程项目出现了突发意外状况,需要各下属关联企业抽调专业力量协助处置等,在类似这样的情况下,事发紧急临时性调岗调动事在必行,如果这种紧急情况下要求协商一致才能进行,无疑会给企业管理带来极大的挑战。在此前提下,各地也有相关的一些规定给企业临时性调岗调动提供依据。

早在2003年,《广东省劳动合同管理规定》在第17条中规定:“劳动合同没有变更,用人单位不得安排劳动者从事合同规定以外的工作或调换岗位。但下列情况除外:(一)发生事故或灾害,需要及时抢修或救灾;(二)因生产、工作需要,单位内部机构或工种、岗位之间的临时调动;(三)法律、法规和规章规定的其他情况。”《江苏省高级人民法院民事审判工作例会纪要》(2017年)第22条规定,存在以下情形的换岗可以认定为不构成劳动合同变更:(1)在同一生产线内或相同生产线之间的类似岗位,不同部门的通用岗位间进行岗位调换的;(2)用人单位基于业务需要,临时性、短期性地指派劳动者至本单位其他部门支援工作,或指派至用人单位外工作;(3)用人单位在与劳动者存在关于“用人单位有权根据生产经营变化及劳动者的工作情况调整其工作岗位”的概括性调岗授权约定的情形下,享有对劳动者进行合理调岗的权限,但用人单位根据上述约定行使调岗权时应受到权利不得滥用的限制;(4)如果调岗未采用书面形式,但已经实际调岗超过1个月,且该调岗符合合理原则。

综合上述规定及各地的司法实践,对于临时性调整岗位一般不作为劳动合同变更处理,无须协商一致,这种临时性调整类似出差的性质,但是在实践中也必须注意以下事项:(1)临时性调整的原因必须是出于业务客观需要,并且能提供相关客观证据加以证明;(2)临时性调岗具有必要性,也就是没有其他更加合理的解决方案而必须调岗或调动工作地点;(3)临时性调整的期限不能过长,一般来说最长不要超过3个月,而且在调整时应当将调整的性质、目的、期限告知员工,如果超出期限没有完成需要再次延长时,应当与员工协商一致;(4)不得以临时性调整为名变相变更员工的劳动合同。

(四)关于企业搬迁引发工作地点变更是否需要协商一致的问题

企业因为转型升级、发展壮大、产业转移、房租上涨等各种因素,都有可能引发企业搬迁的问题,有的搬迁是在同城,有的搬迁可能是异地甚至不同省、市,企业搬迁必然涉及员工工作地点的变更,那么企业搬迁是否需要与员工协商一致呢?

企业搬迁是企业经营中的重大事项,搬迁的原因很多,有的是政府规划调整、环保监管原因所致,是企业不可抗拒的因素,也有的是企业自身发展如扩大办公面积、改善办公环境或降低办公成本所致;搬迁的地点也有不同,有的搬迁可能只是与原来的地点一墙之隔,有的搬迁可能与原来的办公地点相距甚远,但是都处于同一市区交通便利对员工影响不大；有的搬迁虽在同一城市，但是远离市区，通勤时间单程都要多花一两个小时，有的搬迁虽然跨越了不同市级行政区划，但其实也不过是隔了几条街而已。

司法实践中，不同地方出台不同的规定来规范搬迁的劳动关系处理问题，例如，广东省人力资源和社会保障厅在《关于做好企业转型升级过程中劳资纠纷预防处理工作的意见》（粤人社规〔2013〕3号）中规定，企业在本市行政区域内搬迁，职工上下班可乘坐本市公共交通工具，或企业提供交通补贴、免费交通工具接送等便利条件，对职工生活未造成明显影响的，劳动合同继续履行，企业不需支付经济补偿。广东省高级人民法院《关于审理劳动争议案件疑难问题的解答》（粤高法〔2017〕147号）中规定，企业因自身发展规划进行的搬迁，属于劳动合同订立时所依据的客观情况发生重大变化，用人单位应与劳动者协商变更劳动合同内容。未能就变更劳动合同内容达成协议的，劳动者要求解除劳动合同以及用人单位支付解除劳动合同的经济补偿金的，予以支持。但若企业搬迁未对劳动者造成明显的影响，且用人单位采取了合理的弥补措施（如提供班车、交通补贴等），劳动者解除劳动合同理由不充分的，用人单位无须支付解除劳动合同的经济补偿金。北京市高级人民法院、北京市劳动人事争议仲裁委员会《关于审理劳动争议案件法律适用问题的解答》中规定，用人单位与劳动者在劳动合同中明确约定用人单位可以单方变更工作地点的，仍应对工作地点的变更进行合理性审查。具体审查时，除考虑对劳动者的生活影响外，还应考虑用人单位是否采取了合理的弥补措施（如提供交通补助、班车）等。深圳市中级人民法院《关于审理劳动争议案件的裁判指引》中规定，用人单位在深圳市行政区域内搬迁，劳动者要求用人单位支付经济补偿的，不予支持。用人单位由深圳市行政区域内向深圳市行政区域外搬迁，劳动者要求支付经济补偿的，应予支持。

《江苏省高级人民法院民事审判工作例会纪要》（2017年）中规定，对于企业整体搬迁能否认定为“客观情况发生重大变化”，需要根据企业搬迁距离的远近、用人单位是否提供交通工具、是否在上下班时间上进行调整、是否给予交通补贴等因素，以及该工作地点的变更是否给劳动者的工作与生活各方面带来实质性的不利益等，进行综合比较和判断。一般而言，企业搬迁地址属于同城区域，公共交通可以到达的，不属于“客观情况发生重大变更”。

虽然各地裁判标准表述有所不同，但综合各地的司法实践裁判标准，以及研究大量各地裁判的案例，归纳起来搬迁是否需要员工同意一般来说有以下判断标准：

第一，一般情况下，在同一城市的行政区域内进行搬迁，原则上大都予以支持；超出同一城市行政区域的，则原则上不予支持。

第二，即使在同一城市的行政区域内，如果距离超出合理范围导致员工生活受到较大影响，也可能不予支持；相反，即使跨越不同的行政区域，但是对员工生活基本没有影响（如前面所举的搬迁跨越了不同市级行政区划，但实际距离很近相隔了几条街的情况），也应当予以支持。

第三，企业应当采取措施降低对员工生活的影响，如提供上下班交通车、增加支付交通补贴、允许员工延迟上班或提前下班等，如果采取了这些措施降低以员工生活的影响，应当予以支持。

第四，最重要的判断标准就是"对员工生活未造成明显影响"，企业搬迁一般来说对员工生活肯定是有影响的，但是影响有大有小，小的影响可能是上班多坐几站地铁或公交车，抑或要多转一路公交车而不是从前的直达，可能导致要早起 20 分钟等，这些都是小的影响，不会导致劳动合同的变更；而大的明显的影响则不同，什么是"大的明显的影响"，笔者的理解就是员工生活因此要进行重大调整，例如，因为搬迁后的地址与原住址太远，导致员工需要搬家，并因此导致儿女要转学、配偶要重新找工作等一系列重大生活问题，这种显然属于对生活造成明显影响。而虽然搬迁后距离很远，但是企业能够提供交通车上门接送员工，员工只是交通时间变长但是并不需要搬家等，则不属于对员工生活造成明显影响。

上述列举的仅是各地出台的其中一部分劳动争议审判指导意见，是各地审理劳动合同变更纠纷案件的重要依据。尽管可能有些指导意见甚至可能由于《民法典》等新规出台已经被废止，但是并不影响相关意见确立的审判规则在审判实践中的广泛应用。需要特别说明的是，各地的司法实践裁判标准各有不同，在涉及具体案件时，企业应当根据案件审理所在地的司法裁判标准处理案件，案件办理地之外的司法裁判标准仅能作为说理的参考，同时也要注意到，各地的司法裁判标准也在不停变动，处理案件应以现行有效标准为准。

四、看变更后是否有实际履行超过 1 个月的证据

如果前面三个步骤都不符合，既不属于因病不能从事原工作，也不属于不能胜任工作，更无法适用各地出台有关劳动合同变更的司法裁判标准，那还有一个步骤，就是变更后是否有实际履行超过 1 个月的证据。

原最高人民法院《关于审理劳动争议案件适用法律若干问题的解释(四)》(法释〔2013〕4号)第11条规定:"变更劳动合同未采用书面形式,但已经实际履行了口头变更的劳动合同超过一个月,且变更后的劳动合同内容不违反法律、行政法规、国家政策以及公序良俗,当事人以未采用书面形式为由主张劳动合同变更无效的,人民法院不予支持。"按照该条文的理解,变更劳动合同即使没有签署书面协议,但是如果有证据证明已经履行了变更的劳动合同超过1个月,员工也没有提出异议的,则视为变更合法有效。但是《民法典》出后,前述司法解释已被废止,取代的是最高人民法院《关于审理劳动争议案件适用法律问题的解释(一)》(法释〔2020〕26号),新的司法解释第43条规定:"用人单位与劳动者协商一致变更劳动合同,虽未采用书面形式,但已经实际履行了口头变更的劳动合同超过一个月,变更后的劳动合同内容不违反法律、行政法规且不违背公序良俗,当事人以未采用书面形式为由主张劳动合同变更无效的,人民法院不予支持。"对比前后条文,我们发现最大的差别在于新的司法解释增加了"用人单位与劳动者协商一致"这个前提,也就是说,过去由于条文没有强调协商一致,导致司法实践中只要员工超过1个月没有提出异议,则视为合法有效,而立法本意是,无论口头变更还是书面变更都需要协商一致,在协商一致的前提下,口头变更履行超过1个月才能视为有效,因此新的司法解释突出强调了协商一致的前提。

在实际操作中,企业应当注意以下几点:

1. 注意保存协商一致的证据,这类证据一般包括微信、短信、邮件中沟通记录等,虽然双方没有签署协商一致的协议,但是确实有证据证明就变更问题进行过协商,并且取得了员工的同意。

2. 员工的同意包括明确同意或推定的同意,推定的同意是指员工知晓变更的具体内容包括岗位薪酬工作地点等,但没有提出异议,而且还以实际行动来履行变更后的工作职责。

3. 员工的推定同意应当经过合理的期限,也就是1个月的期限,如果没有知晓岗位工作地点薪酬等变更关键内容后,没有提出异议且履行了变更后的劳动合同后超过1个月的,应当视为员工同意了变更,再提出异议要求确认无效应当不予支持。

以上是企业在处理劳动合同变更的操作思路和技巧,企业可以根据现有事实和证据,参考前述四个步骤来逐步判断变更劳动合同是否合法,是否能够得到支持。

第八章

招聘录用类纠纷处理技巧

招聘录用环节是企业用工的第一步，与用工的其他环节不同的是，招聘录用过程中涉及的法律问题不仅包括劳动法律的问题，还包括民事法律的相关问题。实践中招聘录用类纠纷涉及的金额一般并不大，但是其中涉及的法律问题还是比较复杂的，同时招聘录用类纠纷处理不好，不仅会带来法律风险，对于企业的雇主品牌也会带来不小的伤害。下面我们就招聘录用环节HR们最常遇见的法律问题进行讨论。

第一节　如何合法解除已招录的不合格员工

企业在招人过程中,“面试很优秀、表现不合格”的情况大有人在,一方面是有不少求职者把时间花在消化“面试宝典”、学习话术套路而不是提升自身素质上面,另一方面由于岗位要求、员工性格差异、招聘者的个人好恶等原因,导致面试结果与用人的实践情况存在较大差异的现象屡见不鲜,其中“招错人”是最令用人单位头疼的事情。

一、从典型案例看试用期员工解除的风险

在招聘录用中,HR 最常碰到的问题就是如果已招录的员工不合格怎么办?如何才能合法辞退?这个问题十分普遍,因为实践中面试表现优秀但实际工作起来表现不佳的大有人在,而企业解除试用期员工的劳动合同导致败诉被认定为违法解除的情况也非常普遍,要合法解除不合格的新员工,企业需要在基础性管理方面合规规范。下面我们从一些典型案例来看一下企业常见的败诉情形。

案例 1:赖某诉某电梯公司试用期内违法解除劳动合同案

赖某于 2015 年 5 月入职某电梯公司,双方签订了为期 3 年的劳动合同,约定试用期 2 个月。2015 年 7 月,某电梯公司以赖某试用期内不符合录用标准与其解除劳动关系。为证明该主张,该公司提交了由证人签字的《关于赖某试用期工作表现的反映材料》《关于某工地发生矛盾的情况反映》。赖某认为该解除系违法解除,仲裁后以要求该公司支付违法解除劳动关系赔偿金为由诉至法院。

法院认为,某电梯公司提交两份材料欲证明赖某在试用期内缺少吃苦耐劳、不断学习、积极进取的精神,但该公司未提交相关证据证明其单位的录用标准,且部分同事的评判仅为个人主观判断,缺乏客观性,该公司以此为依据认定赖某试用期内不符合录用条件与其解除劳动关系显然不妥,法院据此判决某电梯公司支付赖某违法解除劳动关系赔偿金。

案例分析

法律规定解除劳动合同由用人单位承担举证责任,本案中,某电梯公司以“赖某

试用期内不符合录用标准”与其解除劳动关系，但是首先该公司未提交相关证据证明赖某的录用标准，缺乏解除的前提；其次，公司的主张是“赖某在试用期内缺少吃苦耐劳、不断学习、积极进取的精神”，如果这就是公司的录用标准，这个录用标准的设定也是不合格的，因为“吃苦耐劳、不断学习、积极进取”这些表述都是极为主观的描述，很难量化和考核；最后，该公司只提供了两份由同事作为证人签字的证言，而我们前文中关于证据时已经讲到，仅由在职员工来作证证明对企业有利的事实，而没有客观证据加以辅证是很难被法院采纳的，因此最终某电梯公司难逃败诉的后果。

案例2：肖某因试用期与上司发生口角被解除劳动合同案

2019年5月19日，肖某入职中阁汽车公司，担任财务总监。双方签订劳动合同，期限自2019年5月19日至2022年5月18日，合同约定试用期3个月，自2019年5月19日至2019年8月18日，试用期工资每月50,000元，同时约定试用期内具有下列情形之一的，属不符合录用条件的情形：(1)提供材料内容有虚假成分的；(2)有欺诈情形的；(3)出勤率低于85%或连续5个工作日以上(含5日)不能提供正常劳动的；(4)因个人原因影响岗位职责或不能胜任工作的；(5)不能满足招聘时录用条件或双方约定其他相关录用条件的；(6)所在部门同事或管理人员超过一半以上不愿与之共事的；(7)有职业禁忌症以及身体状况严重影响岗位职责履行或工作任务完成的；(8)出现根据法律、行政法规可以解除劳动合同的情形的。

2019年7月10日，肖某与中阁汽车公司上级中阁集团的财务总监夏某因工作原因发生口角，2019年7月30日，中阁汽车公司向肖某发送《解除劳动合同通知书》的电子邮件，表示：“你与中阁汽车公司于2019年5月19日签订的劳动合同，因在试用期期间不适应公司工作氛围，不符合公司录用条件，公司已经于7月10日口头通知你不再担任财务总监一职，工资结算到7月24日，并于7月12日正式办理工作移交手续，现公司决定自2019年7月25日起解除劳动合同。”2019年8月15日，肖某向劳动人事争议仲裁委员会申请仲裁，要求支付违法解除劳动合同赔偿金。

仲裁委认为，用人单位以劳动者在试用期不符合录用条件解除劳动合同的，应当符合合同约定及法律规定。本案中，中阁汽车公司没有关于肖某岗位职责及工作内容的具体规定，亦未能举证证明肖某存在不能胜任工作的具体事实，其主张肖某不能胜任工作，缺乏事实依据，本院不予支持。肖某与夏某发生口角，行为欠妥，但尚未达到劳动合同约定不符合录用条件的情形。综上，中阁汽车公司解除与肖某的劳动关系，不符合合同约定及法律规定，应当向肖某支付经济赔偿金 50,000 元（50,000 元 ×0.5 个月 ×2 倍）。

案例分析

这个案例中中阁汽车公司虽然与肖某有约定录用条件，但是很显然当发生与集团上司的冲突事件时，公司已经产生了要开除肖某的想法，理由是“不适应公司工作氛围”，可能明知这个理由在法律上不能成立，解除理由同时加上了“不符合录用条件”的表述，但是对照约定的录用条件，却没有一条能够对得上，因此被判败诉。

以上这两个案例都代表了企业败诉的常见情形，要合法解除试用期员工的劳动合同，最常用的法律依据是《劳动合同法》的第 39 条第 1 项，即劳动者在试用期间被证明不符合录用条件的，用人单位可以解除劳动合同。对于劳动者在试用期不符合录用条件的，必须同时具备以下条件：一是用人单位要提前约定或明确告知员工的录用条件；二是用人单位要提供充分有效的证据证明员工在试用期内的表现不符合约定的录用条件；三是以“不符合录用条件”为由解除劳动合同只能在试用期内发生，超过试用期则用人单位不能以此为理由解除劳动者劳动合同。上述案例表明实践中企业败诉的原因或者是完全不知道什么是录用条件，或者是根本没有约定录用条件，抑或是虽然劳动合同约定了录用条件，但是无法提供有效的证据证明员工不符合录用条件。

二、录用条件管理的相关问题

（一）什么是录用条件？

既然录用条件的管理是招聘录用环节的关键，那么我们从一个案例看一下什么是录用条件以及如何设计录用条件等问题。

案例：未约定录用条件炒人要赔偿

开元公司拟聘销售经理一名，要求符合“大学本科以上、三年以上同行业工作经历、吃苦耐劳、有进取心及较强开拓市场的能力”的条件。招聘广告贴出后不久，欧某前来应聘面试。欧某符合“大学本科以上、三年以上同行业工作经历”的条件，并自称本人在该行业有很多人脉，能协助公司尽快打开销路，一季度可以保证300万元的销量。开元公司的领导见其口若悬河、滔滔不绝，面试印象非常好，于是确定聘请其为销售经理，合同期限为2年，试用期为3个月。孰料试用期快到了，欧某完成的销量不足50万元，远低于其保证300万元销量的承诺。公司领导经过打听，才得知欧某所说的种种均为不实，且在前一家公司就是因不能胜任工作而被炒了鱿鱼。公司领导一气之下，以试用期不合格为由让欧某走人。

欧某不服认为开元公司是违法解除，提出仲裁申请并要求支付赔偿金。在仲裁庭审中，仲裁员问公司是解除劳动合同的法律依据是什么？公司回答是依据《劳动合同法》第39条第1项"试用期被证明不符合录用条件"，仲裁员再问开元公司欧某的"录用条件"是什么？开元公司无法回答。

上述案例中，开元公司的招聘广告中要求符合"大学本科以上、三年以上同行业工作经历、吃苦耐劳、有进取心及较强开拓市场的能力"的条件，但这里所列的条件是录用条件吗？其实并不是，这只是招聘条件，两者区别：一是适用对象不同，招聘条件适用的是潜在的求职者，录用条件适用的对象是已录用建立劳动关系但还在试用期的员工；二是适用的阶段不同，招聘条件适用招聘环节，而录用条件适用于签署劳动合同后的试用期；三是性质不同，招聘条件是指为招聘具体岗位而设定的资格要件，不符合招聘条件上的人员却是有可能胜任工作的，实践中经常见到这样的情形：虽然招聘条件要求本科以上的学历，而某人只有大专学历，但是该人员的面试表现却胜过所有具有本科以上学历的人，而且录用后确实也是非常优秀，这就是常说的"破格录用"，这里的"格"就是指招聘条件；而录用条件是判断被录用的员工是否能符合所招聘岗位要求、胜任拟招聘的岗位职责所对应的条件，因此，不符合招聘条件完全是有可能胜任工作的，但是不符合录用条件则肯定不能胜任工作。

（二）录用条件有什么用？

做好录用条件的管理是企业招录不合格员工后合法解除的重要前提，很多企业之所以在发现招录员工不合格后或者解除被认定为违法，或者束手无策，最重要的原因就是不懂录用条件的管理。

以上面的案例为例，开元公司只有招聘条件没有约定录用条件，导致解除败诉，如果开元公司懂得录用条件的管理，完全可以在决定录用的同时，与欧某约定好录用条件，最好的办法就是将欧某吹嘘的"一季度300万元的销量"作为录用条件之一，当3个月的试用期也就是一个季度到期时，只要欧某没有达到300万元的销量，开元公司可以立即解除劳动合同，无须提前通知，也不用支付经济补偿，完全可以合法合规解除劳动合同。

也许有人认为，如果欧某能力这么差，即使超过试用期单位还不是一样可以被炒掉吗？事实并非如此，在试用期因不符合录用条件解除劳动合同与超过试用期后不胜任工作的解除劳动合同，两者解除的性质、难度、成本、周期等完全不一样，试想如果欧某过了试用期进入正式合同期限后，即使公司与其补签了岗位职责和考核要求，比如，还是要求同样条件即"一季度300万元的销量"，如果欧某达不到这个条件单位可以解除吗？显然不可以，因为即使认定欧某属于不胜任工作，也只能先培训或调岗，然后再在下一考核周期内进行考核，考核仍然认定为不胜任工作的，才可以解除劳动合同，而且还需要支付经济补偿。因此，对于做好试用期中录用条件的管理，可以最大限度地将已被录用但不合格的员工合法合规解除劳动合同且成本最低、时间最省。

（三）如何设计录用条件？

那么，企业应当怎样设计录用条件呢？由于每个员工的情况岗位要求等都不相同，从理论上讲，不同员工的录用条件是不一样的，但是对于大多数企业来说，对员工的要求还是有很多共通之外的，如基于企业文化的要求、基于考勤管理的要求、基于遵章守纪的要求等，因此企业可以在录用文件的内容确定方面，制定一些基本的分类、原则和通用模板，例如，对于普通员工，可以制定一般性的录用条件，着重于入职手续、遵章守纪和本职工作的完成等内容；对于有业绩考核要求的员工，可以增加业绩考核的标准；对于部门负责人等具有带团队的管理职能的员工，可以增加团队建设、团队业绩等作为录用条件。

此外，录用条件内容的设计还应遵循以下原则：

1. 客观条件为主原则。

录用条件内容的设计首先应当是以客观条件为主，因为当企业因员工不符合录用条件而提出解除劳动合同时，企业负有举证责任，而客观条件更好评判、对照和举证，员工完成多少业绩、客户签约率达到多少、有多少次的早退迟到等，这些都是客观条件，而像前面所举案例中的"吃苦耐劳、有进取心及较强开拓市场的能力"这样的表述，则更多属于主观条件，如什么叫“吃苦耐劳”“有进取心”？什么是“较强市场开拓能力”？这些标准对于不同人可能有完全不同的理解，主观性非常强，这就是主观条件。录用条件的制定应当以客观条件为主，主观条件作为客观条件无法描述时的补充。

2. 可量化原则。

可量化原则是指录用条件的设定尽量可量化，可量化则意味着可考核、可对比，举证较为容易，可量化分为正反两个方面，正的可量化表明达到了什么样的标准后就符合了录用条件，如售后员工“试用期内完成了三百个客户的回访”；反的可量化表明达到了什么样的标准后将视为不符合录用条件，相当一票否决，如售后员工“试用期内受到客户投诉三次及三次以上经查证属实的”，即视为不符合录用条件。

3. 资格、绩效、品德相结合原则。

录用条件的内容一般可以包括资格、绩效、品德等方面，资格包括学历证书、学位证书、上岗证、操作证、执业资格、执照等方面，绩效主要是指业绩方面的要求，可以按照岗位说明书等要求按客观可量化标准来设定，品德一般是指在遵守国家法律法规、企业规章制度、企业方化、社会公序良俗等方面的要求。

4. 通用与专用相结合原则。

通用与专用相结合原则是指录用条件的设计可以区分两个部分，一部分是所有员工都应当符合的录用条件标准，如遵守规章制度、企业文化等方面，这属于通用条件；另一部分是个性化的要求，如业绩要求、管理团队要求等，这属于专用条件，当然通用条件也可以为某个部门内的人员（如销售部、维修部等）或者某个层级的人员（如经理级别、总监或大区总经理以上级别等）来专门制定应符合的录用条件等，细化录用条件同时降低重复的工作内容。

5. 设定兜底条款原则。

为什么要设定兜底条款，是因为现实情况是变化的，员工在试用期可能会出现各种情况，有些情况是最初制作录用条件时预见不到的，但是有可能这种情况的出现性质恶劣单位无法容忍，例如，我们此前在新闻中看到在诸如“员工网上直播虐待小动物”“通过微博微信朋友圈等发送攻击党和政府的内容”等可能与企业文化格格不入且有违法规政策公序良俗的行为，这些行为可能没有明确约定在录用条件中，但是企业还是可以通过设定兜底条款的形式把这些行为含括在内，并在发生时行使合法的解除权。

（四）录用条件要怎么签？

录用条件的签署时间一般应在入职时签订，形式上既可以作为劳动合同的附件，也可以单独签署《录用条件确认函》，应避免入职上岗后一段时间再签的情形，因为如果员工上岗建立劳动关系后，但是双方对录用条件无法达成一致而没有确认录用条件，就有可能导致无法适用"试用期不符合录用条件的规定"，企业无法以此解除劳动合同，而员工不签署《录用条件确认函》企业也不能以此为由解除劳动合同，因此应在员工入职时签署录用条件为合规做法。

第二节　试用期管理五大问题

这一节我们来讨论试用期管理的相关问题，也试图厘清一些试用期管理中的常见误区。

一、试用期员工保护比正式员工更弱吗？

过去很多企业管理人员都有这样一个错觉，认为试用期员工的保护是比正式期员工更弱的，理由也很简单，因为还不是正式员工嘛，可能很多权利都无法享受，自然保护也是更少啦。这个观点是错误的，《劳动合同法》第 21 条规定，"在试用期中，除劳动者有本法第三十九条和第四十条第一项、第二项规定的情形外，用人单位不得解除劳动合同。用人单位在试用期解除劳动合同的，应当向劳动者说明理由"。按照该条规定，对于试用期的员工，除非存在《劳动合同法》第 39 条，第 40 条第 1 项、第 2 项的情况外，是不能解除劳动合同的，也就是说用人单位不得依据《劳动合同法》第 40 条第 3 项、第 41 条解除试用期员工的劳动合同，且解除试用期员工劳动合同要向员工说明理由，而正式期员工的解除却没有这样的限制和规定。

因此，从解雇的保护力度来说，试用期员工的保护是更强而不是更弱。

二、试用期员工管理可以比正式期员工更严格吗？

接着上一个问题，即使试用期员工的保护比正式员工更强，那么对于试用期员工的管理是不是可以比正式员工更松一些呢，毕竟是试用期的员工，那么试用期员工的管理可以比正式期员工更严格吗？答案也是肯定的。

例如,企业在规章制度中规定员工连续旷工 3 天可以解除劳动合同,那么对于试用期员工能否做到旷工 1 天就解除劳动合同呢?是的,可以这么做,那应该怎么实现呢?答案就是通过录用条件的设定,将试用期员工旷工达 1 天以上的视为不符合录用条件,当员工出现旷工 1 天以上的行为是,企业可以适用《劳动合同法》第 39 条第 1 项即"试用期被证明不符合录用条件"而不是第 2 项即"严重违反用人单位规章制度"来解除劳动合同,就可以实行对试用期员工的管理比正式期员工更严格的目的,当然这时的管理主要还是遵守规章制度方面的要求而不是业绩方面的要求,从逻辑上来讲这样做也存在合理性,对于试用期员工来说,应当严格遵守公司的规章制度,如果一入职就出现旷工等违纪行为,怎么能够指望员工在成为正式员工后更能好好遵守公司的制度呢?因此在试用期设定更严格的要求也是合理的。

三、如何理解"同一用人单位与同一劳动者只能约定一次试用期"?

《劳动合同法》第 19 条第 2 款明确规定:"同一用人单位与同一劳动者只能约定一次试用期",在实践中关于这个条款如何理解,却有截然不同的两种观点。一种观点认为应严格按照字面的理解,同一个用人单位跟同一个劳动者,无论什么情况下都只能约定一次试用期,不管是建立一次劳动关系,还是建立多次劳动关系;也不管之前的岗位和之后的岗位是否一致。但是相反的观点认为,对"同一用人单位和同一劳动者之间只能约定一次试用期"的前提是在一次劳动关系之中只能约定一次试用期,如果再次建立劳动关系,是可以约定试用期的。我们也看到在一些司法实践的判例中,出现以上两种观点的判决都不少见。

那么对于这个条款如何去理解呢?有人会认为如果同一用人单位跟同一个劳动者只能约定一次试用期是做绝对化的理解,可能会出现一些对用人单位非常不公平的现象。例如,甲员工在 A 公司工作了半年,岗位是行政文员,后来甲辞职考研读博进入世界五百强外企业工作了十多年之后,他再到 A 公司来应聘高级副总裁,那甲能够胜任行政文员并不等于他能胜任高级副总裁的工作,这种情况下如果不允许用人单位再次约定试用期,对于企业而言是不公平的。再如,有一些员工虽然曾经在企业入职工作过,但是时间非常短,可能在大家对他的能力和性格都不太熟悉的前提下,他已经辞职走人了。若干年之后他再回到企业来就业,那么双方虽然建立过劳动关系,但是彼此仍比较陌生。在这种情况下,如果不允许企业再次约定试用期,那么对企业是不是也会构成不公平?类似这样的疑问还有很多。

笔者个人理解，对于《劳动合同法》第 19 条第 2 款所规定的“同一用人单位跟同一劳动者只能约定一次试用期”应当是一个绝对化的理解，不存在扩大性的解释。主要基于以下五个方面的理由：

第一，从法律条文的解释来说，首先是文义解释，从文字本身的含义来解释这个条款，这是法律解释通常的逻辑。按照文义解释的理解“同一用人单位跟同一劳动者只能约定一次试用期”是没有任何附加条件的，这句话中没有增加一个前提要求“在相同的岗位或者说是在一次劳动关系之中”，它就是做一个绝对化的规定，人为增加前提是没有依据的。

第二，从立法的背景来说，我们都知道《劳动合同法》立法之前，在劳动法背景下存在着不少企业利用试用期来不停变换岗位损害员工利益的情况，如不停延长试用期、试用期不签劳动合同、试用期不停更换岗位等，而《劳动合同法》的立法主要目的之一就是解决企业滥用试用期的问题，对企业行为进行主动干预，主要表现在对试用期长短与劳动合同期限长短挂钩，同时明确规定关于不能重复约定试用期，从这个立法的背景来看，扩大解释也是与立法目的背道而驰的。

第三，从立法技术来说，关于这个问题，原劳动部《关于〈中华人民共和国劳动法〉若干条文的说明》对《劳动法》第 21 条试用期条款的说明是“本条中规定的‘试用期’适用于初次就业或再次就业时改变劳动岗位或工种的劳动者”；同时，原劳动部《关于实行劳动合同制度若干问题的通知》第 4 条也规定“用人单位对工作岗位没有发生变化的同一劳动者只能试用一次”。换句话说，在《劳动法》下，试用期的解释确实是在针对初次就业或者说再次就业时改变了岗位的情况，也就是说，如果岗位没有改变，那是不能重复约定期，如果是改变了岗位，可以重复约定试用期。但是这是在《劳动法》的规定下，很显然在《劳动合同法》立法时，并没有延续这种思路，从立法技术上来说，表述完全是不一样的。

第四，从通常的逻辑来看，企业对一个已经离职的员工，愿意再次招收录用进来，通常逻辑下是企业对于员工是非常熟悉的，可能对员工的能力、性格、人品都是认可的，甚至很多时候是企业主动去邀请他，甚至高价挖他回来工作的，我们很难想象，如果员工跟企业之前的相处非常不愉快，甚至离职时还发生了纠纷，这个企业还愿意再次招收这样的员工回来工作吗？所以通常情况下，企业愿意跟员工再次建立劳动关系，更多的是基于相互的理解和认同，那么在这种前提下，企业与员工不再约定试用期，并不必然导致会损害企业的利益。

第五,立法是权利义务的平衡结果,在劳动关系的立法中,劳动者的权利可能就是用人单位的义务,反之亦然。所以在不得重复约定试用期问题上作出严格化的规定,可能确实会导致有些情况下对用人单位不是特别公平,如我们前面举例讲的情况,但是这只是个别现象,而立法考虑的是普遍的现象,当立法的条文可能会出现对用人单位的权利和对劳动者权利出现相冲突的时候,显然在《劳动合同法》的立法中,应当优先考虑员工的利益而不是相反,对于试用期的规定倾向于劳动者的应该也是基于这样的思维。

综上所述,笔者个人认为关于"同一用人单位跟同一劳动者只能约定一次试用期"这是一个绝对化的理解,无论是一次劳动关系还是多次劳动关系,无论员工工作岗位有没有变化,都只能约定一次试用期。

四、试用期能不能延长?

实践中经常有企业会提出这样的问题,员工在试用期内表现不如意,公司想再给员工一次机会,而且员工也主动提出希望延长试用期,也就是说,如果双方协商一致,试用期能否延长呢?

这个问题本质上与前一个问题是一样的,既然"同一用人单位跟同一劳动者只能约定一次试用期",如果允许用人单位与劳动者延长试用期,那相当于变相允许用人单位与劳动者约定两次或两次以上的试用期,这直接与法律的规定相抵触。

但是,笔者认为也有一种例外情形,那就是通过延长劳动合同期限来延长试用期。举例说明,如果双方劳动合同期限是 2 年,试用期为 3 个月,在履行过程中,双方协商将劳动合同期限改为 5 年,试用期为 6 个月,在此情况下,由于员工劳动合同的期限延长了,企业延长试用期具有合理性,则这种情形下试用期的延长并没有损害员工的利益,应该允许,这与"同一用人单位跟同一劳动者只能约定一次试用期"的立法目的并不违背。

五、试用期约定多长时间合适?

试用期约定多长合适呢?试用期约定过短的后果就是对员工的考核不全面,无法对员工全面熟悉和了解,很容易导致进行正式合同期后才发现员工无法胜任岗位,不得不被迫行使解除权而导致的法律后果及一系列的时间成本和管理成本,而法律规定的试用期是 1 ~6 个月,显然 6 个月的试用期更能满足对员工的考核要求。

但是6个月的试用期对应的劳动合同期限是3年以上的劳动合同,所以实质上这个问题变成“员工入职后签订多长期限的劳动合同比较合适”?

为什么员工新入职企业签订3年以上的劳动合同比较合适,除了可以约定较长的试用期外,还有一个很重要的原因在于,合法规避签订无固定期限劳动合同的门槛是在第一次劳动合同到期时,根据《劳动合同法》第14条的规定以及大多数的地方司法裁判标准,签订两次固定期限劳动合同后,企业对于是否签署无固定期限劳动合同经及终止劳动合同都没有选择权,换句话说,如果经过了两次固定期限劳动合同后,只有员工有权决定是否要签署无固定期限劳动合同,且企业也不能终止劳动合同,否则就是违法终止,要避免出现这样的被动情况,只有把是否进入第二次固定期限劳动合同的主动权掌握在企业的手上,即在第一次固定期限劳动合同到期时进行综合评判,如果员工表现不如意,则直接终止劳动合同不让其进入第二次固定劳动合同期限内,而选择签署3年期限的劳动合同,可以比较客观地判断和评价员工的综合表现,结合可以有最长的6个月的试用期,因此签署3年的劳动合同期限是比较合适的。

第三节　招录员工就业歧视的合规管理

近年来,不断在新闻媒体上看到有关企业被指控存在就业歧视的报道,而且被指控的企业一般都是非常知名的大企业和头部企业,为什么这些知名企业的HR都会掉进就业歧视的坑内呢?很大原因可能是很多的HR并不清楚就业歧视的合规管理。

一、就业歧视的法律依据

(一)《中华人民共和国劳动法》

早在1995年施行的《劳动法》就确立了不得就业歧视的基本原则,《劳动法》第12条规定:“劳动者就业,不因民族、种族、性别、宗教信仰不同而受歧视。”但是由于缺乏配套的制度和规范,这时候的就业歧视立法还是只停留在基本原则的阶段。

(二)《中华人民共和国就业促进法》

2008年1月1日,在劳动法律领域,与《劳动合同法》同时施行的还有一部法律，它就是《就业促进法》，该法的目的就写在名称中，也就是“促进就业”，《就业促进法》确立了我国的反就业歧视基本制度，该法第3条明确规定：“劳动者依法享有平等就业和自主择业的权利。劳动者就业，不因民族、种族、性别、宗教信仰等不同而受歧视。”当然，实践中除了因民族、种族、性别、宗教信仰在就业中受歧视外，还有很多的歧视是针对劳动者的学历、相貌、身高、地域等而发生的。

（三）《就业服务与就业管理规定》

《就业服务与就业管理规定》是由原劳动与社会保障部在2007年制定，后经人力资源和社会保障部多次修订的一个部门规章，该规章在法律的基础上，针对就业歧视问题作了更为广泛的规定。例如，第5条规定：“农村劳动者进城就业享有与城镇劳动者平等的就业权利，不得对农村劳动者进城就业设置歧视性限制。”第16条规定：“用人单位在招用人员时，除国家规定的不适合妇女从事的工种或者岗位外，不得以性别为由拒绝录用妇女或者提高对妇女的录用标准。用人单位录用女职工，不得在劳动合同中规定限制女职工结婚、生育的内容。”第18条规定：“用人单位招用人员，不得歧视残疾人。”第19条规定：“用人单位招用人员，不得以是传染病病原携带者为由拒绝录用……用人单位招用人员，除国家法律、行政法规和国务院卫生行政部门规定禁止乙肝病原携带者从事的工作外，不得强行将乙肝病毒血清学指标作为体检标准。”第20条规定：“用人单位发布的招用人员简章或招聘广告，不得包含歧视性内容。”以上内容对于实践中的就业歧视问题具有非常重要的作用。

（四）《关于进一步规范招聘行为促进妇女就业的通知》

由人力资源社会保障部、教育部、司法部、卫生健康委、国资委、医保局、全国总工会、全国妇联、最高人民法院九部委发布的《关于进一步规范招聘行为促进妇女就业的通知》是一部针对女性就业中性别歧视问题进行规范的规章，该通知第2条规定：“依法禁止招聘环节中的就业性别歧视。各类用人单位、人力资源服务机构在拟定招聘计划、发布招聘信息、招用人员过程中，不得限定性别（国家规定的女职工禁忌劳动范围等情况除外）或性别优先，不得以性别为由限制妇女求职就业、拒绝录用妇女，不得询问妇女婚育情况，不得将妊娠测试作为入职体检项目，不得将限制生育作为录用条件，不得差别化地提高对妇女的录用标准……”

（五）《深圳经济特区性别平等促进条例》

《深圳经济特区性别平等促进条例》是国内为数不多的针对性别歧视进行规范的地方法规，该条例第 16 条规定："用人单位在招聘、录用人员时，除国家法律另有规定外，不得设置性别要求，不得以性别、婚姻、生育等为理由拒绝招录某一性别或者提高某一性别的招录标准。但是根据性别比例平衡指导意见以及有关法律、法规的规定对某一性别采取优先、优惠措施的除外。违反前款规定的，由人力资源和社会保障部门责令限期改正；逾期拒不改正的，处三千元以上三万元以下的罚款。"这是全国第一个明确对性别歧视进行处罚的地方法规。

除此之外，还有一些零星分布在各法律法规规章中有关于就业歧视的条款，构成我国就业歧视法律体系。

二、从典型案例常见就业歧视行为

在企业日常管理过程中，涉及就业歧视的行为有很多种，歧视的范围包括学历、性别、年龄、地域、婚姻、生育、身高、疾病等，下面我们结合一些案例来看看实践中发生的就业歧视的事件。

案例 1：招录中的乙肝歧视事件

张某在甲公司 2014 年校招中脱颖而出，在五轮面试中，无论是初试、笔试、在线测试还是无领导小组讨论、复试，张某都是名列第一，五轮面试结束后，张某收到了甲公司发送的短信通知，告知其通过了五轮面试，以及接下来要进行的体检环节，如果体检合格则予以录用。张某体检结果为乙肝小三阳，后甲公司人事专员通知张某未被录用。张某不甘心，一心要追问未被录用的原因，人事专员被多次追问后无奈告知，不予录用的原因是张某的体检结果，公司领导担心她的乙肝小三阳会影响其他同事而不愿与其共事，张某对与人事专员的对话进行了录音，并据此将甲公司直接诉至法院，认为甲公司的行为构成就业歧视，要求甲公司赔礼道歉，并赔偿交通费等直接经济损失和精神损失费共计 3 万余元。后在一审中经法官调解双方达成和解，甲公司支付了 2 万元给张某，张某对相关事宜承诺保密。

案例分析

本案涉及乙肝歧视的问题，我国法律明确除特殊行业外，禁止就业中歧视乙肝携带者。《就业促进法》第30条规定:“用人单位招用人员,不得以是传染病病原携带者为由拒绝录用。但是,经医学鉴定传染病病原携带者在治愈前或者排除传染嫌疑前,不得从事法律、行政法规和国务院卫生行政部门规定禁止从事的易使传染病扩散的工作。”《就业服务与就业管理规定》第19条规定:“用人单位招用人员,不得以是传染病病原携带者为由拒绝录用。但是,经医学鉴定传染病病原携带者在治愈前或者排除传染嫌疑前,不得从事法律、行政法规和国务院卫生行政部门规定禁止从事的易使传染病扩散的工作。用人单位招用人员,除国家法律、行政法规和国务院卫生行政部门规定禁止乙肝病原携带者从事的工作外,不得强行将乙肝病毒血清学指标作为体检标准。”人力资源和社会保障部、教育部、卫生部三部委在《关于进一步规范入学和就业体检项目维护乙肝表面抗原携带者入学和就业权利的通知》(人社部发〔2010〕12号)中更是进一步明确规定,取消入学、就业体检中的乙肝检测项目,不得要求提供乙肝项目检测报告,也不得询问是否为乙肝表面抗原携带者,各级医疗卫生机构不得在入学、就业体检中提供乙肝项目检测服务。本案中甲公司不仅在入职时检查乙肝,还以此为由不予录用求职者,违法明显。

在很多的就业歧视案件中,很少有劳动者起诉或者即使起诉也很难获胜,原因在于求职者无法证明企业存在就业歧视行为,也就是无法证明企业的不予录用是基为某种歧视行为,因为是否录用某人是企业的用工自主权,无法证明不予录用与歧视行为的因果关系,就不能证明就业歧视的存在。而在本案中,张某对于自身体检结果早有预期,因此在得知不予录用的通知后,契而不舍地追问理由并且成功获得了人事专员的清晰回应,并且将沟通过程进行了录音,这一重要的取证工作使张某的维权有了关键的证据,迫使甲公司在诉讼中为维护企业声誉进行和解。

案例2:天价实习生事件

北京某大学金融专业学生杨某在网上看到某外资银行“实习体验生”项目的招聘信息,便按照要求填写网络简历,并参加了银行组织的面试,不久,杨某就收到了银行发来的电子邮件,邮件上称杨某在面试评估结果综合排名第九,而只有排名在前七位的学生才能获得实习机会,此外,银行还另有20个名额的“VIP客户或其子女优先录取通道”,前提是杨某或杨某父母在该行存有50万元人民币的存款。后来杨某又收到银行的体验生项目负责人的短信,说“可以把条件放宽,存入10万元、定存3个月就可以”。但是杨某感到很受伤,便放弃了这个“天价实习生”机会。几个月后，依旧四处寻找实习机会的杨某在网络上看到该银行新一轮的"实习体验生"招聘感到很愤怒，便选择了向媒体投诉曝光此事。

案例分析

这是一起非典型的就业歧视事件，银行通过设立所谓的"VIP 客户或其子女优先录取通道"，要求求职学生成为 VIP 客户才能获得平等的实习机会，实质上是对于家境相对不是那么良好的学生的一种歧视，因为对家境良好的学生来说，50 万元存在哪个银行都可以，对于家境一般的学生来说，50 万元的存款就是一个巨大的难题，这家银行的招聘政策在媒体曝光后自然是受到一致的批评，给银行形象带来十分负面的影响。

案例 3：某知名互联网公司的招聘风波

2017 年 5 月 17 日，某知名互联网公司的 HR 在某全国性的招聘群中发布一则招聘产品运营人员的简短信息，该招聘信息所附的几点内容让人大跌眼镜并引发大量的人员截图转发，该岗位招聘要求列出以下条件："1. 不要简历丑的。2. 不要研究生博士生。3. 不要开大众的。4. 不要信中医的。5. 原则上不要黄泛区及东北人。"引起大规模的网民对该公司及招聘信息的发布者的指责，认为其言论中的赤裸裸歧视涉嫌违反法律，包括央媒等在内的众多媒体也纷纷进行了报道和批判。

事件被曝光后，该知名互联网公司迅速发布声明并指出是"员工"个人的观点，并不代表公司的观点。然后及时作出回应和处理，对于该 HR 使用地域歧视、爱好歧视类不当言论，在公司内外造成了极为恶劣的影响，对其作出辞退处理，即刻生效。

案例分析

这个事件中的招聘信息集地域歧视、学历歧视、容貌歧视等多种歧视行为为一身，不管发布者出于玩笑成分还是本身确实是持这样的歧视观点，在公众场合代表知名公司发布这样的招聘信息，是非常不应该的，公司因此将发布者辞退可以说是一点都不冤。这个事件反映的现实是很多 HR 包括很多知名企业的 HR，并不知道就业歧视的法律规定，并没有意识到自己的言行可能涉嫌违法，也不知道就业歧视行为对企业所可能造成的负面影响，而在现实世界中，越是知名企业犯错，公众的容忍度越低,新闻的传播性越强,这也就解释了为什么新闻媒体中所报道的就业歧视案件大多发生在知名企业中。

事实上,除了上述案例中提到的歧视事件外,实践中普遍存在以下歧视行为:

1. 学历歧视。

学历歧视是实践中最为常见的就业歧视类型,在所有的招聘广告中,都有类似"大学本科以上学历""研究生以上学历""全日制本科以上学历"等要求,这样的招聘广告都涉嫌学历歧视。

2. 性别歧视。

性别歧视主要是针对女性的歧视,不少企业在招聘信息中写明"本岗位不招女性""本岗限男性"等,都涉嫌性别歧视,除非该岗位本身的特点只能由男性担任。

3. 年龄歧视。

年龄歧视在现实中也是非常普遍,不少企业在招聘要求中明确应聘者"不超过35周岁"等,这样的表述都会视为年龄歧视。

4. 地域歧视。

地域歧视也较为常见,基于对某个地方人士的偏见或者过去用工的一些教训,部分企业在招聘中会明确要求不招某地的人员,甚至新闻报道中还出现过有企业在厂门口挂出"本企业××地域的人已经招满"这样的条幅来招人,表面是不规避就业歧视,其实质还是一样的。

5. 婚育歧视。

婚育歧视包括对结婚的歧视和生育的歧视,对婚育的歧视是指企业在招聘时明确要求应聘者未婚未育,或者也有企业为避免员工休婚假产假,反过来要求员工已婚已育,或者已经生育二胎等。

6. 身高相貌的歧视。

主要体现在招聘信息中明确要求应聘者如"男不低于1.7米,女不低于1.6米",或者要求"相貌出众、容貌清秀"等。

三、判断是否构成就业歧视的标准

对于很多企业HR来说,有一个绕不开的疑问是,都说企业在招聘录用时有绝对的用工自主权,为什么这也限制那也限制,变得好像完全没有自主权一样,如何理解企业的用工自主权与不得就业歧视之间的关系呢?

笔者是这样理解这个问题的，企业的用工自主权与不得就业歧视之间并不矛盾，企业的用工自主权意味着企业可以在选择录用员工时，可以选择男性员工而不选择女性员工、可以选择年轻人而不选择年长者，可以选择未婚者而不选择已婚者，也可以选择甲地人而不选择乙地人，这都是企业的用工自主权，但是企业不可以在招聘时直接把这些选择设置为歧视性的条件，不得在同等条件下，因为这些偏好的选择而不录用其他应聘者，否则就有可能构成歧视。换句话说，企业可以这样录用员工，但是不能把录用的取向直接在招聘信息中公告出来，这样就构成了对特定人群的歧视。

如何来判断招聘信息是否构成歧视呢？笔者认为有以下两个标准可以判断：

1. 条件设置与工作岗位有没有直接关系。

也就是说相关特定的条件是不是工作岗位必需的，如果是必需的，那就不构成就业歧视，如果不是必需的就有可以涉嫌就业歧视。例如，航空公司如果招聘客舱空服，设定身高就是必需的，因为这是飞机上为旅客提供服务的客观需求，但是如果是某酒店招聘前台文员，要求身高就有可能涉嫌身高的歧视，因为并非必需条件。

2. 是否录用有没有与条件挂钩。

要认定就业歧视，还可以看在录用时是否与特定条件挂钩，如果挂钩，说明是歧视行为，如果不予录用不是因为相关条件，而是客观上的能力或者表现相对较差而导致的，则不能认定为就业歧视。

以上两个标准中的任何一个标准都可以用来判断企业是否构成就业歧视。

四、降低歧视风险的四大建议

那么企业在管理中如何做才能降低甚至避免就业歧视的风险呢？笔者认为可以从以下几个方面来完善：

1. 严格规范招聘信息的内容，避免出现涉嫌歧视的条件。

首先企业要做到的是规范招聘信息的内容，对于可能涉及就业歧视的条件，特别是性别、年龄、身高、地域、相貌等，均不要写在对外发布的招聘信息中。在对外发布招聘信息时，企业应当建立统一的流程和指引，确保有专人审核内容是否涉及就业歧视。

2. 完善招聘流程、避免就业歧视的指控。

在企业招录员工过程中，企业通常是综合全部招聘面试过程后才确定录用人选的，因此应当完善招聘流程，在进行完面试流程后再告知应聘者通过，避免在单一程序中告知应聘者合格或通过，以免引发对由于某一程序不通过而导致就业歧视的指控。

3. 加强对招聘录用团队的人员培训，避免对外作出引起求职者误解的言论。

除了对招聘信息发布内容的审核外，招聘人员的言行不当往往也会引发就业歧视的风险，因此应当加强对招聘人员有关就业歧视风险的培训，在招聘中无论是公开场合还是与应聘者的私下沟通，都应当遵守职业道德，保持专业水准，谨言慎行，不乱开玩笑，不要宝摆酷，避免引发法律风险。招聘人员应增强证据意识和风险意识，防范可能的风险。

4. 改变用人的错误观念，选择合适的人才担任相应岗位。

最根本的避免就业歧视法律风险的做法，是要改变错误的用人选人观念，在设定选人标准时，不以学历、性别、身高、相貌等标准作为主要的选人标准，而应聚焦应聘者的能力、性格、合作意识等，选择合适的人才担任相应岗位。

第四节　录用通知书的合规管理

录用通知书的英文为“offer letter”，实践中一般都简称为“offer”，录用通知书是企业决定录用员工后向员工发出的书面通知，是企业录用员工的第一步，录用通知书的合规管理意味着企业必须清楚了解其性质、内容、法律后果等，避免法律风险。

一、录用通知书的性质

录用通知书是什么性质？录用通知书发出后具有什么样的法律效力？这些问题决定了在发生纠纷后如何合规处理。

用人单位发出录用通知书是劳动关系缔结过程中的一个环节，《劳动法》和《劳动合同法》对劳动合同订立过程中的相关流程问题均没有作出明确规定，而从录用通知书发出到双方正式签订劳动合同之间一般还存在时间差，如何保障这一期间劳动合同当事人的合法权益尤为引人关注，其中如何看待录用通知书的法律效力成为争议焦点。由于劳动法律法规没有明确的规定，对于劳资双方订立合同过程中的行为只能参考民事法律相关规定来判断。

合同的成立是当事人双方合意的结果，也是要约和承诺的过程。根据《民法典》

规定，要约是希望与他人订立合同的意思表示，承诺是受要约人同意要约的意思表示。要约作为一种订约的意思表示，能对要约人和受要约人产生拘束力，尤其是要约人在要约的有效期内，必须受要约的内容拘束。构成要约应当满足以下要件：(1)要约人向希望与其订立合同的特定的受要约人发出；(2)要约必须具有订立合同的意图；(3)要约应包含合同的主要条款，并且内容确定；(4)要约必须送达受要约人。只有同时具备了上述四个要件，才能构成一个有效的要约。

不同的用人单位设计的录用通知书内容详细程度不同，即使有的录用通知书内容简单，但通常是用人单位与劳动者经过多次面谈、接触后，对工作岗位、劳动报酬、工作地点等内容有了一定合意的基础后发出的，意思表示明确，符合法律规定要约的性质。在录用通知书规定的期限内，劳动者可以选择接受，也可以拒绝。

因此，录用通知书是要约而非承诺，但是劳动者一旦承诺，则产生合同法上的合同缔约效果，录用通知书的内容对双方都产生法律约束力。

二、录用通知书的内容

录用通知书是用人单位向拟录用的应聘者发出的通知，意在告知应聘者已被录用的情况，通常包括用人单位的录用意向、应聘者报到的时间和地点、报到的手续和注意事项等内容，有的录用通知书还明确了应聘者的工作岗位、劳动报酬、工作地点等信息。

录用通知书一经发出，便具有法律约束力，根据不同的情形可能对用人单位产生不同的法律后果，而法律后果的大小往往又与录用通知书的内容密切相关。一般来说，录用通知书通常应当包括以下内容：

1. 求职者已经被录用的意思表示；

2. 求职者被录用的部门、岗位、起薪、合同期限；

3. 求职者的试用期、假期及其他福利待遇的内容；

4. 求职者办理入职手续的时间、地点、程序；

5. 求职者入职需要携带的证明材料等。

其实，除了上述内容外，录用通知书还可以包括以下内容：

1. 在录用通知书中明确书面回复期限。

根据前述问题的分析，录用通知书作为要约，明确回复期限后，求职者必须在期限内作出书面承诺回应，否则录用通知书将失去效力。求职者超过回复期限后发出的回应函则被视为新的要约,用人单位有权不予接受。因此,约定回复期限有利于用人单位控制录用流程,避免因一些犹豫不决的求职者导致无法顺利开展工作,但存在的问题是,一旦用人单位承诺了回复期限,在期限内不得撤销录用通知。

2. 明确规定录用的前提条件。

明确录用的前提条件在法律性质上相当于为录用附加了法律条件,如果不具备这些条件,录用通知书则不发生法律效力。例如,约定求职者与前一用人单位解除劳动合同为前提条件,一旦该条件不具备,则用人单位的录用通知书不产生法律约束力。再如,招聘货车司机时,约定司机必须取得驾驶 B 证,否则即使发出了录用通知,也不具备法律效力。需要注意的是,录用的前提条件并不等于录用条件,两者不是一回事。

3. 明确求职者的违约责任。

明确约定违约责任是指明确约定求职者对录用通知响应承诺后不到岗或有其他违约行为应承担的责任,一般可以使用违约金的形式。由于招聘录用中双方未建立劳动关系,形成的还是民事关系,因此可以约定对求职者的违约金。一旦求职者对录用通知书作出承诺,则受该违约金条款的约束。约定违约责任的好处在于防止一些求职者骑驴找马,不讲诚信。尽管用人单位最终不一定能实际追究到求职者责任,但写入录用通知书还是具有一定的威慑作用。

4. 明确双方权利义务以最终签订的劳动合同为准。

由于存在面试了解不深入等客观原因,不排除求职者正式入职时,经过深谈,发现求职者的实际情况与此前了解的情况有出入,需要对岗位和薪酬等进行调整,再签订劳动合同。有些求职者在入职当时同意签订新的劳动合同,但日后反悔,在发生纠纷时拿出录用通知书来对抗劳动合同条款的约定。对此用人单位可以在录用通知书中明确约定双方权利义务以最终签订的劳动合同为准,避免产生歧义。

除此之外,用人单位还可以根据自身实际情况,甚至根据个别劳动者的具体情况,量身制作录用通知书,以减少纠纷,防范风险。

需要说明的是,录用通知书是用人单位单方的意思表示,不同于劳动合同,即使求职者承诺后达成双方合意,由于其不具备劳动合同所应当具备的条件,因此不能取代劳动合同,用人单位应当与劳动者另行签订劳动合同,否则可能导致法律风险。当然,如果有些用人单位将录用通知书内容制作得十分完备,符合《劳动合同法》第 17 条规定的劳动合同必备要件,且有双方的签章或签字,司法实践中一般也可以视作劳动合同。

三、录用通知书的撤回和撤销

如前所述，录用通知书是要约，而要约是否可以撤回或者撤销可参照《民法典》的规定来判定。根据《民法典》规定，要约可以撤回，撤回要约的通知应当在要约到达受要约人之前或者与要约同时到达受要约人。也就是说，用人单位在发出录用通知书后，如果想反悔，可以在录用通知书送达至求职者之前发出撤回录用的通知，并且该撤回录用的通知还必须在录用通知书送达至求职者之前送达求职者，或者与录用通知同时送达至求职者，只有这样才可以产生撤回的法律效力。

《民法典》中关于要约的撤销也有明确规定。首先，要约是可以撤销的，《民法典》同时规定，要约可以撤销，撤销要约的意思表示以对话方式作出的，该意思表示的内容应当在受要约人作出承诺之前为受要约人所知道；撤销要约的意思表示以非对话方式作出的，应当在受要约人作出承诺之前送达至受要约人。也就是说，用人单位必须在求职者响应回复同意录用的意示表示作出之前作出撤销录用决定并送达至求职者。

另外，法律对要约的撤销还有补充规定，根据《民法典》第476条的规定，如果要约人以确定承诺期限或者其他形式明示要约不可撤销，或者受要约人有理由认为要约是不可撤销的，并已经为履行合同做了合理准备工作，则要约不可撤销。具体来说，就是如果录用通知书规定了求职者答复的期限，或者用人单位在录用通知上明确说明录用通知是不可撤销的，或者求职者基于对新单位的信赖，已经准备开始到新单位入职，例如，向原单位提出了辞呈甚至为此主动支付了违约金、解除了原来的房屋租赁协议、买好了到新单位所在地的车票或机票等，这些行为都将视为求职者对履行合同的准备工作。在此前提下，用人单位撤销录用通知的行为不产生法律效力。

因此，用人单位在作出撤回或撤销录用通知的决定时，应当慎重而为，在发出通知前最好及时与求职者进行沟通，如获得求职者明确表示拒绝录用的意思表示，或者取得求职者对撤回或撤销录用的谅解，既减少求职者因此遭受的损失，也降低用人单位发生纠纷的法律风险。

四、发出录用通知书之后不予录用应承担哪些法律责任

用人单位在发出录用通知书后，如果因故反悔而改变决定，应当承担什么样的

责任呢？需要向求职者支付经济补偿或赔偿金吗？

由于上述行为发生在劳动者求职的招聘阶段，用人单位与求职者尚未建立劳动关系，因此双方的权利义务不适用劳动合同的解除或终止的规定，用人单位也无须支付经济补偿或赔偿金。用人单位的录用通知属于要约，求职者的回应属于承诺，求职者承诺后通知书的内容对双方都存在拘束力。尽管由于双方尚未签订劳动合同，仍然属于缔约阶段，但双方已建立了信赖关系，如果用人单位违反所作出的承诺，破坏了信赖关系，致使劳动合同无法签订的，应承担缔约过失责任。

缔约过失责任是指在合同订立的过程中，一方因违反依据诚实信用原则所产生的义务，致使另一方的信赖利益受到损失，应当承担的损害赔偿责任。缔约过失的损害赔偿以信赖利益为基础，限于直接损失，即对方因信赖合同的成立和生效所支出的各种合理的费用。因此，如果用人单位发出录用通知书之后反悔，应当承担求职者因求职所产生的直接经济损失，包括交通费用、食宿费用、通讯费用以及解除前一劳动关系所造成的工资损失等。

第九章

保密及竞业限制类纠纷处理技巧

随着社会经济的发展和技术的进步，越来越多的企业关注商业秘密保护的问题，也有越来越多的企业涉及竞业限制的法律纠纷，保守商业秘密与竞业限制是两个既相关又有区别的概念，商场如战场，商业秘密对企业的发展至关重要，而人才的引进或离职都会涉及竞业限制的法律问题，这一章我们就来聊一聊保密与竞业限制的纠纷处理问题。

第一节　保密与竞业限制的关系

根据《反不正当竞争法》的规定，商业秘密是指不为公众所知悉、具有商业价值并经权利人采取相应保密措施的技术信息、经营信息等商业信息。竞业限制是指用人单位对知悉本单位商业秘密或者其他对本单位经营有重大影响的劳动者在终止或解除劳动合同后，约定一定期限内不得在生产同类产品、经营同类业务或有其他竞争关系的用人单位任职，也不得自己生产与原单位有竞争关系的同类产品或经营同类业务。两者相互区别又有一定程度的关联，总结来说，两者关系体现在以下几个方面。

一、两者同为保护企业商业秘密的手段

企业为保守商业秘密会采取一系列的措施，而竞业限制的目的也是保守企业商业秘密和确保企业先进技术和人才的竞争优势。因此两者都是保守商业秘密的手段。

二、保密规范物，竞业限制规范人

保密的对象是商业秘密，包括技术信息和经营信息，其承载体是物，是从确保技术信息和经营信息不泄露给竞争对手或社会公众的角度来保守商业秘密；而竞业限制却是从限制掌握商业秘密的人一定范围内流动的角度来保守商业秘密，规范的对象是人而不是物。

三、保密是全体劳动者的附随义务，竞业限制是部分劳动者的额外义务

对于企业管理来说，保密是劳动者履行劳动合同的附随义务，是全体劳动者都应当承担的义务，无论职位高低，都有可能接触企业的商业秘密，因此保密是不分职务、不分等级的；但是竞业限制只是针对负有保密义务的高管、高级技术人员及其他人员，因此只有部分员工才会负有竞业限制的义务。

四、保密义务是免费的，竞业限制却要付费

员工承担保密义务既然是劳动合同的附随义务，用人单位也就无须就员工保密

而另行支付保密费，当然也有企业为了保密而支付保密费用，这属于法定义务之外的给付法律并不禁止。而竞业限制由于是要对员工离职后的就业进行限制，必然对员工的收入产生较大影响，因此竞业限制向来是“无补偿则无义务”的原则，用人单位需要额外支付员工补偿才能换来员工对竞业限制义务的遵守。

五、两者的期限不同

保密义务是没有确定期限的，即使员工已经离职，对于其在职期间所知悉的商业秘密，只要没有脱密，就仍然还要承担保密义务，换句话说，保密义务期限是员工所接触的商业秘密全部脱密为止。而竞业限制由于是限制员工的就业范围、降低员工的薪酬并影响其后续发展，因此不能超过一定的期限，法定的期限是 2 年，超出 2 年期限的，超出部分的约定则无效。

第二节　保密义务的法律规制

商业秘密的管理对于企业生产研发非常重要，由于商业秘密的秘密性特点，外部要获取企业的商业秘密，唯一的途径和方法只能是通过企业内部的人员获得，因此建立企业完善的管理机制对于商业秘密的保护特别重要。

一、保密义务的合规管理

商业秘密是指不为公众所知悉、具有商业价值并经权利人采取相应保密措施的技术信息、经营信息等商业信息。保密义务的合规管理，包括保密义务的内容、范围、要求、后果等各个方面。

（一）保密的内容和范围

界定商业秘密的内容与范围是保密义务合规管理的前提，商业秘密包括技术信息和经营信息，技术信息一般包括原材料或产品的技术方案、工程设计、产品设计、电路设计、制造方案、配方、工艺流程、技术指标等，或者是试验结果、图纸、样品、样机、模型、模具、操作、手册、技术文档等；而经营信息包括经营策略、投资计划、营销计划、招投标中的标底及标书内容、定价政策、进货渠道、采购资料、产销策略、财务报表、企业利润、成本核算等。

每个企业的情况千差万别，把哪些技术信息和经营信息列入企业的商业秘密是每个企业根据自身情况进行决定的。企业可以概况性归纳作为商业秘密的信息，也可以列举出清晰明确的文件或材料作为商业秘密，但是无论哪种情形，都应界定和明确商业秘密的范围并通过协议或制度的形式让员工确认知晓。

另外，根据法律的规定，商业秘密要符合秘密性、商业价值性、保密性（采取保密措施）三个特征，缺少其中之一，都无法认定为商业秘密，因此企业在列举商业秘密的范围时，应当注意不要把已经为公众知晓的信息作为商业秘密，例如，有的企业一方面把客户名单作为商业秘密，另一方面却在企业官网大肆宣传这些客户，显然客户名单就不具有秘密性的特点。那么哪些信息不能作为商业秘密呢？最高人民法院《关于审理侵犯商业秘密民事案件适用法律若干问题的规定》第4条第1款规定，具有下列情形之一的，人民法院可以认定有关信息为公众所知悉：“（一）该信息在所属领域属于一般常识或者行业惯例的；（二）该信息仅涉及产品的尺寸、结构、材料、部件的简单组合等内容，所属领域的相关人员通过观察上市产品即可直接获得的；（三）该信息已经在公开出版物或者其他媒体上公开披露的；（四）该信息已通过公开的报告会、展览等方式公开的；（五）所属领域的相关人员从其他公开渠道可以获得该信息的。”

（二）保密义务的具体要求

企业对保密义务的要求应当包括员工要遵守企业制定的保密规章制度，履行与员工工作岗位相应的保密职责，未经批准，不得探询、收集、复制、泄露、传播、公布、发表、出版、传授企业商业秘密，离职之后仍应对其在工作期间接触、知悉的商业秘密承担保密义务等，企业可以根据上述原则，细化不同岗位不同职责不同层级的保密要求并让员工签署。

（三）保密等级及期限

企业应当根据自身商业秘密的特性拟定相应的保密等级及期限，保密等级可以借鉴国家秘密的做法分为秘密、机密、绝密，也可以分为一级、二级、三级等，划分密级的目的是让员工了解商业秘密有不同的等级，并在区分等级的前提下针对不同等级的商业秘密设定不同等级的保密措施及保密期限，以达到保护商业秘密的目的。

（四）职务成果的归属

在员工任职期间利用用人单位的技术、材料、设备、物质条件、信息等产生的发明创造、作品、计算机软件，无论是否属于商业秘密，通常都属于职务成果，企业应当通过保密协议或者保密制度明确约定职务成果的归属以及相关知识产权等事项，以避免产生争议。

（五）违反保密义务的后果

除了上述事项外，针对员工违反保密义务泄露商业秘密的行为，企业也应该制定严格的规章制度进行约束和规范，对于员工在获得、保存、传播、使用商业秘密等过程中发生的违反保密义务的行为进行处分，情节严重造成重大损失的，还可以追究民事责任或者刑事责任。

二、保密措施的重要性

企业商业秘密的合规管理，除了前述提到的事由外，保密措施也是一个很重要的内容，如前所述，商业秘密要想得到保护，首先应当符合秘密性、商业价值性、保密性三个特征，而在实践中，企业最容易产生风险的是在采取保密措施这一特征上面，在发生商业秘密侵权案件时，企业往往无法证明自身已经采取保密措施而导致败诉。那么哪些行为可以证明企业已经采取保密措施了，根据最高人民法院《关于审理侵犯商业秘密民事案件适用法律若干问题的规定》第6条的规定，“具有下列情形之一，在正常情况下足以防止商业秘密泄露的，人民法院应当认定权利人采取了相应保密措施：（一）签订保密协议或者在合同中约定保密义务的；（二）通过章程、培训、规章制度、书面告知等方式，对能够接触、获取商业秘密的员工、前员工、供应商、客户、来访者等提出保密要求的；（三）对涉密的厂房、车间等生产经营场所限制来访者或者进行区分管理的；（四）以标记、分类、隔离、加密、封存、限制能够接触或者获取的人员范围等方式，对商业秘密及其载体进行区分和管理的；（五）对能够接触、获取商业秘密的计算机设备、电子设备、网络设备、存储设备、软件等，采取禁止或者限制使用、访问、存储、复制等措施的；（六）要求离职员工登记、返还、清除、销毁其接触或者获取的商业秘密及其载体，继续承担保密义务的；（七）采取其他合理保密措施的”。因此，只要做到前述法规中的其中一个措施，均可以认定为采取了符合法律规定的保密措施。

三、保密制度比保密合同更为重要

企业商业秘密的合规管理中，绝大部分的企业都会与员工签订保密协议，约定相关保密义务，但是制定保密制度的企业却相对少得多，实际上企业商业秘密的合规管理，保密制度的制定比签署保密合同更加重要，保密制度和保密协议虽然都被视为采取保密措施，但是相对而言，保密制度的内容可以比保密协议更加宽泛和完整，除了保密协议可以约定的保密范围、行为要求等之外，还可以规定各类保密措施、商业秘密分级、商业秘密的使用接触保管等各类事宜，另外，从调整的便利性来说，协议一般约定不太容易发生变化的原则性内容，而制度则可以将易于调整和变化的内容（如商业秘密的范围、新增的保密要求）等列入，对于完善企业管理起着重要的作用，总体来说，保密制度比保密协议更为重要，当然最完善的管理应当是在签署保密协议的同时也制定保密制度。

第三节　竞业限制的合规管理

企业竞争的核心还是人才的竞争，而人才的培养是需要时间和过程的，而企业有时因发展需要导致其没有办法等待人才的慢慢成长，因此通过高薪等手段从竞争对手或者行业领先的头部企业中“挖角”就成为不少企业的选择，而被挖的企业也只有通过竞业限制的措施避免这一现象的出现。

一、竞业限制的法律要点

根据《劳动合同法》以及最高人民法院《关于审理劳动争议案件适用法律问题的解释（一）》（法释〔2020〕26 号）等法律法规的规定，竞业限制问题主要有以下法律要点。

（一）竞业限制的主体仅限于用人单位的高级管理人员、高级技术人员和其他负有保密义务的人员

具体哪些人员应当纳入竞业限制的范围，应当由企业制度来明确规定，不负有保密义务的员工原则上是不纳入竞业限制的主体范围，哪些职级和岗位属于高级管

理人员？哪些职级与岗位属于高级技术人员？除了这两类之外还有一些员工虽然不属于高级管理人员或高级技术人员，但是由于有机会接触企业的商业秘密甚至是核心机密，也负有保密义务，如文印人员、高管秘书等，这些人员是否纳入竞业限制范围由公司自主决定。

（二）竞业限制的范围、地域、期限由用人单位与劳动者约定，但期限最长不超过2年

竞业限制的范围是指限制员工就业的企业范围，这个范围既可以是明确的竞争对手，也可以是某一类或某几类企业，一般来说，确定的主要竞争对手可以直接列出，潜在的竞争对手可以概括性描述，也可以两者结合即明确列举加概括性描述，但无论是哪一种形式都必须把范围表述清楚避免争议。竞业限制的地域约定与企业自身的影响力相关，如果自身产品销售或服务只限于区域性内，则竞业范围约定区域内即可，如果产品销售或者服务的范围是全省甚至全国，则可以相应将竞业限制的范围扩大。竞业限制的期限也可由企业根据不同岗位和职级确定基本原则，在离职前由企业最终明确，在履行过程中如果无须员工再履行竞业限制义务，可以依法提前通知员工终止竞业限制义务。

（三）竞业限制经济补偿标准约定为主，法定为辅，补偿形式应为现金并与其他薪酬福利项目分开发放

第一，竞业限制的经济补偿应在解除或者终止劳动合同后由企业按月支付给劳动者，当然这样规定的目的是避免企业把员工在职期间的待遇变成竞业限制补偿从而损害员工利益，但是如果企业有证据表明在职期间确实在正常待遇之外有提前向支付员工竞业限制补偿，而不是将现有待遇分拆一部分当成竞业限制补偿的，笔者认为这种约定不损害员工利益，应当是合法有效的。

第二，竞业限制经济补偿的标准应由双方约定，充分体现“意思自治原则”，这也跟竞业限制的主体为高级管理人员等有关，通常来说这类主体相对于一般的员工而言更有谈判的能力，因此只要双方协商一致约定了竞业限制经济补偿标准即合法有效，约定的形式可以在签署竞业限制协议时明确约定，也可以只在竞业限制协议中约定计算标准和规则，在离职时再根据竞业限制协议的约定明确具体标准。

第三，如果双方没有在竞业限制协议中约定经济补偿事项，且在离职前也无法达成一致意见时，根据最高人民法院《关于审理劳动争议案件适用法律问题的解释

(一)》(法释〔2020〕26号)第36条的规定,“当事人在劳动合同或者保密协议中约定了竞业限制,但未约定解除或者终止劳动合同后给予劳动者经济补偿,劳动者履行了竞业限制义务,要求用人单位按照劳动者在劳动合同解除或者终止前十二个月平均工资的30%按月支付经济补偿的,人民法院应予支持。前款规定的月平均工资的30%低于劳动合同履行地最低工资标准的,按照劳动合同履行地最低工资标准支付”。因此当双方没有约定竞业限制经济补偿标准时,则以法定标准计算经济补偿。当然还需要注意的是,有些地方法规中明确规定了竞业限制经济补偿的下限,如《江苏省劳动合同条例》第28条规定:“用人单位对处于竞业限制期限内的离职劳动者应当按月给予经济补偿,月经济补偿额不得低于该劳动者离开用人单位前十二个月的月平均工资的三分之一。用人单位未按照约定给予劳动者经济补偿的,劳动者可以不履行竞业限制义务,但劳动者已经履行的,有权要求用人单位给予经济补偿……”这些地方的案件处理需遵照当地规定执行。

第四,竞业限制补偿应为现金形式。实践中存在不少用人单位以期权期股等代替竞业限制补偿的情况,但是这样的做法在司法实践中存在争议,也有法院认为以期权期股方式不符合法律的规定从而认定为补偿约定无效,从而导致法律风险,因此实践中应尽量避免使用现金补偿以外的方式。

第五,竞业限制补偿应尽量单独发放。竞业限制补偿如果与其他薪酬福利一起发放,比较难以区分和备注,在发生纠纷的情况下,用人单位需对已依约发放竞业限制补偿承担举证责任,如果无法举证则要承担不利后果。因此竞业限制补偿尽量单独发放并在转账时明确备注为“竞业限制补偿款”。

(四)因用人单位的原因导致3个月未支付经济补偿,劳动者可以解除竞业限制协议

在双方签署了竞业限制协议,约定了竞业限制及经济补偿相关事项后,如果因为用人单位的原因没有支付经济补偿且达到3个月的,劳动者可以直接行使解除权,解除竞业限制义务。基于竞业限制“无补偿则无义务”的一般原则,由于竞业限制义务导致员工无法在熟悉的领域或行业就业,或者虽可以就业但是无法找到与其地位相匹配的企业和岗位,肯定大大影响了员工的薪酬乃至正常生活,支付经济补偿正是为了弥补竞业限制带来的影响,因此,如果用人单位没有履行支付经济补偿的在先义务,员工可以不履行竞业限制义务,如果用人单位不支付经济补偿达到3

个月的,根据最高人民法院《关于审理劳动争议案件适用法律问题的解释(一)》(法释〔2020〕26号)第38条,即"当事人在劳动合同或者保密协议中约定了竞业限制和经济补偿,劳动合同解除或者终止后,因用人单位的原因导致三个月未支付经济补偿,劳动者请求解除竞业限制约定的,人民法院应予支持",司法解释赋予了员工在此情形下可行使解除权。

这里还有几个小问题:第一,"没有支付经济补偿且达到3个月"中"3个月"的理解,是连续3个月还是累积3个月,笔者认为两种情况都可以,只要符合未支付达到3个月。第二,在出现用人单位未支付经济补偿但又未达3个月的情况下,员工可否行使后履行抗辩权,在未支付期间虽暂不解除竞业限制协议,但是暂停履行竞业限制义务?这个问题会有所争议,笔者的意见倾向于不能,原因在于竞业限制的目的是保守商业秘密,且劳动是个连续过程一般难以分拆,如果允许员工暂停履行竞业限制义务而到竞争对手工作,无疑会导致签署竞业限制协议的目的无法实行,与解除竞业限制协议的后果无异。第三,劳动者提出解除竞业限制协议的,是否还有权要求用人单位支付应付的竞业限制经济补偿?答案应是肯定的,用人单位未支付经济补偿达3个月,相当于用人单位的根本违约行为,导致员工行使解除权,但是在竞业限制协议解除之前,协议仍然有效,未履行的部分劳动者仍然有权要求履行。

(五)单位可主动解除竞业限制协议,但劳动者有权要求额外支付3个月的竞业限制经济补偿

竞业限制义务毕竟是为保护企业商业秘密而对员工设定的单方义务,是否需要员工继续履行义务企业应当有主动权,当企业认为员工所掌握的技术或信息已经过时,到竞争对手工作并不会对自身造成不利影响时,可以通过解除竞业限制协议、停止支付经济补偿来降低管理成本,对于员工而言,不再履行竞业限制协议意味着其可以继续在熟悉的行业或领域找到合适的岗位。但是由于员工从解除竞业限制协议到重新就职有一个时间差,并且这种解除是用人单位单方发起的,具有不可预见性,因此司法解释的规定对此进行了平衡处理,最高人民法院《关于审理劳动争议案件适用法律问题的解释(一)》(法释〔2020〕26号)第39条规定:"在竞业限制期限内,用人单位请求解除竞业限制协议的,人民法院应予支持。在解除竞业限制协议时,劳动者请求用人单位额外支付劳动者三个月的竞业限制经济补偿的,人民法院应予支持。"也就是说,用人单位可以单方解除竞业限制协议,但是劳动者也可以提

出额外支付3个月经济补偿的要求。

二、竞业限制的合规管理要求

竞业限制的合规管理主要从竞业限制协议、竞业限制规章制度等方面进行完善和规范。

(一)竞业限制协议的主要内容

企业制定的竞业限制协议文本应当包括以下内容：

1. 竞业限制的范围。

竞业限制的范围包括限制员工离职后就业的企业范围、行业范围、地域范围，如果属于集团性企业且集团其他主体的业务与员工所在企业业务有关联的，也可以将限制员工就业的范围扩大到整个集团相关联业务中。

2. 竞业限制的期限。

竞业限制的期限应在符合不超过2年的前提下协商约定，一般应明确约定具体期限，但是为避免签署竞业限制协议与离职时情况发生较大变化，也可以在竞业限制协议中将具体的竞业限制期限的约定放在离职前，由企业在员工离职前通过《竞业限制通知书》等文件告知最终的竞业限制期限，也可以约定具体期限如2年，再同时约定离职前用人单位可以单方通知修改。

3. 竞业限制的禁止行为。

除约定范围和期限外，还要具体约定员工在竞业限制期间内的禁止行为，因为在实践中，员工为了规避竞业限制的义务，大多不会直接与企业的竞争对手签署劳动合同，而是通过其他方式如顾问、代理、合作等形式来为竞争对手提供服务，那么在竞业限制协议中应当将员工在劳动关系之外可能采取的规避形式一一列举并予以禁止。另外，不少企业也把员工离职后代其他竞争对手招揽仍然在职员工的行为列入禁止行为。

4. 竞业限制的补偿。

在竞业限制协议中经济补偿是主要的条款，包括补偿的标准、支付期限、支付的条件等。经济补偿的标准一般都会在竞业限制协议中明确约定，大多为员工月平均工资的20% ~60%，支付期限一般为当月月底前支付当月的经济补偿，部分企业会在协议中要求员工提供未违反竞业限制协议的证明(如社保纳税证明、当月工资条等)，作为用人单位支付经济补偿的前提条件。

5. 违反竞业限制的违约责任。

违约责任是竞业限制协议中的重要内容，也是保障竞业限制协议能否实现目的的关键，从我国目前关于竞业限制的法律制度设计来看，在员工发生违反竞业限制义务的情况下，基本上不存在强制员工不得为竞争对手提供劳动的可能性，而竞业限制期限又短，经过仲裁、一审、二审三个阶段后，即使用人单位胜诉，最终也无法改变员工已经到竞争对手工作的事实，因此，通过设计违约责任，对员工的违约行为形成威慑，使其不敢违约成为实现竞业限制目的的最大手段。

违反竞业限制的违约责任包括要求退还违反竞业限制协议期间的经济补偿、支付违约金、赔偿损失等，最主要的方式是支付违约金，违约金的金额由双方约定，通常会以经济补偿的总额、员工离职前的年收入等作为参照标准，约定以前述标准一定倍数的金额作为违反竞业限制义务的违约金。

(二)竞业限制制度的主要内容

企业竞业限制的合规管理仅有竞业限制协议是不够的，竞业限制制度也起到十分重要的作用。竞业限制制度应主要从以下几个方面来规范竞业限制的管理。

1. 竞业限制的人员范围。

企业应在竞业限制制度中明确具体设定竞业限制义务的人员范围，设定范围可以通过选择部门、岗位、职级、工作年限等因素，如果企业规模足够大，还可以通过列表的形式将具体的人员范围作为制度的附件。

2. 竞业限制的内部管理职责。

内部管理职责是指对涉及竞业限制的事项具体由企业的哪个部门负责管理？哪些部门参与？包括对离职员工启动竞业限制流程时由哪些部门进行评估等，明确内部分工。

3. 竞业限制的期限、经济补偿。

企业规章制度可以对不同层级、不同部门、不同岗位的员工设定不同的竞业限制期限作出原则性的规定，也可以就经济补偿的标准、支付期限、支付流程等作出规定。

4. 竞业限制的启动与终止。

竞业限制的制度可以就离职员工是否启动竞业限制、如何发起内部审批流程、通知员工、签署相关文件等事宜进行规定，也可以就终止员工的竞业限制义务的内部流程及外部通知事宜作出具体规定。

5. 竞业限制的禁止行为。

企业规章制度可以将设定竞业限制义务的员工的禁止行为一一列举，以弥补竞业限制协议约定的不足以及签署协议后需要增加列举新的禁止行为等。

6. 竞业限制的违约责任及追究。

竞业限制的违约责任是制度的关键内容之一，企业可以在制度中列明员工违约的认定标准、员工证明自身遵守竞业限制义务的举证责任、不同层级不同领域员工的违约责任内容、启动追究违约责任的流程等。

7. 入职员工竞业限制的审查与规避。

除了企业的员工离职后的竞业限制义务审查外，任何企业都还面临招收新员工可能涉及的竞业限制问题。为避免招收新员工带来的风险，企业应当建立入职员工竞业限制义务审查机制，要求新员工主动对竞业限制事项进行申报和其对原单位负有的保密和竞业限制义务进行承诺，以规避潜在的法律风险。

三、竞业限制管理的五大常见误区

在实践中，由于不少企业没有在竞业限制方面发生过纠纷，因此对竞业限制管理的了解比较初浅，存在不少认识上的误区，要规避竞业限制管理的法律风险，就需要避免这些认识误区。

（一）离职时要求员工签署竞业限制协议

很多企业的做法是在离职时拿出拟好的竞业限制协议，要求员工签署，而结果是很多员工都会拒绝签署这样的协议，原因很简单，如果员工还在职的时候，对于拒绝企业的要求可能会有很多的顾忌，担心得罪公司或上级领导影响后续的发展，或者会看一下其他同事是不是同意签署，如果其他人签署就会选择从众跟着签署。但是如果员工已经决定离职了，这个时候他拒绝企业签署竞业限制协议的要求往往没有多大的压力，同时，员工拒绝竞业限制协议还有两个方面的理由：第一，绝大多数的企业将竞业限制经济补偿的标准都不会定得很高，采用法定标准即按离职前月平均工资的 30% 为标准的企业不在少数，而对于员工来说，限制其在熟悉的行业或同级别的企业中求职，无疑会大大降低其在人才市场的竞争力，受影响导致的收入降低的幅度可能远不止30%，因此，过低的竞业限制补偿对于员工来说毫无吸引力。第二，员工离职的原因区分为主动辞职和被企业解除劳动合同等情形，如果员工是被企业单方解除劳动合同的，员工内心本来就不痛快，一般不会愿意签署竞业限制协议，而主动辞职的员工会不会更愿意签署呢？答案同样是否定的，因为绝大多数主动辞职的员工都是已经找好了下家单位才会主动提出离职，即使没有找好也可能有相关的入职意向，在此情况下，即使原用人单位愿意弥补因竞业限制带来的收入损失，但是由于竞业限制导致员工远离熟悉的行为或同级别的大公司，将极大影响其后续的事业发展，这恰恰是员工最不愿意在离职时接受竞业限制的最大原因。

因此，不要在员工离职时要求签署竞业限制协议，正确的做法有两种：一种是在员工入职签署劳动合同时一并签署竞业限制协议。在入职时因为员工对拟入职企业抱有较大兴趣，且刚入职时也不会考虑离职后的后续事业发展，因此较大可能会同意签署，当然对于不同意签署的员工，企业也可以不予录用。另一种是晋升时签署竞业限制协议，员工晋升时从普通岗位晋升到管理岗位或者从一般管理岗位升到更高的管理岗位，从情理上来说，因为职级的提升要求签署竞业限制协议合情合理，员工也容易接受，同时如果员工拒绝签署竞业限制协议的，企业也可以根据制度取消晋升，将主动权掌握在企业手上。

（二）劳动合同或保密协议中存在不完整的竞业限制条款

不少企业存在这样一种情况，没有独立的竞业限制协议，但是在劳动合同或者保密协议中存在一条不完整的竞业限制条款，内容大概是要求员工在离职后2年内不得到与用人单位有业务竞争关系的企业就职，除此之外，既没有对竞业限制范围进行约定，也没有约定任何竞业限制的经济补偿或者违约责任。这样的约定是典型的不仅没有任何法律意义反而存在风险的条款。

没有意义是因为没有约定竞业限制补偿和违约责任对员工而言是无法产生法律上的约束力的，无补偿则无义务是竞业限制的一般原则，没有约定违约责任意味着即使员工违反约定也难以追究，如前所述，在目前的法律规定下，企业无法实施对员工的行为禁令，而企业要证实员工因为违反竞业限制而导致的损失也基本上是一个“不可能完成的任务”，因此这样的竞业限制义务设定没有意义。另外，如果员工离职后没有工作或者虽然找到了工作但是没有违反竞业限制义务，员工是有权利向前用人单位主张竞业限制经济补偿的，因为根据最高人民法院《关于审理劳动争议案件适用法律问题的解释(一)》(法释〔2020〕26 号)第 36 条第 1 款的规定,“当事人在劳动合同或者保密协议中约定了竞业限制,但未约定解除或者终止劳动合同后给予劳动者经济补偿,劳动者履行了竞业限制义务,要求用人单位按照劳动者在劳动合同解除或者终止前十二个月平均工资的 30% 按月支付经济补偿的,人民法院应予支持”。因此,这样的条款“有害而无利”,企业千万要避免掉进自己设的陷阱中。

正确的做法是,或者单独制定竞业限制协议,约定清晰完整的竞业限制义务,或者在劳动合同或保密协议中完善竞业限制条款,或者干脆删除劳动合同或保密协议的竞业限制内容。

(三)为降低成本约定很低的竞业限制经济补偿

不少企业会有这样的想法,既然法律要求员工承担竞业限制义务一定要给予经济补偿,而经济补偿的金额又可以约定,而实践中经济补偿标准名义是协商确定,大多数还是用人单位单方事先拟定好让员工签署同意,那企业是不是可以凭借优势地位,将竞业限制经济补偿金额定得很低,象征性支付一点然后反过来要求员工承担竞业限制义务,这样的做法到底有没有效力呢?

首先,在实践中确实存在约定竞业限制经济补偿而被认定约定无效的案例。在最高人民法院公报案例王某飞诉施耐德电气(中国)投资有限公司上海分公司劳动争议纠纷一案①中,法院认为,劳动者通常都有一定的专业,其专业又往往与用人单位所经营的业务存在一定的联系,其求职就业要以本人专业为依托。劳动者从原用人单位离职后,为了个人及其家庭的生活需要,通常要寻求新的工作,如果履行竞业禁止义务,在一定期间内可能难以找到新的工作,因此影响劳动者个人及其家庭的生活。正是考虑到涉及劳动者个人及其家庭生活的实际问题,上述法律、行政法规和地方性法规都明确规定,用人单位与劳动者在约定竞业禁止义务的同时,还应当约定在双方解除或者终止劳动合同后,由用人单位给予劳动者一定的竞业禁止经济补偿。没有约定竞业禁止经济补偿或者补偿数额过低、不符合规定的,竞业禁止协议没有法律约束力。本案中,原告王某飞与被告施耐德上海分公司签订的《保密和

---

① 最高人民法院公报案例:王某飞诉施耐德电气(中国)投资有限公司上海分公司劳动争议纠纷案(《最高人民法院公报》2009 年第 11 期)。

竞业禁止协议》所约定的竞业禁止经济补偿金仅为原告离职前1个月的基本工资,即使根据被告的陈述,其实际支付给原告的竞业禁止经济补偿金也仅是原告3个月的基本工资,仍低于《江苏省劳动合同条例》规定中"年经济补偿额不得低于该劳动者离开用人单位前十二月从该用人单位获得的报酬总额的三分之一"的标准。因此可以认定,涉案《保密和竞业禁止协议》中的竞业禁止条款对原告不具有约束力,即使原告从被告处离职后又到菲尼克斯公司工作的行为违反了该竞业禁止义务,原告亦不应承担违约责任。

其次,上述公报案例发生在2013年2月1日起施行的最高人民法院《关于审理劳动争议案件适用法律若干问题的解释(四)》(法释〔2013〕4号)(已失效)之前,类似的案例实践中也不少见,文后所附案例即是其中之一。虽然在前述司法解释施行之后,由于该司法解释的精神将竞业限制义务定义为双务合同,不约定竞业限制经济补偿或者约定过低都不影响竞业限制协议本身的效力,同时实践中也有法院认为如果经济补偿约定过低,员工也有权要求用人单位按法定标准补足。因此约定过低的经济补偿也是合法有效的,员工仍然有义务遵守竞业限制义务,但是约定过低毕竟会带来法律风险。

最后,从管理的角度来说,认为约定很低的竞业限制经济补偿就可以实行限制员工就业的目的,也是大错特错的。支付竞业限制经济补偿的目的是弥补限制员工就业所导致的收入损失,如要达到这样的目的,重点在于弥补收入损失而不在于其他,可以设想,如果一个月薪5万元的员工,因为限制就业导致收入只有从前的一半,而单位给予的补偿只有一两千元,这必然意味着员工生活水准的大幅下降,在此前提下要想让员工遵守竞业限制义务是不太可能的,只会迫使员工想尽各种办法来规避法律义务;再者,虽然竞业限制协议约定了违约金,但是如果员工的竞业限制补偿金额约定得很低,即使协议有约定,法院也不可能会支持高额的违约金,换句话说,这时候员工既有违约的动力,也不怕违约的后果,那企业为员工设定的竞业限制义务基本上是形同虚设了。

因此,正确的做法是企业应当根据不同层级不同岗位员工的具体情况,包括在职期间收入、市场薪酬、加入竞争对手对企业的影响等因素综合确定竞业限制的合理经济补偿标准,在约定合理补偿的同时约定较高的违约责任,才能实现限制员工就业的终极目的。

案例:经济补偿标准约定过低导致竞业限制条款无效

李某于2014年3月17日入职现代公司并签订了书面劳动合同,任职销售,劳动合同约定了保密条款,保密条款约定了保密范围、李某违约造成现代公司损失赔偿的计算方法。同日,双方签订《保密和竞业限制协议》,该协议对保密事项、保密义务、竞业限制、竞业补偿等进行了约定。其中,约定的竞业期限:李某在任职期间及离职之后的2年以内;竞业补偿:在双方劳动关系解除或终止后,现代公司按每月300元给予李某竞业限制补偿金;协议约定李某违约造成现代公司损失赔偿的计算方法,而违约金一栏空白。2016年10月18日,双方签订《劳动合同补充协议》,其中包括将违反竞业限制的违约金确定为30万元。2016年10月24日,李某以"因上司沟通不能达成统一意见"为由提出辞职,于2016年10月26日离职。

2016年12月16日,现代公司以李某入职竞争对手违反双方签订的《保密和竞业限制协议》为由申请劳动仲裁,要求支付违反竞业限制违约金300,000元,并被申请人继续履行竞业限制义务,2017年1月10日,某劳动人事争议仲裁委员会裁决驳回现代公司的全部仲裁请求。现代公司不服该仲裁裁决,在法定期限内向法院提起诉讼,一审、二审法院均驳回了现代公司的诉求。

案例分析

法院认为,《劳动合同法》第23条规定,用人单位与劳动者可以在劳动合同中约定保守用人单位的商业秘密和与知识产权相关的保密事项。对负有保密义务的劳动者,用人单位可以在劳动合同或者保密协议中与劳动者约定竞业限制条款,并约定在解除或者终止劳动合同后,在竞业限制期限内按月给予劳动者经济补偿。劳动者违反竞业限制约定的,应当按照约定向用人单位支付违约金。同时,《劳动合同法》第24条对竞业限制的范围和期限作出了明确的规定,并明确了竞业限制的约定不得违反法律、法规的规定。《劳动合同法》第26条规定:"下列劳动合同无效或者部分无效:(一)以欺诈、胁迫的手段或者乘人之危,使对方在违背真实意思的情况下订立或者变更劳动合同的;(二)用人单位免除自己的法定责任、排除劳动者权利的;(三)违反法律、行政法规强制性规定的。对劳动合同的无效或者部分无效有争议的,由劳动争议仲裁机构或者人民法院确认。"

本案中,现代公司与李某签订的《保密和竞业限制协议》约定,现代公司每月支付李某竞业限制补偿金为300元,双方约定的竞业限制补偿数额明显过低,不足以维持李某在当地的最低生活标准,属于《劳动合同法》第26条第2项规定的"用人单位免除自己的法定责任、排除劳动者权利的"情形,双方签订的《保密和竞业限制协议》和《劳动合同补充协议》中的竞业限制条款无效。因此,即使李某从现代公司离职后违反了该竞业限制义务,李某亦不承担违约责任。现代公司要求李某支付违反竞业限制的违约金30万元以及要求李某继续履行竞业限制义务的诉讼请求,原审法院不予支持。

(四)竞业限制协议一经签署固定不变

如上误区一所述,签署竞业限制协议最好的时间点在入职或者晋升时,这里面就会带来一个疑问,无论是员工入职还是晋升与离职的时间都相差很久,如果在入职或者晋升时签署竞业限制协议,是无法预测员工离职时的职位、层级、掌握的商业秘密等很多变化的,一旦签署了竞业限制协议,再进行任何变更等都需要与员工协商一致,无法协商一致就不能变更,在此情形下,又如何能保证企业竞业限制目的的实现呢?

其实这是很多企业竞业限制管理的另一个误区,认为竞业限制就是签署一个协议,签后就不用管了,到了离职再拿出协议来看看怎么处理。竞业限制应当是一个动态管理的过程,应当有一个调整机制,而并非一经签署就一成不变。

正确的做法是,企业在拟定竞业限制文本时,预留日后调整和变更的空间和权限,例如,竞业限制协约定期限为不超过2年,但是可以同时约定具体期限以用人单位在离职时的书面通知为准,或者虽然直接约定为2年,但是用人单位有权在离职前书面通知调整;再如,虽然约定了双方竞业限制的权利义务,但是也同时约定用人单位有权在员工离职时进行重新评估,如果评估员工无须承担竞业限制义务的,则用人单位可以单方解除竞业限制协议等。建立竞业限制的动态管理和调整机制对于用人单位的竞业限制合规管理是十分有必要的。

(五)被企业单方解除的员工不需要遵守竞业限制约定

有企业会认为,如果员工自己辞职肯定是需要遵守竞业限制义务的,但是如果员工是被用人单位单方解除劳动合同的,不管是因为不胜任工作原因还是因为严重违纪被解除劳动合同,员工都不需要承担竞业限制义务,因此导致企业在解除员工的劳动合同时有诸多顾虑,甚至不敢处理。

员工被企业单方解除劳动合同当然不是出于员工自身的意愿，但这是否就意味着员工无须承担竞业限制义务呢？答案是否定的。

2013 年 1 月 31 日，最高人民法院发布了《关于审理劳动争议案件适用法律若干问题的解释（四）》（法释〔2013〕4 号）（已失效），并以最高人民法院民一庭负责人答记者问[①]的形式对司法解释立法背景和理解进行了宣传，其中有一个问题是："用人单位与劳动者约定了竞业限制和经济补偿，劳动者或者用人单位违法解除劳动合同的，对竞业限制是否有影响，劳动者还要继续履行竞业限制吗？"回答是："用人单位和劳动者事先约定了竞业限制和经济补偿，但由于用人单位或者劳动者违法解除劳动合同，竞业限制对双方是否仍然具有约束力，这是一个司法实践中争议强烈又必须解决的问题。我们认为，不论是用人单位还是劳动者违法解除合同，都不必然导致竞业限制的约定失效。劳动合同解除实行的是法定制度，而竞业限制实行的是约定制度，竞业限制具有相对独立性，其与解除劳动合同属于并列关系，而非逻辑递进关系。当用人单位违反不同的义务时，劳动者可以依据不同的法律规定获得相应的救济。所以，用人单位违法解除劳动合同不影响竞业限制约定的有效性。对于用人单位违法解除劳动合同，《劳动合同法》已经为劳动者提供了相应的民事补偿或救济措施，以制裁用人单位的违法解除行为。用人单位承担了相应法律责任后，劳动者和用人单位双方理应受竞业限制协议的约束。《解释（四）》正是基于上述法律原理作出了规定。这样的规定同样有利于对用人单位的商业秘密加以保护，否则劳动者从事与用人单位有竞争关系的业务，会导致市场公平竞争秩序的紊乱。因此，《解释（四）》将竞业限制条款的有效性与违法解除劳动合同相分离，有助于正确区分二者的关系。"由此可见，是否单方解除劳动合同并不影响竞业限制协议的效力。2021 年最高人民法院《关于审理劳动争议案件适用法律问题的解释（一）》取代了原来的几个劳动争议司法解释，关于竞业限制的规定没有变化。

第四节　员工违反竞业限制义务的九类取证技巧

当企业发现员工可能违反竞业限制义务时，需要立即启动竞业限制的追责程

① 参见《〈正确审理劳动争议案件依法构建和谐劳动关系〉——最高人民法院民一庭负责人答记者问》，载《人民法院报》2013 年 2 月 1 日。

序，研究协议、搜集证据，以便在必要时提起仲裁或诉讼，而由于违反竞业限制的行为是员工离职后为竞争对手提供劳动或者劳务，从趋利避害的角度，绝大多数的员工和接收员工的企业都知道可能存在违反竞业限制的风险，而员工与接收员工的企业之间建立劳动关系或其他法律关系也与他人无关，外人很难获得相关的证据，因此要获得员工违反竞业限制义务的证据难度都是很大的。当然，雁过留声，水过留痕，任何人都不是生活在真空中，员工履职的过程也无法完全封闭，只要方法得当，还是可以搜集到一些证据的。这一节我们就来谈谈员工违反竞业限制义务的取证技巧。

一、获取合同、社保等建立劳动关系的证据

员工离职后与新用人单位建立劳动关系是最常见的一种情形，因此，如果能够获得员工与新用人单位建立劳动关系的劳动合同、工资条、新员工卡、工厂出入证、新公司的通讯录等证据，均可以作为证明员工新劳动关系的证据之一。

二、假借业务洽谈获取证据

如果员工离职后在新公司从事与销售、市场、售后等有对外交往性质的岗位，则可以通过第三方配合假借合作洽谈等形式进行接触，获得其代表新公司的名片、授权书等证据，并可以通过录音录像等获取员工代表新公司的证据。

三、假借电话沟通获取证据

在获取员工新公司所在部门及电话总机等信息的前提下，通过拨打电话总机转接员工所在部门或工作卡位的电话，并且对通话过程进行录音，必要时还可以进行录音公证，以获取员工为新公司工作的证据。

四、假借快递、鲜花礼物上门获取证据

在知悉员工入职新公司后的办公地址的前提下，通过邮寄快递、订餐、送鲜花、送生日礼物并由公证人员进行现场公证的形式，获得员工在其他公司办公室上班的证据。

五、上下班持续跟拍获取证据

在知悉员工入职新公司后的办公地址的前提下，在固定的上下班办公楼外持续

跟拍获取员工在上下班时间固定且频繁进出大楼的证据,以证明员工的工作地点,并注意这类跟拍行为只能限于公共出入场所,不得侵犯员工的隐私权或个人信息。

六、假借离职后沟通获得证据

为获得证据,原用人单位可以通过各种途径和方式与员工联系,如假借离职后还有文件要签收、有表格要填写或者物品要邮寄等,来获取员工新的邮寄地址,或者通过熟识的同事聊天了解工作近况来获取员工新工作的相关信息。

七、要求员工主动申报相关信息

要求员工主动申报信息也是一种方法,前提是在竞业限制协议中提前设定员工的申报义务以及存在疑问时员工负有解释的义务,原用人单位可以利用条款的设计要求员工主动申报离职后的工作情况以及解释与新单位的相关疑问,来获得员工的工作信息或者保留员工虚假陈述的证据。

八、通过宣传渠道搜集证据

部分层级较高的员工离职后,可能在新公司任职高管,为生产经营需要,有可能会代理新公司参加某些公开活动或出席某些会议,而这些活动或会议又可能有相关的新闻报道,另外新公司自身的官网、微信公号或者新闻媒介也有可能进行报道,获取这些报道的信息也是证明员工违反竞业限制义务的较有利的证据。

九、通过完税证明、工商登记信息、公积金记录、社保缴纳记录等证明员工违反竞业限制义务

部分员工入职新公司有可能在新公司或者新公司下属的关联公司担任董事、监事、高级管理人员等职务,这些信息都可以通过公开的方式查询获得。而员工的完税证明、公积金记录、社保缴纳记录一般无法通过公开查询的方式获得,必要时可以在诉讼中通过申请法院调查或申请律师调查令的方式获得。

需要说明的是,具体案件中获取员工违反竞业限制的义务证据往往是多种方式并举,并非仅靠某一个证据能够获得法官的认可,而是通过多种证据利用"证据优势规则"和法官的自由心证来证明员工存在违反竞业限制的事实。

第十章

薪酬福利类纠纷处理技巧

薪酬福利类纠纷也是实践中企业遇到最多的劳动争议纠纷类型之一，因欠薪、克扣工资、奖金绩效的计算与支付、股票期权的授予与行权等引发的一系列纠纷，是当下劳动争议处理最为常见的问题。本章我们就来聊聊薪酬福利类纠纷的处理及相应技巧。

第一节　工资支付的法律合规

一、工资与工资总额

工资是指用人单位基于劳动关系，按照劳动者提供劳动的数量和质量，以货币形式支付给劳动者本人的全部劳动报酬。这里的定义有三个要点：首先，工资的性质是劳动报酬，是基于劳动者提供劳动与劳动相关的报酬，与直接提供劳动无关的待遇就不是工资而是福利或其他；其次，工资必须是以货币形式支付，无论是现金还是转账，无论是银行转账还是微信或支付宝支付，只要是以货币形式支付，都符合法律规定，而以实物等形式支付工资则不符合法律的规定，特定情况员工愿意也可以实物代替，如员工装修需要一台柜式空调，价格刚好与员工月工资额相等，则企业以提供一台柜式空调的形式支付了员工的工资，但是这仍然是将员工工资以货币发放后与等价交换购买空调的两个行为结合，并不属于违法行为；最后，工资是基于劳动关系所产生的，非劳动关系下如提供劳务所支付的性质一般称为劳务报酬或其他，与工资在性质上有本质区别。

与工资的概念紧密相关的另一个概念是工资总额，这可以说也是实践中应用最为广泛的概念。由于迟迟未在全国进行工资立法，关于工资总额的概念还要延用1990年1月1日国家统计局令第1号发布的《关于工资总额组成的规定》，根据该规定第3条规定，“工资总额是指各单位在一定时期内直接支付给本单位全部职工的劳动报酬总额。工资总额的计算应以直接支付给职工的全部劳动报酬为根据”。因此，工资总额包含了用人单位支付给劳动者的全部劳动报酬在内，在劳动争议处理中，工资的概念如果没有特别说明，绝大多数情况下都是指工资总额，例如，经济补偿或赔偿金的计算中，“解除或终止前十二个月平均工资”是指工资总额，“克扣拖欠工资”“变更劳动合同降低了工资”中的工资也是针对工资总额而非基本工资。工资总额的范围包括哪些呢？根据《关于工资总额组成的规定》第4条规定，工资总额由计时工资、计件工资、奖金、津贴补贴、加班加点工资、特殊情况下支付的工资六个部分组成，这是基于当时的情况所列举的工资范围，随着经济的发展和薪酬名目的变化，工资总额的范围远不止该规定所列举的六项，包括提成、绩效、佣金、年底双薪等很多的名目，只要属于劳动报酬，都是工资总额的范围。

二、工资的常见类型和结构

工资的常见类型和结构包括以下内容。

（一）计时工资

计时工资是指按劳动者的工资标准和提供劳动的工时来计算工资的一种形式，也是最为常见的工资形式，包括按日计薪、按月计薪和按年计薪等模式，其中又以月薪制最为普遍。

（二）计件工资

计件工资是指按照约定的计件单价和劳动者完成的计件数量计算工资的一种形式。计件制一般在制造业较为常见。与计件工资相关的还有一个概念叫劳动定额，劳动定额是指劳动者生产一定数量的合格产品所需要消耗的时间，在计划经济时代，劳动定额由相关部门制定，而市场经济时代，劳动定额由各单位自行制定并告知员工，但是劳动定额的制定涉及员工切身利益，应当合理，如《广东省工资支付条例》第 21 条规定："实行计件工资的，用人单位应当科学合理确定劳动定额和计件单价，并予以公布。确定的劳动定额原则上应当使本单位同岗位百分之七十以上的劳动者在法定劳动时间内能够完成……"

（三）奖金

奖金是用人单位对员工超额完成工作或表现突出进行奖励而支付的劳动报酬，既包括按期限支付的奖金如月度奖、季度奖、年终奖等，也包括一次性支付的奖金如突出贡献奖金、成功上市奖金、年度优秀奖金等。

（四）津贴和补贴

津贴和补贴是指为了补偿员工特殊或额外的劳动消耗和因其他特殊原因支付给员工的补助性质的劳动报酬，包括夜班津贴、餐费津贴、生活补贴、住房补贴、交通补贴等，具体标准一般由企业自行制定。

（五）加班加点工资

加班加点工资是指劳动者超时劳动情况下所应支付的劳动报酬，加班是指周末双休或法定假日提供劳动，加点是指正常工作日延时劳动，合称为加班加点，因为超时工作的时间不同而需要支付 150% ~300% 的加班工资。

（六）绩效工资

绩效工资是指用人单位根据员工的业绩或工作成绩来考核判定工作成果并根据相关制度来发放的劳动报酬。绩效工资的类型非常多样，包括提成、佣金、绩效奖金、浮动绩效、超额奖金等。

（七）年薪制

年薪制本身也是计时工资的一种，是指以年为单位，对企业高管人员在完成一定经营目标的前提下支付年度劳动报酬的方式，一般来说，年薪制会区分固定年薪和绩效年薪两部分，固定年薪按月发放，绩效年薪根据考核后达成的经营目标确定发放标准，在年度结束后的一定期限内发放。

三、工资与福利的区别

工资与福利是两个密切关联又区别明显的概念，工资福利都是劳动关系下的员工待遇的组成部分，也是员工决定是否建立劳动关系的重要参考，但是工资与福利又有着明显的区别，工资是劳动报酬，与员工提供劳动密切相关，而福利则是根据员工的身份或者具有法定或者约定事宜而发放的待遇，并不与提供劳动直接相关，例如，员工如果旷工用人单位会扣除工资，原因在于员工没有提供劳动，而工资又是劳动报酬，而用人单位在中秋节发放中秋福利，并不是因为员工在中秋节提供了劳动，因为中秋节是法定假日，发放福利仅仅是因为员工的身份以及用人单位有着相关福利的规定，这也是区别工资与福利最为重要的标准。另外，两者的支付期限往往也不一样，工资一般都是定期支付而且必须是以货币形式支付，而福利大多数情况下是一次性支付，绝大部分不是货币而是实物或其他形式。

福利包括法定福利和约定福利。实践中也有企业把社会保险和住房公积金列为企业福利，但是严格来讲，社会保险与住房公积金是法律规定所有员工都必须参加和缴纳的，具有强制性的特点，且无论是发放还是缴纳都与福利有着明显的区别，因此并不能列入企业福利的范畴。

四、最低工资

最低工资制度是对劳动者的一项保护制度,是指劳动者在法定或约定的工作时间内提供了正常劳动的前提下,用人单位依法应支付的最低劳动报酬。最低工资标准由各地自行规定,任何企业和单位都不能低于最低工资标准用工。最低工资的合规应注意以下事项:

1. 最低工资标准的前提是提供了正常劳动。

提供了正常劳动是指按照法定或者约定的工作时间提供了劳动,如果员工没有正常出勤,除休有薪假期或者参加依法视为出勤的社会活动外,即使所获得的收入低于最低工资标准,也不能视为违法。

2. 最低工资标准一般是指应发工资而不是实发工资,但是也有地方有不同的规定。

《最低工资规定》第6条第1款规定:“确定和调整月最低工资标准,应参考当地就业者及其赡养人口的最低生活费用、城镇居民消费价格指数、职工个人缴纳的社会保险费和住房公积金、职工平均工资、经济发展水平、就业状况等因素。”也就是说,最低工资标准已经包含了职工个人缴纳的社会保险费和住房公积金,所以是应发工资。但是由于各地关于最低工资标准不一致,因此包含的项目也不同,例如,北京市和上海市发布的最低工资标准明确不包括“劳动者个人应缴纳的各项社会保险费和住房公积金”,江苏省发布的最低工资标准明确不包括“劳动者按下限缴存的住房公积金”。在包含社保和公积金的地区尤其应当注意,由于社保和公积金的缴费基数调整一般每年一次(大多数在每年7月调整),当员工没有正常出勤时(如请病假、下岗、内退等),员工工资大幅降低,但是社保和公积金的缴费标准并没有立即随着下降,就会出现很多员工的实发工资只有区区几百元甚至不够扣为负数的情况,这种情况下用人单位也没有违反最低工资的规定,不视为违法。

3. 最低工资标准也不包括加班加点工资、夜班高温等特殊津贴和法定福利。

《最低工资规定》第12条规定:“在劳动者提供正常劳动的情况下,用人单位应支付给劳动者的工资在剔除下列各项以后,不得低于当地最低工资标准:(一)延长工作时间工资;(二)中班、夜班、高温、低温、井下、有毒有害等特殊工作环境、条件下的津贴;(三)法律、法规和国家规定的劳动者福利待遇等……”

4. 最低工资标准包括月工资标准和小时工资标准。

最低工资标准包括月工资标准和小时工资标准,分别适用于全日制员工和非全日制职工，一般来说，小时工资标准高于折算后的月工资标准。

五、工资约定及支付的六大问题

因工资约定与支付产生的纠纷是薪酬福利纠纷中最为常见的类型，下面我们来看一下实践中经常会碰到的一些问题。

（一）劳动合同约定工资与实际不一致以哪个为准确定员工工资标准？

劳动合同约定工资与实际发放的工资不一致是实践中最为常见的情形，不一致的原因可能是用人单位在劳动合同中只约定基本工资而没有将绩效等浮动工资约定在内，也有可能是劳动合同填写的是入职时的工资，在职期间虽然有晋升加薪，但是没有在劳动合同中体现。当然，也不排除有少数员工入职后由于工作表现差等原因降级降薪的情况。

发生纠纷后要确定员工工资标准，劳动合同的约定只是其中的一项证据，如果员工或者用人单位任一方有其他证据能够证明员工的实际工资，则法院或劳动仲裁委将根据相关证据的效力来最终认定员工的工资标准，能够证明员工工资的除了劳动合同之外，还包括工资条、调薪证明、转账记录、社保缴纳证明、住房公积金缴交证明、个人纳税证明、微信聊天记录等。

还有一种情况是，员工入职后没有及时签订劳动合同，发生纠纷时如果有发放工资的，以发放的工资标准为准，如果也没有实际发放工资，则参照企业同类岗位的薪酬确定，如果企业没有同类岗位的，则参照同行业同类同级别岗位薪酬确定。

（二）录用通知与劳动合同约定工资标准不一致如何处理？

通常来说，录用通知中都会写明员工录用后的薪酬福利待遇，以吸引应聘者接受 offer，而且一般来说薪酬福利待遇还会写得比较详细，而正式入职后签署的劳动合同反而写得比较含糊和简单，甚至可能会出现劳动合同约定低于录用通知的情况，这种情况下，如果出现录用通知列明的工资待遇与劳动合同约定工资标准不一致的，以哪一个为准呢？

通常来说，当事人双方签署的法律文件前后不一致的，以后签署的为准，录用通知签署在前，劳动合同签署在后，正常应当按劳动合同的约定为准，但是如前所述，实践中可能情况恰恰相反，录用通知出于吸引求职者的原因会写出很详细完整的薪酬福利，劳动合同出于管理的统一性，可能只是约定基本的薪酬，往往不会将全部的薪酬福利待遇写进合同，因此，在此前提下不能简单适用在后签订的劳动合同，而应当结合录用通知内容来综合判断，由于录用通知的签署与劳动合同的签署两者相隔的时间并不长，一般来说在签署合同时降低录用通知列明的待遇的可能性极低，因此除非有特别的约定，应当以待遇高的约定内容为准。当然，如果确实出现录用通知发出后，员工情况有变需要降低录用通知列明的薪酬福利待遇的情形的，建议在劳动合同中明确与录用通知不一致的以劳动合同约定为准。

（三）当月发放上月工资的做法是否合法？

实践中，用人单位当月发放上月工资是非常普遍的做法，主要原因在于：一方面工资的结算是需要时间的，尤其是当员工的部分浮动工资与业绩挂钩的情况下，用人单位需要等待当月结束后核算相关业绩，才能计算出员工应得的劳动报酬，如果当月发放可能导致无法核算或者来不及核算；另一方面也是基于财务资金方面的原因考量。但是当月发放上月工资的做法是否合法呢？

根据《工资支付暂行规定》第 7 条的规定，“工资必须在用人单位与劳动者约定的日期支付。如遇节假日或休息日，则应提前在最近的工作日支付……”《广东省工资支付条例》第 12 条第 2 款也规定：“用人单位应当按照约定的日期支付劳动者工资；遇法定休假日或者休息日，应当提前在最近的工作日支付。”看上去法律法规规定只要按约定的日期发放就可以，如果劳动合同约定“当月发放上月工资”当然符合相关法规。

但是，必须注意到法规还有另外的规定，同样是《工资支付暂行规定》第 7 条的后半部分规定：“工资至少每月支付一次，实行周、日、小时工资制的可按周、日、小时支付工资”，《上海市企业工资支付办法》和《浙江省企业工资支付管理办法》也都规定用人单位应当每月至少支付一次工资，《江苏省工资支付条例》的规定表述为：“工资支付周期最长不得超过一个月。”这就带来一个问题，如果当月支付上月工资，则意味着员工的第一个月工资没有支付，这就不符合工资每月支付一次以及工资支付周期最长不得超过一个月的原则，因此，从安全合规的角度，当月工资当月支付才完全符合法律法规的要求。

当然对于实践中浮动工资无法当月计算的现实问题，建议可以采取基本工资当月支付，浮动工资下月支付的办法折中处理，较为合规和合理。

（四）员工不满勤如何正确计算工资？

实践中，无论是员工请假、旷工还是员工新入职等，都会存在员工当月不满勤的情况，这种情况下应当如何计算工资呢？很多人会说很简单，根据《关于职工全年月平均工作时间和工资折算问题的通知》的规定，月计薪天数为21.75天，因此不满勤天数应扣的工资为月平资/21.75×不满勤天数得出应扣工资，用月工资减掉应扣工资就是该月应发的工资。

真的是这样吗？这个绝大多数的HR会采用的计算方法其实是错误的，如果以这个方法来计算不满勤情况下的月工资会得出错误的结论，因为每个月工作天数不一和法定节假日调休等原因，每月双休日有7～9天不等，工作日21～23天不等，如果每月都按21.75天计算，就会出现这些情况：如果该月有23个工作日，即使缺勤1天，工作了22天也可以拿满全部工资；如果该月只有21个工作日，即使全部满勤，也无法拿到全额工作。另外，工资的正算法（按出勤天数来算工资）和倒算法（按缺勤天数来扣工资）两个数额是一致的，但是如果按21.75天来计算工资，两者却是不一致的。

下面我们举例来说明一下：

以2021年8月为例，该月共31天，其中有22个工作日，9个双休日，如果甲员工月工资为10,000元，当月请事假缺勤1天，实际出勤21天，下面分别按正算法和倒算法来计算员工当月应发工资：

正算法：10,000/21.75×21＝9655.17元

倒算法：10,000－10,000/21.75×1＝9539.17元

正算法比倒算法多了116元的工资。

再举两个极端的例子，可以看出按21.75天计算工资的谬误：

1. 按倒算法。

如果某个月有23个工作日，员工只上了1天班缺勤22天，还是同样的月工资标准10,000元，按倒算法计算工资为：10,000－10,000/21.75×22＝－114.94元，也就是说，员工工作了一天但是不仅拿不到工资反而要倒给公司114.94元。

2. 按正算法。

如果某个月有23个工作日，员工上了22天班只缺勤了1天，月工资标准还是同样的10,000元，按正算法计算工资为：10,000/21.75×22＝10,114.94，也就是说，

员工缺勤了1天，但是还可以拿超出正常月工资标准的10,114.94元工资，问题是单位从哪里多拿114.94元给员工呢？

之所以会出现上面的错误，原因在于大多数人都机械理解了《关于职工全年月平均工作时间和工资折算问题的通知》的规定，该规定中明确月计薪天数为21.75天，是平均的月计薪天数，只有适用平均月计薪天数的地方才能用21.75天计算，如加班工资的计算、带薪年休假工资的计算，而如果是计算每月的具体工资，由于每月的工作天数并不一致，以21.75天来计算工资就会出现上面的错误，正确做法应当是按每月的实际工作天数来计算当月工资，还是以上面的2021年8月来举例说明，正确的工资计算应该为：

正算法：10,000/22×21=9545.45元

倒算法：10,000－10,000/22×1=9545.45元

从上面的结论可以看出，如果方法正确，正算法与倒算法的结果都是一致的，同样的月薪对应不同月份的工作日，因此实际上如果每个月工作日不同，日工资是不一样的，也就是不同月份工作日的价值是变化的，但是如果从全年角度来看，日平均工资是不变的。

（五）工资单应如何管理？

工资单也叫工资条或者薪酬通知书，是用人单位向员工发放工资的凭据，内容一般包括当月工资组成名目、加班时间及加班工资、补发或扣除项目、应发工资总额和实发工资总额等。

工资单是发生薪酬福利纠纷中最为重要的证据之一，虽然银行转账凭证也是证明工资支付的重要证据，但是由于银行转账支付的是实发工资，并无清晰的工资结构，无法证明工资发放的具体项目构成以及当月应发工资总额、扣除项目等，因此在涉及加班工资、绩效工资是否支付以及具体支付金额方面的纠纷时，工资单成为举证的重要内容。

工资单的管理主要体现在两个方面：一是内容的管理，工资单要能成为证明用人单位支付工资的证据，必须尽量详细具体，包括具体的工资构成名目、金额、扣除项目金额、制作日期等，尤其要写明工资单上发放的是上月工资还是本月工资，是上月奖金还是本月奖金，都要列明；如果有补发项目或补扣项目，都应详细列出补发或补扣的具体月份、名目和金额，如有可能也建议把当月考勤情况（含出勤、缺勤、事

假、病假、年假等)列入。另外,建议在工资单的后面注明诸如“如员工对当月薪酬有异议应在收到后5个工作日内向人力资源部书面提出复核,未提出的视为无异议”这样的描述,并可以通过下划线或加粗字体的方式提请注意,目的是提醒员工注意仔细核对工资单,降低事后发生纠纷的可能性。

二是送达的管理,无论内容写得如何完善和具体,如果没法证明已经送达给员工,在发生纠纷时员工同样可以“只收到实发金额工资,但不确认工资单发放名目和对应金额”“工资单是单位事后制作的”等理由进行抗辩,此时应当由主张相关工资已经发放的用人单位承担举证责任,如果无法证明则可能导致败诉的后果,因此证明工资单已送达给员工且员工并没有提出过异议很重要。工资单送达员工最可靠的方式是书面签收,由员工本人每月签字确认,如果采用电子邮件或电子办公系统等方式送达员工的,应参考本书前面章节关于电子证据送达的相关技巧,做好固定专属号码对应员工身份、证明每月邮件发送事实等取证工作。如有必要也可以采取折中方式,由员工每半年度或每季度统一签收一次工资单,以固定证据。

(六)什么情况下企业有权扣减员工工资?

在企业人力资源管理中,经常会涉及企业是否有权直接扣减员工工资的问题,如员工因工作失职给企业造成损失,企业是否有权扣减员工工资等。

虽然员工工资由企业发放,但是企业依法及时足额发放工资是企业的义务,除非有法定或约定的理由,或者经员工本人同意,否则企业不得擅自扣减员工的工资。

《工资支付暂行规定》第15条规定:“用人单位不得克扣劳动者工资。有下列情况之一的,用人单位可以代扣劳动者工资:(一)用人单位代扣代缴的个人所得税;(二)用人单位代扣代缴的应由劳动者个人负担的各项社会保险费用;(三)法院判决、裁定中要求代扣的抚养费、赡养费;(四)法律、法规规定可以从劳动者工资中扣除的其他费用。”《广东省工资支付条例》第14条在上述规定的基础上,增加了“劳动者个人应当缴纳的住房公积金”和“人民法院判决、裁定代扣的扶养费”两个项目,各地的地方法规关于可以扣减工资的规定基本差别不大。

除了法定的扣减权限外,用人单位也可以与员工约定扣减工资的内容。例如,有企业为员工提供住宿,但是需要支付较低的房租并承担水电费用,员工也可以选择自行在外租房。如果员工选择企业提供的住宿,用人单位可以约定每月在工资发放时扣减员工应承担的房租和实际支出的水电费用。当然，由于劳动关系实际上并非完全平等的法律关系，因此约定扣减工资的行为是否合法合理，也要具体情况具体分析，以免用人单位利用优势地位损害员工利益。

对于员工因过失造成单位损失是否可以直接扣减的问题，相关规定给出了肯定的答复。《工资支付暂行规定》第 16 条规定："因劳动者本人原因给用人单位造成经济损失的，用人单位可按照劳动合同的约定要求其赔偿经济损失。经济损失的赔偿，可从劳动者本人的工资中扣除。但每月扣除的部分不得超过劳动者当月工资的 20%。若扣除后的剩余工资部分低于当地月最低工资标准，则按最低工资标准支付。"《广东省工资支付条例》第 15 条规定："因劳动者过错造成用人单位直接经济损失，依法应当承担赔偿责任的，用人单位可以从其工资中扣除赔偿费，但应当提前书面告知扣除原因及数额；未书面告知的不得扣除。扣除赔偿费后的月工资余额不得低于当地最低工资标准。"《北京市工资支付规定》第 11 条规定："用人单位不得随意扣除劳动者工资。除法律、法规、规章规定的事项外，用人单位扣除劳动者工资应当符合集体合同、劳动合同的约定或者本单位规章制度的规定。因劳动者本人原因给用人单位造成经济损失，用人单位按照前款规定扣除劳动者工资的，扣除后的余额不得低于本市最低工资标准。"因此，对于因员工过失造成单位损失而扣除工资的，应注意以下几方面事项：(1)扣除工资应有充分的证据证明员工过错造成损失，包括员工的违规行为、损失的证明、两者因果关系的证据等，最好由员工本人书面确认所造成的损失，如果有争议可以通过法律途径解决而非直接扣除，以免产生风险；(2)扣除金额不超过当月工资的 20%，且扣除后不得低于当地最低工资标准；(3)扣除前应当书面告知员工扣除的理由和金额。

第二节　加班工资支付的法律合规

因加班而引发的加班工资支付等法律问题也是薪酬福利争议纠纷中最为高发的一类纠纷。在激烈的市场竞争下，各行各业的加班情况都十分普遍，大小周、"996"甚至"007"也都不少见，因加班引发的"猝死""过劳死"等问题也常见诸报端，这一节我们来讨论一下加班工资支付的合规问题。

一、加班工资支付的六大常见问题

（一）加班加点如果给予补休是否可以不支付加班工资？

要回答上述问题，首先要区分加班加点的三种形式：法定节假日加班、双休加班、平时加点。根据《劳动法》第44条规定，“有下列情形之一的，用人单位应当按照下列标准支付高于劳动者正常工作时间工资的工资报酬：（一）安排劳动者延长工作时间的，支付不低于工资的百分之一百五十的工资报酬；（二）休息日安排劳动者工作又不能安排补休的，支付不低于工资的百分之二百的工资报酬；（三）法定休假日安排劳动者工作的，支付不低于工资的百分之三百的工资报酬”。从上述法律可以看出，只有休息日加班才能安排补休代替支付加班费，而对于平时加点和法定节假日的加班，法律都没有规定可以通过补休代替支付加班费，而劳动法律法规的社会法属性，意味着这是刚性的规定，不可以通过协商改变。实践中，对于法定节假日不可以通过补休代替支付加班费基本上是常识，但是对于“平时加点不可以补休”是很多企业HR的盲点，当然如果企业对于平时加点也是采取补休的方式而员工没有提出异议也就没有纠纷，但是如果发生纠纷，即使企业已经安排了补休，也有可能被裁决支付加班工资。

反过来，对于双休日的加班，员工可以要求不补休而要求支付加班费吗？当然不可以，因为法律规定是不能安排补休才支付加班工资，如果能够安排补休，企业是没有支付加班工资的义务的，因此选择权在于企业而不是员工。

（二）劳动者是否有权拒绝加班？

在加班的问题上，很多过去习以为常的事情可能是不合法的，比如安排加班，在绝大多数的企业加班都是由单位直接安排，并不会与员工提前协商，但是2021年6月30日人力资源和社会保障部、最高人民法院《关于联合发布第二批劳动人事争议典型案例的通知》（人社部函〔2021〕90号）中却明确给出了反对的答案。

案例：劳动者拒绝违法超时加班安排，用人单位能否解除劳动合同

张某于2020年6月入职某快递公司，双方订立的劳动合同约定试用期为3个月，试用期月工资为8000元，工作时间执行某快递公司规章制度相关规定。某快递公司规章制度规定,工作时间为早9时至晚9时,每周工作6天。2个月后,张某以工作时间严重超过法律规定上限为由拒绝超时加班安排,某快递公司即以张某在试用期间被证明不符合录用条件为由与其解除劳动合同。张某向劳动人事争议仲裁委员会申请仲裁,请求裁决某快递公司支付违法解除劳动合同赔偿金8000元。

仲裁委员会裁决某快递公司支付张某违法解除劳动合同赔偿金8000元(裁决为终局裁决),并将案件情况通报劳动保障监察机构,劳动保障监察机构对某快递公司规章制度违反法律、法规规定的情形责令其改正,给予警告。

案例分析

本案的争议焦点是张某拒绝违法超时加班安排,某快递公司能否与其解除劳动合同。

《劳动法》第41条规定:"用人单位由于生产经营需要,经与工会和劳动者协商后可以延长工作时间,一般每日不得超过一小时;因特殊原因需要延长工作时间的,在保障劳动者身体健康的条件下延长工作时间每日不得超过三小时,但是每月不得超过三十六小时。"第43条规定:"用人单位不得违反本法规定延长劳动者的工作时间。"《劳动合同法》第26条第1款规定:"下列劳动合同无效或者部分无效:……(三)违反法律、行政法规强制性规定的。"为确保劳动者休息权的实现,我国法律对延长工作时间的上限予以明确规定。用人单位制定违反法律规定的加班制度,在劳动合同中与劳动者约定违反法律规定的加班条款,均应认定为无效。

本案中,某快递公司规章制度中"工作时间为早9时至晚9时,每周工作6天"的内容,严重违反法律关于延长工作时间上限的规定,应认定为无效。张某拒绝违法超时加班安排,系维护自己合法权益,不能据此认定其在试用期间被证明不符合录用条件。故仲裁委员会依法裁决某快递公司支付张某违法解除劳动合同赔偿金。

从上述公布的典型案例来看,有关部门再次明确了对"996""007"等的否定意见,并且认为劳动者有权拒绝违法超时的加班行为,企业应注意在日后的管理中,安排加班应加强与员工或工会的协商程序。

(三)离职时签署结清工资的协议或函件,员工是否还能追索加班工资?

不少企业为了避免员工离职后追索劳动报酬,经常会在离职时要求或说服员工签署协议或者确认函,在协议和函件中往往有诸如"员工确认不存在未结清劳动报酬情况”之类内容的表述，在此前提下，员工离职后如果认为企业没有支付足额劳动报酬，还能够通过法律维权吗？下面我们来看一下这个典型案例。

案例：劳动者在离职文件上签字确认加班费已结清，是否有权请求支付欠付的加班费

2017年7月，肖某与某科技公司（已依法取得劳务派遣行政许可）订立劳动合同，被派遣至某快递公司担任配送员，月工资为基本工资加提成。肖某主张某快递公司在用工期间安排其双休日及法定节假日加班，并提交了工资表。工资表加盖有某科技公司公章，某科技公司和某快递公司均认可其真实性。该工资表显示，2017年7月至2019年10月肖某存在不同程度的双休日加班及法定节假日加班，但仅获得少则46.15元、多则115.40元的出勤补款或节假日补助。2019年11月，肖某向某科技公司提出离职，当日双方签署离职申请交接表。该表“员工离职原因”一栏显示：“公司未上社会保险，工作压力大、没给加班费。”“员工确认”一栏显示：“经说明，我已知悉《劳动合同法》上的权利和义务，现单位已经将我的工资、加班费、经济补偿结清，我与单位无其他任何争议。本人承诺不再以任何理由向某科技公司及用工单位主张权利。”员工签名处有肖某本人签名。肖某对离职申请交接表的真实性认可，但认为表中“员工确认”一栏虽系其本人签字，但并非其真实意思表示，若不签字，某科技公司就不让其办理工作交接，该栏内容系某科技公司逃避法律责任的一种方法。肖某不服仲裁裁决，诉至人民法院。请求判决某科技公司与某快递公司支付加班费82,261元。一审法院判决：驳回肖某加班费的诉讼请求。肖某不服，提起上诉。二审法院改判：某科技公司与某快递公司连带支付肖某加班费24,404.89元。

案例分析

本案的争议焦点是肖某是否与用人单位就支付加班费达成合法有效的协议。最高人民法院《关于审理劳动争议案件适用法律问题的解释（一）》（法释〔2020〕26号）第35条第1款规定：“劳动者与用人单位就解除或者终止劳动合同办理相关手续、支付工资报酬、加班费、经济补偿或者赔偿金等达成的协议，不违反法律、行政法规的强制性规定，且不存在欺诈、胁迫或者乘人之危情形的，应当认定有效。”司法实践中，既应尊重和保障双方基于真实自愿合法原则签订的终止或解除劳动合同的协议，也应对劳动者明确持有异议的、涉及劳动者基本权益保护的协议真实性予以审查,依法保护劳动者的合法权益。

本案中,肖某认为离职申请交接表“员工确认”一栏不是其真实意思表示,上面记载的内容也与事实不符。该表中“员工离职原因”与“员工确认”两处表述确实存在矛盾。两家公司均未提供与肖某就加班费等款项达成的协议及已向肖某支付上述款项的证据,且肖某否认双方就上述款项已达成一致并已给付。因此,离职申请交接表中员工确认的“现单位已将我的工资、加班费、经济补偿结清,我与单位无其他任何争议”与事实不符,不能认定为肖某的真实意思表示。本案情形并不符合最高人民法院《关于审理劳动争议案件适用法律问题的解释(一)》第35条之规定,故二审法院依法支持肖某关于加班费的诉讼请求。

这个典型案例表明,用人单位在员工离职时所签署的协议或者函件,并不是不支付劳动报酬的充分要素,即使签署了这样的协议,也要审核协议签署的背景原因以及是否真实意思表示等,必要时还要出示支付劳动报酬的相关证据来证明支付事实,因此企业在管理中还是要加强平时支付工资的员工确认证据的留存,以便发生纠纷时能够完成举证责任。

(四)值班是否需要支付加班工资?

值班是指企业因生产经营的需要,在某些岗位长时间派驻人员值守,但是工作内容较为单一和简单、工作技能要求较低的一类工作,包括门岗、保安、仓库保管员等。这一类岗位由于工作性质特殊,往往需要24小时值守,但是因为工作简单技能要求低,招聘人员不多又较为固定,且大多数情况下员工在岗位上用餐休息与工作两不误,因此员工常常每天需要工作12小时以上,这类人员如果所有值班时间全按正常工时计算加班工资,企业很难承受也不符合市场实际,导致可能是一些本来就业困难的人士但足以胜任值班工作的却找不到工作。因此在实践中各地对这一类人员的加班工资都有特殊的处理方法。

1. 区分工作场所是否可以休息来认定工作时间。

例如,浙江省高级人民法院民一庭《关于审理劳动争议纠纷案件若干疑难问题的解答》第八个问答为:对保安、门卫、仓库保管员等特殊岗位劳动者主张加班工资的,加班事实应如何把握?

答:对于全天24小时吃住在单位的保安、传达室门卫、仓库保管员等人员,其工作性质具有特殊性。如确因工作所需和单位要求,不能睡眠休息的,应认定为工作时间;如工作场所中同时提供了住宿或休息设施的,应合理扣除可以睡眠休息的时间,即劳动者正常上班以外的时间不应计算为工作时间,对超出标准工作时间上班的,用人单位应支付加班工资。审判实践中,可以综合考虑以下因素:用人单位是否就该岗位向劳动行政部门申请办理过综合计算工时工作制、不定时工作制的审批手续(应注意审批的有效期和审批人数);用人单位是否在工作场所内为劳动者配备必要的休息设施;用人单位的工作制度或规章制度中对劳动者具体工作内容、工作强度的要求(以判断劳动者按照该制度工作是否将导致事实上无法休息);用人单位安排值班的人数(考虑同一时段劳动者是否有轮换休息的可能性)。

厦门市中级人民法院、厦门市劳动人事争议仲裁委员会《关于审理劳动争议案件若干疑难问题的解答》第10条也有类似规定。

2. 直接不支持加班工资。

例如,北京市高级人民法院、北京市劳动人事争议仲裁委员会《关于劳动争议案件法律适用问题研讨会会议纪要》第22条规定:“下列情形中,劳动者要求用人单位支付加班工资的,一般不予支持:(1)用人单位因安全、消防、节假日等需要,安排劳动者从事与本职工作无关的值班任务;(2)用人单位安排劳动者从事与其本职工作有关的值班任务,但值班期间可以休息的。在上述情况下,劳动者可以要求用人单位按照劳动合同、规章制度、集体合同等支付相应待遇。”

3. 从严掌握加班工资的支付。

广州市中级人民法院在《关于审理劳动争议案件的参考意见》(2009年)第4条规定:“对于在岗时间较长、劳动强度不大、工作时间灵活或间断性、具有提成性工资性质的特殊行业岗位,人民法院应当充分考虑上述岗位的工作性质和当地劳动力价格水平,且尊重该行业和岗位工资支付的行规惯例,对于劳动者主张在标准工作时间以外的加班工资,从严掌握。”所谓从严掌握,也就是一般来说不会支持加班工资。

因此,总体来说,各地对于值班人员的加班工资的问题都采取了特殊处理的规定,企业可以根据所在地区的司法实践,与员工明确约定值班的工时、值班时的要求,明确在不影响工作的情形下值班是否可以休息等情形,以便发生争议时判断是否需要支付加班工资。

(五)加班未经审批还能主张加班工资吗?

过去很多企业都制定了加班审批制度,希望遏制加班行为的发生,有些企业将加班审批的程序规定得非常严格，要求层层审批，如果企业不同意就不能加班，或者即使有延时工作也不能视为加班，个别企业普通员工的加班也要由总经理等高管来审批，自然也就没有人敢申请加班。这种做法的优点是避免了有些员工磨洋工，白天上班不好好干活，把工作留到加班来做，但是弊端也非常明显，就是确实需要发生的加班也无法正常进行，更有甚者，将加班审批制度作为不支付加班工资的手段，所有加班都不批准，但是工作成果却要按时完成，那么是不是加班未经审批员工都不能主张加班工资呢？下面我们来看下最高人民法院和人力资源和社会保障部公布的这个典型案例。

案例：用人单位未按规章制度履行加班审批手续，能否认定劳动者加班事实

吴某于2019年12月入职某医药公司，月工资为18,000元。某医药公司加班管理制度规定："加班需提交加班申请单，按程序审批。未经审批的，不认定为加班，不支付加班费。"吴某入职后，按照某医药公司安排实际执行每天早9时至晚9时，每周工作6天的工作制度。其按照某医药公司加班管理制度提交了加班申请单，但某医药公司未实际履行审批手续。2020年11月，吴某与某医药公司协商解除劳动合同，要求某医药公司支付加班费，并出具了考勤记录、与部门领导及同事的微信聊天记录、工作会议纪要等。某医药公司虽认可上述证据的真实性但以无公司审批手续为由拒绝支付。吴某向劳动人事争议仲裁委员会（以下简称仲裁委员会）申请仲裁。请求裁决某医药公司支付2019年12月至2020年11月加班费50,000元。

仲裁委员会裁决某医药公司支付吴某2019年12月至2020年11月加班费50,000元。某医药公司不服仲裁裁决起诉，一审法院判决与仲裁裁决一致，某医药公司未上诉，一审判决已生效。

案例分析

本案的争议焦点是某医药公司能否以无公司审批手续为由拒绝支付吴某加班费。

《劳动法》第44条规定："有下列情形之一的，用人单位应当按照下列标准支付高于劳动者正常工作时间工资的工资报酬：（一）安排劳动者延长工作时间的，支付不低于工资的百分之一百五十的工资报酬；（二）休息日安排劳动者工作又不能安排补休的，支付不低于工资的百分之二百的工资报酬。"《工资支付暂行规定》（劳部发

〔1994〕489 号)第 13 条规定:“用人单位在劳动者完成劳动定额或规定的工作任务后,根据实际需要安排劳动者在法定标准工作时间以外工作的,应按以下标准支付工资:……”从上述条款可知,符合“用人单位安排”“法定标准工作时间以外工作”情形的,用人单位应当依法支付劳动者加班费。

本案中,吴某提交的考勤记录、与部门领导及同事的微信聊天记录、工作会议纪要等证据形成了相对完整的证据链,某医药公司亦认可上述证据的真实性。某医药公司未实际履行加班审批手续,并不影响对“用人单位安排”加班这一事实的认定。故仲裁委员会依法裁决某医药公司支付吴某加班费。

这个典型案例给了很多企业一个警示,通过加班审批制度并不能解决加班工资支付问题,如果一方面要求加班审批,另一方面却大量发生加班事实,且公司也明知和认可加班的事实和成果,这种情况下员工只要能提供加班的证据,一样可以主张支付加班工资,法律上本来就没有所谓“自愿加班”的说法。企业如果要实行加班审批制度,就必须严格执行加班审批,不仅要对加班进行审批,也要采取措施制止未经批准的延时劳动,迫使员工在正常工作时间提高工作效率,或者给予员工合理的加班审批,否则如果企业制定了加班审批制度就可以不用支付加班工资,那岂不是一个制度就可以架空法律,这是不现实的。

(六)计件制员工的加班工资如何支付?

计件制员工的加班工资支付问题,相对于计时制员工而言较为复杂,根据《工资支付暂行规定》的规定,计件制员工的加班工资标准规定为“实行计件工资的劳动者,在完成计件定额任务后,由用人单位安排延长工作时间的,应根据上述规定的原则,分别按照不低于其本人法定工作时间计件单价的 150%、200%、300% 支付其工资”。这里最为关键的是计件定额任务如何确定。

为什么计件制员工的加班工资与计件定额相关呢?这是因为计件制的特点是不按时间而是按工作成果计件来确定劳动报酬,如果不确定定额或者定额过低,员工就有可能在正常工作时间少出成果而将工作放在加班时间来做从而获取更高的计件单价,但是如果定额过高,那就有可能出现员工产出再高也完不成定额,即使加班也永远拿不到加班工资,因此要确定计件制的加班工资必须以确定计件定额为前提。

在过去计划经济年代,劳动定额都由政府相关部门规定,无须企业单独制定,但是随着市场经济的发展和社会分工的细化，政府不可能也无力包办劳动定额的制定，需要由企业根据具体情况来确定。《劳动合同法》第 4 条第 2 款规定："用人单位在制定、修改或者决定有关劳动报酬、工作时间、休息休假、劳动安全卫生、保险福利、职工培训、劳动纪律以及劳动定额管理等直接涉及劳动者切身利益的规章制度或重大事项时，应当经职工代表大会或者全体职工讨论，提出方案和意见，与工会或者职工代表平等协商确定。"因此劳动定额的制定应当经过民主程序。

各地关于计件制下员工加班工资的支付问题出台了不少地方规则，如浙江省高级人民法院民一庭《关于审理劳动争议纠纷案件若干疑难问题的解答》规定：……"九、实行计件工资制的加班工资如何认定？用人单位实行计件工资制，劳动者主张加班工资的，认定加班事实应主要审查计件工资劳动定额是否合理。劳动合同对计件工资劳动定额有约定的按照约定的定额审查，无约定的按行业规定审查。对劳动定额明显不合理或无行业规定的，按标准工时折算定额后再计算加班工资。"厦门市中级人民法院、厦门市劳动人事争议仲裁委员会《关于审理劳动争议案件若干疑难问题的解答》第 11 条也有类似规定。广州市中级人民法院《关于审理劳动争议案件的参考意见》(2009 年)第 7 条规定："实行劳动计件工资的，但根据现在证据无法查明正常工作时间工作定额的，且按照劳动者的月工资数额、工作时间和法定加班倍数折算出的月标准工时工资数额不低于当地最低工资标准的，则可视为劳动者在延长工作时间、休息日和法定节假日工作的劳动报酬具有加班工资性质，认定用人单位支付的工资中已包含了加班工资。"各地规定综合起来有两个原则：(1) 如果有定额，则审查定额是否合理，如果合理则采用，如果不合理则适当调整或者视为没有定额；(2) 如果没有定额，则按计时制来折算并判断是否低于最低工资标准，低于则补足，高于则不再支付加班工资。

二、加班工资的基数的确定

要做到加班工资支付的合规管理，除上述列举常见的加班工资支付的问题外，还包括加班工资基数确定的问题。

加班工资计算和支付的前提是确定加班工资的基数，是以员工的工资总额还是基本工资、最低工资或者其他工资标准作为加班工资的计算基数呢？《劳动法》第 44 条规定，"有下列情形之一的，用人单位应当按照下列标准支付高于劳动者正常工作时间工资的工资报酬：(一) 安排劳动者延长工作时间的，支付不低于工资的百分之一百五十的工资报酬；(二)休息日安排劳动者工作又不能安排补休的，支付不低于工资的百分之二百的工资报酬；(三)法定休假日安排劳动者工作的，支付不低于工资的百分之三百的工资报酬"，根据该法规从上下文来理解，加班工资的基数应当是员工正常工作时间的工资，但是具体实践中，员工正常工作时间工资的范围如何确定也是存在争议的，另外正常工作时间工资是否允许自行约定，还是按法定工资总额扣除一些不属于正常发放的收入作为正常工作时间的工资范围也存在不同观点。结合实践中各地的规定，梳理确认加班工资基数的做法有以下类型。

1. 有约定从约定，无约定按上年度职工月平均工资确定。

例如，《广东省工资支付条例》第 8 条规定："用人单位与劳动者应当在劳动合同中依法约定正常工作时间工资，约定的工资不得低于所在地政府公布的本年度最低工资标准。未约定的或者约定不明确的，以用人单位所在地县级人民政府公布的上年度职工月平均工资作为正常工作时间工资；实际支付的工资高于当地政府公布的上年度职工月平均工资的，实际支付的工资视为与劳动者约定的正常工作时间工资。"

2. 有约定从约定，无约定按正常劳动应得工资确定。

例如，《北京市工资支付规定》第 44 条规定："根据本规定第十四条计算加班工资的日或者小时工资基数、根据第十九条支付劳动者休假期间工资，以及根据第二十三条第一款支付劳动者产假、计划生育手术假期间工资，应当按照下列原则确定：(一)按照劳动合同约定的劳动者本人工资标准确定；(二)劳动合同没有约定的，按照集体合同约定的加班工资基数以及休假期间工资标准确定；(三)劳动合同、集体合同均未约定的，按照劳动者本人正常劳动应得的工资确定。依照前款确定的加班工资基数以及各种假期工资不得低于本市规定的最低工资标准。"《江苏省工资支付条例》《辽宁省工资支付规定》等均有类似的规定。

3. 有约定从约定，约定低于实际履行的按实际履行确定；无约定按正常出勤月工资的 70% 确定。

例如，《上海市企业工资支付办法》第 9 条第 3 款规定："加班工资和假期工资的计算基数按以下原则确定：(一)劳动合同对劳动者月工资有明确约定的，按劳动合同约定的劳动者所在岗位相对应的月工资确定；实际履行与劳动合同约定不一致的，按实际履行的劳动者所在岗位相对应的月工资确定。(二)劳动合同对劳动者月工资未明确约定，集体合同(工资专项集体合同)对岗位相对应的月工资有约定的，按集体合同(工资专项集体合同)约定的与劳动者岗位相对应的月工资确定。(三)劳动合同、集体合同(工资专项集体合同)对劳动者月工资均无约定的,按劳动者正常出勤月依照本办法第二条规定的工资(不包括加班工资)的70%确定。"

同时,第9条第2款规定:"加班工资和假期工资的计算基数为劳动者所在岗位相对应的正常出勤月工资,不包括年终奖,上下班交通补贴、工作餐补贴、住房补贴,中夜班津贴、夏季高温津贴、加班工资等特殊情况下支付的工资。"

4.直接按照上一月份或正常月份的实得工资确定。

例如,《山东省企业工资支付规定》第25条规定:"根据本规定第二十条计算加班工资的工资基数和第二十四条第一款计算劳动者休假工资基数,应当按照劳动者上一月份提供正常劳动所得实际工资扣除该月加班工资后的数额确定。劳动者上一月份没有提供正常劳动的,按照向前顺推至其提供正常劳动月份所得实际工资扣除该月加班工资后的数额确定。"

5.有约定从约定,无约定按前12个月平均工资,如果不足12个月的按上年度职工月平均工资。

例如,《安徽省工资支付规定》第44条规定:"本规定第十六条用于计算劳动者加班工资的标准,第二十三条、第二十四条、第二十五条、第二十六条、第二十七条用于计算劳动者提供正常劳动支付月工资的标准,应当按照下列原则确定:(一)用人单位与劳动者双方有约定的,从其约定;(二)双方没有约定的,或者双方的约定标准低于集体合同或者本单位工资支付制度标准的,按照集体合同或者本单位工资支付制度执行;(三)前两项无法确定工资标准的,按照劳动者前12个月的平均工资计算,劳动者实际工作时间不满12个月的,按照实际工作时间平均工资计算;(四)劳动者前12个月平均工资无法计算的,按用人单位所在地政府公布的上年度职工平均工资计算。"

6.有约定从约定,但如果实际发放超过约定的,按实际发放工资确定。

例如,北京市高级人民法院、北京市劳动人事争议仲裁委员会《关于审理劳动争议案件法律适用问题的解答》(2017年4月24日)第22条规定了以下几个原则:(1)用人单位与劳动者在劳动合同中约定了加班费计算基数的,以该约定为准。(2)劳动者正常提供劳动的情况下,双方实际发放的工资标准高于原约定工资标准的,可以视为双方变更了合同约定的工资标准,以实际发放的工资标准作为计算加班费计算基数。实际发放的工资标准低于合同约定的工资标准,能够认定为双方变更了合同约定的工资标准的，以实际发放的工资标准作为计算加班费的计算基数。(3)劳动合同没有明确约定工资数额，或者合同约定不明确时，应当以实际发放的工资作为计算基数。

管理指南

梳理和总结各地的做法，关于加班工资基数应注意以下事项：

1. 建议企业与员工在劳动合同中明确约定正常工作时间工资或者加班工资的基数；

2. 如果劳动合同中没有约定，可以采取补充协议约定，或者通过集体合同的形式明确约定加班基数的认定方式；

3. 约定的正常工作时间工资或者加班工资基数不得低于当地的最低工资；

4. 企业实际计算与支付的加班工资基数标准必须与劳动合同约定一致；

5. 个别地区即使有约定，但实际发放工资高于约定的，还是以实际发放工资确定加班基数。

三、加班事实的举证规则

要厘清加班工资的问题，明确加班工资的举证规则也是很重要的事情，确定加班工资支付的两大要素是加班事实与加班工资的计算基数，而由谁来承担加班事实的举证责任是关键。实践中加班事实的举证责任一般有以下规则。

(一)原则上由劳动者承担加班事实的举证责任

最高人民法院《关于审理劳动争议案件适用法律问题的解释(一)》(法释〔2020〕26号)第42条规定："劳动者主张加班费的，应当就加班事实的存在承担举证责任……"第44条规定："因用人单位作出的开除、除名、辞退、解除劳动合同、减少劳动报酬、计算劳动者工作年限等决定而发生的劳动争议，用人单位负举证责任。"因此加班事实不属于用人单位的举证责任，根据"谁主张，谁举证"的规则，加班事实的举证责任一般是由劳动者承担。

(二)劳动者提供了初步证据证明加班事实证据由用人单位掌握的，用人单位负举证责任

最高人民法院《关于审理劳动争议案件适用法律问题的解释(一)》(法释

〔2020〕26号)第42条规定:"……但劳动者有证据证明用人单位掌握加班事实存在的证据,用人单位不提供的,由用人单位承担不利后果。"由于加班事实的证据主要为考勤资料,而考勤资料绝大多数情况下由用人单位掌握,因此,如果员工有初步的证据来证明加班的事实,证据包括排班表、加班安排聊天记录、加班统计表等,哪怕证据并不是十分完善和连贯,也应当发生举证责任的转移,由用人单位来提供完整的考勤记录,查明是否有加班事实的发生,如果无法提供的,应由用人单位承担不利后果,由裁判机关认定劳动者的部分或全部主张成立。

(三)即使用人单位承担举证责任,也仅限于举证两年以内的考勤记录

即使由用人单位就加班事实承担举证责任,也是有一定限度的,这个限度一般为2年,例如,广东省高级人民法院、广东省劳动人事争议仲裁委员会《关于适用〈劳动争议调解仲裁法〉、〈劳动合同法〉若干问题的指导意见》(粤高法发〔2008〕13号,2008年6月23日实施)第29条第2款规定:"劳动者追索两年前的加班工资,原则上由劳动者负举证责任,如超过两年部分的加班工资数额确实无法查证的,对超过两年部分的加班工资一般不予保护。"

之所以规定2年的期限,则由于各地的地方法规大都规定用人单位对工资支付台账保存的期限2年以上,如《广东省工资支付条例》第16条规定:"用人单位应当按照工资支付周期如实编制工资支付台账。工资支付台账应当至少保存二年。工资支付台账应当包括支付日期、支付周期、支付对象姓名、工作时间、应发工资项目及数额,代扣、代缴、扣除项目和数额,实发工资数额,银行代发工资凭证或者劳动者签名等内容。"《北京市工资支付规定》第13条第1款规定:"用人单位应当按照工资支付周期编制工资支付记录表,并至少保存二年备查。工资支付记录表应当主要包括用人单位名称、劳动者姓名、支付时间以及支付项目和金额、加班工资金额、应发金额、扣除项目和金额、实发金额等事项。"《江苏省工资支付条例》第17条第2款规定:"用人单位应当建立劳动考勤制度,书面记录劳动者的出勤情况,每月与劳动者核对并由劳动者签字。用人单位保存劳动考勤记录不得少于二年。"因此,由于相关地方法规规定用人单位保存相关考勤记录及工资支付记录的最短时间是2年,因此超出2年再要求用人单位来提供考勤记录也就没有依据了。

管理指南

因此对于企业而言,综合来说,涉及考勤记录等加班事实的管理应注意以下

事项：

1. 注意保存好员工考勤记录、加班记录以及对应的加班工资支付等相关证据，且确保相关证据的真实性和合法性；

2. 相关证据最好有员工的签字确认，如果无法签字确认的，也应有员工的电子邮件、聊天记录或其他形式的确认；

3. 相关证据保存不低于2年。

第三节　浮动绩效的法律合规

浮动绩效的纠纷是薪酬福利纠纷中最主要的一类纠纷，随着经济的发展和管理的提升，多数企业的绝大多数岗位中都会将员工的薪酬划分为固定薪酬和浮动绩效两部分，浮动绩效是指结合企业业绩、组织业绩及员工个人表现而计算和支付的薪酬类型，浮动绩效有的叫奖金，有的叫绩效工资，还有的叫业务提成等，无论是什么名义，为方便论述，只要是将薪酬随业绩浮动的我们这里都统称为浮动绩效。

一、绩效奖金支付的法律问题

这里的绩效奖金是指企业根据相关制度和绩效表现在平时发放的浮动薪酬，包括月度奖、季度奖、半年度奖、业务提成、销售佣金等，有些员工的工资结构中虽然也有奖金，但是奖金的标准是固定不变的，不与员工业绩挂钩，性质上属于固定薪酬而不属于浮动薪酬，不在这里讨论的范围内。

关于绩效奖金的支付，在实践中往往有以下常见的疑难问题。

（一）绩效奖金的性质是什么？实践中应如何掌握发放规则？

绩效奖金的性质属于劳动报酬，是工资总额的一部分。虽然《关于工资总额组成的规定》中只是规定奖金作为工资总额的一部分，并没有列举提成、佣金等浮动薪酬，这其实是由于前述规定制定于1990年，当时尚属于计划经济为主的经济体制，极少有提成、佣金等概念，但无论是奖金还是提成、佣金，都是与劳动者提供劳动有关的报酬，当属于劳动报酬的性质。

既然绩效奖金属于劳动报酬，那么在涉及绩效奖金纠纷处理时，就应当按照劳动报酬的相关规定来处理，比如，仲裁时效应适用于工资的仲裁时效即从离职时开始起算,举证责任也应当适用工资的举证责任,绩效奖金的支付应适用工资支付条例等法律法规的规定等。

绩效奖金的确定和支付应当遵循以下几个规则:

首先,应有明确的绩效奖金发放的制度或协议。

绩效奖金作为浮动薪酬的一部分,是企业在固定薪酬之外根据业绩和表现来发放的劳动报酬,是否发放以及如何发放都必须有清晰的合同约定或者制度规定。从管理和合规的角度来说,由于合同的变更需要双方协商一致,而规章制度的调整只需要经过民主程序和公示送达程序,且绩效考核在实践中发生变动的概率很高,因此通过制度来规定绩效奖金的发放相对于合同约定更有管理优势。

其次,绩效奖金制度应当明确具体,尤其是对于发放的条件和计算的规则应是准确无争议。

很多企业虽然也有绩效奖金的制度,但是在发生纠纷时,律师往往发现这些绩效奖金的制度约定非常原则和模糊,或者理解上存在歧义,导致企业最后败诉。绩效奖金制度应当包括适用的对象、发放的具体条件、奖金计算的方法、发放的期限、各种非正常情况下(如与客户合同签约成功后又解除的、员工非正常离职等)的奖金处理规则等,都需要明确具体且无歧义的规定。在内容明确具体的前提下,制度制定的民主程序和公示送达程序等程序性问题也应当重视。

最后,要注意考核过程中的员工确认与保留相关证据。

制定清晰具体且程序合规的制度,并不能保证完全可以避免法律风险,与制度同样重要的是过程中的确认与告知。绝大多数的绩效奖金都与业绩考核目标、业绩完成情况相关,因此,绩效奖金的计算支付是否准确,前提是业绩考核目标是否清晰、业绩完成情况统计是否精准无异议、计算方法和过程是否准确无误等,因此必须在考核过程中注意及时将相关材料让员工书面确认,以免发生争议时员工不予认可,如果员工不同意确认,应当保留业绩统计和考核计算过程的相关证据,以便在发生纠纷后有据可依、有据可查。

(二)奖金是不是可以不发放?

发生绩效奖金的纠纷后,不少企业抗辩的观点是"奖金不是必须发放的,是否发放奖金是企业的权利",也有些企业将上述观点写进员工手册等规章制度中,那么奖金是不是可以由企业自主决定发放呢?实践中并不能这样简单理解。

的确,奖金通常是对员工劳动的额外奖励,并不是必须发放,因此企业在制定薪酬制度或者设计薪酬架构时,可以行使用工自主权,自主决定在某个岗位的员工薪酬结构中是否包含奖金,但是一旦员工的薪酬结构中包含了奖金,是否发放就不能由企业随意决定,而应当根据规章制度或者合同约定,如果没有规章制度或者合同约定,那就要根据公平合理的原则来确定。但是很多企业的做法十分随意,想给员工奖金就给,不想给就不给,完全无视制度或者约定,也不关注是否存在长期发放奖金的惯例,这绝对是有风险的做法。如果存在是否应支付奖金的纠纷,一般来说先看有没有规章制度的规定或者合同的约定,如果都没有,再看实际履行的情况,在纠纷前是否存在发放奖金的事实以及企业不发放的理由是否有依据,如果也没有实际发放的事实,那就要参考同企业相同岗位相同级别员工是否存在奖金发放的情况,从公平合理的角度来判断是否应发放奖金及发放的额度。

(三)离职时尚未发放的奖金提成是否必须发放?

离职时尚未发放的奖金提成是否必须发放?这是企业在经营中经常会遇到的问题,离职时尚未发放奖金提成有多种可能,有的是因为离职时奖金提成还没计算出来,也有的是因为还没有到发放的期限,还有的仅是因为员工要离职而企业故意拖着不发,综合法律的规定及各地司法裁判案例,笔者认为,离职时尚未发放的奖金提成是否要发放应遵循以下原则:

1. 企业规章制度或者合同约定有对于离职员工奖金提成是否发放问题有明确规定或约定的,应从其规定和约定。

员工离职尚未发放的奖金提成的原因有很多,不管是出于什么原因,如果企业规章制度或者合同有明确规定或者约定,只要员工离职没有发放的奖金提成一律不予发放的,则应当遵守制度规定或者约定。因为企业对奖金提成发放制度的制定有相应的自主权,无论是通过规章的规定还是通过合同约定形成的规则,只要提前送达了员工,其实也是让员工对于未来奖金提成的发放有可预见性,劳资双方都有义务遵守。

但是有一个例外,如果员工明明可以享受奖金,但是由于企业的过错如违法解除等故意剥夺员工享受奖金的权利,参照《民法典》第159条的规定,“附条件的民事法律行为,当事人为自己的利益不正当地阻止条件成就的,视为条件已经成就;不正当地促成条件成就的,视为条件不成就”。员工在职符合享受奖金的条件,而企业为了阻止员工获得奖金而提前违法解除劳动合同，则应视为条件成就，否定企业行为的合法性，让员工获得奖金。

2. 如果企业规章制度或者合同都没有明确规定或约定员工离职是否还享受奖金的问题，则应区分不同情形从公平合理的角度来确定。

首先，如果员工离职时相关奖金还无法确定的，包括是否达成交易无法确定、虽达成交易但是否能顺利回款等实现合同目的无法确定、后续跟进工作内容大小复杂程度无法确定等，这种情况下员工虽然有参与前期工作，但是工作的成果存在不确定性且后续离职后必然还需要其他同事费时费力跟进处理，从公平合理的角度来说，不应该支付员工要求发放奖金的诉求。

其次，如果员工离职时相关工作已经全部完成，奖金提成也能够全部核算出来，满足了发放条件，只是由于内部审批等原因没有发放，这种情况下应当支持员工的诉求，判令企业支付相应的奖金提成。

最后，如果员工离职时完成了大部分的工作内容，且有了阶段性成果，可以部分计算奖金或提成的，则应根据公平原则，综合考虑员工的付出、阶段性成果、后续工作等因素，酌情支付部分奖金或者提成。

二、年终奖支付的相关问题

年终奖是企业针对员工全年度表现进行奖励的一种薪酬模式，名义上有各种不同的称呼，有的叫年终绩效，有的叫年底双薪；有的是固定薪酬，有的是浮动薪酬。因年终奖引发的纠纷也不在少数，基本上围绕着以下一些问题。

(一)年终奖是不是必须发放?

年终奖是在平时薪酬之外额外发放的奖励，是对员工年度表现的激励，从法律上来说，与其他奖金一样，当然不是必须发放的，但是，如果企业的规章制度明确规定了年终奖，或者虽然没有规定，但是每年都按惯例发放，则企业不能以“企业可以自主发放”来抗辩。另外，有的企业虽然规章制度中明确规定了企业可以根据经营情况自主决定是否发放年终奖，但是这种自主权应当是针对整个企业全体员工的，而不是针对个别员工，如果在实践中企业只是针对极个别员工不发放年终奖，而其他员工均正常享受年终奖，则有违公平合理的原则。一旦发生纠纷，企业如果没法举出具体不发放的依据是很难免责的。

（二）新入职员工不满一年不享受年终奖的规定是否有效？

什么样的员工可以享受年终奖是企业的用工自主权，企业可以自行制定规则，有的企业会规定员工工作满一整年才享有年终奖，而有的企业会按员工入职时间的比例来享受年终奖，因此，如果企业明确规定新入职员工工作不满一年不享受年终奖，该规定合法有效。

（三）员工在年终奖发放日前离职的，能否享受年终奖？

这个问题跟前面的“离职时的尚未发放的奖金提成是否必须发放”有相似之处，也有区别。相同的地方在于“有制度或约定的应从制度或者约定”，因为年终奖作为对员工年度表现的奖励，目的当然是鼓励员工在下一年度继续努力工作，如果员工选择离职，企业自然没有奖励的必要了，因此，如果有明确的制度规定或约定是合法有效，此外，企业也不能故意在年终奖发放前违法解除劳动合同以规避发放年终奖的义务。

不同之处在于：(1)年终奖有固定额度与浮动额度之分，如果是固定的年终奖（如年底双薪），就是属于固定薪酬的一部分，应当按照合同约定、制度规定或惯例正常发放。(2)年终奖一般都要经过年底的考核，在下一年度的第一季度或者第二季度发放，而且有的企业因财务年度与自然年度未必一致。如果员工在发放日前离职可能会有两种情况，一是没有经过年度考核而提前离职，二是经过了年度考核符合发放条件但是在发放日前已经离职，对于前者由于没有经过考核就不应当享受年终奖，而后者一般来说都会支持年终奖。(3)如果企业没有年底的考核，则一般根据员工在年度内工作时间的比例折算支付年终奖。

（四）员工要求支付年终奖的举证责任如何分配？

员工主张年终奖的，应当如何分配举证责任呢？有的认为“谁主张，谁举证”，员工主张年终奖应由员工承担举证责任，不仅要证明存在年终奖，也要证明年终奖的金额及已届发放期限，也有人认为涉及劳动报酬的相关证据均由用人单位保管，应当由用人单位承担举证责任，如果举证不能，就应当推定员工的主张成立。

关于举证责任分配的问题，笔者认为一般应按照以下原则确定：

1. 如员工主张有年终奖，而企业否认有年终奖的，由员工举证证明存在年终奖。

员工举证证明了年终奖存在的，应由企业举证证明员工不符合发放条件，如举证不能的，应推定员工主张成立。

2. 如果双方都确认存在年终奖的，只是对金额存在争议，应当由企业承担举证责任，证明员工应享受的年终奖金额，举证不能的，应推定员工主张成立。

3. 如果双方都确认存在年终奖及应发放的金额，但是对于发放条件存在不同意见的，用人单位应举证证明发放条件以及不发放的理由，举证不能的，应推定员工主张成立。

三、递延奖金发放的相关问题

递延奖金是指对奖金实行延期、分期发放的一种形式，实践中以金融行业的递延奖金最为常见，非金融行业中也有部分企业存在递延奖金，但是非金融行业的递延奖金类似于一种长期服务奖励，通过分期发放来鼓励员工长期服务，因此我们这一节要讨论的递延奖金是专指金融行业的递延奖金。

金融行业实行递延奖金制度有其行业的特殊性，包括银行、保险、证券、信托基金等在内的金融企业，由于金融行业业务涉及金额巨大且风险较高，同时相关人员获得的绩效奖励也比其他行业更高，甚至动辄几十万元乃至上百万元的奖金，同时金融行业又比较特殊，面临金融监管诸多要求，还存在风险发生有滞后性的特点，因此，根据监管部门的要求，金融行业对于管理人员或者关键岗位的员工实行递延奖金制度，将相关人员的奖金与风险挂钩并实施延期支付，有其合理性。但是实践中也存在不少争议。

（一）递延奖金的性质

发生递延奖金的纠纷后，员工通常根据《工资支付暂行规定》第 9 条的规定“劳动关系双方依法解除或终止劳动合同时，用人单位应在解除或终止劳动合同时一次付清劳动者工资”来主张用人单位延期支付劳动报酬不合法，而用人单位通常的抗辩则认为递延奖金不是工资，不适用上述法规的规定。那么递延奖金到底是否属于工资呢？下面我们先来看一个案例。

案例：洪某与大东银行股份有限公司劳动争议案

洪某于 2003 年 7 月入职大东银行。2012 年 6 月起任某支行行长。大东银行制定了《大东银行薪酬实施方案》规定:(1)绩效奖金实行延期支付制度。延期支付的绩效奖金(以下称为递延奖金)与员工聘期内年度考核挂钩。考核合格的,兑现当期延期支付收入;考核不合格(含未参加年度考核人员),或者考核期间出现工作失误、违规操作给单位造成重大损失的,或者因工作不善,导致出现风险的,根据责任人承担的责任扣罚部分或者全部延期支付收入。员工年度考核结果由人力资源部提供,根据风险责任追究扣减延期支付收入的,由风险管理部、合规部、监察室、内审部等部门提供扣减依据。(2)实施递延奖金的人员范围包括对风险有重要影响下列人员:……支行行长、副行长、行长助理;……总行高管按照50%比例延期支付,其他员工按40%延期支付。延期支付期限为3年,其中第一年考核兑现30%,第二年考核兑现30%,第三年考核兑现40%。(3)自愿离职的,被解除劳动合同的,因违规、违纪被我行辞退、开除的,取消未行权的绩效奖金、递延奖金和其他奖金。2018年6月21日,洪某因嫖娼被济南市公安局某分局作出行政拘留10日、罚款3000元的行政处罚,银行对洪某解除劳动合同。洪某于2019年3月25日向劳动人事争议仲裁委员会申请仲裁,要求裁决被申请人向申请人支付递延风险奖金227,600元。该委经审查,裁决驳回申请人的仲裁请求。洪某对该仲裁裁决不服,在法定期限内向法院提起诉讼。

洪某认为,递延奖金属于工资性质,不能克扣。根据银监会规定,递延风险奖金属于绩效薪酬,是劳动报酬的范畴,奖金递延发放是为防范商业银行经营中的经营风险,并不改变其属于工资的法律属性。根据《劳动法》第50条、《工资支付暂行规定》第9条、《关于贯彻执行〈中华人民共和国劳动法〉若干问题的意见》第53条的规定,大东银行无权克扣洪某的递延风险奖金。大东银行认为,递延奖金在法律上的性质应当是激励对象享有的一项具有不确定性的期待权益,应当是在未来的某一时刻达到考核条件之后才能享有的权益,而不是延后发放的普通工资或薪酬。其性质不同于工资,银监会规定,"商业银行应制定绩效薪酬延期追索、扣回规定",单从这一点来看,一般意义上的劳动者工资显然不适用延期追索和扣回,由此可以得出,递延奖金的性质并非工资,洪某所依据的法律规定均不能适用。

法院认为,大东银行制定的《大东银行薪酬实施方案》规定,支行行长绩效奖金实行延期支付制度,该制度合法有效,洪某因嫖娼被行政处罚,并因违反《大东银行从业人员职业操守》的规定,大东银行对洪某解除劳动合同,其递延奖金亦被取消,故其主张要求大东银行支付其递延绩效奖金227,600元,无事实及法律依据,法院不予支持。

案例分析

递延奖金到底是不是工资，上述案件中法院并没有给出答案，诉讼结果是企业胜诉，似乎是企业的观点是成立的，但是真的是这样吗？前文我们讨论过，无论是奖金、提成、佣金还是其他名目，只要是劳动报酬都属于工资总额的范畴，而递延奖金只是在发放方式上有所不同，还是属于员工提供劳动所获得的报酬，当属工资无疑。

那如何理解《工资支付暂行规定》第9条关于"劳动关系解除或终止劳动合同时应一次付清劳动者工资"呢？笔者认为，两者并不矛盾，递延奖金虽然属于工资，但是对于发放存在诸多的限制和前提条件，只有满足了这些条件才具备发放的前提，而员工在离职前并不具备发放的条件，就无法适用离职前结清工资的规定。《工资支付暂行规定》制定于20世纪90年代，无法预见后来工资发展的复杂类型，不能机械适用法律法规。

（二）金融企业在递延奖金制度中设定各种限制和条件是否有效

金融企业的递延奖金制度通常都会对员工获得递延奖金作出各种限制和设定各种条件，包括但不限于以下内容：规定奖金的延期发放及额度、规定各种不予发放或者暂停发放的风险情形、规定离职后一律不予发放等，而在递延奖金的纠纷中，员工通常会对企业的递延奖金制度的合法性提出挑战，认为递延奖金是员工劳动报酬的重要组成部分，金融企业利用优势地位制定的递延奖金制度存在限制员工权利、排除自身义务的不合理之处，违反了法律、行政法规的强制性规定，应当不予适用。那么，金融企业在递延奖金制度设定各种限制和条件是否有效？答案应当是肯定的。

首先，金融企业设定递延奖金制度是行业监管的需要和要求，必须遵守。

包括银保监会、证监会等在内的行业监管机构，都根据上位法的授权和要求，出台了各种关于奖金延期支付的监管制度，例如，由原银监会制定的《商业银行稳健薪酬监管指引》（银监发〔2010〕14号）第16条第1款规定："商业银行高级管理人员以及对风险有重要影响岗位上的员工，其绩效薪酬的40%以上应采取延期支付的方式，且延期支付期限一般不少于3年，其中主要高级管理人员绩效薪酬的延期支付比例应高于50%，有条件的应争取达到60%。在延期支付时段中必须遵循等分原则,不得前重后轻。”由原保监会制定的《保险公司薪酬管理规范指引(试行)》(保监发〔2012〕63 号)第 13 条规定:“保险公司董事、监事、高管人员和关键岗位人员绩效薪酬应当实行延期支付,延期支付比例不低于 40%。其中,董事长和总经理不低于 50%。保险公司应当根据风险的持续时间确定绩效薪酬支付期限,原则上不少于三年。支付期限为三年的,不延期部分在绩效考核结果确定当年支付,延期部分于考核结果确定的下两个年度同期平均支付。支付期限超过三年的,延期支付部分遵循等分原则。”第 14 条规定:“发生绩效薪酬延期支付制度规定情形的风险及损失的,保险公司应当停发相关责任人员未支付的绩效薪酬。”由证监会制定的《证券公司治理准则》(证监会公告〔2012〕41 号,2020 年 3 月 20 日修订)第 65 条规定:“证券公司高级管理人员的绩效年薪由董事会根据高级管理人员的年度绩效考核结果决定,40% 以上应当采取延期支付的方式,且延期支付期限不少于 3 年。延期支付薪酬的发放应当遵循等分原则。高级管理人员未能勤勉尽责,致使证券公司存在重大违法违规行为或者重大风险的,证券公司应当停止支付全部或者部分未支付的绩效年薪。”各类金融企业也正是根据相关监管机构的要求,出台了各种形式的规章制度对递延奖金问题进行规范。因此,递延奖金制度出台有上位法的依据和监管的要求,是金融企业健康发展和规范管理的必要措施。

其次,金融企业设定递延奖金制度也有其合理性和正当性。

众所周知的是,一方面,金融行业向来是高薪的行业,所处理的交易项目都是金额巨大动辄上千万元、上亿元,而相关人员的绩效奖金也是跟项目金额挂钩,年薪百万元或者数百万元并不鲜见;另一方面,金融项目投资周期较长、行业监管严格,经常会出现事后发现问题需要追责的情况,如果不能采取奖金延期支付的情况,就会出现一方面项目出现问题导致金融企业发生风险事件且可能承担的是巨额的损失,另一方面相关责任人员却仍然享受着高薪甚至超高薪,有的甚至已经离职根本无法追究,因此在奖金制度设计方面,监管部门根据上位法的要求,要求企业制定绩效薪酬延期支付制度,是完全正当和合理的。

最后,金融企业设定递延奖金制度只要程序合规且内容合法则对员工具有约束力。

如前所述,递延奖金制度与《工资支付暂行规定》的规定并不矛盾,金融企业在制定递延奖金制度时,只要内容和程序都做到合法,权利义务具体明确,并且经合法公示送达给员工,在发生纠纷时就可以作为法院审理案件的合法依据并得到支持。

（三）递延奖金如已经发放是否可以追回

前面讨论的是递延奖金是否要发放的问题，那另一个问题：递延奖金如果已经发放了，是否还可以追回或者扣回呢？

如前所述，递延奖金作为工资的一部分，工资发放后已经属于员工可自由支配的财产，一般来说是不可以要求返还的，因此要求扣回或追回已发放的递延奖金似乎不可行，但是对于金融行业而言，正是由于前面所提到的由于金融风险的发生具有滞后性、金融业绩效奖金高额性、金融监管的特殊性等特点，因此，监管机构和金融企业都有针对递延奖金发放后的追回或扣回问题进行规范。

《商业银行稳健薪酬监管指引》（银监发〔2010〕14 号）第 16 条第 2 款规定："商业银行应制定绩效薪酬延期追索、扣回规定，如在规定期限内其高级管理人员和相关员工职责内的风险损失超常暴露，商业银行有权将相应期限内已发放的绩效薪酬全部追回，并止付所有未支付部分。商业银行制定的绩效薪酬延期追索、扣回规定应同样适用离职人员。"《保险公司薪酬管理规范指引（试行）》（保监发〔2012〕63 号）第 25 条规定："保险公司工作人员违反薪酬管理程序擅自发放薪酬、擅自增加薪酬激励项目或者在绩效考核中弄虚作假的，保险公司应当建立严格的问责制度，对违规发放的薪酬应当予以扣回。"中国银保监会办公厅在 2021 年 1 月 28 日印发的《关于建立完善银行保险机构绩效薪酬追索扣回机制指导意见的通知》更是明确要求"银行保险机构应当根据自身机构类型与特点、市场规模大小、风险管控能力等因素确定关键岗位人员范围，并在绩效薪酬追索扣回制度中予以明确"。同时规定"离职人员和退休人员适用绩效薪酬追索扣回机制"。该通知的适用范围含括了"银行机构、保险机构和在中华人民共和国境内依法设立的金融资产管理公司、信托公司、企业集团财务公司、金融租赁公司、汽车金融公司、消费金融公司、货币经纪公司"。

因此，只要相关金融企业对递延奖金的扣回或追回有清晰明确的制度规定，同时制度的制定及送达等合规合法，则相关制度在递延奖金的纠纷处理中完全可以得到支持，即使员工已经离职或者退休。

（四）金融企业递延奖金管理的注意事项

根据金融监管的要求，金融企业针对递延奖金应当制定相关规章制度，建立完善的合规体系，但并不是有形式上的规章制度就足以完全避免法律风险，事实上，尽管金融企业都有相关的制度，但关于递延奖金的纠纷并不少见，这一方面跟递延奖金金额巨大员工不会轻易放弃有关，另一方面也与金融企业制定的相关规章不完善、不清晰、有歧义等有很大的关系。金融企业要避免法律风险，应当从以下几个方面加强对递延奖金的管理。

1. 制定清晰完善的递延奖金规章制度及配套文件。

金融企业制定清晰完善的递延奖金制度是合规管理的关键，绝大多数发生纠纷的递延奖金案例都显示，纠纷发生的原因在于递延奖金制度规定存在不清晰的漏洞从而产生争议，有的是因为制度没有将适用递延奖金人员范围约定清楚，有的是没有明确适用递延奖金制度的项目范围，有的是对于发放递延奖金的条件设置含糊，还有的对于可以停发或不发奖金的风险事件等表述存在歧义，诸如此类的问题在不少金融企业制度中都较为常见，客观上导致企业与员工理解存在分歧从而导致发生纠纷。

因此金融企业必须重视完善递延奖金制度的内容，必须从完善制度适用人员及项目范围、明确奖金发放条件和不予发放的情形、制定奖金制度所附的配套文件、清晰界定相关制度中各类专业术语的定义等角度来规范及合规管理。

除了递延奖金制度的内容完善外，在制度制定的程序方面，无论是民主程序还是对员工的公示送达，都应该严格遵守法律规定进行并留存相应证据，以备纠纷发生时的完成相关举证工作。

2. 加强过程中相关文书的签收送达管理。

除了递延奖金制度本身的程序合规外，金融企业还必须重视管理过程中相关文书的签收送达工作，包括员工参与项目发生风险事件的告知、参会记录和会议纪要的确认、参与处理过程的文件签批等，由于发生递延奖金纠纷的往往都是高级管理人员，风险事件的处理其本人必然参与其中，完善相关文件的签收送达工作，可以确保员工在纠纷的诉讼或仲裁过程中，金融企业能够提供充分的证据证明不予发放奖金的事实与理由，立于不败之地。

3. 注重绩效业绩风险事件发生的证据搜集。

注重业绩项目风险事件发生的证据搜集，是指递延奖金发放的纠纷中，绝大多数是因为风险事件的发生导致员工无法享受递延奖金，甚至已发放的也要扣回，而企业对此事实的发生承担举证责任，金融企业不仅要证明制度或合同明确约定或规定存在不发放的合法理由，而且要证明可以不发放奖金的风险事件已经发生，因此包括但不限风险事件发生的内部通报、监管部门作出处罚的函件通知、相关法院的裁判文书、新闻媒体报道等与风险事件相关的证据，企业都要有意识地加强搜集和留存。

4. 强化对员工调查沟通协商通报等证据的留存。

金融风险事件的发生往往伴随着其他违法违规行为的存在，因此在处理过程中，会有很多相关责任人参与调查、询问等相关记录，责任人有时也会在最初的调查中配合和承担自身过错，但是随着事件的处理相关责任人员可能会避重就轻逃避追责，因此从一开始金融企业就有必要强化对员工调整、沟通、协商、通报等各种情形下的证据搜集，包括会议记录、询问笔录、事件自述、沟通录音视频等各类证据，确保有条件还原事件的相关事实。

第四节　福利管理的法律合规

福利管理也是企业人力资源管理的重要内容，完善的企业福利有利于树立企业良好形象、吸引优秀人才、助力企业文化的建设、形成良好的工作氛围。但是福利的管理尤其是企业约定福利的管理，需要注意防范其中存在的法律风险。

一、约定福利与法定福利

企业福利分为法定福利和约定福利，法定福利是按照法律规定享受的福利，如独生子女补贴、计划生育奖、丧葬费、抚恤金、高温津贴、法定年假等，而约定福利是用人单位根据规章制度规定或者合同约定在法定要求之外赋予员工的待遇，包括福利年假、培训机会、传统假日实物福利、商业保险、企业年金、带薪事假、交通福利、住房福利、生日福利等，大部分的企业福利都是约定福利，在实践中容易发生纠纷的基本上也都是约定福利。

二、约定福利的类型

常见的约定福利可区分为假期类福利、节日类福利、衣食住行类福利和待遇类福利等。

假期类福利主要包括福利年假、带薪事假、全薪病假等，福利年假是指在法定年假之外，企业根据员工级别或工龄所给予员工的年假；带薪事假是指企业给予员工在年度内可以获得若干天不扣薪(通常是基本工资不含奖金)的事假;全薪病假是指企业给予员工在休病假时可以享受正常出勤的薪酬待遇。

节日类福利是指企业在法定节假或员工生日等特殊日期在工资之外另行发放的待遇,包括春节福利、中秋福利、端午福利、生日福利等,福利的形式可以是现金也可以是实物或者其他形式。

衣食住行类福利是企业对员工在服装、出行、居住、用餐等方面提供的福利;服装福利包括购置服装的补贴、免费工服等;用餐福利包括免费或低于市场价的餐食,或者用餐的直接补贴;居住福利包括免费或低于市场价的企业宿舍或居住的直接补贴;出行福利包括交通补贴、上下班的班车接送或通过单位账户享受租车平台的租车服务等。

待遇类福利是指企业根据不同级别的员工制定的享有不同待遇的福利,有的是针对管理人员或核心人员,有的是针对全体员工。待遇类福利包括专车接送待遇、学历提升费用报销待遇、专项培训待遇、旅游待遇、体检待遇、购房购车无息或低息借款待遇、企业自身产品折扣待遇等。

三、约定福利的管理与风险控制

约定福利由于没有法律法规的直接依据,均是根据企业的规章制度以及劳动合同的约定来确定双方的权利义务,但是如果缺乏明确详细的规定或约定,由裁判机关可能根据过往惯例或者按照公平合理的原则进行处理,因此,约定福利风险管理的关键在于福利制度的规定。综合来说,笔者认为应当从以下几个方面来控制法律风险。

(一)尽量通过规章制度而不是劳动合同明确福利待遇

有的企业福利会通过规章制度明确,有的企业也会在劳动合同中约定相关的福利待遇,从管理便利和降低风险的角度来看,企业应当尽量通过规章制度的规定而不是劳动合同的约定来明确员工的福利待遇,原因在于,劳动合同的变更需要协商一致,而规章制度的修改虽也要求经过民主程序,但是并不需要员工一致同意,因此如果将福利待遇约定在劳动合同中,一旦需要调整和改变,则需要与每个员工进行协商,而最高人民法院《关于审理劳动争议案件适用法律问题的解释(一)》(法释〔2020〕26 号)第 50 条第 2 款规定:“用人单位制定的内部规章制度与集体合同或者劳动合同约定的内容不一致，劳动者请求优先适用合同约定的，人民法院应予支持。”因此，如果出现规章制度和劳动合同关于福利待遇不一致的表述，员工可以选择适用对自身有利的劳动合同条款，为管理便利和降低风险，应当尽量通过规章制度明确福利待遇，劳动合同只约定指向性条款如“相关福利待遇详见《公司福利制度》”等。

（二）企业规章制度中关于福利待遇的规定应当详细具体无歧义

规章制度中关于福利待遇的内容、适用主体范围、享受待遇的条件、离职未享受员工是否有权追索等都应该有非常具体明确的规定，否则容易产生争议。

以福利年假为例，很多的企业都有福利年假制度，福利年假本来是企业在法定年假之外另行增加的假期，如果出现员工离职的情况，不管离职是出于自愿还是被单位单方解除，都可能有未休的年假，如果法定年假则肯定要支付补偿，如果是福利年假，是否要支付经济补偿就要看规章的约定，如果制度明确离职后所有未休的福利年假不再补偿，则法院一般会支持这样的规定，而如果企业制度没有规定，则法院有可能判令企业按法定年假的标准支付经济补偿，毕竟未休年假要支付经济补偿的法律法规规定是非常清楚的，规定中并没有区分是法定年假还是福利年假，因此制度的规定就变得非常的关键。

再如带薪事假，在员工出现旷工的违纪情况下，是否还要给予带薪事假？对于享受外送培训待遇的员工，如果出现培训期间违纪违规或者未能取得相应的培训证书，是否还要报销培训费用？可以享受全薪病假的员工，如果病假材料存在缺失甚至伪造，是否还能享受全薪酬病假等，企业都可以在制度中进行明确。

福利制度制定得越详细具体，发生纠纷的概率也就越小。

（三）除规章制度外，应当制定配套的协议文书明确权利义务

福利待遇有的是一次性即时发放的，有的是有较长的过程，过程中可能存在不同的情形产生不同的风险，还有的则是因为涉及的金额较大，企业有附加的义务和前提，因此除了规章制度外，企业还应该制定完善配套的协议或者其他文书让员工签署，以进一步明确双方的权利义务。

例如，某企业规定总监级以上的员工可以报销考研、读博等学历课程费用20万元，或者外派核心员工到国外学习技能半年，花费数十万元，但是可能同时附加要求

员工服务 10 年以上的服务期，这时候就必须与员工另行签署培训协议明确权利义务，包括但不限于承担费用的范围、额度、报销流程甚至返还报销款等约定；再如，某房地产开发商对副总级别以上的员工购房可以有额外的 6% 的折扣，对于一线城市而言，可能这就涉及数十万元甚至上百万元的福利，企业必须对员工进行限制，如规定如果员工存在严重违纪行为被解除劳动合同的，企业有权要求全额返还福利折扣金额。这样的规定也是合情合理的，因为福利本来就是企业在法定义务外为激励员工而额外的给予，企业当然有权设定条件和要求。凡此种种，都需要在规章制度外制定专门的协议和文书（如申请待遇需填写的表格）等来明确约定，避免分歧。如果发生纠纷，这些协议文书等材料就是企业维护自身合法权益最重要的凭证。

第十一章

休息休假类纠纷处理技巧

休息休假是劳动者的基本权利，《宪法》第43条规定："中华人民共和国劳动者有休息的权利。国家发展劳动者休息和休养的设施，规定职工的工作时间和休假制度。"通过我国《劳动法》及其他相关法律法规的规定，员工休息休假的权利得以具体明确，休息休假涉及的范围和内容较为广泛，又涉及员工切身利益，实践中发生纠纷的概率并不低，纠纷多发的类型主要集中在带薪年休假、病假、三期女职工休假等方面，因此本章着重从这几类假期的法律问题展开讨论。

第一节　带薪年休假纠纷处理

带薪年休假一般简称“年假”，是指对工作一年以上的员工享受相应假期的制度。早在1995年1月1日开始施行的《劳动法》就规定了带薪年休假制度，该法第45条规定：“国家实行带薪年休假制度。劳动者连续工作一年以上的，享受带薪年休假。具体办法由国务院规定。”但是由于这个具体办法长期没有出台，导致实践中无法可依，因此在具体规定出台前大多数享有年假的企业都是以外企为主，外企一般都自行规定年假制度，成为吸引人才的重要因素。直到2007年12月7日国务院常务会议通过《职工带薪年休假条例》，并自2008年1月1日起施行，我国的年假制度才算有了法律依据，2008年9月18日，人力资源和社会保障部又公布了《企业职工带薪年休假实施办法》，年假制度有了更为详细的规定，但是在实践中还是存在不少问题。

一、如何理解“连续工作满一年”？

《职工带薪年休假条例》第2条规定：“机关、团体、企业、事业单位、民办非企业单位、有雇工的个体工商户等单位的职工连续工作1年以上的，享受带薪年休假……”《企业职工带薪年休假实施办法》第3条规定：“职工连续工作满12个月以上的，享受带薪年休假（以下简称年休假）。”

这里的“连续工作1年”或者“连续工作满12个月”应是同一概念，但是要如何理解呢？是要求在本单位连续工作满1年，还是说在不同单位连续工作满1年也可以。

人力资源和社会保障部办公厅在2009年4月15日对上海市人力资源和社会保障局《关于〈企业职工带薪年休假实施办法〉有关问题的复函》中回复称，《企业职工带薪年休假实施办法》第3条中的“职工连续工作满12个月以上”，既包括职工在同一用人单位连续工作满12个月以上的情形，也包括职工在不同用人单位连续工作满12个月以上的情形。经检索过往案例，在实践中，法院基本都是按照人社部办公厅的复函精神进行裁决。

案例：何某诉恒生公司纠纷案

何某于2018年7月18日从案外人海络公司处离职，于2018年9月3日入职恒生公司,工作岗位为产品经理。何某与恒生公司签订一份期限为2018年9月3日至2021年9月3日的劳动合同,约定正常工作时间工资为不低于广州市最低工资,双方确认何某离职前12个月的月平均工资为11,503元。

何某于2020年3月4日向某区劳动人事争议仲裁委员会申请仲裁,要求恒生公司支付2018年9月3日至2020年3月24日未休年休假工资9773元,该委裁决驳回何某仲裁请求。何某不服向法院提起诉讼。

一审法院认为,何某于2018年9月3日入职恒生公司。根据何某的社保缴费记录,显示何某在入职恒生公司前,曾在其他工作单位连续工作满1年以上,故何某依法应当享受年休假。一审法院认为,只要劳动者曾经连续工作满1年以上,则符合享受年休假的条件,如要求劳动者必须在同一用人单位连续工作满1年或者在不同用人单位工作也需无缝衔接地连续工作1年以上才能享受年休假,而忽略之前的工作经历,则未免要求过于苛刻,也不符合充分保护劳动者休息权利的立法精神。何某在恒生公司处没有休过年休假,恒生公司应向何某支付未休年休假工资。何某2019年度未休年休假的天数为5天,2020年度未休年休假的天数为2天(146天÷365天×5天),共计未休带薪年休假的工资为7404元(11,503元/月÷21.75天/月×7天×200%)。

二审法院认为,《企业职工带薪年休假实施办法》第3条规定,职工连续工作满12个月以上的,享受带薪年休假。依照该规定,职工享受带薪年休假的前提条件是连续工作满12个月以上,即劳动者在同一或不同用人单位连续不中断工作满12个月以上。根据查明的事实,何某于2018年7月18日与前一用人单位解除劳动关系,并于2018年9月3日入职恒生公司,即何某2018年7月19日至9月2日处于无工作的状态,至2019年9月3日才满足连续工作满12个月以上的条件,才可享受带薪年休假。故何某2019年度未休年休假的天数为1.6天(120天÷365天×5天),2020年度未休年休假的天数为2天(146天÷365天×5天),故何某2019年度及2020年度未休带薪年休假的工资应为3173元(11,503元/月÷21.75天/月×3天×200%)。一审认定为7404元不当,本院予以纠正。

案例分析

上述案例可以看出,一审、二审法院对于"连续工作满一年"也存在不同的理解,一审法院认为"需要无缝衔接地连续工作一年以上才能享受年休假,而忽略之前的工作经历要求过于苛刻，也不符合立法精神”，而二审法院则严格按照法律的规定，认为只有不间断工作才符合享受年假的条件，从而改判了一审判决。审判实践中基本上也是持同样的处理原则。例如，在张某宾与国创科视科技(大连)有限公司劳动争议纠纷一案中[案号：(2018)辽02民终4191号]，二审法院大连市中级人民法院审理查明：“根据大连北恒新宇信息技术有限公司向张某宾出具的《解除劳动合同证明书》载明‘在该单位工作年限为自2014年12月22日起至2016年9月27日止’，及该公司自2015年1月1日起至2016年9月9日止为张某宾缴纳社会保险费的事实，可以认定张某宾在入职国创公司之前，自2014年12月22日起至2016年9月27日止在大连北恒新宇信息技术有限公司任职。自2016年9月28日开始，张某宾到国创公司工作。故从2014年12月22日起开始计算，至张某宾与国创公司解除劳动合同之日即2017年3月30日止，张某宾累计工作时间满12个月以上。”从而认定张某宾符合连续工作满1年的条件。而在上海大匠网络科技有限公司与钮某涛劳动合同纠纷二审案件[案号：(2020)沪01民终13676号]中，二审法院上海市第一中级人民法院认为：“根据本案一审、二审已经查明的事实，2018年5月14日，上海大匠网络科技有限公司向钮某涛发出《员工聘用确认函》；2018年5月24日，钮某涛在案外人处的用工结束；2018年6月1日，本案双方当事人签订劳动合同，其后发生实际用工。用人单位与劳动者在用工前订立劳动合同的，劳动关系自用工之日起建立，故本案劳动关系也应自双方实际用工之日起建立。钮某涛未能证明其在2018年5月31日之前存在连续实际用工的事实，故其不符合‘职工在不同用人单位连续工作满12个月以上’的情形，因此上海大匠网络科技有限公司关于其无须支付系争应休未休年休假折算工资的上诉请求，本院予以支持”。虽然中间仅间断十多天，法院也没有支持员工的诉求。

管理指南

对于企业而言，规避法律风险最好的做法是做好员工入职的信息登记及相关证明的提交，通过入职申请表、劳动合同等明确员工的入职日期，通过上一工作单位出具的离职证明、社保缴费记录等明确从前一用人单位离职的日期，通过两者的对比较为容易确定是否属于连续不间断的工作，同时也要注意在相关资料缺失时加强员工本人对相关入职离职日期的确认等，以减少争议。

二、计算年假是按单位工龄还是按社会工龄?

根据国务院《职工带薪年休假条例》第3条的规定,“职工累计工作已满1年不满10年的,年休假5天;已满10年不满20年的,年休假10天;已满20年的,年休假15天。国家法定休假日、休息日不计入年休假的假期”。同时《企业职工带薪年休假实施办法》第4条规定:“年休假天数根据职工累计工作时间确定。职工在同一或者不同用人单位工作期间,以及依照法律、行政法规或者国务院规定视同工作期间,应当计为累计工作时间。”人力资源和社会保障部办公厅在2009年4月15日对上海市人力资源和社会保障局《关于〈企业职工带薪年休假实施办法〉有关问题的复函》中更是进一步明确:“《企业职工带薪年休假实施办法》第四条中的‘累计工作时间’包括职工在机关、团体、企业、事业单位、民办非企业单位、有雇工的个体工商户等单位从事全日制工作期间,以及依法服兵役和其他按照国家法律、行政法规和国务院规定可以计算为工龄的期间(视同工作期间)。职工的累计工作时间可以根据档案记载、单位缴纳社保费记录、劳动合同或者其他具有法律效力的证明材料确定”。

实践中确有不少企业将“累计工作时间”理解为本单位的工作年限,如在2016年4月26日上午北京市西城区人民法院召开“西城法院纵深化劳动者权益保护典型案例”新闻通报会上披露了以下这样一个案例。

案例:李女士与某公司年假纠纷案

2009年11月25日,李女士入职某公司,担任门店店员工作。2011年至2013年,公司每年安排李女士享受5天带薪年休假。2014年5月,李女士从公司离职。离职后,李女士起诉公司要求支付在职期间未休满年休假的工资差额。李女士主张,其1983年12月已开始工作,入职公司前社保缴费累计年限已达22年零4个月,每年应休年假为15天,公司每年仅安排5天年假的行为违法,起诉要求公司支付未休带薪年假工资差额6831.72元。面对李女士的请求,公司主张,年假须是在本单位连续工作满1年以上的员工才能享受。累计工作年限1年至10年的年假为5天,10年至20年的年假为10天,工作年限超20年的年假为15天,累计工作年限应以在本单位工作的年限为准,非本单位工作年限不应累计计算。

法院认为,根据法律法规的规定,并结合带薪年休假制度设立的宗旨可知,带薪年休假制度意在保障劳动者连续工作后的休息权，是在考虑劳动者工作时间的基础上要求社会对劳动者进行休假补偿的一种制度。此种补偿应由全社会的用人单位共同承担。因此，只要职工在入职前曾经有“连续满12个月”的工作经历，则有权在入职新单位的第一年享受带薪年休假，用人单位不得以劳动者进入单位不满1年为由，拒绝劳动者休年假的权利。同样道理，核算劳动者年假天数的累计工作年限也应以劳动者全部工作年限为准，不应限定理解为在某个单位累计的工作年限。最终，法院依法判令公司支付李女士未休满年假工资差额。

像上述案例中的企业并不少见，很多企业错误理解年假中的工作年限计算问题，认为只是计算本单位工龄，也无法理解为什么员工在其他单位的工作年限跟在本单位的休假有关系，不愿意按员工的社会工龄来计算年休假天数，甚至有的企业在规章制度规定中明确排除按员工社会工龄来计算年休假，其实这样的做法是违反法律规定的。

管理指南

很多企业不承认社会工龄的一个重要理由是不清楚员工申报的工龄是否真实，因此无法按员工社会工龄计算年假，这其实是两个问题，是否按社会工龄计算与如何确定社会工龄是不同的问题。这也需要企业在管理上有意识加强这方面的管理，如要求员工填写完整的工作履历并提供证明材料，证明材料包括但不限于劳动合同、社会保险缴费记录、住房公积金缴存记录、工资发放凭证、离职证明等，同时在企业规章制度中对于社会工龄的认定作出详细的规定，赋予员工提供材料证明自身社会工龄的义务以及存在疑问时有义务配合提供进一步的证明材料等，如果员工无法提供合理的材料证明自身社会工龄，则企业有权利只按受认可的社会工龄来计算年假。通过这样完善自身管理即可达到降低纠纷的目的。

三、员工不申请休假，年假会过期作废吗？

很多企业的规章制度中都会有“年假过期作废”的规定，也就是说，如果员工不在限制的期限内申请休年假，就不再享有休年假的权利，企业也不会作出任何补偿，那么这样的规定是有效的吗？员工的年假是否可以过期作废呢？下面我们来看一个案例。

案例:周某与东宝公司年假纠纷案件

周某于2011年9月30日入职东宝公司并签订书面劳动合同,合同期满时间为2016年9月30日,工作岗位为营销部促销员,双方确认解除或终止劳动关系的时间是2016年9月12日,解除或终止劳动关系前12个月的平均工资为3463元,双方对于解除或终止劳动关系的原因各执一词,周某主张公司违法解除,公司则认为周某是自动离职,双方因此发生纠纷。

关于年休假的争议情况,双方均确认东宝公司未安排周某休年休假。但东宝公司认为,按照东宝公司《员工手册》假期管理制度原则上要求一次性休完,未满整年的不得提前预休年假,年休假的有效期为1年,不再累计到次年。周某从未提出休年假申请,也未向东宝公司提出因工作原因延期休假申请或折算工资的申请,应当享有的年假已经过期作废是周某的过错,东宝公司不应当支付周某此时间内的年休假工资。而周某则认为,东宝公司并未提供任何证据证明周某已休年休假,故东宝公司应向周某支付年休假工资。

法院经审理后认为,首先,《企业职工带薪年休假实施办法》第9条规定,用人单位根据生产、工作的具体情况,并考虑职工本人意愿,统筹安排年休假。用人单位确因工作需要不能安排职工年休假或者跨一个年度安排年休假的,应征得职工本人同意。据此,周某符合休带薪年休假条件,东宝公司在一般情况下应统筹安排周某带薪年休假。东宝公司一般应在一个年度内安排完毕,跨年度安排的,应征得周某本人的同意。东宝公司现无证据证明其安排周某带薪休假。其次,《职工带薪年休假条例》第5条第3款规定,对职工应休未休的年休假天数,单位应当按照该职工日工资收入的300%支付年休假工资报酬。据此,案涉《员工手册》中虽记载年休假的有效期为1年,不再累计到次年,但并不意味着周某在实际未带薪休假的情况下同时丧失东宝公司按照其日工资收入的300%支付年休假工资报酬的权益。最后,《企业职工带薪年休假实施办法》第12条第1款规定,用人单位与职工解除或者终止劳动合同时,当年度未安排职工休满应休年休假的,应当按照职工当年已工作时间折算应休未休年休假天数并支付未休年休假工资报酬,但折算后不足1整天的部分不支付未休年休假工资报酬。前款规定的折算方法为:(当年度在本单位已过日历天数÷365天)×职工本人全年应当享受的年休假天数-当年度已安排年休假天数。据此,周某于2011年9月29日入职,对于2014年12月31日以前的年休假工资,因超过仲裁时效,不予支持。2015年年休假工资应在2016年12月31日前主张权利,因周某于2016年11月21日申请劳动仲裁，故对于周某2015年和2016年的未休年休假工资，法院予以支持。2015年应休未休年休假天数为5天。周某于2016年9月12日离职，2016年应休未休年休假天数为3天（255÷365天×5天=3.49天）。周某2015年应休未休年休假天数为5天。2016年应休未休年休假天数为3天，共计8天。故法院最终判令东宝公司向周某支付未休年休假工资2531.31元。

案例分析

这个案例较为典型地反映了部分企业的观点，这类企业认为休假是员工的事情，员工要休假就必须申请，没有申请导致不能休假是员工放弃了自身权利，“过期作废”的后果要由员工自行承担。事实上这样的理解是错误的，根据《职工带薪年休假条例》第5条的规定，单位根据生产、工作的具体情况，并考虑职工本人意愿，统筹安排职工年休假；单位确因工作需要不能安排职工休年假的，经职工本人同意，可以不安排职工休年假。该条例第7条还规定，单位不安排职工休年休假又不依照本条例规定给予年休假工资报酬的，由县级以上地方人民政府人事部门或者劳动保障部门依据职权责令限期改正；对逾期不改正的，除责令该单位支付年休假工资报酬外，单位还应当按照年休假工资报酬的数额向职工加付赔偿金等。《企业职工带薪年休假实施办法》第9条也有类似的规定。也就是说，关于休年假的安排，法律法规设定为用人单位的义务，而不是员工的义务，用人单位有义务安排员工休年假，或者给予未休年休假工资报酬，否则就是违法，除非取得员工本人不休年假的同意，同样，这是法律法规的强制性规定，是用人单位的法定义务，不能通过规章制度或者合同的约定来排除用人单位的义务或者剥夺员工的权利。因此，无论是规章制度还是劳动合同，都不能设定“年假过期作废”的规定或约定，即使有也没有法律效力。

管理指南

对于企业而言，由于安排年休假是义务，用人单位有义务来证明已经安排员工休年假，因此企业的管理主要体现在以下几个方面：

1. 如果企业有安排员工休年假的，应当注意保留安排员工休年假的通知，通知的形式包括但不限于书面邮寄通知、电邮通知、微信通知或者会议纪要中关于安排具体人员休年假的内容等，并同时保存相关通知送达员工的证明。

2. 如果员工不同意休年假的，应当让员工书面签署不同意休年假的声明或说明，实践中虽然不愿意休年假的情况不多，但是也不排除部分员工为了业绩或晋升而不愿意休年假，这是员工的权利，只要真实意愿就应允许。

3. 企业可以结合法定节假日或者生产淡季等情况，统筹安排员工休年假，企业在如春节等法定节假日，或者面临生产淡季、因行政命令、疫情防控等都有可能出现无法正常生产需要放假的情况，这时可以统筹安排员工休年假，以履行法定义务同时避免后续工作繁忙而无法安排导致要支持 3 倍工资的情况。

4. 企业在员工申请假期时，可以通过规章制度等引导员工优先使用年假，例如，有些员工有事愿意请事假而不愿意休年假，原因在于事假只需扣 1 倍工资，而如果年假未休可获得 3 倍的工资补偿，因此，员工有利益动因将年假留起来故意不休，企业可以通过规章制度或日常宣导让员工需要休假时优先使用年假，避免日后支付未休年假工资的高额成本。

5. 企业应对员工年假进行动态管理，对于长期累积过多年假的员工，应当要求业务部门及时调整工作主动安排员工休假，以规避法律的风险。

四、员工申请休年休假，用人单位是否必须同意？

如果安排员工休年假是用人单位应尽的义务，休年假员工应当享有的权利，那么反过来有人会问，员工申请休年假是不是随时都可以休，是否只要员工申请休年假，用人单位就必须同意呢？答案当然是否定的。

虽然休年假是员工的权利，用人单位有安排的义务，但是并不等于用人单位在休年假的问题上没有主动权，因为用人单位只要按照法律的规定在期限内安排了员工休年假就是履行了义务，而什么时候安排则是企业可以自主掌握的。《职工带薪年休假条例》第 5 条规定的是单位可以根据生产、工作的具体情况，并考虑职工本人意愿，统筹安排职工年休假，这表明，首先，用人单位可以根据生产工作情况来安排年假，显示主动权很大；其次，即使是用人单位可以统筹安排年假，说明安排员工休年假既是员工的权利，也是员工的义务；最后，用人单位安排年假也要考虑职工本人的意愿，所以实践中一般由员工本人依申请休年假，但是员工的意愿是相对的，如果出现员工不申请休假的情况，用人单位还是有权安排员工休假的，当然如果员工书面同意放弃休年假，则不必要再安排休年假了。

五、如何理解未休年休假的工资标准及计算？

关于未休年休假的工资如何计算的问题，这里一般包括两个疑问：一是未休年休假的工资标准应当补发多少？是200%还是300%？二是未休年休假工资应当如何计算？

第一个问题是职工应休未休假天数，《职工带薪年休假条例》第5条第3款规定："单位应当按照该职工日工资收入的300%支付年休假工资报酬。"那么如果员工没休年休假，用人单位应按300%的标准补发工资吗？并不是，根据《企业职工带薪年休假实施办法》第10条规定，"用人单位经职工同意不安排年休假或者安排职工休假天数少于应休年休假天数的，应当在本年度内对职工应休未休年休假天数，按照其日工资收入的300%支付未休年休假工资报酬，其中包含用人单位支付职工正常工作期间的工资收入"。也就是说，由于员工没休年假在正常上班，本身已经因为提供了劳动获得了1倍即100%标准的工资，而法规所规定的300%的标准是包括这100%在内的，因此用人单位只需要另行支付200%标准的工资即可。

第二个问题是如何计算的问题。一般来说，绝大多数员工入职期限不会是刚好在1月1日，都是在年度之中，这就涉及如何计算年假的问题。下面举例来说明。

员工小马大学毕业后于2018年3月6日入职甲企业，到2021年6月30日一直没有休过年假，那甲企业如果要支付未休年休假工资，应如何计算员工小马2019年、2020年、2021年的年假天数呢？有人会直接计算2019年、2020年因干满了1整年，应都是5天，而2021年则为181天/365天×5天=2.49天，根据规定折算后不足1整天的部分不支付未休年休假工资报酬。因此，小马未休年休假的天数是5+5+2=12天，是这样计算吗？其实不对，因为这样的算法遗漏了一个基本的事实，小马在2019年不能享受5天年假，因为他要连续工作满1年才能享有年假，也就是说，小马在2019年3月5日才工作满1年，从2019年3月6日才开始享有年假的权利，则小马在2019年享有的年假天数为301天/365天×5天=4.12天，取整为4天年假。因此，小马依法可享受的年假天数为4+5+2=11天。

因此，年假的计算切勿忽略工作满1年才能享年假的前提，并且在享受年假前提下计算满1年后第一年可享受的年假天数，才是正确的计算方法。当然，如果员工在前后两个用人单位是不间断的工作，则员工入职第一年即可按规定享受年假，这种特殊情况就另当别论了。

此外，由于工作满1年才能享受年休假的规定，有些员工甚至HR在计算年休假天数时都会将当年享有的年休假误认为是前一年的年休假，比如上面所举的例子中，员工小马在2019年3月6日之后享受的年休假应当就是2019年年休假，而非

2018年年休假，但在实际生活中，将其误认为2018年年休假的HR不在少数，也因此会导致部分员工误解其尚未享受离职当年的年休假而产生纠纷。

第二节　病假及医疗期的纠纷处理

因病假而引发的纠纷是企业在休息休假问题上最常面对的争议，员工“泡病假”问题、病假的批准问题、员工就病是否可以指定医院问题等，均是企业管理过程中遇到的高频问题，需要加强管理与防范。

一、员工“泡病假”的预防与处理

员工“泡病假”是指员工利用规章制度和管理的漏洞，在不符合休病假情况下虚构病假事实，以达到休假目的。员工“泡病假”的动机有的是不愿意上班，有的是病假的待遇较高，有的借病假休息或出游，还有的是对企业管理行为（如调岗、不续签合同、无法晋升等）的不满而采取的对抗措施。下面我们来看一个案例。

案例：丁某巴西休病假被炒案

丁某于2013年1月28日入职甲公司，2013年4月19日丁某通过电子邮件向甲公司请病假2周，电子邮件内容为：“老板，你好。最近2周一直受到头疼困扰，昨天去医院检查，发现颈椎问题严重，医生要求先全休2周，‘五一’后根据复查情况有可能要住院治疗。”甲公司予以批准。丁某提交的诊断证明书、病历手册、医疗费单据记载，2013年4月18日丁某到北京按摩医院就诊，北京按摩医院诊断及建议为：“颈椎病，建议休2周。”甲公司对上述证据的真实性无异议。丁某于2013年4月19日前往巴西，2013年5月4日回国。2013年4月25日甲公司以丁某在试用期内不符合录用条件为由通知与丁某解除劳动关系。经丁某与甲公司交涉后，甲公司撤销了上述解除劳动合同决定。2013年5月16日甲公司再次向丁某送达了解除劳动合同通知，主要内容为，您提出2周病假全休申请后当日即赴巴西出境旅游，属提供虚假申请信息并恶意欺骗公司，上述行为严重违反公司规章制度，公司决定立即解除你的劳动合同，劳动合同解除日期为2013年5月16日。此前公司曾向您送达“试用期不符合录用条件”的解除劳动合同通知，已作废。2013年5月16日甲公司向丁某送达了解除劳动合同通知。《甲公司集团员工纪律制度》中第1.13条规定：“对公司要求提供的个人重要信息有意虚报、欺骗、隐瞒，例如教育背景、个人信息、培训与工作经历、入职体检信息、资质资格信息等，公司可以立即解除劳动合同。”《甲公司集团商业行为准则》中还规定：“员工必须按甲公司集团的要求来履行作为员工的职责，遵守上级主管的合理的指挥及与甲公司集团签订的雇佣协议。员工故意违反上述义务的公司可予以解雇。”

后丁某提出仲裁，仲裁及一审、二审均判决甲公司败诉。二审法院观点认为，丁某提交了医院出具的的诊断证明书、病历手册、医疗费单据及病休2周的证明等证据材料，在甲公司未提供相反证据的情况下，法院可以认定丁某就诊情况属实。甲公司主张丁某在休病假期间长途飞行前往巴西，表明丁某所谓的病情并未达到需要全休的程度，属于甲公司的主观判断，丁某的病情是否需要全休显然应当以医疗机构出具的休假证明为准。甲公司的规章制度中并没有对员工休病假期间的休假地点作出限制性规定，同时法律也对此无限制性规定，这意味着丁某在休病假期间前往巴西这一行为本身并没有规章制度及法律上的约束。故甲公司以丁某严重违反企业规章制度为由决定与丁某解除劳动合同，缺乏法律依据，上述解除劳动合同的决定应予撤销，双方应继续履行劳动合同。

甲公司不服提出再审，再审法院认为，虽然司法实践中倡导用人单位制定明确的规章制度和劳动纪律，但是不能苛求对劳动者的日常行为事无巨细地作出规制。对于劳动纪律和规章制度中没有具体涉及的情形，应当遵循民法基本原则加以理解适用，而诚实信用原则不但是劳动者应当恪守的社会公德，更是用人单位与劳动者依法建立和履行劳动关系的基石。本案中，丁某于2013年4月18日前往医院就诊，19日就以自己患有严重颈椎病，医生建议休息为由，向甲公司请病假2周，并于当日启程前往巴西。丁某回国后，甲公司的工作人员与其谈话时，丁某回避休假地点，仅强调事先已请假，且以公司规章制度没有对员工的休假地点作出限制为由辩解。本院再审庭审中，丁某对于前往巴西期间的行程及是否遵医嘱接受适当的治疗或疗养等问题均予以回避。根据上述事实，本院再审认为，用人单位的规章制度虽然未对劳动者休假地点作出限定，但是劳动者休假期间的行为应当与其请假事由相符。按照一般生活常识判断，甲公司有理由质疑丁某请病假的目的并非休养或治疗，丁某在甲公司向其了解情况时拒绝提供真实信息，违背诚信原则和企业规章制度，对用人单位的工作秩序和经营管理造成恶劣影响，故甲公司以丁某严重违反企业规章制度为由决定与其解除劳动合同合法有效。故再审法院判决撤销原一审和二审判决，判决丁某败诉。

案例分析

本案之所以前后裁决不一致，在于仲裁及原审法院都认为丁某休假的相关手续完全真实，而甲公司并没有制度规定休病假只能在国内而不能在国外，因此认为甲公司没有证据认定丁某是虚假病假。而再审法院却根据生活经验法则认为，用人单位的规章制度虽然未对劳动者休假地点作出限定，但是劳动者休假期间的行为应当与其请假事由相符。按照一般生活常识可以判断，本案中丁某在请病假前已经办好了去巴西的签证机票等一应手续，甲公司有理由质疑丁某请病假的目的并非休养或治疗，丁某在甲公司向其了解情况时拒绝提供真实信息，违背诚信原则和企业规章制度，对用人单位的工作秩序和经营管理造成恶劣影响，故甲公司以丁某严重违反企业规章制度为由决定与其解除劳动合同合法有效。

管理指南

员工"泡病假"的原因主要还是对比以前，现在的员工更容易拿到医生的休假医嘱，随着生活水平的提高和公民权利意识的提升，不仅就医变得非常方便，而且医生对于患者休病假要求一般也无法拒绝，通常来说如果患者求医时声称有症状，医生即便一时无法检查出来，不敢也不能得出"患者无病不能休假"的结论，以免万一有事引发医患纠纷，因此患者要获得医生的病休证明是很容易的事情，当然实践中员工通过找熟悉的医生开具休病假的医嘱也不少见。在此前提下，企业在避免员工"泡病假"等虚假病假行为的情况出现，只能在管理上多管齐下，具体建议在以下几个方面加强管理。

1. 完善病假的管理制度，严格规范休病假的手续和流程，除突发急病外，原则上杜绝先休假后请假的情况发生。

企业有权根据法律法规完善病假制度，为避免争议，应当从管理上完善病假制度，包括员工休病假原则上提前申请、申请休病假应当提供哪些材料、审批流程、突发急病状况下如何请假以及补充材料等。另外，规范流程中同时要严格处罚措施，如出现虚构病情休假要视为旷工或欺诈处理，符合一定情形可以直接解除劳动合同等。严格规范病假流程可以让员工重视休病假的制度规定，不敢轻易动"泡病假"的念头。

2. 加大虚假病假的核查力度，包括对于存在虚假休假嫌疑的员工有权要求补充提供材料，有权要求到指定医院复核等。

企业应加大对虚假病假的核查力度，对于可能存在休病假作假的员工，应当结合完善规章制度的规定，有权要求员工提供进一步的检查材料配合企业复查病假真伪，或者在有必要的情况下要求员工配合到指定医院复核，加大员工作假的难度和风险。

3. 有条件的可以设定指定医院就医制度，降低员工找熟人开虚假假单的可能性。

对于有条件的大型集团型企业可以设定指定医院就医制度，要求员工在非紧急就医的前提下，到指定医院就医，以降低员工通过熟人配合出具不实医嘱作假的可能性，必要时也方便通过指定医院核实就医真实情况。

4. 合理设定病假期的假期待遇，避免因病假待遇过高而诱发"泡病假"的道德风险。

有些员工"泡病假"是由于经济原因，这种情况大多出现在一些国有企业，这些企业的员工病假工资定得比较高，尤其是工龄长一些的员工，医疗期工资待遇高达正常出勤所获得的工资待遇的80%以上甚至100%，员工不上班与正常提供劳动的收入差别不大甚至没有差别，导致员工有动机弄虚作假"泡病假"。

这种情况下，应当调整并合理确定员工在医疗期的工资待遇，可根据员工工龄、医疗期长短、患病严重程度来确定员工的病假工资，原则上工龄长的待遇高于工龄短的、医疗期短的高于医疗期长的、患重症的高于一般病症的，综合前述原则合理确定医疗期待遇，一般来说病假工资不要超过正常出勤收入的一半，太高易导致诱发员工道德风险。

二、员工申请休病假企业是否有权不审批？

要厘清的第二个问题是员工申请休病假企业是否有权不审批？有人认为员工休假企业当然有权审批，有人却认为生病休假是基本的人权，企业没有权力不批准员工休病假，那么应该如何理解这个问题呢？

案例：袁某与新新公司劳动争议案

袁某于2005年3月与新新公司建立劳动关系，双方的最后一份合同约定合同期限自2011年3月16日起至2014年3月15日止,岗位为财务专员。袁某分别于2013年5月20日、5月21日、5月27日、7月10日在社区卫生服务中心或各大医院就诊,被诊断为左足舟状骨骨折,并获得院方开具休假的病情证明至7月31日。袁某于6月4日、7月2日、7月4日、7月11日、7月17日分别向新新公司投寄"病假资料"。新新公司的前台工作人员予以签收。

2013年7月16日,新新公司再向袁某发出"通知函",载明:你自2013年5月20日起申请病假,公司多次要求你提供病假单及诊断资料,但公司至今未收到上述资料,现再次郑重通知你:必须在7月18日前将病假单、挂号凭证、病历等原件提供至公司。逾期未提供,将按旷工处理。7月24日,新新公司又向袁某发出"通知函",载明:公司在7月16日要求你提供相关资料的原件,你仅提供部分复印件,公司对此无法审核批准。现最后一次通知你,必须于7月26日前将……原件提供给公司……仅提供复印件,视为未提供。逾期未提供,按旷工处理。8月1日,公司向袁某发出"2013年7月31日为最后工作日"的《解除劳动关系通知书》。新新公司的《员工手册》第3.1.2条规定:"员工工作5~10年的,享受年假17天";第3.1.3条规定:"员工在请病假时,须出示二级以上医院开具的病假单,病假单不符合规定,不得申请病假。员工须按时递交有效的医生诊断证明,请主管及人事部批准,否则按旷工处理。"而袁某则认为因为向保险公司申请理赔,相关就医医疗费凭据等都交给了保险公司,无法再提供,但是就医属实,单位认定为旷工不合法。2013年8月22日,袁某向劳动人事争议仲裁委申请仲裁,要求新新公司支付违法解约赔偿金,后对仲裁裁决不服诉至法院。

法院经审理认为,新新公司在6月28日、7月16日的函件中称袁某请假未获得批准、未提供病假材料,属于旷工。而根据查明的事实,袁某自6月4日起先后数次向新新公司提供了病假证明等材料,袁某因骨折不能上班属于合理情形,新新公司不能凭着有规章制度的规定,而行使不批准请假的管理权;新新公司是在袁某已经提供病假证明的情形下,而一再坚称袁某未提供病假材料。即便袁某未能提供医疗费凭据的原件,从袁某的证据中可见,就诊、医疗费、病假都是真实的,它形成一个袁某赴医院就医的连环扣,袁某是因为向保险公司申请理赔,才将医疗费凭据交给了保险公司,而新新公司并不需为袁某报销医疗费用,因此,袁某是否提供医疗费凭证的原件,对新新公司并无实质影响。即便新新公司要审核袁某就医是否真实,也并非通过这样的方式。况且,新新公司的规章制度中并未规定员工请病假必须提供病历卡原件及医疗费原件，仅规定"病假单不符合规定，不得申请病假"，而袁某的病假是真实的，因此，该病假单也是真实的。患者因病就医，只有就诊的医生才有权判断病患是否需要休息，他人（包括新新公司）均无权对此进行判断。新新公司所谓的袁某患病蹊跷，并无事实依据，法院对此意见不予采纳。新新公司以袁某请假未获批准、未提供就诊材料的原件，而认定袁某不符合请假手续，从而认定袁某旷工，于法无据。新新公司以此为由与袁某解约，属于违法解约，应当承担支付违法解约赔偿金之责。故判决支持袁某诉求。

案例分析

原劳动部在《关于加强企业伤病长休职工管理工作的通知》（劳险字〔1992〕14号）中规定："职工因伤病需要休假的，应凭企业医疗机构或指定医疗机构开具的疾病诊断证明，并由企业审核批准。"通常理解员工休病假的问题上，医院出具的休假证明只是休假的建议，员工的休假审批权限只能是由企业享有。虽然企业有员工休假审批权，但是并不等于企业的审批权是不受限制、随心所欲或者不需要理由。

笔者认为，企业关于病假的审批应当是形式上的审批而不是实质上的审批，理由是员工是否生病需要休假是医学专业问题，企业无法也没有能力对专业医院和医生的判断提出质疑，因此企业不可能对员工是否生病需要休假进行实质上的审批，但是企业可以进行形式上的审批，对于员工所提交的病假资料是否真实、格式是否符合常规、是否有医生的签字或者是医院的印章、医生休假建议与患者检查治疗病因是否相符、看病日期与休假日期是否相符等，如果企业发现前述问题存在疑点，有权利要求员工补正材料提供相关证明。在员工提供的材料无疑问的前提下，企业应当同意员工的休假申请，不得刁难。

在本案中，袁某提供了病假单、就医记录、医疗费发票原件收取回执及快递单、快递查询结果，证实病假是真实的，也提供证据证明了无法提交医疗费凭证原件的原因在于向保险公司申请理赔而将原件交给了保险公司，但新新公司仅因袁某未能提供医疗费凭据的原件，就认为休病假存疑而不予审批，是滥用病假审批权的行为，在此基础上认定袁某休病假的期限属于旷工更是不合法，新新公司最终败诉也就在意料之中了。

三、企业对员工指定医院就医的做法是否合法？

企业为加强病假的管理，通常会在规章制度中指定员工在定点医院就医，指定的内容包括要求在某一层级以上的医院(如三甲以上或市级医院)就医、要求具体在某一个或者某几个医院就医、要求企业发现就医存在疑问时在指定医院就医等,如果未在指定医院就医,企业有权不予批准休假,员工不出勤的按旷工处理。

企业设立指定医院就医制度主要目的在于防止员工在病假问题上面弄虚作假、串通熟悉的医院和医生出具不实的休假证明来实现“泡病假”的目的,出台这样的制度初衷是好的,目的也是正当的,但是指定医院就医的做法毕竟对员工就医权利造成的限制,也可能带来就医的不便,这样的做法在司法实践中是否有效呢?我们来看下面两个案例。

案例1:长期休病假企业指定医院就医合法

杨某于2005年10月8日入职龙新公司,担任企划科科长一职,双方签订了劳动合同。自2016年10月后,杨某以患“腰椎间盘突出”为由长期请病假,该公司依据《员工手册》的规定为杨某指定就诊医院,2018年12月指定的医院为中国人民解放军空军总医院,后杨某称在该院治疗效果不佳,故该公司将指定医院变更为北京协和医院,2019年3月13日至3月26日,杨某到中国人民解放军空军航空医学研究所附属医院就医,未按照公司要求开具北京协和医院的病休证明,对此次请假龙新公司不予批准,截至3月20日,因杨某未到指定医院就诊,按照公司的管理制度其已旷工4天。故2019年3月22日龙新公司依照《员工手册》等公司相关规章制度的规定,以杨某存在旷工严重违反公司规章制度为由解除双方劳动关系。

《员工手册》中规定“‘申请连续病假超过15天的,应到公司指定医院就诊,并按规定提交指定医院申请病假相关资料(医院诊断证明书、病历、检测报告单等)’‘无故不出勤的、请假未按规定履行请假手续的、未按照公司规定到指定医院就诊并提交病假申请资料的或请假未获得相关领导批准的为旷工’,对具有下列情形的,予以开除:……12.连续旷工三天或者月累计旷工满三天者……”二审中,龙新公司提交路线图,证明从杨某居住地朝阳区芍药居到北京协和医院更方便,杨某称其有时住朝阳区芍药居,有时住大兴区黄村,去北京协和医院不方便,但未能提供证据。

杨某在被解除劳动合同后提出仲裁申请,要求龙新公司支付违法解除劳动合同赔偿金,仲裁裁决龙新公司支付违法解除劳动关系的赔偿金57,240元,龙新公司不服起诉到法院,一审法院作出与仲裁相同的裁决,龙新公司不服上诉至中级人民法院。

二审法院认为，杨某所患的疾病系腰椎间盘突出，属于长期慢性病，自2016年10月至2019年3月22日，除产假时间外，杨某以患病为由长期请病假，远超出正常的请假时间。龙新公司对杨某2年有余的休假真实性产生合理怀疑，指定杨某到管理规范、医术高超的北京协和医院开具诊断证明，具有管理正当性。从杨某居住地朝阳区芍药居的交通来看，到中国人民解放军空军航空医学研究所附属医院，比去北京协和医院要远很多，杨某称去北京协和医院就诊不方便，未提供其他合理的解释。《员工手册》关于“申请连续病假超过15天的，应到公司指定医院就诊”的规定属于用人单位对长期病假人员的合理管理，并不违反法律规定，员工不予遵守制度构成旷工，企业解除并无不当，故撤销一审判决，判令龙新公司无须支付杨某赔偿金。

案例2：要求市级以上医院看病违法

陈某于2014年4月14日入职晨西公司，担任建筑师，双方签订有固定期限劳动合同，期限自2017年4月14日至2018年4月14日。晨西公司《假务管理制度》第6条第8款规定：“无故不上班或故意不打卡作旷工处理，连续旷工3天或全年累计旷工达4天者属于严重违纪，将予以解除劳动合同，不作任何补偿。”第13条第2款规定：“病假应提交市级以上医院出具的门诊挂号单、当日看病病例本，病假3日以上包括3日的还应提交医院证明或者医院诊断证明书(明确休假天数和病因)。年度内第一次无法提供以上单据或医院证明的等同事假，年度内第二次无法提供以上单据及有效医院证明的按旷工处理。”

2018年2月11日，北京国医堂中医院向陈某开具处方笺及诊断证明为诊断气血不足，肝郁气滞，月经过多，贫血等，建议陈某于2018年1月3日至15日及2018年2月11日至13日休息。陈某持上述诊断证明向晨西公司请病休假。2018年2月13日，晨西公司作出关于不予批准病假的通知，载明：“陈某提交的请假单请假日期为2月1日至13日，由于请假流程及提供的单据不符合公司假务制度的规定，领导不予批准：(1)此病假事由系多次公司不予认可的事由，并不能构成不能到岗的病情；(2)多次开具同一家医院的证明，并且非市级正规医院诊断证明，公司不予认可；如今天不能到岗上班或不能提交以上正规医院诊断证明，公司将按旷工处理。”

晨西公司于2018年2月22日向陈某送达《解除劳动关系的通知》，《解除劳动关系的通知》载明：“2018年2月11日至13日，你未遵照公司《假务管理制度》的规定，提供了非市级医院的病情诊断证明，且病因也不属于不能到岗上班的实质性障碍，为此，公司领导不予批假。2018 年 2 月 11 日至 13 日，公司人事部负责人唐某以微信和电子邮件的形式，多次郑重向你下发不予批准病假的通知，并多次警告：要求你务必到岗上班。你在明知公司领导未批准病假的情况下，擅离职守，强行休假，连续旷工达 3 日之多。此恶劣行为已构成对公司规章制度的严重违反，公司将对你处以即时解聘。”

一审法院认为，根据晨西公司《假务管理制度》第 13 条规定及晨西公司的陈述，陈某的病休假必须由市级以上西医医院出具相关证明，否则按旷工处理。陈某于 2018 年 2 月请休病假期间向晨西公司提供的病休证明虽非市级医院出具，但晨西公司所主张的规章制度中的有关规定明显限制或剥夺了陈某作为劳动者所享有的自由选择就医及休息的法定权利，该规定对陈某不具有约束力。故晨西公司以陈某的病休假证明并非市级医院的病情诊断证明，进而以旷工为由解除劳动合同的行为不当。故陈某请求晨西公司支付违法解除劳动合同赔偿金的主张，有事实和法律依据，一审法院判决要求晨西公司向陈某支付 134,640 元赔偿金。晨西公司上诉后，二审法院维持了一审判决。

管理指南

从以上两个典型案例可以看出，司法实践中对于企业是否可以要求员工在指定医院就医似乎没有统一的做法，有的法院支持指定医院，有的法院不支持指定医院，由于案例本身具有个性化的特点，案件结果的处理与案情及举证具有密切的关系，因此不能一概而论，以偏概全。

笔者认为，作为企业管理员工病假的手段之一，要求员工在指定医院就医具有一定的合理性和必要性，如果将此为一项制度进行规定，只要制度制定程序合法，员工就应当遵守，司法裁判机关也不应干涉，但是由于员工就医具有紧急性和专业性的特点，如果规章制度不区分情况一味限制员工就医权利，在发生纠纷的情况下，也难免出现案例 2 中制度效力不被认可的情况。因此，建议从以下几个方面来制定制度。

1. 指定医院就医应当符合合理性的原则，不能借此限制员工的权利为请病假设置障碍。

指定医院就医的目的是避免员工利用个人社会关系串通作假，但因该行为限制了员工的就医权，因此设定时应当合理。要求员工在指定医院就医一般来说可以包括以下几种情况：没有重大紧急的疾病却长期休病假的员工、长期休病假且病假建议书均由同一医院同一医生出具的员工、病休材料存在疑点企业要求复核的员工、长期休病假却同时在外兼职的员工、员工休病假证明明显造假的员工、患有某些特殊疾病的员工等，在以上列举的种种情况下，企业要求员工在指定医院就医具有正当性和合理性。但是如果不加以区分，要求所有员工在指定医院就医，显然过于严格和不合理，发生纠纷时也难免不被支持。

2. 应当区分不同程度的疾病设定不同的指定医院，且范围相对宽泛。

如果企业要指定医院就医，指定医院的范围也不应当过于苛刻而应相对宽松，例如，要求员工在三甲以上医院就医，如果在一线、二线大城市三甲医院还比较多，但是如果在中小城市一个地区可能就一两家三甲医院，往往一号难求，这种情况要求员工必须在三甲医院就医显然极不合理，难免有限制员工请假的嫌疑。此外，如果是一般的感冒、咳嗽也要求到大医院就医，往往增加病患不必要的负担，很难得到员工的支持。

因此建议如果指定医院就医，要结合企业、员工居住及所在城市医院设置的情况，合理制定指定医院就医的范围，原则上不应造成员工就医困难或增加太大的交通或时间成本，这样发生纠纷情况下才可能得到支持。

3. 发现员工存在同一医院异常就医情况时，应主动与医院联系反映和核实情况。

如果发现员工在同一医院存在异常就医的情况，例如，长期由一个或两个医生出具病假建议书、无论何种疾病均是同一医生看病、没有相关检查化验单据却频频开出休长假的建议书等，除了要求员工指定医院复核的措施外，还可以采取主动与医院联系反映和核实情况，因为这种异常情况下一般都是员工串通熟悉的医生开假的休假证明，如果主动向医院反映由医院调查，一定程度上可以遏制类似情况继续发生。

4. 即使员工没有在指定医院就医也应当核实情况，作为旷工违纪处理时应谨慎。

尽管企业存在指定就医的制度规定，但是即使出现员工没有在指定医院就医的情况出现，也不要马上作出旷工结论并解除劳动合同，还是要认真核实员工没有去指定医院就医的原因，听取员工的解释，必要时要求员工提供补充材料和就医凭证，甚至可以走访医院和接诊医生，以核实就医的真实性，只有确认员工存在虚假就医的情况或者没有合理解释故意违反规章制度的情形，才能启动解除程序。总之，因指定医院就医导致的纠纷，应慎重处理，切莫一概认定旷工而解除劳动合同。

第三节　女职工孕产期休假纠纷处理

在休息休假类纠纷中，因女职工“三期”即孕期、产期、哺乳期休假而会引发一系列问题，如生育津贴的支付问题、休假期间的岗位调整问题、因休假引发的解除和终止等问题，这些问题都是女职工最常见的休假纠纷，尤其是随着国家“三胎”政策的实施，这些问题预计都会成为企业人力资源管理高频处理的问题。

一、女职工的生育津贴及产假期间收入

生育津贴是女职工因生育或计划生育手术而休假期间享受的生活费用，是生育保险待遇中的一种。《社会保险法》第 56 条规定：“职工有下列情形之一的，可以按照国家规定享受生育津贴：（一）女职工生育享受产假；（二）享受计划生育手术休假；（三）法律、法规规定的其他情形。生育津贴按照职工所在用人单位上年度职工月平均工资计发。”

（一）生育津贴的标准

按照《社会保险法》的规定，生育津贴按照职工所在用人单位上年度职工月平均工资计发，因此生育津贴与本人工资标准是没有关系的。但是《女职工劳动保护特别规定》第 5 条规定：“用人单位不得因女职工怀孕、生育、哺乳而降低其工资、予以辞退、与其解除劳动或者聘用合同。”因此各地关于职工产假期间收入均是按“生育津贴与本人工资两者取高”为原则，例如，《广东省职工生育保险规定》第 17 条第 2 款规定：“生育津贴高于职工原工资标准的，用人单位应当将生育津贴余额支付给职工；生育津贴低于职工原工资标准的，差额部分由用人单位补足。”同时第 4 款还明确规定“职工原工资标准”为“职工依法享受产假或者计划生育手术休假前 12 个月的月平均工资。职工享受假期前参加工作未满 12 个月的，按其实际参加工作的月份数计算”。《北京市企业职工生育保险规定》第 15 条第 2 款也规定：“生育津贴为女职工产假期间的工资，生育津贴低于本人工资标准的，差额部分由企业补足。”

(二)生育津贴的享受前提

女职工享受生育津贴的前提,各地做法均有不同,有的规定生育前必须累计缴纳生育保险12个月且生产当月必须缴纳,如广州;有的规定累计缴满12个月即可,如上海;有的规定需连续缴纳9个月,如北京;有的规定连续缴满6个月即可,如重庆。企业在全国各地用工时应当注意适用当地规定,并为员工依法缴纳生育保险。

(三)生育津贴的支付主体

生育津贴的支付主体是生育保险基金或者用人单位,如果企业依法缴纳生育保险的,由生育保险基金支付生育津贴,如果企业没有依法缴纳生育保险,则由企业支付生育津贴。

(四)生育津贴与产假工资是否可以重复享有

由于女职工在产假期间并没有提供劳动,依法不能享受产假工资,而享受的是生育津贴,只不过因为各地都规定生育津贴与产假工资就高不就低原则,如果生育津贴低于产假工资要按产假工资补足,以符合女职工生育期间收入不降低的特殊保护原则,因此不少人错误理解为产假期间也发放产假工资,其实发放款项的性质并非产假工资而是生育津贴,因此不存在重复享受生育津贴与产假工资的问题。实践中,由于生育津贴一般由女职工提供材料给单位,由单位申请,所以一般由单位先按员工正常工资发放产假收入,申领成功后的生育津贴就不用再发放给员工了。

二、休假期间的岗位调整

女职工"三期"期间休假时间都很长,因为生态环境的影响和工作压力等诸多原因,为保证顺利孕育后代,不少女职工在孕期初期开始就需要休假,到开始产假哺乳假等,往往长达半年以上甚至更长的时间无法正常工作,这对于用人单位来说是一个不小的挑战,大多数单位都是"一个萝卜一个坑",女职工长时间的休假必然带来工作的承担问题,如果短期内休假职工的工作无法由其他人分担,则定然需要再招聘人手来顶替,这又带来了另一个很现实的问题,女职工休假回来之后岗位没有了,单位是否可以因此调整女职工的岗位呢?我们先来看一个案例。

案例:产假结束调岗不合法被判补偿

2009年4月9日,朱某至东城物流中心开发公司(以下简称开发公司)担任文员一职,工资4200元/月。2017年9月朱某怀孕临近生产期间,开发公司曾对朱某劝退,但被朱某拒绝。2018年4月28日,朱某产假结束回到公司上班,2018年5月3日,东城物流中心管理公司(以下简称管理公司)作出员工内部调动通知单,载明:"开发公司因工作需要,经公司研究决定,将你处朱某同志调至管理公司办公室工作,从5月7日起执行。请在此之前安排有关物品、工作交接手续。"管理公司与开发公司为同一法定代表人。管理公司股东为开发公司,持股比例100%。2018年5月15日,开发公司向朱某发出通知一份,载明:"管理公司于5月3日决定调你到办公室工作,要求你在2018年5月7日前做好档案资料、物品交接手续等工作,时间已过去了一个星期,但你至今未办理交接手续,在此期间,开发公司你经手保管的档案资料、物品如有丢失、损坏要按价赔偿,并承担相应的法律责任。经营管理公司已多次催促你前去报到上班,望你尽快做好交接手续,前去经营管理公司报到上班。"同日,开发公司将朱某的名字从公司的考勤机上除名,并更换了朱某办公室的钥匙。朱某拒绝到管理公司上班,并打"110"报警。此后,朱某仍每天至开发公司考勤机上打卡,但未在公司上班。

2018年5月22日,朱某向开发公司发出《被迫解除劳动合同通知书》一份,载明:"本人自2009年4月到开发公司入职已十个年头,公司与我签订过两次劳动合同,现在已是无固定期限合同。公司在没有跟我协商一致的情况下,强迫我调离到管理公司,本人明确表示不同意。2018年5月15日,公司在没有通知我的情况下,换掉办公室门锁,不提供办公室钥匙,将我从公司考勤机上除名,我无法进入办公室工作。本人打'110'报警,民警到现场调解未果。根据《劳动法》,开发公司逼迫我解除劳动合同,要求公司在收到本通知3日内支付相关费用。"

2018年6月,朱某向劳动人事争议仲裁委员会申请仲裁,要求开发公司支付解除劳动关系经济补偿金,仲裁委员裁决开发公司支付朱某经济补偿金39,900元。开发公司不服,遂诉至法院。

一审法院认为,双方签订的劳动合同主体为开发公司与朱某。开发公司通知朱某至管理公司上班,管理公司与开发公司虽为关联企业,但两家公司具有独立的法人资格,开发公司的上述行为变更了劳动合同主体。新旧用人单位均应与朱某就劳动合同存废、工作岗位、劳动条件等进行充分协商。开发公司变更劳动合同主体未与朱某协商一致，而是采取更换办公室门锁的方式让朱某服从公司人事安排，在此情况下，朱某有权拒绝工作岗位调整。朱某拒绝开发公司的安排后，公司更换朱某办公室钥匙，导致朱某无法上班，被迫辞职，故对朱某要求开发公司支付经济补偿金的请求，予以支持。开发公司不服上诉后，二审法院以同样理由维持了一审判决。

案例分析

根据《女职工特殊保护规定》，用人单位不得因女职工怀孕、生育、哺乳而降低其工资、予以辞退、与其解除劳动或者聘用合同，而劳动合同的变更根据法律规定除符合法定情形外，本来就需要以协商一致为前提，因此女职工不得因怀孕、生育、哺乳而调整工作岗位自然也应是题中应有之义。本案中，用人单位开发公司不仅调整了员工的岗位，而且还单方面将朱某的用人单位变更为关联公司，这显然已经超出了一般的调岗范畴，在朱某拒绝后采取更换门锁、阻止考勤等行为更是不合法，被判违法并支付经济补偿也是意料之中的事情。

管理指南

一方面，如前所述，女职工不得因怀孕、生育、哺乳而被调整工作岗位；另一方面，用人单位在女职工长期的休假中要保持生产经营的持续，又不得不将原属女职工的工作或者岗位交由他人负责，等到女职工休假回来，出于服务或经营的连续性以及客户的要求，很多工作内容也并不一定适用重新移交回休假的职工，由此尽管法律规定严格，但是对于企业来说很多时候调岗是刚需无法避免，这时候企业应当怎么办呢？建议如下：

1. 尽量与员工协商达到一致，如果无法协商，首先应能提供足够的证据证明调岗是基于生产经营的客观需要，包括但不限于生产或服务的连续性、客户的要求、管理的必须、原有岗位职能的全部转移等，证明不得不调整休假后女职工的岗位。

2. 应注意调整后的岗位薪酬保持不变，且属于女职工原来曾从事的工作或者完全能够胜任的工作，劳动条件也不能有较大的差异，尤其要注意在满足女职工产假后包括哺乳等客观需要方面不能低于原岗位。

3. 调整后的岗位设置不得让员工有歧视性或侮辱性的感觉，如果因此导致工作地点的变化，应提供必要的交通安排或补偿措施。

如果以上条件均符合，在发生纠纷的前提下能够较大可能得到法官的支持。

三、女职工特殊保护的理解

国家立法让女职工在孕期、产期、哺乳期得到特殊的劳动保护，除了禁忌劳动和相关假期待遇外，最为重要的就是用人单位不得因女职工怀孕、生育、哺乳而降低其工资、予以辞退、与其解除劳动或者聘用合同，具体体现在：女职工在孕期、产期、哺乳期的，用人单位不得依照本法第40条、第41条的规定解除劳动合同；女职工在孕期、产期、哺乳期劳动合同期满的，劳动合同应当续延至相应的情形消失时终止。但不少企业或员工对此作出错误的扩大理解，认为只要女职工在“三期”中就不能解除劳动合同，这是完全错误的。下面两个案例中的员工就是很典型的错误认知。

案例1：吴某与甲公司劳动争议案

吴某系甲公司女员工，于2014年3月入职，双方订立了为期3年的劳动合同。2016年11月，吴某生产一子后回外地老家休产假，产假期满后因感身体不适，又向甲公司申请休病假1个月，并出具了医院的诊断证明。病假期满后吴某仍感身体不适，再次打电话向甲公司请事假继续在家休息调养，甲公司同意吴某休1个月的事假。休完事假后，吴某未回公司报到，亦未继续请事假或病假，甲公司主动与吴某联系，发现吴某的手机不是关机就是无人接听。持续近2周后，甲公司只好向吴某在老家的住址寄送了《返岗通知书》，要求其在收到《返岗通知书》后1周内到公司报到上班。在超过公司指定的报到时间3天后，吴某回到了甲公司报到。次日，甲公司决定以连续旷工超过3天以上、严重违反用人单位规章制度为由以吴某解除劳动合同。吴某认为自己处于“三期”，应当受到特别保护，甲公司的解除行为违法，遂申请劳动仲裁，要求支付违法解除劳动合同赔偿金。

仲裁委经审理后认为，吴某休完事假后继续在家休养，但未履行请事假手续，也非休病假，故应认定为旷工多日，构成了严重违反公司规章制度，故裁决驳回了吴某的仲裁请求。

案例2：桂某与海华公司劳动争议案

2015年7月27日桂某入职海华公司，2016年5月6日桂某与海华公司签订《解聘函》及《协商解除劳动关系免责协议》，约定双方通过协商一致于当日解除劳动关系，海华公司向桂某支付解约金105,889.33元，该解约金总额包括但不限于任何应支付的代通知金以及补偿金、法律所规定的经济补偿金，当日，桂某办理了离职交接手续。海华公司已向桂某支付了协议约定的上述款项。桂某曾于2016年3月、4月因恶心2周、急性牙髓炎就诊接受检查。2016年5月9日桂某经医院诊断怀孕17周，当日其向海华公司发送电子邮件，内容为“我上周五签了解约免责协议，但今天我意外查出已经怀孕17周，故希望重新协商解约免责协议”。海华公司不予同意。

桂某以要求海华公司按照《劳动合同》约定工作岗位继续履行劳动合同为由向劳动人事争议仲裁委员会提出申诉，仲裁委员会裁决驳回桂某的仲裁请求。桂某不服该裁决结果，于法定期限内向法院提起诉讼，诉讼请求：撤销海华公司的解除劳动关系协议，要求海华公司按原劳动合同约定的工作岗位继续与我履行劳动合同。

法院经审理认为，本案中，桂某与海华公司签订了解除劳动关系协议，载明双方经协商一致解除劳动关系，并约定了补偿金的数额。现协议已履行完毕，桂某已办理完毕离职手续。经审查协议内容并不违反法律、行政法规的强制性规定，而桂某提举的证据不足以证明存在欺诈、胁迫或者乘人之危情形，应自行承担相应的法律后果。

至于桂某在订立协议时如果确不知晓自身怀孕这一主张属实，则此情形是否构成重大误解？法院认为，民事法律意义上“重大误解”指向的客体，仅限于针对行为内容。具体到签订解除劳动合同协议这一情形时，行为内容系指劳动者与用人单位之间订立协议的内容。在劳动者对协议内容不存在重大误解，仍在协商一致解除劳动关系协议中签字，且协议内容不存在显失公平之处的，则作为民事行为能力人，其理应知悉并须承担其签字行为产生的法律后果。至于具备完全民事行为能力的劳动者在订立协议时，对主观动机、客观环境、自身状态等因素是否存在认识偏差，并不构成法律意义中重大误解的范畴。鉴于此，桂某所持其订立协议时不知晓怀孕的主张，并不构成足以撤销协议的重大误解情形，故其要求撤销双方间订立的解除劳动关系协议，并基于此要求海华公司按原劳动合同约定的工作岗位继续与其履行劳动合同的请求，并无事实与法律依据，法院不予支持，遂判决驳回了桂某的全部诉求。

从以上两个典型案例可以看出，女职工的“三期”特殊保护并不是绝对的，也不是无禁区全覆盖的，当女职工严重违反用人单位规章制度时，“三期”并不是护身符，一样可以合法解除劳动合同并不予补偿，因为《劳动合同法》第42条写得非常清楚，“三期”女职工只是不能依据《劳动合同法》第40条和第41条的规定解除劳动合同，并不限制用人单位根据《劳动合同法》第39条规定解除劳动合同，也不影响双方根据《劳动合同法》第36条的规定协商一致解除的效力。

四、违反计划生育政策的女职工保护问题

企业经常会面临这样的问题，当出现违反计划生育政策的情况出现时，包括未婚先孕、未婚先育、未经批准或超出批准生育等，女职工的行为从计划生育的行政管理上来说是违法的，那么这种情况下女职工还能享受特殊保护的政策吗？

1998年发布的《女职工劳动保护规定》第15条曾规定：“女职工违反国家有关计划生育规定的，其劳动保护应当按照国家有关计划生育规定办理，不适用本规定。”也就是意味着根据该条规定女职工如果违反计划生育规定是不适用特殊保护的，不过2012年4月28日，《女职工劳动保护特别规定》发布，《女职工劳动保护规定》同时废止，在《女职工劳动保护特别规定》中，上述内容已经被删除，从理论上来说意味着女职工违反计划生育规定不适用特殊保护的政策被推翻了，女职工即使违反计划生育也可以特殊保护，实践中又是怎样的呢？我们来看下面的案例。

案例：A公司与宋某劳动争议案

宋某于2011年3月17日入职A公司，同日签订劳动合同。2014年6月1日第二次签订劳动合同，有效期至2017年5月31日。宋某的工作职位为抗过敏及皮肤业务部广州地区经理，在A公司处工作期间已连续参加养老、失业、生育和医疗保险超过12个月。2015年3月10日，A公司以宋某严重违反员工手册相关规定为由，向宋某出具《解除劳动合同通知书》，工资结算至该日。双方为此发生纠纷，宋某向劳动争议仲裁委员会提起劳动仲裁，要求撤销A公司于2015年3月10日作出的《解除劳动合同通知书》，向其支付2014年度未发放的奖金62,920元和自2015年3月11日起恢复劳动关系之日的工资并加付应得工资收入25%的赔偿金。上述劳动争议经仲裁和一审、二审诉讼，法院最终认定A公司解除劳动合同的行为违法，判决A公司向宋某支付违法解除劳动合同赔偿金148,488元，另应支付宋某2014年度公司财务指标达成奖及个人绩效奖金差额37,580元等。

宋某于2017年3月24日就“三期”工资及赔偿金、生育住院医疗费和生育补助

金等请求,向劳动人事争议仲裁委员会申请仲裁,该仲裁委以申请人的仲裁请求超出1年时效规定为由决定不予受理。宋某于是向法院起诉。

双方确认以下事实:宋某在劳动合同解除时已怀孕,并在2015年7月13日剖宫产生育一女,系非婚生育,涉案生育行为系未办理结婚登记生育的第二胎子女,住院期间为2015年7月12日至7月17日,小孩出生孕周38周。

一审法院认为,宋某与A公司建立了劳动关系,双方的合法权益受法律保护。宋某提出"三期"待遇与生育医疗费损失的赔偿请求须基于A公司存在违法解除劳动合同事实的认定,劳动合同解除后双方就是否继续履行劳动合同问题先后经过了仲裁和诉讼,构成仲裁时效中断。一审法院于2017年2月16日作出一审判决,判决A公司应向宋某支付违法解除劳动合同赔偿金后,宋某于2017年3月24日申请劳动仲裁,主张"三期"待遇与生育医疗费损失,并未超过仲裁时效期间。由于A公司在宋某怀孕期间不当解除双方劳动关系,导致宋某不能正常享受"三期"待遇,理应承担相应的法律责任。判决A公司自本判决发生法律效力之日起5日内支付宋某孕期、产期、哺乳期工资合计114,114元。A公司不服一审判决提出上诉。

二审法院认为,首先,《劳动法》《女职工劳动保护特别规定》均从保障女职工身体健康的角度考虑,对女职工的生育假作出明确的法律规定,即无论其是否属于合法生育,用人单位均应当允许女职工享受生育假。而享受生育假和享受生育保险待遇是不同的概念,女职工要享受生育保险待遇必须符合法律、法规、政策的规定。根据《人口与计划生育法》第17条的规定,"公民有生育的权利,也有依法实行计划生育的义务,夫妻双方在实行计划生育中负有共同的责任"。由于计划生育属于基本国策,女职工怀孕、生育均负有遵守计划生育的法定义务,女职工在怀孕、生育时享有的特殊法定权利也必须以符合计划生育的国策、法律作为前置条件。2008年修订的《广东省人口与计划生育条例》第4条规定:"夫妻双方有依法实行计划生育的义务,实行计划生育的合法权益受法律保护,不实行计划生育是违法行为。"第46条第3项规定,未办理结婚登记生育第二胎子女,属于不符合法律法规规定生育子女的情形。(2021年12月该条例进行了最新修订,修订后第18条规定,一对夫妻可以生育3个子女)据此,我国生育保险应享受的对象必须是合法婚姻并符合国家计划生育政策的公民,而违反计划生育政策的不能享受相关生育保险待遇。本案中,宋某确认其未依法办理结婚登记生育二胎,根据上述规定,宋某已违反了计划生育政策,虽然宋某主张其已获得准生证,办理了入户手续,属于合法生育,但至今未能提交婚姻登记证及符合计划生育的准生证予以证明，办理入户手续不等于其属于合法生育，这与我国的普查人口及放开二胎政策有关，并不能以此证明其属于合法生育。因此，宋某的涉案生育行为不符合法律法规规定的计划生育子女的情形。

其次，不符合法律法规规定生育子女情形的不能依法享受生育保险待遇。根据2014年《广东省职工生育保险规定》第30条第2款的规定，“申请拨付女职工生育享受产假的生育津贴，应当提供享受生育保险待遇申请表、享受待遇人员的身份证明、婴儿出生证明或者死亡证明、用人单位垫付生育津贴的凭证、符合计划生育规定的证明。难产、生育多胞胎或者终止妊娠的，还应当提供医疗机构的诊断证明”。可见，领取生育津贴需要提供符合计划生育规定的证明，即符合法律、法规规定生育子女的才能领取生育津贴。同时结合宋某生育时有效的法律规定，2013年《广州市人口与计划生育管理办法》第36条规定：“不符合规定生育的，产检、分娩的住院费和医药费由本人自理，不享受生育保险待遇以及产假期间的工资待遇。”因此，宋某依法不能享受生育保险的相关待遇。宋某请求A公司支付孕期、产期、哺乳期工资的主张缺乏法律依据，本院不予支持。一审法院对此认定不当，本院应予纠正。二审法院判决撤销了一审判决，驳回宋某的全部诉讼请求。

案例分析

本案中一审和二审判决的结果完全不一样，一审法院认为基本女职工的特殊保护政策，用人单位违法解除女职工除支付赔偿金外，还应当赔偿“三期”工资损失，而二审法院则认为由于女职工属于违法生育，虽然可以享受生育的假期，但是依法不能享受生育津贴，因此要求用人单位赔偿工资损失自然也得不到支持。

因此，对于违法生育的女职工而言，其同样可以享受特殊保护，但是这种特殊保护与合法生育女职工相比是有限制的，也就是可以享受产假以及“用人单位不得因女职工怀孕、生育、哺乳降低其工资、予以辞退、与其解除劳动或者聘用合同”的特殊保护，但是不得主张产假待遇包括生育医疗费及生育津贴等。

第十二章

社会保险类纠纷处理技巧

社会保险制度是国家对丧失或暂时丧失劳动能力、劳动岗位或因健康原因无法提供劳动的人员提供收入或补偿的制度，目前我国社会保险包括养老保险、工伤保险、失业保险、生育保险、医疗保险五类保险，俗称“五险”。因社会保险引发的纠纷最常见的包括社会保险征缴类纠纷、社会保险待遇类纠纷、工伤认定类纠纷、员工退休引发的纠纷等。

第一节　社会保险征缴类纠纷的处理

社会保险征缴类纠纷是指劳动者因为用人单位未依法缴纳社会保险引发的纠纷。欠缴社会保险的争议中，又以欠缴养老保险最为让员工关注，一来是因为欠缴工伤、生育、医疗、失业保险虽然也会造成劳动者的损失，但是相对于养老保险而言，这四类保险对劳动者自身利益的影响要小得多，并且即使欠缴这四类保险，当发生工伤生育医疗失业保险待遇等给付事实时，还是可以通过用人单位直接赔偿损失来解决问题，但是欠缴养老保险所导致的问题、待遇的计算和支付都会复杂得多；二来随着我国人口老龄化问题的日趋严重，越来越多的人面临养老的问题，也有越来越多的劳动者关注自身的养老保险缴纳问题。尤其是在2010年1月1日《城镇企业职工基本养老保险关系转移接续暂行办法》施行后，劳动者无法通过终结社保关系来提取个人所缴纳的社会保险费，全国范围内的基本养老保险关系转移接续得以实现，大大提高了劳动者对养老保险问题的关注，也导致了大量的因用人单位欠缴社会保险所引发的纠纷。这一节我们着重来聊一聊未缴纳社会保险带来的相关问题及纠纷处理。

一、不依法缴纳社会保险的法律后果

《社会保险法》等法律法规明确规定了用人单位依法缴纳社会保险的义务，同时也规定了用人单位违法不缴纳社会保险的后果，综合法律的规定，不依法缴纳社会保险的法律后果主要体现在以下几个方面。

（一）不办理社保登记，对用人单位及相关责任人进行罚款

《社会保险法》第84条规定："用人单位不办理社会保险登记的，由社会保险行政部门责令限期改正；逾期不改正的，对用人单位处应缴社会保险费数额一倍以上三倍以下的罚款，对其直接负责的主管人员和其他直接责任人员处五百元以上三千元以下的罚款。"该条文主要针对新开办企业没有办理社会保险登记而可能承担的法律后果。《社会保险法》第57条第1款规定："用人单位应当自成立之日起三十日内凭营业执照、登记证书或者单位印章，向当地社会保险经办机构申请办理社会保险登记。"如果未依法办理则要承担相应责任。

（二）未及时足额缴纳社保，责令限期补缴并加收滞纳金，逾期再处以罚款

《社会保险法》第 86 条规定："用人单位未按时足额缴纳社会保险费的，由社会保险费征收机构责令限期缴纳或者补足，并自欠缴之日起，按日加收万分之五的滞纳金；逾期仍不缴纳的，由有关行政部门处欠缴数额一倍以上三倍以下的罚款。"第 58 条第 1 款规定："用人单位应当自用工之日起三十日内为其职工向社会保险经办机构申请办理社会保险登记。"第 12 条第 1 款规定："用人单位应当按照国家规定的本单位职工工资总额的比例缴纳基本养老保险费，记入基本养老保险统筹基金。"依法缴纳既包括及时缴纳也包括足额缴纳，及时就是"自用工之日起三十日"，足额就是按"职工工资总额"缴纳。

（三）未按时足额缴纳社会保险费，相关部门可以采取直接划拨社会保险费和扣押、查封、拍卖财产等措施

《社会保险法》第 63 条规定："用人单位未按时足额缴纳社会保险费的，由社会保险费征收机构责令其限期缴纳或者补足。用人单位逾期仍未缴纳或者补足社会保险费的，社会保险费征收机构可以向银行和其他金融机构查询其存款账户；并可以申请县级以上有关行政部门作出划拨社会保险费的决定，书面通知其开户银行或者其他金融机构划拨社会保险费。用人单位账户余额少于应当缴纳的社会保险费的，社会保险费征收机构可以要求该用人单位提供担保，签订延期缴费协议。用人单位未足额缴纳社会保险费且未提供担保的，社会保险费征收机构可以申请人民法院扣押、查封、拍卖其价值相当于应当缴纳社会保险费的财产，以拍卖所得抵缴社会保险费。"

（四）劳动者可以主动提出离职并要求支付经济补偿

《劳动合同法》第 38 条规定，用人单位未依法为劳动者缴纳社会保险费的，劳动者可以解除劳动合同并要求支付经济补偿。实践中这样的案例并不少见。

案例：董某与甲公司劳动争议案

董某于 2003 年 3 月 24 日入职甲公司，双方没有签订书面的《劳动合同》，董某的工作岗位是河南省业务主管，每月基本工资为 4100 元/月，当月工资在次月月底

通过银行转账形式发放，不需要在工资表上签名，上班不需要考勤，董某作为劳动者需遵守甲公司的规章制度与接受公司的管理。2016 年 11 月 8 日，董某以甲公司没有为其缴纳社会保险为由，通过短信形式向公司提出解除劳动关系的通知，但双方没有办理离职交接手续。甲公司也没有向董某发出《解除劳动关系通知书》。甲公司认为，董某既未向甲公司提出缴纳社会保险之要求，也未在提出解除双方劳动合同关系前，事先通知用人单位，不符合要求支付经济补偿金的前置条件和程序，主张经济补偿金没有法律依据。

法院经审理认为，董某自 2003 年 3 月 24 日到甲公司入职工作，建立劳动关系，虽然没有签订书面的《劳动合同》，但有《考核方案》和《中国建设银行账户交易明细》等证据佐证董某是甲公司员工的事实，其接受公司的管理，且是公司业务的组成部分。各证据间亦没有相互矛盾的之处，故本案事实清楚、证据充分，双方的合法权益应受到法律保护。根据《劳动合同法》第 38 条和第 46 条的规定，董某以甲公司未为其缴纳社会保险费为由要求解除劳动合同，符合法律规定，主张经济补偿金的理由充分，故法院予以支持。参照广东省高级人民法院、广东省劳动人事争议仲裁委员会《关于适用〈中华人民共和国劳动合同法〉若干问题的指导意见》第 24 条的规定，“《劳动合同法》实施后，用人单位未按当地规定的险种为其建立社会保险关系，劳动者请求解除劳动合同并要求用人单位支付经济补偿金的，应予支持，但经济补偿金支付年限应从 2008 年 1 月 1 日起开始计算”。据此，综合董某在甲公司的工作年限、广州市 2015 年度职工月平均工资的情况，判决甲公司应支付董某经济补偿金 182,628 元。

对于企业而言，上述案例所披露的风险是较大的法律风险，如果存在未依法缴纳社会保险的情况，由于经济补偿的金额较大，不排除员工为了获得离职补偿，而借助社保问题主动提出类似诉求而获得法院支持。

（五）如相关行政机关不作为的，劳动者可以直接提起行政复议或行政诉讼追究行政不作为的责任

如果行政机关不作为，就属于行政违法行为，劳动者可以要求追究行政机关的责任。《社会保险法》第 83 条规定：“用人单位或者个人认为社会保险费征收机构的行为侵害自己合法权益的，可以依法申请行政复议或者提起行政诉讼。用人单位或

者个人对社会保险经办机构不依法办理社会保险登记、核定社会保险费、支付社会保险待遇、办理社会保险转移接续手续或者侵害其他社会保险权益的行为,可以依法申请行政复议或者提起行政诉讼。”

司法实践中基于各种综合的原因,各地法院或劳动人事争议仲裁委员会都不受理以补缴社保为诉求的劳动争议,迫使劳动者只能通过行政投诉的途径要求相关部门追缴用人单位应缴未缴的社会保险费,如果相关部门拖延或推诿,则劳动者可以投诉相关部门和责任人员,或者提起行政复议或行政诉讼。而相关部门或责任人员为了避免被追责,只能积极主动向用人单位作出行政行为进行追缴社保,这几乎成为劳动者追缴社保的不二途径。下面我们来看一个案例。

案例:黄某诉某社保局行政不作为纠纷案

黄某于2001年4月入职甲公司维修中心,甲公司维修中心一直未与其签订劳动合同,也没有为其办理社会保险。黄某于2017年5月25日向劳动人事争议仲裁委员会申请仲裁,要求裁决甲公司维修中心补缴2001年4月至2017年3月各项社会保险等,仲裁委员会驳回黄某的仲裁申请。黄某不服仲裁裁决,于2017年8月15日向法院提起民事诉讼,要求甲公司维修中心为其补缴社会保险费,甲公司维修中心在诉讼期间向法院提交了2010年至2017年部分工资表。2017年11月9日,法院作出判决认为,“劳动者与用人单位就欠缴社会保险费发生争议,是缴纳纠纷,属于行政管理的范畴”,故驳回要求甲公司维修中心为黄某补缴社会保险的诉讼请求,黄某不服一审判决,向中级人民法院提起上诉,中级人民法院二审民事判决书认定,“黄某与维修中心虽然没有签订书面劳动合同,但已形成事实的劳动关系”,并作出维持原判的终审判决。

2018年4月27日,黄某向某社保局提交《投诉书》,要求某社保局责令甲公司维修中心为其补缴未给投诉人缴纳的全部社会保险费用。2018年6月5日,某社保局向甲公司发出《社会保险稽核检查通知书》,要求甲公司协助稽核检查并提供相关材料。2018年6月7日,某社保局到甲公司进行稽核,调查员工的劳动关系情况以及缴交社会保险费情况,并制作了《稽核调查笔录》。2018年6月28日,某社保局作出《关于对甲公司劳动用工情况核查报告》。2018年7月4日,某社保局向甲公司发出《社会保险稽核情况告知书》,将实地稽核的情况告知甲公司。2018年7月8日,某社保局向甲公司发出《社会保险稽核责令改正书》,责令甲公司为黄某等11位职工申报社保登记、补缴2017年1月至2018年7月的社会保险费。甲公司也同意为黄某等职工补缴自2017年1月1日起的社会保险费。后甲公司通知黄某前来办理社会保险，黄某以甲公司给其的合同为空白合同以及未为其补缴2016年12月前的社会保险费为由未予配合。2018年10月29日，黄某以某社保局未履行法定职责为由向法院提起行政诉讼，提出前述诉讼请求。

某社保局辩称，某社保局对甲公司维修中心没有为黄某办理社会保险登记及缴纳社会保险进行稽核的事实清楚，证据充分，对甲公司维修中心稽核适用政策法律法规正确，程序合法，在黄某投诉举报甲公司维修中心未为其申报社保登记、缴纳社会保险费中已依法处理，过程中不存在不作为的行为，且法院的判决书中未确定黄某与甲公司维修中心之间存在劳动关系，黄某的诉求无事实和法律依据。黄某认为甲公司维修中心未为其申报登记缴纳社会保险费侵犯其合法权益，依法应当通过劳动保障监察途径解决。《社会保险稽核情况告知书》不属于行政诉讼受理范围。黄某的诉求缺乏事实及法律依据，请求法院依法驳回其诉讼请求。

法院经审理认为，虽黄某与甲公司维修中心未签订书面劳动合同，但一审和二审法院的民事判决书均已认定双方存在事实的劳动关系，故甲公司维修中心应自黄某入职之日起30日内为其缴纳社会保险费。黄某因甲公司维修中心未为其缴纳社会保险费向某社保局进行投诉，要求责令甲公司维修中心为其补缴全部社会保险费，该投诉属于某社保局职责范围，某社保局应当就投诉事项依法及时处理，全面审查稽核。但某社保局于2018年6月28日作出的《关于甲公司劳动用工情况核查报告》与2018年7月8日作出的《社会保险稽核责令改正书》仅核算和责令甲公司补缴2017年1月至2018年7月的社会保险费，其行为显然是不当的。一审民事判决书中反映甲公司维修中心实际持有黄某2017年1月前的部分工资表，对某社保局因甲公司维修中心未能提供2017年1月前的工资表而无法进行稽核并采取相关措施的抗辩，法院不予认可。因此，某社保局未依法履行稽核职责，导致没有依法履行征缴义务，已构成怠于履行法定职责。故黄某请求某社保局履行法定职责的请求成立，依照《行政诉讼法》第72条之规定，判决：责令某社保局自本判决生效之日起2个月内履行法定职责。

案例分析

从以上典型案例可以看出，对于用人单位未及时足额缴纳社会保险引发的争议，员工最常用也是最为有效的追缴方法是通过行政投诉，迫使行政机关采取措施依法追缴社会保险费。而更值得用人单位注意的是，员工的投诉以及行政机关的追缴行为可能不仅涉及投诉员工本身，还可能牵涉所有未依法缴纳社会保险的其他员工，形成"骨牌效应"，因此在管理上应当尽量避免发生。

管理指南

对于员工社会保险欠缴的问题，企业应从管理上注意以下问题：

1. 尽量依法合规缴纳社会保险，避免形成历史债权；

2. 对于已经形成的社保历史债权，应及时梳理，在有条件的情况下及早补缴；

3. 发生单个员工追缴时，应高度重视，加强沟通安抚，通过补缴等形式尽量解决纠纷，不使问题扩散而导致群体性争议；

4. 充分重视企业在重大经营决策过程中的社会保险风险，对包括企业在关闭、停产、兼并收购、架构重组、搬迁等重大经营决策时，要重视企业存在的社会保险历史债权，进行评估、提前预防，防止引发重大风险。

二、员工同意不缴纳社会保险的效力

实践中，部分企业为了降低成本减少支出，会选择不缴或者少缴社会保险，同时为了规避法律风险，企业在不缴或少缴社会保险的同时，会与员工协商或者与员工签署同意不缴纳社会保险的协议，或者让员工出具同意不缴纳社会保险的声明，甚至干脆由员工自身签署不缴纳社会保险的申请，总之是为了表示不缴纳社会保险已获得员工同意。当然，为了获得员工的配合，有的企业会在不缴纳社会保险的同时，将本应缴交的社保费用的一部分直接发放给员工，而省去了占更大比例的企业缴费部分，或者在工资外额外给员工发放一些福利或者补贴，换取员工同意签署前述文件，也有的企业什么都不发放以工作机会作为筹码。而对于员工而言，尤其是年轻的员工，不缴纳社保意味着单位不用扣除个人社保缴费部分，无形中每月的实际收入提高了，再加上单位额外的补贴实惠，也增加了员工签署的动力，至于缴纳社保的好处，大多数要在若干年后才能体现，远比不上现实的利益更有吸引力。

问题是，社会保险是强制性的保险，缴纳社会保险是企业和职工应尽的义务，强制的法律义务是不能通过协商一致免除的，也就是说无论单位与员工是否协商一致，都不可以不缴或者少缴或者以发放现金代替社保缴费义务。

但是有的员工明知这样的做法不合法，在签署了相关文件后，又以用人单位未依法足额缴纳社会保险为由提出解除劳动合同并要求支付经济补偿，是否能得到支持呢？下面我们从一个案例来看下司法实践中的认定。

案例：伍某与爱玛公司劳动争议纠纷案

伍某与爱玛公司自2011年7月21日起至2019年5月31日存在劳动关系，入职后不久伍某即签署了一份《申请书》，《申请书》载明："本人因个人条件，认为自己不需要缴纳社会养老、医疗、工伤、失业和生育等社保金。我自愿要求公司不予为我办理上述保险手续，由此引起的一切后果全部由我本人承担。"2019年5月28日，伍某以爱玛公司未依法缴纳社保为由，向爱玛公司提出解除双方的劳动关系。当日，伍某通过EMS寄出《被迫解除劳动关系通知书》，爱玛公司于2019年5月31日签收。伍某离职时间为2019年5月31日。2019年7月10日伍某提出仲裁申请，要求爱玛公司支付解除劳动关系补偿金46,472元。劳动人事争议仲裁委员会驳回了伍某的申请，伍某不服提起诉讼。

庭审中，伍某认为，虽然伍某签署了申请书，同意不缴纳社保，但根据《社会保险法》第4条的规定，依法缴纳社保是单位和员工应尽的法律义务，即便伍某同意不缴纳社保，此行为也是违法、无效的，违法、无效的行为与诚信原则无关，爱玛公司作为用人单位，明知不缴纳社保是违法行为却依然接受伍某的这种申请，显然是恶意的违法行为，不应享受到合法的利益。同时，爱玛公司也承认单位员工都没有缴纳社保，员工所写申请也是其打印好让员工签字的，这更显示出其违法性、恶意性。

一审法院认为，伍某已经签订了《申请书》，同意不缴纳社保。作为完全民事行为能力人，伍某应知悉个人签名需要承担的责任。爱玛公司也按照约定将社保费发放给伍某，现伍某又以此为由主张被迫解除劳动关系，明显违背诚实信用原则，且伍某未能举证证明其"曾要求爱玛公司为其办理手续并缴纳社会保险，但爱玛公司在合理期限内拒不办理"，故伍某现又以爱玛公司未依法为其缴纳社保为由解除劳动合同并要求爱玛公司支付经济补偿，法院不予支持，故判决驳回了伍某的诉讼请求，伍某上诉后，二审法院维持了一审判决。

案例分析

从以上案例可以看出，虽然用人单位与员工协商不缴纳社会保险不符合法律的规定，但是作为员工一方面自动申请不缴纳社保并领取了相关社保费用，另一方面又以此为由提出被迫解除劳动合同，也明显违背诚实信用的原则，确实不应得到支持。

另外，这个案例中虽然没有支持员工要求支付经济补偿的要求，但是对于缴纳社会保险的问题，由于《申请书》无效，员工还是可以向有关部门要求追缴社会保险，这是两个不同的问题，在缴纳社会保险后，企业也可以“不当得利”为理由要求员工返还现金发放的社保费用。

三、未缴纳社会保险的赔偿责任

因企业未依法缴纳社会保险导致员工的损失而引发的纠纷，是实践中较为常见的另一类案件。这里可以又区分为两类：一类是未依法缴纳工伤、失业、生育、医疗保险引发的纠纷，另一类是因未依法缴纳养老保险引发的纠纷。无论是哪一类，从法理上来说，用人单位未依法缴纳社会保险，存在过错，同时导致员工在符合条件的前提下仍无法享受相关待遇，造成员工损失，应当承担赔偿责任，最高人民法院《关于审理劳动争议案件适用法律问题的解释（一）》（法释〔2020〕26 号）第 1 条规定：“劳动者与用人单位之间发生的下列纠纷，属于劳动争议，当事人不服劳动争议仲裁机构作出的裁决，依法提起诉讼的，人民法院应予受理：……（五）劳动者以用人单位未为其办理社会保险手续，且社会保险经办机构不能补办导致其无法享受社会保险待遇为由，要求用人单位赔偿损失发生的纠纷……”由此可见，用人单位未缴纳社会保险导致的法律责任是赔偿责任。

（一）未依法缴纳工伤、失业、生育、医疗保险引发的赔偿责任

对于第一类纠纷，相关法规中有相应的规定，例如，《工伤保险条例》第 62 条第 2 款规定：“依照本条例规定应当参加工伤保险而未参加工伤保险的用人单位职工发生工伤的，由该用人单位按照本条例规定的工伤保险待遇项目和标准支付费用。”《女职工劳动保护特别规定》第 8 条规定：“女职工产假期间的生育津贴，对已经参加生育保险的，按照用人单位上年度职工月平均工资的标准由生育保险基金支付；对未参加生育保险的，按照女职工产假前工资的标准由用人单位支付。女职工生育或者流产的医疗费用，按照生育保险规定的项目和标准，对已经参加生育保险的，由生育保险基金支付；对未参加生育保险的，由用人单位支付。”《广东省失业保险条

例》第42条规定:“用人单位有下列行为之一的,由社会保险行政部门或者社会保险费征收机构依法处理;致使失业人员不能享受或者不能完全享受失业保险待遇的,用人单位依法承担赔偿责任:(一)未参加失业保险的;(二)未如实出具终止或者解除劳动关系证明的;(三)未如实申报职工缴费工资的;(四)未按时足额缴纳失业保险费的……”实践中,法院一般也是按用人单位承担赔偿责任来处理,请看下面一个案例。

案例:江某与启亚公司劳动争议纠纷案

江某原系启亚公司员工,江某截至2017年7月的最后12个月的社会保险缴费信息显示启亚公司仅为其缴纳了2016年10月的社会保险。启亚公司2016年11月至2017年6月每月支付江某“社保补贴”850元。江某2017年6月26日至2017年7月6日因病住院治疗,其间发生治疗费用合计22,156.95元,因协商不成,江某提起仲裁要求启亚公司支付医疗费用22,156.95元。

启亚公司辩称,江某原以公司职工的名义参保,因其提出以灵活就业人员参保成本更低而改变了参保方式,为此,公司按月将应由用人单位承担的社会保险缴费部分800元以现金方式发放至江某的工资中,按照有关规定,以灵活就业人员方式参保后满180日的,享受职工医疗保险待遇,但是,江某未及时办理新的参保手续,导致其虽然以灵活就业人员方式参保但无法报销医疗费用,因此,责任在于江某。因此启亚公司不同意江某诉求。劳动人事争议仲裁委员会支持了江某诉求,启亚公司不服提起诉讼。

启亚公司并未举证证明未缴纳医疗保险的责任在于江某本身,故由此产生的江某的医疗费损失应当由启亚公司承担。

法院认为,发生劳动争议,当事人对自己提出的主张,有责任提供证据。与争议事项有关的证据属于用人单位掌握管理的,用人单位应当提供;用人单位不提供的,应当承担不利后果。本案中,江某在职期间,启亚公司为江某缴纳了2016年10月的社会保险费,但是在2016年11月至2017年6月启亚公司未再缴纳,违反法律规定,未缴纳医疗保险导致劳动者无法享受相应医疗保险待遇,只能自行承担医疗费用,故江某的医疗费损失与未依法缴纳医疗保险有直接的因果关系。缴纳医疗保险系用人单位及劳动者的法定义务,无论江某是否同意,启亚公司以现金形式支付江某“社保补贴”的行为本身违反法律规定。此外,启亚公司也不能证明未缴纳医疗保险的责任在于江某,其主张江某存在责任的意见没有事实依据,故应当赔偿因未为江某缴纳社会保险费导致其未能享受职工医疗保险待遇的损失。至于江某已领取的"社保补贴",因涉及重新缴纳社会保险费等行政争议,本案不予处理。故法院判决启亚公司于判决发生法律效力之日起5日内支付江某医疗费损失22,156.95元。

案例分析

本案中,启亚公司主张是江某为了降低参保成本而主动要求将社会保险改为灵活就业人员参保方式,且收到社保补贴后并没有及时参加灵活就业人员保险导致无法报销医疗费,因此江某本身有过错,但是启亚公司没有提供证据予以证明该事实。即使确有证据证明,由于前文所述,社会保险属于强制保险,不能协商不缴或者少缴,而且用人单位在缴纳社保方面有主动权,完全可以自行直接代扣代缴,没有缴纳社保的原因在于用人单位,因此即使员工同意也不能免责,否则由此造成损失的,用人单位仍应承担赔偿责任。

(二)未依法缴纳养老保险引发的赔偿责任

之所以将未依法缴纳养老保险引发的赔偿责任单列出来,一则因为养老保险的计算较为复杂,而且在员工涉及多个用人单位均没有缴纳养老保险的情况下如何计算损失更是一大难题;二则因为在未依法缴纳工伤、失业、生育、医疗保险的情况下,因为相关待遇往往是一次性的,如果发生纠纷,存在补缴从而获得相关待遇的可能性基本不大,因此法院判决时也不存在考虑社会保险经办机构补办的问题,可以直接判决用人单位承担损失,而养老保险则不同,由于享受的条件特殊,缴费时长且存在补缴的政策,因此各地法院在对主张赔偿养老保险损失的案件会有各种不同的处理方法。综合起来有以下几种:

1. 以劳动者未能证明"社保机构不能补办"为由驳回诉请。

根据最高人民法院《关于审理劳动争议案件适用法律问题的解释(一)》(法释〔2020〕26号)第1条的规定,社保机构不能补办社保是劳动者索赔的前提条件,不少法院认为劳动者负有举证责任,若无法举证则驳回诉请,如下面的案例。

案例:廖某与华南公司劳动争议案

廖某于2007年7月进入华南公司处工作,工种为注塑部员工,入职时签订了

《劳动合同》。2016年9月4日，廖某离职。2016年11月，廖某以华南公司未为其缴交养老保险等为由，要求赔偿未办理社会保险造成的损失，劳动人事争议仲裁院以廖某超过法定退休年龄为由，于2017年2月22日作出《不予受理申请通知书》。廖某向法院起诉要求由华南公司向廖某赔偿因不能补办基本养老保险手续给廖某造成的损失计50,685元。

法院认为，廖某主张的损失50,685元，实际上是指华南公司应缴纳而未缴纳的养老保险费。首先，因社会保险征缴问题产生的争议，属于社会保险行政机构的职责范围。如果廖某要求补缴，则应向社会保险行政机构申请依法处理。其次，廖某主张华南公司赔偿养老保险待遇损失，但其未提供证据证明存在社保机构不能补办的情形，因此廖某主张华南公司赔偿未办理养老保险手续给廖某造成的损失，无事实及法律依据，法院不予支持。故判决驳回廖某诉讼请求。

2. 通过法院致函社保机构并根据社保机构回复进行处理。

处理方式之二是在劳动者和用人单位都没有提供证据证明社保机构能否补办的前提下，由法院直接致函社保机构，并视社保经办机构的回复进行处理，如下面的案例。

案例：苏某与连宏公司劳动争议案

苏某主张其于2007年3月13日入职连宏公司，任职啤机部工人。2014年12月23日，双方签订一份劳务协议，约定劳务合同期限为2015年1月1日至2015年12月31日，苏某在连宏公司提供劳务的基本工资为1400.70元。2015年12月28日，连宏公司出具一份终止劳动合同通知书，以苏某已达到法定退休年龄且劳务协议于2015年12月31日到期，决定自2016年1月1日起解除与苏某劳动关系。2015年12月31日，苏某签署一份员工离职单及离厂书，注明离职原因为“合同期满”。2015年12月30日，苏某就解除劳动关系的经济补偿金和代通知金等事宜向某劳动人事争议仲裁院申诉，仲裁院2015年12月31日以苏某已达到法定退休年龄为由作出不受理通知书。苏某于2016年1月8日向法院起诉，要求连宏公司向苏某支付未依法足额缴纳社会养老保险的经济补偿30,600元。

连宏公司、苏某双方均确认苏某于2007年3月13日以“张某”名义入职连宏公司，连宏公司有为张某购买基本养老保险。直至2010年，苏某变更为自己身份证名字，连宏公司未再为苏某购买基本养老保险。现苏某主张连宏公司向其赔偿未缴纳社会养老保险的损失，即在职期间连宏公司应缴纳的每月养老保险费。并提供了银行流水记录佐证。苏某在限期内未向法院提交社会保险经办机构出具的不能补办的答复。2016 年 4 月 28 日，法院就苏某能否补办基本养老保险向某社会保障局发出调查函。2016 年 5 月 3 日，某社会保障局复函称“苏某在连宏公司工作期间未依法参加养老保险问题，建议贵单位指引其到我局投诉，我局将根据《中华人民共和国社会保险法》《劳动保障监察条例》等有关规定对其单位进行查处”。2016 年 5 月 11 日，法院将该复函送达给苏某。

法院认为，连宏公司从 2010 年起未为苏某缴纳基本养老保险。根据最高人民法院《关于审理劳动争议案件适用法律若干问题的解释(三)》第 1 条“劳动者以用人单位未为其办理社会保险手续，且社会保险经办机构不能补办导致其无法享受社会保险待遇为由，要求用人单位赔偿损失而发生争议的，人民法院应予受理”的规定，劳动者请求用人单位赔偿应符合以下三个条件：(1)用人单位未为劳动者参加基本养老保险；(2)社会保险经办机构明确答复不能补办；(3)劳动者达到法定退休年龄。在本案中，苏某在限期内未能向法院提交社会保险经办机构关于不能补办的答复，且经法院函至某社会保障局，某社会保障局复函称要求指引苏某就办理基本养老保险事宜到该社会保障局投诉。鉴于某社会保障局至今尚未能作出明确不能补办的答复，对于苏某要求未缴纳基本养老保险造成的损失法院依法暂不予处理，待苏某有投诉结果，再另行起诉。故判决驳回苏某全部诉讼请求。

案例分析

从本案的处理结果来看，似乎比上一种处理方式更为合理。在实践中，劳动者往往很难获得社保机构的证明，主要原因在于社保机构出具什么样的相关证明并没有法律法规的具体要求，而在实践中，行政机关对外出具证明都十分慎重，唯恐出错承担责任，因此法院在审理案件时，不应一概只通过要求员工承担举证责任的方式来处理，这样无法案结事了，只可能增加诉累或者信访，而本案中法院主动致函社保局，并视社保局的处理结果再行判决，且保留了劳动者维权的通道，是更为高明、更为合理也更能兼顾各方利益的一种处理方式。

3. 支持赔偿且酌定按当地基本养老金最低标准按月赔偿。

这种处理方法是在双方都未提供社保机构证明的前提下，直接支付劳动者的赔偿要求,如下面的案例。

案例:陆某与某畜牧所劳动争议案

陆某,女,1962年10月12日出生,陆某于1992年1月到畜牧所处工作,主要从事饲养奶牛和挤奶工作,双方至今未签订过劳动合同。陆某所在工作部门黄牛研究室所出具的证明记载陆某自1992年1月起到畜牧所单位工作;畜牧所单位工会的工会证亦记载陆某于1999年9月30日加入畜牧所单位工会。畜牧所向陆某发放工资至2014年4月,畜牧所未为陆某缴纳各项社会保险费用。陆某在畜牧所处工作至2014年5月,畜牧所通知陆某不用在畜牧所处继续工作,双方由此引发争议。畜牧所不认可陆某入职时间,并认为双方不存在劳动关系。陆某于2014年10月21日向南宁市劳动人事争议仲裁委员会申请仲裁,要求赔偿养老保险损失510,000元。该仲裁委经审理后作出仲裁裁决书,裁决:畜牧所支付陆某2012年11月至2015年3月(裁决之月)基本养老金共计26,778.6元,并自2015年4月起每月支付陆某基本养老金923.4元直至其死亡时止;仲裁后双方均不服裁决起诉到法院。

经法院向广西壮族自治区社会保险事业局发函询问,该局复函载明:"陆某未在我局参保,无法测算该人员养老金水平。现提供广西壮族自治区人民政府《关于我区企业退休人员基本养老金计算办法的补充通知》(桂政发〔2001〕96号)及广西壮族自治区人力资源和社会保险厅财政厅《关于调整企业退休人员基本养老金最低标准有关问题的通知》(桂人社发〔2017〕26号)供参考。"其中广西壮族自治区人民政府《关于我区企业退休人员基本养老金计算办法的补充通知》(桂政发〔2001〕96号)载明:"四、从2002年1月建立基本养老金最低保证数制度。即按月领取基本养老金的退休人员,月基本养老金总额低于当地职工最低工资标准80%的,按当地职工最低工资标准的80%计发。"广西壮族自治区人力资源和社会保险厅财政厅《关于调整企业退休人员基本养老金最低标准有关问题的通知》(桂人社发〔2017〕26号)载明:"从2017年1月1日(含)起,企业退休人员月基本养老金未达到2016年当地月最低工资标准80%的,按2016年当地月最低工资标准的80%发放。今后当地月最低工资标准如有提高,企业退休人员月基本养老金最低计发标准不再随之提高。"法院还查明,2013年、2014年南宁当地职工最低工资标准为1200元/月,2015年至2017年南宁当地职工最低工资标准为1400元/月。

法院认为,根据最高人民法院《关于审理劳动争议案件适用法律若干问题的解释(三)》第1条"劳动者以用人单位未为其办理社会保险手续,且社会保险经办机构不能补办导致其无法享受社会保险待遇为由,要求用人单位赔偿损失而发生争议的,人民法院应予受理"的规定,现畜牧所未为陆某缴纳社会保险,且广西壮族自治区社会保险事业局亦无法核算其养老金水平,故陆某要求畜牧所赔偿养老金损失,法院予以支持。关于赔偿数额的问题,陆某在畜牧所处工作期间,畜牧所未依法向社会保险机构缴纳畜牧所应当参保的各项费用,导致陆某未能在退休时领取养老金,故畜牧所应当负担陆某退休后的相关养老金费用。而陆某与畜牧所在长期的劳动关系期间亦未能向畜牧所或社保机构主张其社保费用问题,导致其在退休时社保部门亦无法对陆某应当享受养老金待遇进行核算。故法院参照广西壮族自治区人民政府《关于我区企业退休人员基本养老金计算办法的补充通知》(桂政发〔2001〕96号)及广西壮族自治区人力资源和社会保险厅财政厅《关于调整企业退休人员基本养老金最低标准有关问题的通知》(桂人社发〔2017〕26号)的规定,畜牧所应按照上述两份文件关于基本养老金最低保证数的规定补足陆某的养老金。故判决畜牧所应当支付陆某2014年5月至2018年11月的养老金损失60,320元(1200元/月×80%×8月+1400元/月×80%×3年11月)。2018年11月之后,畜牧所应当在每月10日前支付陆某养老金损失1120元(1400元/月×80%)直至陆某死亡时止。

案例分析

从上述案例可以看出,本案中法院的处理较有智慧,由于陆某于1992年1月到畜牧所处工作到2014年5月止工作长达22年之久,而畜牧所未购买社会保险,理应赔偿由此造成的养老金损失,在赔偿金额方面,法院参考了当地规定的最低养老金保证制度,按不低于当地最低养老金的标准判令用人单位支付劳动者养老金损失,而且未来以按月支付的形式,这样的处理考虑了两个因素:一是陆某长期在该单位工作;二是陆某的收入不高,按最低养老金标准判决支付养老金损失较为恰当。如果陆某的工资水平较高,或者陆某在多个单位供职,法院恐怕也不会这样处理。

4. 支持赔偿且按社保缴费最低基数及单位缴费比例赔偿。

第四种处理方法是支付劳动者的赔偿请求,赔偿标准参考社保缴费基数及单位缴费比例计算,详见下面的案例。

案例:丁某与某水泥公司劳动争议案

丁某1962年7月28日出生,2005年进入某县水泥有限公司工作,水泥公司一直未依法给丁某购买五险一金。2016年2月25日丁某离开水泥公司,在水泥公司工作期间,水泥公司未给予其办理职工基本养老保险。从2013年3月开始至2016年1月共计35个月,水泥公司每个月以工资的形式向丁某发放了400元养老保险补助。丁某于2016年12月29日申请仲裁,劳动人事争议仲裁委员会于2017年1月22日开庭审理,但未作出裁决。于是丁某为维护自身合法权益提起诉讼,请求法院判令水泥公司赔偿丁某不能享受退休待遇经济损失160,000元(自丁某59岁至75岁,每年按1万元计算),诉讼过程中,丁某将经济损失的诉讼请求160,000元变更为55,543.04元(从2005年8月至2016年3月,以全省上年度职工月平均工资60%为基数,按28%计算)。

水泥公司认为,2013年双方才形成劳动关系,2013年以后,水泥公司已经依约以工资形式向丁某发放了养老保险补助。水泥公司签订劳动合同时,丁某承诺已购买了农村养老保险,不需要办理职工基本养老保险,同意将保险费以工资形式发放。双方签订的劳动合同第5条约定丁某工资中含社会保险和其他险金,水泥公司也遵守约定,自2013年开始将每月400元养老保险补助和工资一起发放给丁某直至双方劳动关系解除。与丁某重新签订劳动合同时,丁某已到退休年龄,水泥公司无须再为其缴纳社会保险费,且其每月已领取的400元养老保险补助应退还。

法院认为,用人单位为劳动者缴纳社会保险费是法律规定的用人单位和劳动者依法向国家履行的强制义务,用人单位和劳动者不能就缴纳社会保险费自行协商来规避法律的明文规定。丁某在水泥公司成立时即在公司工作,至其离厂时,虽已达到退休年龄,但未享受养老保险待遇,水泥公司作为用工单位应当为丁某办理养老保险,现因丁某已达到退休年龄不能补办职工基本养老保险,水泥公司理应赔偿丁某损失,但丁某主张损失金额为55,543.04元,缺乏依据。参照安徽省人民政府《关于完善企业职工基本养老保险制度的决定》和安徽省高级人民院《关于审理劳动争议案件若干问题的指导意见》,法院认定,水泥公司应补偿丁某损失39,149.6元(以全省上年度在岗职工月平均工资60%为基数,每月按20%计算,时间从2005年8月至2016年2月)。水泥公司要求丁某返还从2013年3月至2016年1月已领取的养老保险补助14,000元,有法可据,法院予以采纳。法院判决:水泥公司于判决生效之日起10日内向丁某支付补偿费39,149.6元。同时,丁某向水泥公司返还已领取的养老保险补助14,000元。以上两项冲抵,水泥公司应向丁某支付25,149.6元。宣判后,双方均未提出上诉。

案例分析

这个案例处理的角度较为独特,法院是参照安徽省人民政府《关于完善企业职工基本养老保险制度的决定》,该文件规定个人缴费基数为全省上年度在岗职工月平均工资60%~300%、单位缴纳基本养老保险费的比例为20%,法院直接按最低社保缴费基数即全省上年度在岗职工月平均工资60%乘以单位缴纳基本养老保险费的比例为20%,所得出的金额其实就是用人单位在双方劳动关系存续期间应当为劳动者缴纳的社保单位支付部分。将本应缴纳社保基金的金额判决直接支付给劳动者,作为劳动者养老保险损失,从法律上来说没什么依据,逻辑也不通,估计也是与劳动者自身诉求的调整有关系,但从判决效果来看,双方都没有上诉,案结事了也化解了纠纷。

综合来说,关于未缴纳养老保险导致的赔偿责任如何计算的问题,各种花样的判决很多,还有按照劳动者的工作年限按协商解除劳动合同的标准判令单位支付经济补偿作为养老金损失的,总之是各显神通。主要问题在于养老保险的计算过于复杂,尤其是当劳动者在多个用人单位工作且每个用人单位缴纳社保情况都不相同,如何对单一用人单位未缴社保与劳动者可能享受的养老金的因果关系及由此确定的赔偿责任进行精确计算,实在是一件伤透裁判者脑筋的事情,因此,以举证责任"踢皮球"者的判决有之,通过先指引劳动者到社保部门解决的判决有之,以不合逻辑但处理结果合理且令当事人满意的判决也不少。在这个问题上,不管黑猫白猫,能解决纠纷、案结事了就是好猫。

第二节 工伤认定的疑难法律问题

在社会保险纠纷中,因工伤保险引发的纠纷应是最多的一类,主要原因在于工伤事故多发,相较于其他四类保险纠纷,无论是发生的概率还是频率,工伤保险纠纷都远远高于其他社会保险纠纷。在工伤保险类纠纷中,较为常见且疑难的问题包括工伤认定的问题、工伤待遇问题、职业病纠纷等,下面我们分别进行讨论。

工伤认定是享受工伤保险待遇的前提和基础,要想获得工伤保险待遇,需要经历工伤的认定、治疗及伤残等级鉴定、工伤待遇的确定及给付等流程，而其中争议最大也最为关键的是工伤认定。根据《工伤保险条例》的规定，通常理解认定工伤无非就是根据“工伤认定三原则”，即在工作时间、工作地点因工作原因发生意外伤害。《工伤保险条例》第14条规定了七种情形可以认定工伤，包括：(1)在工作时间和工作场所内，因工作原因受到事故伤害的；(2)工作时间前后在工作场所内，从事与工作有关的预备性或者收尾性工作受到事故伤害的；(3)在工作时间和工作场所内，因履行工作职责受到暴力等意外伤害的；(4)患职业病的；(5)因工外出期间，由于工作原因受到伤害或者发生事故下落不明的；(6)在上下班途中，受到非本人主要责任的交通事故或者城市轨道交通、客运轮渡、火车事故伤害的；(7)法律、行政法规规定应当认定为工伤的其他情形。其中第1项至第5项都是根据“工伤认定三原则”来演化，无非是对工作时间或工作场所作了延伸，例如，“工作场所内从事与工作有关的预备性或者收尾性工作受到事故伤害的”是对工作时间的延伸，而“因工外出期间，由于工作原因受到伤害或者发生事故下落不明的”是对工作时间和工作场所同时延伸，而第6项即“在上下班途中，受到非本人主要责任的交通事故或者城市轨道交通、客运轮渡、火车事故伤害的”则是针对因经济发展导致上下班交通事故越来越成为职业伤害的主要原因而对“工伤认定三原则”的扩大化解释，第7项则是兜底条款。

除此之外，《工伤保险条例》还规定了视同工伤的三种情形和不得认定为工伤或者视同工伤的三种情形，视同工伤的情形包括：(1)在工作时间和工作岗位，突发疾病死亡或者在48小时之内经抢救无效死亡的；(2)在抢险救灾等维护国家利益、公共利益活动中受到伤害的；(3)职工原在军队服役，因战、因公负伤致残，已取得革命伤残军人证，到用人单位后旧伤复发的。不得认定为工伤或者视同工伤的情形包括：(1)故意犯罪的；(2)醉酒或者吸毒的；(3)自残或者自杀的。

综合以上工伤认定的基本法律框架，结合司法实践，笔者认为在实践中争议最大的工伤认定疑难法律问题包括以下几类：一是上下班途中遭受交通事故等事故伤害的工伤认定问题；二是工作岗位突发疾病在48小时之外死亡引发的争议；三是冒名顶替者的工伤责任认定问题。下面我们先就这几个问题展开讨论。

一、上下班途中遭受交通事故等事故伤害的工伤认定问题

在上下班途中，受到非本人主要责任的交通事故或者城市轨道交通、客运轮渡、

火车事故伤害的属于工伤认定的一种情形，为方便表述，我们这里简单称之为“上下班途中遭受交通事故等事故伤害”的情形，由于经济的发展、人民生活水平的提高和车辆的普及，道路交通事故的发生概率较高，据媒体报道，上下班途中发生交通事故等事故伤害而导致的工伤占工伤总量超过20%，因此引发的纠纷也占纠纷总量的相当大比例。争议的主要焦点包括如何理解“上下班途中”、交通事故认定与工伤认定的关系、员工如果存在违纪提前下班是否应认定为工伤等，下面我们分别进行讨论。

（一）如何理解“上下班途中”？

由于《工伤保险条例》没有对什么是“上下班途中”的定义进行界定，实践中主要还是根据下面两个规定作为处理纠纷的参考，即最高人民法院《关于审理工伤保险行政案件若干问题的规定》（法释〔2014〕9号）和人力资源和社会保障部《关于执行〈工伤保险条例〉若干问题的意见（二）》（人社部发〔2016〕29号），综合这两个规定，大概可以归纳为从以下几个因素来考量是否属于“上下班途中”：

1. 合理时间因素。

合理时间是上述两个规定关于“上下班途中”认定中提及最多的字眼，虽然企业上下班时间是固定的，但是具体到实践中某个员工某一天几点上班或下班才是属于“上下班”是没有明确规定的，因此凡是在合理的时间内上下班都属于法律规定的“上下班途中”，这个时间可能是半小时，也可能是一小时或两小时，可能是提前也可能是延后，要结合事发当天的工作安排、天气、途中有无办理其他事情、是否要接送家人等诸多情况综合判定，也要根据具体证据来认定。

2. 合理地点因素。

合理地点是指上下班途中的起点和终点有一个合理的范围，正常来说，上下班两点一线，是从单位到家或从家到单位，但是现实情况千差万别，有时上班不一定是去单位办公室，可能是去工商局、税务局等部门办事，也有可能是到客户处洽谈业务，还有可能是去机场车站接同事或业务伙伴，同样的道理，员工下班也不一定是回自己家，有可能去父母子女家、去职工宿舍或者租住的住所等，因此前述规定对于单位与家这两个地点作了合理范围的扩张，单位扩张为“工作地”，家扩张为“住所地、经常居住地、单位宿舍和配偶、父母、子女居住地”。这个范围不能再扩大，如下班后去岳父母家为岳父过生日就不属于上下班途中了，如果住在岳父母家则属于上下班途中，因为这时候岳父母家是住所地。

3. 合理路线因素。

合理路线是指劳动者上下班在合理时间内的合理路线上所发生的交通事故等事故伤害才能认定工伤，合理路线包括两类：一是从事属于日常工作生活所需要的活动的合理路线；二是其他合理路线。从事日常工作生活所需要的活动包括在上班途中买早餐、开车加油、骑车加气、下班顺路买菜、下班顺路接孩子等。其他合理路线包括可能因为下大雨水浸路而不得不绕行，或者因为上下班途中公交车坏了不得不临时改变交通方式而调整路线等，总之，只要是以上下班为目的的合理时间，能有合理解释并提供证据证明的都是合理路线。

4. 合理行为因素。

合理行为就是指上述合理路线中所描述的这些活动，无论是顺路买早餐还是顺路接小孩或者买菜、拿快递，只要行为是正常上下班途中会发生的或者根据当时情况合理发生的，都属于合理行为。

5. 目的考量因素。

目的考量是判断所有行为是否属于合理范围的关键标准，也就是在上下班途中的所有行为是否属于合理时间、合理路线、合理行为都有一个前提，即以上下班为目的，如果虽然是上下班途中，但是并不是以上下班为目的，而且途中有其他事情处理，例如，员工在下班途中去参加朋友婚礼，婚礼结束再回家，结果发生意外事故，在这种情况下，参加婚礼不是上下班顺路的日常生活必需，也不是以上下班为目的，而是新的目的，这种情况下发生意外是不能认定为工伤的。

虽然相关法律法规规定了基本的原则，但是实践中情况千差万别，对于什么是“合理时间”“合理路线”，不同的人还是有不同的理解，下面我们结合一些案例来看一下实践中如何把握判断标准。

案例：孙某诉某市人力资源和社会保障局工伤认定案

孙某系某市某小学职工。2012 年 4 月 9 日上午 8 时 20 分左右，孙某骑电动车从某市通泗西街 61 号 9 幢 302 室出小区大门后，由西向东行驶至大约 15 米处，与束某驾驶的汽车发生碰撞，造成孙某左膝外侧半月板前角水平撕裂等损伤。某市公安局道路交通事故认定书认定束某负事故全部责任，孙某不负事故责任。2012 年 6 月 25 日，孙某向某市人社局申请工伤认定，某市人社局作出不予认定工伤决定。孙某不服，遂诉至法院。

某市人社局辩称：首先，孙某受到事故伤害的地点不在其上班的合理路线。孙某上班的合理路线应为从通泗西街61号9幢302室出小区大门后，由东向西至淮海路后直达目的地某小学总部。孙某称自己患有过敏性哮喘，而通泗西街西边巷口有一家炒货店和一家烧烤店，孙某要避开这些烟雾，且南小街人流较少，故孙某习惯于出小区大门后向东行驶至南小街，经南小街到时代广场南侧道路，再沿时代广场南侧道路行至淮海路，沿淮海路向北行驶至单位。但经实地勘察，孙某所述的行进路线南小街道路狭窄，人流较多，行走不便，且时代广场南边是小吃一条街，烧烤、油炸摊点林立，烟雾污染特别严重，孙某在工作日每天要往返4次，其所述理由明显与实际情况相去甚远，不能成立。其次，孙某受到事故伤害时间不在其合理的上班时间。孙某所在学校的作息时间是早上7时55分老师到校，而孙某受到事故伤害的时间是在8时20分左右，显然不在孙某合理的上班时间内。一审驳回了孙某诉求，孙某不服上诉至二审法院。

二审法院认为，孙某受到本案所涉交通事故伤害并非发生在其上班途中。

首先，孙某受到本案所涉交通事故伤害并非发生在其上班的合理路线。合理路线的认定应当综合考虑出发地与目的地之间的相对位置和路况等客观因素。本案中，孙某的工作单位某小学本部，位于文昌路与淮海路交叉口西北侧。事发当日孙某的出发地点通泗西街61号9幢位于通泗西街中间偏东段，通泗西街向西延伸与淮海路交汇，且淮海路系城市主干道，从相对位置上看，孙某的工作单位位于事发当日孙某出发地的西北方向，故孙某从事发当日的出发地点通泗西街61号9幢出发前往其工作单位上班的合理路线应为沿通泗西街由东向西行至淮海路，再沿淮海路向北行进至淮海路与文昌路交叉口，到达目的地某小学本部。但根据某市人社局制作的事故勘察图、某市公安局交通巡逻警察支队一大队作出的第0017989号道路交通事故认定书和孙某所作的道路交通事故当事人陈述材料，事发当日孙某的行进路线为，从出发地通泗西街61号9幢出发后沿通泗西街由西向东行进，在通泗西街偏东段发生交通事故。

孙某称，通泗西街与淮海路交汇口有炒货店及烧烤店，其本人患有过敏性哮喘，需要避开上述店铺产生的烟雾，因而习惯于沿通泗西街向东行驶至南小街，沿南小街向北行驶至时代广场南侧道路，再转向西行进至淮海路，沿淮海路向北到达工作单位。法院认为，孙某并未提交相应证据证明其患有过敏性哮喘以及通常情况下位于通泗西街与淮海路交叉口的炒货店和烧烤店在早晨8时许已处于营业状态并产生大量烟雾的事实,其在一审中向原审法院提交的相关病例材料不能达到证明其确实患有过敏性哮喘的目的,且根据某市人社局拍摄的照片,在时代广场南侧道路与淮海路交汇口处亦存在数量较多的易产生较多烟雾的小吃及烧烤摊点,故孙某提供的证据及陈述不足以证明其在事发当日的上班路线具有合理性。

其次,根据某小学向原审法院提交的作息时间表,从 2012 年 2 月 7 日起,该校教师上午 7 时 55 分上班。但不论是依据孙某以及肇事司机束某在交通事故认定过程中所作陈述,抑或依据某市公安局交通巡逻警察支队一大队作出的第 0017989 号道路交通事故认定书,均可以得出本案所涉交通事故发生时间在 2012 年 4 月 9 日 8 时以后,已超过了孙某所在工作单位规定的教师到校时间。孙某称,根据其提交的 2012 年 8 月 31 日校讯通信息记录可以证明某小学教师上午 8 时 10 分上班。法院认为,一方面,孙某提供 2012 年 8 月 31 日的校讯通信息记录不能达到证明事发当日即 2012 年 4 月 9 日某小学作息时间的目的;另一方面,认定职工所受交通事故伤害发生在上下班途中,必须同时满足"合理时间"和"合理路线"两个条件,是否发生在合理上班时间并非本案中认定孙某受到交通事故伤害是否属于工伤的关键因素,由于孙某受到本案所涉交通事故伤害并非发生在其合理的上班路线,其所受伤害即不符合《工伤保险条例》第 14 条第 6 项所规定应当认定为工伤的条件。故二审法院认为孙某的上诉请求无事实及法律依据,依法予以驳回。

案例分析

本案中孙某之所以不被认定为工伤,是由于其发生交通事故的位置与正常的上下班路线刚好相反,而孙某的解释是其本人患有过敏性哮喘,需要避开正常路线上沿街店铺产生的烟雾,但是存在三处疑问:一是孙某无法证明自身患有过敏性哮喘的疾病,二是孙某无法证明炒货店和烧烤店在早晨 8 时许已经营业并产生大量烟雾的事实,三是孙某受伤的路线上同样存在大量的易产生较多烟雾的小吃及烧烤摊点,因此一审、二审法院都认为孙某受伤不符合上班途中的合理路线,支持人社局不认定工伤的结论。

(二)上下班途中迟到早退发生事故是否影响工伤的认定?

上下班途中发生非本人主要责任的交通事故伤害的认定为工伤,但是如果劳动者出现迟到或早退的情况下受到事故伤害,还能同样认定为工伤吗?这个问题在实践中存在一些争议,赞同认定工伤与不赞同认定工伤的案例都不在少数。

案例:张某诉某县人力资源和社会保障局行政诉讼案

张某系津楚公司员工,在津楚公司制浆车间工作。2019 年 5 月 10 日张某上夜班即 2019 年 5 月 10 日晚 7 时 30 分上班,2019 年 5 月 11 日早 7 时 30 分下班。当晚 9 时多张某未请假脱岗回职工宿舍。其制浆车间班长在晚上 9 时 40 分左右,巡视各个岗位时,发现张某不在岗。随后再次巡视时张某仍不在岗位。就给张某打电话,张某称在厂外边路上被汽车撞了。某县公安局交通警察大队 5 月 15 日出具交通事故责任认定书载明:2019 年 5 月 10 日 22 时 0 分,王某驾驶车牌号豫 P×××××的小型轿车,沿京广 106 国道行驶至京广 106 国道某县永兴医院南时,与行人张某刮撞,当事人王某负全部责任,当事人张某无责任。2019 年 7 月 29 日,张某提出申请请求工伤认定。某县人力资源和社会保障局于 2019 年 7 月 29 日受理,受理后调取了津楚公司的营业执照、劳动合同书、职工管理方面的文件和证明以及张某的道路交通事故认定书及诊断证明等证据。并于 2019 年 7 月 30 日调查了张某所在的工作车间的车间班长、车间主任及工友,制作了调查笔录。2019 年 8 月 1 日津楚公司对张某进行了询问,制作了调查笔录,张某在询问中也承认在岗期间没有给任何人打招呼就离开工作岗位回职工宿舍。人社局于 2019 年 8 月 14 日作出太人社工伤(2019)1 号周口市不予认定工伤决定,决定主文内容:张某所受伤害的情形,不符合《工伤保险条例》第 14 条、第 15 条之规定,属于不得认定或者视同工伤的情形。现决定不予认定或者视同工伤。张某不服该不予认定工伤决定,遂提起诉讼。

人社局答辩认为,张某在事发当天上班时间为 2019 年 5 月 10 日晚上 7 时 30 分至 2019 年 5 月 11 日早上 7 时 30 分,张某未经请假在当天晚上 9 时多擅自回宿舍,属于上班早退行为,不能推定为合理的下班时间;张某是因为天冷回宿舍添加衣服,同样不能推定为合理的下班时间,张某发生交通事故不符合上述法律法规规定的情形,答辩人对此不予认定工伤并无不当。一审法院认为,张某在其上夜班期间,没有请假离开工作岗位,在回职工宿舍的路上,被肇事司机撞伤,造成交通事故。其没有遵守公司规章制度,不请假擅自离岗的行为,不符合《工伤保险条例》第 14 条第 1 项和第 6 项规定的情形,不属于工伤事故的范畴。张某不服提起上诉。

二审法院认为,工伤认定是无过错认定,受伤害职工是否违反单位规章制度、劳动纪律等不是认定工伤的前提条件。国务院法制办《关于职工违反企业内部规定在下班途中受到机动车伤害能否认定为工伤的请示》的复函认为，职工所受伤害只要符合《工伤保险条例》第 14 条第 6 项“上下班途中受到机动车事故伤害的”的规定，就应当认定为工伤。因此，对于“上下班途中”的认定，应做目的或原因来理解，上下班是用于限定途中的目的和原因，其强调的重点是途中，只要职工是为了开始或结束工作而往返于单位和住处即可，时间因素原则上不应受到提前或推迟的影响。本案中，张某提前离岗回宿舍，虽违反了津楚公司的劳动纪律，但其从工作地点回宿舍的路上发生交通事故是客观事实，根据上述分析仍应视为上下班途中发生交通事故，符合认定工伤的相关规定，故被诉不予认定工伤决定适用法律错误，应予以撤销。综上，一审判决认定事实基本清楚，但适用法律错误，应予以纠正，故判决撤销一审判决和某县人社局不予认定工伤决定书，责令某县人社局申请重新作出处理。

案例分析

本案一审法院和二审法院完全持不同的观点，也反映了在这个问题上司法实践中的争议，笔者认同二审法院的判决，将本来不符合“工伤三原则”的上下班途中交通事故作为工伤，立法本意就是扩大保障广大职工在经济发达的工业时代上下班的职业伤害范围，而工伤实行的无过错原则，员工有过错并不影响工伤的成立，在员工“上下班途中”的事实清楚前提下，只要员工不属于排除认定工伤的范围，就应当认定为工伤，无论员工违纪是否应当受到劳动纪律的处分，都不应因此剥夺其获得工伤保险待遇的权利，这是两回事。

（三）无法认定交通事故责任时工伤如何处理？

上下班途中事故伤害认定工伤还有一个前提就是“非本人主要责任”，是指在交通事故等伤害中，受伤员工不承担主要责任。如何认定“非本人主要责任”呢？最高人民法院《关于审理工伤保险行政案件若干问题的规定》第 1 条规定，人民法院审理工伤认定行政案件，在认定是否存在《工伤保险条例》第 14 条第 6 项“本人主要责任”、第 16 条第 2 项“醉酒或者吸毒”和第 16 条第 3 项“自残或者自杀”等情形时，应当以有权机构出具的事故责任认定书、结论性意见和人民法院生效裁判等法律文书为依据，但有相反证据足以推翻事故责任认定书和结论性意见的除外。前述法律文书不存在或者内容不明确，社会保险行政部门就前款事实作出认定的，人民法院应当结合其提供的相关证据依法进行审查。这里认定事故责任的有权机关是指交警部门。但是实践中也存在这样的情况，由于客观原因，交警部门无法出具事故责任认定，无法出具的原因可能是单方事故、事发现场没有其他目击证人或监控设施，无法还原事发经过等，交警部门仅能出具证明证实发生了交通事故，但是无法确定责任。在此情况下，工伤认定机构一般会有以下两种截然不同的做法：

1. 直接作出不认定工伤的决定。

这种做法一般认为鉴于无法确定劳动者下班途中发生的交通事故是否非本人主要责任，而只有符合“非本人主要责任”才能认定工伤，因此认定案涉事故伤害不符合《工伤保险条例》第14条和第15条认定工伤和视同工伤的规定，从而作出不予认定决定，如广东省肇庆市中级人民法院作出的(2018)粤12行终42号行政判决。

2. 认为应当作出工伤认定的决定。

这种做法一般是从举证责任分配的角度，认为法律并没有规定责任无法认定时不能认定工伤，劳动者对“非本人主要责任”没有举证义务，在交通管理部门没有作出结论的前提下，应当由工伤认定部门进行调查并作出认定，如果无法查清事实证明劳动者承担事故主要责任的，则应认定为工伤，如安徽省高级人民法院作出的(2018)皖行终74号行政判决、江西省高级人民法院作出的(2020)赣行再4号行政判决等。

下面我们来看一下实践案例中法院的观点。

案例：某渔业公司诉甲市人民政府行政诉讼案

吴某是某渔业公司的员工，2016年8月12日，吴某驾驶普通二轮摩托车，沿S103线由黄山区太平湖大桥方向驶往黄山区太平湖码头方向准备上班，行驶至S103线217km+800m处摔倒，发生致吴某受伤的交通事故。吴某受伤后即被送往甲市人民医院继续治疗。2016年9月8日，某渔业公司向黄山区人社局提出申请，请求对吴某予以工伤认定。2016年9月12日，甲市公安局某交通警察大队作出道路交通事故认定书，认定吴某承担事故的全部责任。吴某不服，向甲市公安局交通警察支队申请复核，甲市公安局交通警察支队经复核认为甲市公安局某交通警察大队作出的道路交通事故认定书认定事实不清，并责令其重新调查认定。2016年11月2日，甲市公安局某交通警察大队重新作出道路交通事故证明，仅调查了交通事故的事实，未对事故责任进行认定。2016年11月21日，某区人社局作出《不予认定工伤决定书》，决定对吴某受到的伤害不予认定或者视同工伤。2016年12月5日，吴某收到《不予认定工伤决定书》后不服，于2017年1月6日向甲市人民政府提起行政复议，请求撤销某区人社局作出的《不予认定工伤决定书》，并确认吴某发生交通事故属于工伤。2017年4月6日，甲市人民政府作出行政复议决定，撤销某区人社局作出的《不予认定工伤决定书》，责令其在60日内对吴某受到的事故伤害是否属于工伤重新认定。某渔业公司不服行政复议决定提起诉讼。一审判决驳回某渔业公司的诉讼请求，某渔业公司不服提出上诉。

二审法院认为，首先，公安机关交通管理部门的事故责任认定结论，不是工伤认定的前置或唯一条件，仅是社会保险行政部门认定工伤与否的重要证据，社会保险行政部门可以依据公安机关交通管理部门的事故责任认定结论作为重要证据，并结合有关证据材料综合考量，依据《工伤保险条例》第14条第6项的规定，作出是否构成工伤的认定。当公安机关交通管理部门没有作出事故认定或者由于客观原因无法作出事故责任认定，社会保险行政部门不能拒绝工伤认定申请，或者直接认定不构成工伤，而应当依据《工伤保险条例》第19条的规定，根据审核需要对事故伤害进行调查核实，最终作出是否构成工伤的认定。其次，社会保险行政部门对当事人上班途中因发生交通事故受伤作出不予认定工伤决定，应当以能够证明存在特殊情形的证据为依据，在交警等有权机构对交通事故责任认定不明确或缺乏相关结论性意见情形下，社会保险行政部门应依照法定职权作“非主要责任”排除性调查取证，即承担排除“非主要责任”认定的举证责任风险，而并非依职权重新进行事故责任认定的划分。如果没有证据或无法举证排除交通事故当事人“非主要责任”特殊情形认定，则应从《工伤保险条例》有利于劳动者权益保护的立法原则上作出有利于事故当事人“非主要责任”确定性结论。故驳回上诉，维持原判。

案例分析

这个案件中二审法院的分析论证思路十分清晰，从两个角度说明了为什么不认定工伤的做法不符合法律的规定，一是社会保险行政部门不能因交警部门没有认定事故责任就直接拒绝工伤认定申请，或者直接认定不构成工伤，而应依职权进行调查核实；二是从举证责任来说，是社保部门有义务证明劳动者对事故负主要责任，而不是劳动者要举证自身“非主要责任”，如果社保部门无法证明劳动者负主要责任，则应认定为工伤。

笔者非常认同该案件的裁判思路，第一，从最高人民法院《关于审理工伤保险行政案件若干问题的规定》第1条规定内容来看，交通事故责任认定只是认定工伤的主要依据并非唯一依据，没有事故责任认定书，社保部门也应进行工伤认定；第二，劳动者要证明的“非本人主要责任”是个消极事实，根据举证“举有不证无”的基本逻辑，劳动者要完全证明“非本人主要责任”是无法完成的任务；第三，更为重要的是，对于相关事实的查明，无论是交警部门还是社保部门所拥有的能力和权限都远远大于劳动者，如果相关部门都无法查清楚，却让劳动者去举证，这样的举证责任赋予劳动者既不合理也不公平；第四，工伤立法的目的应是为广大劳动者受到职业伤害时提供保障，对于上下班途中的交通事故，如果无法证明是劳动者的主要责任，又无法证明劳动者存在故意等排除工伤情形的，就应推定属于“非本人主要责任”而认定工伤，而不是作出相反的认定。

二、在工作时间和工作岗位突发疾病48小时内死亡的工伤认定问题

根据《工伤保险条例》的规定，在工作时间和工作岗位，突发疾病死亡或者在48小时之内经抢救无效死亡的，视同工伤。突发疾病死亡按常理来说并不属于工作原因，而是自身身体原因，本来是完全不符合“工伤三原则”的，但是由于在工作中突发疾病客观上也不能完全排除与工作存在一定的因果关系，如劳累、工作压力、过于疲劳等，为了扩大对劳动者的社会保障，法律在将工作中突发疾病死亡作为视同工伤处理的同时，也加上一个前提条件即“在48小时内”经抢救无效死亡，这就带来一个悖论，在突发疾病的情况下，劳动者及其家属肯定是希望尽力抢救到最后一刻，但是如果抢救超出了48小时，意味着一旦抢救不成功就无法认定工伤，导致家属重大利益受损，这无疑引发了伦理道德与实际利益之间的重大冲突，对于劳动者的家属来说是极为残酷的决择。但是，将本不属于工伤的“工作中突发疾病死亡”纳入工伤，增加了社会保险基金的负担，也不可能不作出限制，而从立法技术上来说，无论是规定48小时内死亡还是72小时内死亡，总会有同样的问题存在，无法避免。而对于进行工伤认定的部门和工作人员来说，严格按照法律规定的内容执行不仅是保证法律的严肃性，而且也是兼顾与用人单位、社会保险基金之间的利益平衡。但是在现实中，实际情况总是千差万别，各地法院面对具体情况时，还是会灵活适用法律，从立法目的出发理解法律规定，作出突破性的判决。笔者研究发现，在以下几种情况下，法院往往会突破法律的规定。

(一)48 小时内已判定为“脑死亡”的可认定为工伤

“48 小时之内经抢救无效死亡”这里的死亡是按什么标准,法律上没有明确,从医学上来讲,死亡有心脏死亡和脑死亡两种情况,但是由于缺乏相关的规定和标准,目前来说绝大多数情况下医院死亡证明还是以心脏死亡时间为准,而脑死亡只是临床医生诊断的参考。但是也有法院将 48 小时内脑死亡作为工伤认定标准,我们来看一个案例。

案例:田某与东方公司劳动争议案

田某的丈夫李某生前系东方公司的员工,被东方公司安排至荆州市人民银行从事保安工作。2017 年 4 月 13 日 8 时 40 分许,李某在工作期间突发疾病,于同日 10 时 38 分,经入院诊断送入荆州市中心医院神经外科一病区抢救。2017 年 4 月 15 日 8 时 30 分左右,李某的主治医生日常查房时发现李某出现“脑死亡”的生理特征,遂告知家属“患者脑死亡,生还可能性极低,随时可能因呼吸循环衰竭死亡”,但家属不愿意签字放弃治疗。2017 年 4 月 15 日 15 时 33 分,医生宣布李某因呼吸循环衰竭临床死亡。田某于 2017 年 4 月 28 日向区人社局申请工伤认定,区人社局于 2017 年 5 月 24 日作出受理决定,于 2017 年 7 月 17 日作出《不予认定工伤决定书》,认为李某在工作期间突发疾病至死亡,期间超出 48 小时,不属于《工伤保险条例》第 15 条第 1 款第 1 项“视同工伤”的情形。田某不服该决定,遂诉至法院,一审法院判决驳回田某的诉讼请求,田某不服提出上诉。

二审法院认为,本案中,李某于 2017 年 4 月 13 日 10 时 38 分被送往荆州市中心医院抢救。4 月 15 日 8 时 27 分,查房医师姚某、医师郭某告知李某家属,患者神志深度昏迷,双瞳散大,气管插管,呼吸机辅助呼吸,血压为多巴胺维持。8 时 30 分,医生再次告知李某家属,现患者“脑死亡”,生还可能性极低,随时可能因呼吸循环衰竭死亡。因家属出于亲情不愿意放弃治疗,在 15 日 15 时 3 分,李某开始出现心跳停止,血压测不出,15 时 33 分被宣布临床死亡。关于患者李某是否“脑死亡”的问题,田某提交了荆州市中心医院病程记录,可以证明李某于突发疾病 48 小时内“脑死亡”,区人社局和东方公司没有提出足以推翻患者“脑死亡”的证据,因此,区人社局和东方公司应当承担举证不能的法律后果。李某于 2017 年 4 月 13 日 10 时 38 分被送至医院抢救,于 2017 年 4 月 15 日 8 时 30 分被告知为“脑死亡”,由于家属出于亲情不愿意放弃治疗，患者继续依靠呼吸机辅助呼吸和药物治疗才致使抢救时间超过48小时。对于李某这种特殊状态的出现，结合《工伤保险条例》第1条“保护劳动者权益、分散工伤风险”的立法本意，针对本案李某抢救时间的认定，应当作出对劳动者有利的解释，认定属于《工伤保险条例》第15条第1款第1项规定的视同工伤的情形。一审法院和区人社局认定李某不符合认定工伤的法定条件，属对法律理解不当，应予纠正。故判决撤销区人社局作出的不予工伤认定决定和一审法院作出的判决，责令区人社局重新作出决定。

案例分析

这个案件之所以能得到法院支持，首先在于田某提供的医院病程记录清楚记载了李某脑死亡的情况及具体时间，能够提供证据证明48小时内存在脑死亡的事实，而大多数不予认定工伤的案件都无法提供脑死亡的证明，由于脑死亡只是临床医生判断，我国尚没有脑死亡的立法，脑死亡也没有正式引入临床作为标准，因此并非所有医生都会作出这样的诊断，还是以心脏停止跳动作为死亡标准，其次还是由于二审法官本身对法规的理解和立法的诠释作出了有利于劳动者家属的结论。

（二）入院即使用呼吸机抢救导致超出48小时的可认定为工伤

部分案例存在这样的情况，患者因工作中突发疾病情况紧急，入院即使用呼吸机抢救导致超出48小时，也有法院认为应认定为工伤，来看下面这个案例。

案例：鱼某与某人社厅行政诉讼案

鱼某的丈夫李某系某财经大学职工。2016年10月25日晚，李某在某财经大学11号楼学生公寓值班室值夜班。2016年10月26日9时许，李某在值班室吃早餐时突然抽搐、意识不清，同事拨打“120”急救电话。2016年10月26日9时48分，“120”急救车将李某送到解放军第四七四医院，医院急诊抢救记录载明：“初步诊断脑出血、脑梗塞；高血压3级（很高危）；慢性肾功能不全。抢救措施：1. 报病重，吸氧，心电监测。2. 请神经科、重症医学科会诊。给予降血压、止血、抑酸、促脑细胞代谢等对症治疗。3. 收住重症医学科。抢救结果：平稳。抢救后去向：收住重症医学科。”2016年10月26日11时15分，李某被送至重症医学科治疗，重症医学科诊断证明载明：“患者入科后给予重症监护，病危。治疗上给予止血、制酸、营养脑神经、脱水等对症处理。患者吸气性呼吸困难明显，吸痰后吸出少量痰液伴食物残渣，考虑患者存在误吸并堵塞气道，双下肢出现花斑，心率上升至160次/分，血氧饱和度下降至92%，考虑患者缺氧病情较重，行气管插管术，呼吸机辅助呼吸，经上述抢救治疗后，患者生命体征相对平稳。但患者自10月26日意识持续为中昏迷状态，无自主呼吸，无生理、病理等反射，向患者家属及单位交代病情，患者家属仍坚持要求继续抢救治疗。于11月4日患者因危重，经治疗无效后死亡。入院诊断：1. 脑干出血；2. 脑梗死；3. 高血压病3级很高危；4. 慢性肾功能不全氮质血症期；5. 继发性癫痫；6. 高血压性肾病；7. 应激性消化道出血。”

因李某自2016年10月26日已无自主呼吸，无生理、病理等反射，以及李某生前有捐献自己器官的愿望。2016年11月4日李某的亲属签署《公民逝世后器官捐献志愿书》，解放军第四七四医院为其做了眼角膜捐赠手术，并于当日撤除器官支持系统后死亡。解放军第四七四医院出具的《居民死亡医学证明(推断)书》载明：死亡原因为多脏器功能衰竭。死亡时间为2016年11月4日。

2016年11月7日某财经大学就李某死亡事宜向人社厅提出工伤认定申请。2016年11月9日人社厅作出《不予认定工伤决定书》，鱼某不服向某自治区人民政府申请行政复议，复议机关维持了《不予认定工伤决定书》。鱼某提起行政诉讼，一审法院驳回鱼某诉求。

2017年6月22日，中国人民解放军四七四医院医务处出具证明：“2016年10月26日上午9时许，从某财经大学送来患者李某(病案号198736)到我院抢救，诊断为脑干出血、脑梗塞、高血压、高血压性肾病、慢性肾功能不全、继发性癫痫，病情危重，出现呼吸衰竭，如果不使用呼吸机，患者会立即死亡，医院当即采取抢救措施，使用呼吸机。情况属实，特此证明。”

二审法院认为，本案医院抢救病历可以证实，李某自2016年10月26日意识持续为中昏迷状态，无自主呼吸，无生理、病理等反射。医院出具的证明亦证实医疗机构认为李某2016年10月26日入院后病情危重，出现呼吸衰竭，如果不使用呼吸机，李某会立即死亡，在2016年11月4日撤除器官支持系统后李某即死亡。虽然李某心跳停止时间超过48小时，但在48小时内无呼吸机支持，已无存活可能。李某为家庭支柱，其妻无固定职业，突然发病，其亲属惊慌无措。单位及亲属在李某依靠机器维持的情况下，不放弃抢救，希望通过医疗技术手段挽回职工、亲人生命，亦为人伦常理，其情可悯。在2016年11月4日，李某的亲属见李某已回天无望，同意捐献李某器官，捐献出眼角膜，为社会作出最后贡献，其善举亦应嘉许。劳动者有享受社会保险和福利的权利，现代医院技术的发展，为劳动者争取了更多抢救时间，这个时间会越来越长，出于对劳动者生命的尊重，亦应让其有一个完整的抢救过程。本案李某死亡能否比照《工伤保险条例》第15条第1款第1项规定认定为工伤，行政机关可结合本案具体情况和社会发展，劳动者的死亡与工作的因果关系具体适用法律。故判决撤销一审判决及《不予认定工伤决定书》《行政复议决定书》，责令人社厅重新作出行政行为。

案例分析

笔者认为这是一个有温度的二审判决，虽然这样的判决在实践中并不算多见，当劳动者在工作中突发疾病入院抢救时，要求员工家属掐着秒表来计算时间、到达48小时就停止抢救，既不合理也过于残酷，国家立法将工伤控制在一定范围没有错，但是当面对具体案件具体情况时，也应当允许裁判者有情感地执法，正如二审法官在判决中所言，“出于对劳动者生命的尊重，应该让劳动者享有完整的抢救过程”。

（三）因捐赠器官导致超出48小时的可以认定工伤

第三种例外的情形是因为捐赠器官的手术需要而必须维持生命导致超过48小时的，应当认定为工伤。来看下面的案例。

案例：某住建局诉某社保局行政诉讼案

2019年8月20日，某住建局单位职工戴某经单位安排，到永德县对脱贫攻坚住房安全保障进行重点指导工作，9月3日上午8时40分，戴某由于在指导工作期间劳累过度、突发疾病，出现呼吸急促和意识障碍。同行队员随即联系“120”急救中心送至永德县人民医院进行抢救。同日上午10时，永德县人民医院诊断戴某为“左侧大面积脑梗死、脑疝、昏迷、休克”，经过医院评估病情后，当日15时30分，戴某从永德县人民医院转至临沧市人民医院进行救治。同年9月3日18时25分，戴某经医生初步诊断为“左侧大脑半球急性大面积梗死并出血”以及其他并发疾病，随即采取气管插管、呼吸机辅助呼吸治疗，并下达了危重病情通知书。9月4日23时许，医生经检查发现戴某双侧瞳孔散大固定，无自主呼吸、疼痛刺激无反应，经判断为临床脑死亡。同时经昆明市第一人民医院OPO脑死亡判定专家组诊断“戴某已于9月4

日23时左右处于脑死亡状态，任何医疗干预均不能使病情得到逆转”。死者亲属知晓病情后，要求行器官捐献处理。医院在报经市卫健委同意后，继续对死者戴某行相关器官维护处理。2019年9月6日14时30分，昆明市第一人民医院器官获取团队在临沧市第一人民医院对死者戴某行脏器取出手术，完成器官捐献。

2019年12月20日某住建局向某社保局提出工伤认定申请。2020年2月10日，某社保局认为2019年9月3日8时40分戴某在其所住酒店房间内突发疾病，经医院抢救无效于2019年9月6日15时28分被宣布死亡，不符合视同工伤的规定，故作出不予认定工伤决定书，某住建局因此提起诉讼。

法院认为，本案争议问题在于戴某的死亡是否符合“48小时之内”的法定标准。赠人玫瑰、手留余香，器官捐赠、生命共享。器官捐献是无私奉献、遗爱人间、大爱无疆的精神，这种精神是值得全社会大力弘扬的价值观。《工伤保险条例》旨在保障工伤职工的合法权益、分散工伤风险，因此在工伤认定中应遵循上述立法宗旨，在尊重公序良俗、维护伦理道德和社会公平、公正的基础上，对死亡时间的界定应从有利于保护劳动者合法权益的角度，并结合多种因素进行综合评判。本案中，根据昆明市第一人民医院人体器官获取组织确认戴某脑死亡的时间为2019年9月4日23时20分未超过48小时内的规定，虽然临沧市人民医院出具的死亡通知书载明戴某死亡时间为2019年9月6日15时28分，但该死亡日期的确定是因器官捐献供体维护时间的需要而造成超过48小时的迟滞，并非基于戴某生命体征的自然、平稳消灭。某社保局在未充分考虑上述因素的情形下，仅依据死亡通知书的日期认定戴某的死亡不符合《工伤保险条例》的规定并作出不予认定工伤决定，属事实不清、证据不足。故某住建局要求撤销某社保局作出的〔2019〕438号《不予认定工伤决定书》及重新作出认定的诉讼请求，与事实及法律规定相符，法院予以支持，故判决撤销某社保局作出的《不予认定工伤决定书》。责令某社保局对某住建局提出的戴某工伤认定申请重新作出决定。

案例分析

本案也是为数不多超出48小时死亡但仍能够认定为视同工伤的案件，案件中戴某在外派工作中突发疾病，送医后不久即便诊断为脑死亡，因家属提出器官捐赠，在完成器官捐赠手术后不久即宣告死亡，可见死亡时间延迟与器官捐赠存在因果关系，在此情况下，法院从维护劳动者权益、兼顾社会公序良俗和弘扬良善之举的情况下，作出对劳动者有利的判决，当是合理合法，值得肯定。

综上，对于在工作中突发疾病超过48小时死亡而申请工伤认定的情况，实践中大多数的案例还是得不到支持，以上所列举的三种情形是实践中存在被突破的个案，也是笔者认同可以酌情作出视同工伤认定的三种情形。只要法律法规的规定不修改，因“48小时”的规定引发的法与理、理性与情感的争议将会一直持续下去。

三、冒名顶替者的工伤认定及待遇支付问题

在实践中还存在不少冒名顶替用工的情况，产生冒用他人名义入职的原因包括年龄不符怕单位不招用、身份证丢失无法及时办证、捡到别人身份证而产生冒用念头等，被冒用人一般可能是兄弟姐妹、亲戚朋友或者陌生人，对于用人单位来说，有可能从始至终对冒名情况都不知情，也可能管理者或工友甚至公司领导都知情，但是没有要求纠正，导致冒名者一般都以被冒名者的名义缴纳社会保险。当冒名者在用工过程中发生意外伤害时，主要涉及两个法律问题：（1）冒名者是否能认定为工伤；（2）社保机构是否应当支付冒名者工伤待遇。下面我们分别来讨论。

（一）冒名者是否能认定为工伤的问题

冒名者能否认定为工伤，关键在于如何看待冒名者与用人单位的法律关系，冒名者以他人名义与用人单位签订劳动合同，属于欺诈行为，因此签订的劳动合同属于无效劳动合同，但是劳动合同无效针对的是以被冒名者名义与用人单位之间建立的法律关系，在冒名者与用人单位之间仍然存在事实上的劳动关系，两者之间完全符合劳动关系认定的全部要素，包括主体资格相符、劳动者提供了劳动并接受用人单位管理、由用人单位支付劳动报酬、劳动者提供的劳动构成用人单位业务组成部分等。既然两者之间形成了事实上的劳动关系，工作时间、工作地点因工作原因受到意外伤害，法律上就没有理由不认定为工伤，下面来看一个案例。

案例：东森公司诉某社保局行政诉讼案

刘某于2017年12月25日以他人名义入职东森公司，2018年1月29日7时50分，刘某在公司车间内打扫开箱机里的纸屑时左手被卷入开箱机链条内，导致左手被链条夹伤。伤后刘某经医院治疗，于2018年5月3日被诊断为：“左手挤压伤并离段，肌腱神经血管损伤，指骨、掌骨开放性骨折；左手功能障碍。”

某社保局于2018年8月14日受理刘某提出的案涉工伤认定申请。刘某向某社保局提交的申报材料包括工伤认定申请表、身份证复印件、病历、疾病诊断证明书、出院小结等材料；某社保局于2018年9月10日向东森公司送达《工伤认定提交材料通知书》，东森公司向某社保局提交了现场照片；某社保局分别于2018年9月4日、20日对刘某及东森公司工作人员进行了调查询问。某社保局于2018年10月22日作出《认定工伤决定书》，东森公司不服向法院提起行政诉讼，请求判令撤销某社保局作出的《认定工伤决定书》。

一审法院认为，根据某社保局提供的《询问笔录》等证据可知，东森公司为刘某的用人单位。用人单位应当为员工在工作中受伤害承担责任，东森公司所提及的刘某借用他人身份证入职导致无法为其购买社会保险的理由与本案无关联性，法院不予认可。刘某是否冒用身份，均不会改变其受伤的事实，即使东森公司与刘某劳动合同无效，双方仍成立事实劳动关系。本案证据足以证明刘某于2018年1月29日在东森公司车间内打扫开箱机卫生时受伤的事实，刘某的工作职责是操作开箱机和给开箱机打扫卫生，其受伤时正履行职务，符合《广东省工伤保险条例》第9条第1项规定的"在工作时间和工作场所内，因工作原因受到事故伤害的"，应当认定为工伤的情形。故驳回东森公司诉讼请求。二审维持一审判决。

在司法实践中，绝大多数的法院对于冒名顶替者在工作中受伤都作出了工伤认定，表明在这个问题上裁判机关的思路较为统一，争议不大。

(二)冒名者是否能享受工伤待遇的问题

相对于工伤认定，冒名者是否能享受工伤待遇是个争议更大的问题，通常来说认定了工伤且正常缴纳社保，享受工伤待遇是顺理成章的事情，但是由于冒名者是以他人的名义缴纳社保，形成的社保法律关系并不是冒名者与社保基金而是被冒名者与社保基金，在这种情况下社保基金是否还有义务为冒名者支付社保待遇呢？反对支付待遇者认为，无权利则无义务，由于冒名者本人并没有缴纳社保与社保基金形成法律关系，无权要求社保基金支付待遇，且冒用他人名义建立社保关系的过错在冒名者本身，应自行承担不能享受工伤待遇的后果；而支持支付待遇的观点却认为，用人单位根据冒名者提供的被冒名者的身份信息，以被冒名者名义为冒名者缴纳工伤保险费，其真实意思表示应理解为投保对象实际为冒名者而不是被冒名者，即冒名者与社会保险行政部门之间在事实上成立了工伤保险关系，故工伤保险管理部门应对冒名者核定工伤保险待遇，最高人民法院2015年12月4日发布了19个合同纠纷典型案例，其中案例11即王某先等人诉被告重庆市某区工伤保险管理所、第三人重庆某煤矿公司不履行行政给付义务案即是持这样的观点，也因此影响了很多的类似判决。我们来看下面的案例。

案例：徐某与某工伤保险基金行政诉讼案

徐某冒用莫某的身份证入职某食品公司工作，某食品公司为名为莫某的职工于2013年3月4日在某工伤保险基金参保，2013年3月11日，徐某驾驶摩托车途经桃江县石牛江镇安陵坪村再兴村民组路段时，与杨某驾驶的货车相撞，徐某受伤。2014年，徐某提起民事诉讼，请求确认徐某与某食品公司存在事实劳动关系。该案经法院审理确认徐某与某食品公司存在事实劳动关系。同年，徐某向某人社局申请工伤认定，经该局审核，徐某受到的事故伤害符合《工伤保险条例》第14条第6项的规定，该局予以认定工伤。2017年1月，徐某向某工伤保险基金申请支付工伤保险待遇。经某工伤保险基金核查，徐某未在某工伤保险基金参保缴费，故某工伤保险基金拒绝支付。徐某不服，诉至法院，请求判令某工伤保险基金足额支付其工伤保险待遇并承担本案的诉讼费用。

一审法院认为，徐某冒用莫某的身份证入职某食品公司，徐某的行为已违反《劳动合同法》如实告知的义务及《居民身份证法》第17条不得冒用他人居民身份证的规定，徐某的行为亦使得某食品公司无法以徐某的真实身份为其办理工伤保险。某食品公司作为用人单位，应当及时有效的为其单位职工办理工伤保险，但某食品公司在招录职工时未认真核对徐某的身份信息，亦是导致徐某未有效参加工伤保险的原因之一。综上，某工伤保险基金以徐某未参保缴费而认定徐某不属于工伤保险待遇的支付范围并无不当。徐某请求判令某工伤保险基金支付工伤保险待遇的理由不能成立。判决驳回徐某的诉讼请求，徐某不服提起上诉。

二审法院认为，本案徐某冒用他人身份入职发生工伤事故被认定为工伤后，应当依法享受工伤保险待遇，理由如下：(1)徐某冒用他人身份入职，确实存在过错，但该过错在被认定劳动关系和认定工伤的环节均予以免责，却在享受工伤保险待遇的环节得以强调，没有法律依据。劳动者的工伤一旦被确认，应当依法享受工伤保险待遇，这是劳动者的基本权利，没有法律的明确规定，不能非法剥夺。(2)根据《工伤保险条例》的规定,用人单位应当为本单位职工缴纳工伤保险费。对于非本单位职工,用人单位没有缴费义务。因此,即使用人单位根据职工提供的虚假身份信息,错误地以他人名义为该职工缴纳工伤保险费的,其真实意思表示的投保对象仍然是该职工,而非被冒用身份的人。本案徐某与某工伤保险基金之间在事实上成立了工伤保险关系。(3)工伤保险的目的是保障工伤职工获得救济和经济补助,分散用人单位的工伤风险。因此,用人单位依法履行为职工缴纳工伤保险费的义务后,在职工发生工伤时就不应再承担应由工伤保险基金支付的相关费用。尽管用人单位亦存在审查不严的过错,但其并非具有法定职权的国家机关,辨别能力有限,审慎审查的注意义务亦应有限,不能对其苛以过高的义务。如果仅因用人单位在参保时错误使用了职工提供的虚假身份信息,而否决其为职工缴纳工伤保险费的事实,不仅无法保障工伤职工及时得到救助,对用人单位亦不公。故撤销一审行政判决,责令某工伤保险基金履行核定和支付徐某工伤保险待遇的法定职责。

案例分析

这个案例很典型地归纳了支持支付工伤待遇的观点,既然认定了工伤,如果社保部门不支付工伤待遇,意味着用人单位就要自行承担工伤待遇的赔偿责任,而对于用人单位来说,即使在审核员工身份存在一定的过错,但是其毕竟依法缴纳了社会保险,对员工发生工伤事件时的保险给付是有期待利益和信赖利益的,不予支付工伤保险待遇而让员工向用人单位求偿,显然对用人单位是个沉重的负担,并不公平。工伤本来就是无过错责任,目的在于分散用人单位的风险,既然是无过错责任,不仅包括工作过程中的过错,也应包括建立劳动关系方面的过错。因此法院的判决是完全正确的。

管理指南

综合前述关于工伤认定的疑难法律问题及案例,对于企业而言,在工伤事故方面的管理应着重从以下几方面来完善和规范:

1. 入职方面的管理与规范。

包括仔细核实员工的身份是否真实、准确,入职申请书及规章制度中都应当有员工隐瞒真实身份入职所导致的后果由其自行承担等表述,入职后要及时签署劳动合同、依法购买社会保险等。

2. 劳动合同履行中的管理与规范。

包括加强劳动安全管理和培训、制定相关规章制度等，员工在职期间发现冒名顶替者应及时处理，根据规章制度解除劳动合同或者及时更名等，强化员工工作中及上下班途中预防意外事故的意识和宣传等。

3. 员工发生意外事故后的管理与规范。

包括及时送医救治，事发后有意识地保留和收集相关证据如事发现场照片视频、与员工及家属沟通内容、医疗救治等方面的证据，尤其是事发过程中的陈述，如方便最好录音录像保存证据，如需要用人单位垫付医疗费用，最好与员工或家属有明确的书面约定，如果单位认为是工伤，应当及时协助员工申请工伤认定等。

第三节　职业病民事赔偿责任的三种处理模式

职业病是指企业、事业单位和个体经济组织等用人单位的劳动者在职业活动中，因接触粉尘、放射性物质和其他有毒、有害因素而引起的疾病。《工伤保险条例》规定，患职业病的应当认定为工伤，享受工伤保险待遇。同时，《职业病防治法》第58条规定："职业病病人除依法享有工伤保险外，依照有关民事法律，尚有获得赔偿的权利的，有权向用人单位提出赔偿要求。"这是患职业病获得民事赔偿的重要法律依据。

但是即便《职业病防治法》有明确的法律规定，在实践中适用起来还是存在不少问题，首先，这是的"有关民事法律"是指哪个规定呢？劳动者一方最常引用的还是最高人民法院原《关于审理人身损害赔偿案件适用法律若干问题的解释》（法释〔2003〕20号），该司法解释第11条第1款和第2款规定："雇员在从事雇佣活动中遭受人身损害，雇主应当承担赔偿责任。雇佣关系以外的第三人造成雇员人身损害的，赔偿权利人可以请求第三人承担赔偿责任，也可以请求雇主承担赔偿责任。雇主承担赔偿责任后，可以向第三人追偿。雇员在从事雇佣活动中因安全生产事故遭受人身损害，发包人、分包人知道或者应当知道接受发包或者分包业务的雇主没有相应资质或者安全生产条件的，应当与雇主承担连带赔偿责任。"但是该条第3款同时规定，"属于《工伤保险条例》调整的劳动关系和工伤保险范围的，不适用本条规定"，这使实践中要求按人身损害相关规定获得赔偿变得争议很大。2020年该司法解释修订后删除了这一条。

其次，如果是按民事赔偿责任，用人单位属于侵权承担民事赔偿责任，根据侵权构成的一般理论，用人单位必须同时具备存在违法行为、有过错、造成损失、违法行为与损失之间存在因果关系，缺一不可，那这里的过错责任应由谁来举证？劳动者应该如何证明用人单位的过错，如果是采取推定过错原则由用人单位举证，那法律的依据又是什么？

最后，工伤保险的目的就在于分散风险，如果用人单位缴纳了工伤保险仍然要承担巨额的民事赔偿责任，是否符合工伤保险制度的初衷，对于用人单位是否公平？尤其是如果用人单位履行了法律规定的劳动保护义务，但是由于劳动者原因或不可知的因素，劳动者还是患上了职业病，这种情况下要求用人单位承担民事赔偿责任是否合适？

凡此种种，都导致实践中对于职业病员工的民事赔偿责任争议很大，各种做法莫衷一是。归纳实践中关于劳动者主张职业病民事赔偿责任的案例，有以下三种处理模式。

一、以法律无规定或劳动者无法证明过错为由直接驳回诉求

这种观点认为民事赔偿应由劳动者来举证证明用人单位存在过错，而由于职业病的发生大多是由于日积月累的污染或损伤潜移默化所致，要求劳动者来举证证明用人单位的过错，基本上是不可能完成的任务。

在刘某斌与重庆市巫山煤电有限公司劳动争议一案中，刘某斌 1997 年 9 月至 2010 年，在重庆市巫山煤电有限公司处从事采煤工工作，2011 年 1 月 13 日巫山县人力资源和社会保障局认定刘某斌患煤工尘肺一期属工伤，同年 4 月 3 日巫山县劳动鉴定委员会评定刘某斌伤残等级为七级。2012 年 12 月 18 日重庆市疾病预防控制中心作出职业病诊断证明书诊断刘某斌为煤工尘肺二期，2013 年 8 月 30 日巫山县劳动鉴定委员会评定刘某斌伤残等级为四级。刘某斌要求重庆市巫山煤电有限公司赔偿残疾赔偿金 321, 552 元、被扶养人生活费 18, 736. 26 元、精神损害抚慰金 70, 000 元，各项损失合计 410, 288. 26 元。仲裁不予受理后，刘某斌起诉到法院，案件经过一审、二审、再审，最终都驳回了刘某斌的诉求，但是驳回的理由各异。

一审法院认为，根据最高人民法院《关于审理人身损害赔偿案件适用法律若干问题的解释》第 12 条之规定，依法应当参加工伤保险统筹的用人单位的劳动者，因工伤事故遭受人身损害，劳动者或者其近亲属向人民法院起诉请求用人单位承担民

事赔偿责任的，告知其按《工伤保险条例》的规定处理。本案刘某斌受到职业病伤害时已选择工伤对其进行理赔，其不应再获得民事赔偿，故驳回诉求。

二审法院认为，《职业病防治法》第 59 条规定，职业病病人在依法享有工伤保险外，依照有关民事法律，尚有获得赔偿权利的，有权向用人单位提出赔偿请求。我国现行民事法律尚未有职业病病人在享有工伤保险待遇外还可以获得民事赔偿权利的明确规定，故驳回上诉。

再审法院认为，作为职业病病人的刘某斌在已经获得工伤保险赔偿的前提下，认为工伤保险赔偿不足以弥补其受到的损失，向法院起诉要求用人单位承担人身损害赔偿责任，应当承担相应的举证责任。但是，刘某斌既未举示证据证明用工单位有无过错以及过错大小，也未举示人身损害赔偿标准更高、工伤保险待遇与人身损害赔偿之间存在差额的证据，应当承担举证不能的法律后果。故一审、二审法院判决驳回刘某斌的诉讼请求并无不当，驳回再审申请。

三级法院三种不同的理由驳回了刘某斌的诉求，也比较典型的反映职业病民事赔偿在实践中的困境，法律指向不明、归责原则不清、赔偿标准不明成为最大障碍。

二、仅支持劳动者赔偿不同类赔偿项目的请求

这个模式认为职业病病人在享受工伤保险待遇后可另行主张民事赔偿，同时也认为用人单位应当对损害行为与结果间不存在因果关系承担举证责任，但是认为性质相同的赔偿项目在工伤保险中得到赔偿的不应再予赔偿，如工伤赔偿项目中的一次性伤残补助金、伤残津贴与人身损害赔偿项目中的残疾赔偿金，丧葬补助金与丧葬费，一次性伤亡补助金与死亡赔偿金、供养亲属抚恤金与被扶养人生活费等，都是性质相同的项目。

在田某诉安福县北华山煤业开发有限责任公司健康权纠纷一案中，田某于 2002 年 9 月开始在安福县北华山煤业开发有限责任公司（以下简称煤业公司）处工作。2013 年 1 月，煤业公司为田某参加了工伤保险。2015 年 11 月 12 日，田某被诊断为煤工尘肺三期，并被认定为工伤，经鉴定为三级伤残。同年 10 月，田某申请仲裁，后不服裁决诉至法院，请求判令支付田某伤残赔偿金 424,000 元，精神损害抚慰金 200,000 元等，一审判决驳回诉求。

二审法院生效判决认为，《职业病防治法》第 58 条规定："职业病病人除依法享有工伤保险外，依照有关民事法律，尚有获得赔偿的权利的，有权向用人单位提出赔

偿要求。”一次性伤残补助金及伤残津贴与残疾赔偿金属于性质相同的项目，本案中，田某已经领取了一次性伤残补助金及每月的伤残津贴，故田某不应再获得残疾赔偿金的赔偿。精神损害抚慰金属于工伤保险待遇没有的普通人身损害赔偿项目，应予以支持。根据田某为煤工粉尘三期，属于工伤三级伤残及本地经济发展水平等因素酌定精神损害抚慰金为35,000元。

三、支持劳动者按民事赔偿与工伤保险差额赔偿

这种模式不仅支持劳动者民事赔偿诉求，而且是根据民事赔偿的标准与工伤保险赔偿标准的差额判令用人单位承担赔偿责任。具体来看下面的案例。

案例：王某与阳山公司劳动争议案

王某与阳山公司于2011年11月16日建立用工关系，王某在阳山公司担任啤机普工。阳山公司为王某缴纳了社会保险费。2016年1月15日至25日，王某在珠海市人民医院住院治疗，住院10天，医院诊断为肺部感染、矽肺等，2017年7月6日，广东省职业病防治院为王某出具职业病诊断书，诊断结论为职业性尘肺病二期，并被认定为工伤，经鉴定构成劳动功能障碍等级为四级，生活自理障碍等级不入级。王某于2018年4月4日向珠海市斗门区劳动人事争议仲裁委员会提起申请，请求阳山公司支付残疾赔偿金、精神损害抚慰金等，仲裁裁决只支持职业病危害岗位津贴400元，驳回了王某的其他请求。王某不服裁决向法院提起诉讼。

法院经审理认为，《职业病防治法》第58条规定：“职业病病人除依法享有工伤保险外，依照有关民事法律，尚有获得赔偿权利的，有权向用人单位提出赔偿要求。”残疾赔偿金与工伤保险待遇中的一次性伤残补助金、伤残津贴性质相同，王某主张残疾赔偿金与一次性伤残补助金、伤残津贴的差额，有事实和法律依据，应予支持，故判决阳山公司于判决生效之日起7日内向王某赔偿残疾赔偿金差额323,772元、住院伙食补助费差额1950元、精神损害抚慰金70,000元、营养费3500元，合计399,222元。

案例分析

这个案例支持了劳动者赔偿差额的诉求，从法律角度来分析，笔者认为这样的做法是完全正确的。

第一，关于适用法律的问题。虽然最高人民法院《关于审理人身损害赔偿案件适用法律若干问题的解释》（法释〔2003〕20号）第11条第3款规定，“属于《工伤保险条例》调整的劳动关系和工伤保险范围的，不适用本条规定”，但是《职业病防治法》第58条又规定，“职业病病人除依法享有工伤社会保险外，依照有关民事法律，尚有获得赔偿的权利的，有权向用人单位提出赔偿要求”。《职业病防治法》属于法律，位阶应高于司法解释，且该法分别在2016年7月2日、2017年11月4日、2018年12月29日先后三次经全国人大常委会修订，第58条的规定始终保留，因此，无论是从上法优于下法还是从后法优于前法的角度，优先适用《职业病防治法》当无疑问。况且《民法典》实施后，修订后的最高人民法院《关于审理人身损害赔偿案件适用法律若干问题的解释》（2021年1月1日）已经删除这一条，相关行为可以直接适用《民法典》关于侵权的规定，更加没有法律障碍。

此外，各地也有类似的规定，如广东省高级人民法院《关于审理劳动争议案件若干问题的指导意见》（粤高法发〔2002〕21号）第28条规定：“劳动者被诊断患有职业病的，除依法享有工伤社会保险外，还可依照《民法通则》第119条的规定向用人单位请求损害赔偿，但该损害赔偿应扣除劳动者因职业病享有的工伤社会保险利益。人民法院受理劳动争议案件后，劳动者根据上述规定向用人单位请求损害赔偿的，人民法院可一并审理。”

第二，关于归责责任的问题。虽然民事侵权责任强调过错，但是由于职业病绝大多数都是因为粉尘、噪声、化学物污染等造成尘肺、职业性慢性中毒、职业性耳聋等疾病，因为环境污染和生态破坏导致的侵权责任，而环境污染和生态破坏导致的侵权责任归责原则是无过错原则，《民法典》第1230条规定：“因污染环境、破坏生态发生纠纷，行为人应当就法律规定的不承担责任或者减轻责任的情形及其行为与损害之间不存在因果关系承担举证责任。”也就是说，劳动者无须举证用人单位的过错及因果关系，应由用人单位来举证证明无须承担责任或不存在因果关系，用人单位如举证不能则应承担法律责任。

例如，在广东省广州市中级人民法院判决的黄某与东海橡塑（广州）有限公司生命权、健康权、身体权纠纷一案中[案号：（2020）粤01民终15939号]，黄某被诊断为“职业性慢性中毒苯中毒（白细胞减少症、中性粒细胞减少症）”，二审法院认为，黄某已被诊断为职业病，也被认定为工伤，有权在工伤保险待遇之外提起人身损害赔偿主张。东海公司虽主张其没有过错，并为此在一审期间提交了《新入职员工培训确认表》《培训教材》《员工转正评价表》等24份证据，但均无法推翻黄某在职业活动中因接触苯系化学物而患上“职业性慢性中度苯中毒（白细胞减少症、中性粒细胞减少症）”即职业病的事实，亦不足以证明东海公司在保护黄某免受有毒有害因素的职业病保护和管理工作中尽到了应尽职责，故东海公司应对黄某患职业病而造成的人身损害承担赔偿责任。实际上采用的归责原则还是无过错原则，只要造成损害后果，就应承担赔偿责任。

第三，关于对用人单位是否不公的问题。根据全国人大法工委编著的《中华人民共和国职业病防治法释义》第58条立法的本意是“我国工伤社会保险目前实行的是无责任补偿，其补偿能力依据收取的工伤社会保险费用及其支付能力而确定，也就是说，工伤社会保险在一些特定的情况下也还有可能难以完全补偿劳动者因罹患职业病所受到的损害。因此，当用人单位违章指挥、玩忽职守、不讲科学冒险蛮干，造成劳动者罹患职业病时，职业病病人除依法享受工伤社会保险补偿外，有权依照民事法律的相关规定，向用人单位提出赔偿要求。职业病病人的这种正当权利受到法律保护”。因此工伤保险与民事赔偿基于不同的理念及法律逻辑，工伤保险是针对劳动者的一般性职业伤害，而民事赔偿是针对工伤中的职业病，如前文所述，由于职业病往往是由于粉尘、噪声、化学物污染等造成劳动者终身损害，工伤保险不足以弥补劳动者的损失，所以才需要同时承担民事赔偿责任，与工伤保险是互补的作用，并不矛盾。

第四，关于赔偿范围的问题。民事赔偿的原则是填平原则，由于民事赔偿的标准一般来说高于工伤保险的赔偿标准，如民事赔偿中有的项目而工伤保险中没有的赔偿项目，应当予以赔偿，如果民事赔偿与工伤保险中性质相同的项目，应以民事赔偿标准高于工伤保险赔偿标准的差额来支付赔偿，那种以同类项目工伤保险已赔偿则不予民事赔偿的做法是没有法律依据的。

第四节　员工退休引发的纠纷

与社会保险相关的问题中，其中有一个问题常常引发纠纷，这就是员工退休的问题。因员工退休年龄、退休后的法律关系以及退休后用工工伤认定等问题，常常成为争议的核心问题。随着人口老龄化日趋严重以及用工成本的增加，越来越多的企业会选择使用退休员工提供劳动，退休员工的优势包括无须缴纳社保公积金用工成本更低、权利义务可以自行约定更加灵活、工作经验丰富资源人脉更广等，这些都是用人单位所看重并使用退休员工的主要原因。

一、员工达到退休年龄后继续用工是否构成劳动关系

《劳动合同法》第 44 条第 2 项规定，劳动者开始依法享受基本养老保险待遇的，劳动合同终止。而根据《社会保险法》第 16 条第 1 款的规定，“参加基本养老保险的个人，达到法定退休年龄时累计缴费满十五年的，按月领取基本养老金”。因此结合这两条规定，劳动者退休并享受养老金必须达到累计缴费满 15 年的要求，由于部分劳动者虽然存在劳动关系，但是很长时间没有缴纳社会保险，因此无法满足“累计缴费十五年”的条件，如果签署的是无固定期限劳动合同，而超过退休年龄又无法再缴纳社会保险，这意味着用人单位要对劳动者终身雇佣，所以国务院才在颁布的《劳动合同法实施条例》第 21 条规定：“劳动者达到法定退休年龄的，劳动合同终止。”但是对于此条规定的“劳动合同终止”是自然到期终止，还是必须用人单位主动作出终止通知，实务界也存在不同的理解。因此，对于劳动者超出退休年龄的用工究竟是否属于劳动关系，实践中还是争议较大。下面我们来看一个案例。

案例：陈某与某清洁公司劳动争议案

陈某，女，1965 年 10 月 17 日出生，系广州某清洁公司员工，从清洁公司于 2012 年 1 月 3 日成立即入职该公司。2015 年 10 月 16 日，陈某达到 50 周岁，2016 年 7 月 31 日陈某被口头通知解除劳动关系。2016 年 8 月 8 日，陈某向广州荔湾区劳动仲裁委提起仲裁，要求确认 2016 年 7 月 31 日前和清洁公司均存在劳动关系并主张经济补偿、二倍工资、养老金损失等诉求。该委于 2016 年 8 月 12 日以陈某达到法定退休年龄为由决定不予受理。陈某不服，递诉至广州市荔湾区人民法院，法院作出判决陈某与清洁公司自 2012 年 1 月 3 日起至 2015 年 10 月 16 日止存在事实劳动关系，但驳回陈某的其他诉讼请求。陈某不服，向广州市中级人民法院提起上诉。

二审法院认为，我国对于法定退休年龄基于不同的政策作出了差异性规定，根据劳动者从事工作内容不同、劳动能力状况不同等可区分不同的法定退休年龄，故对于劳动者个人是否已达到法定退休年龄，应以相关行政机构的审核为准。在满足有关行政机构对达到法定退休年龄作出确认（或追认）这一前置条件的情况下，用人单位才可以把劳动者达到了法定退休年龄作为自然终止劳动合同的依据。在本案

中，清洁公司未依法为陈某购买社会保险，陈某于2015年10月17日达到50周岁，陈某没有依法享受养老保险待遇，陈某在2015年10月17日至2016年7月31日继续向清洁公司提供劳动，清洁公司也没有提出解除劳动合同，仍继续向陈某支付劳动报酬。由于法律并没有把“劳动者虽未开始依法享受基本养老保险待遇但达到法定退休年龄”单独规定为自然终止劳动合同的法定情形，故劳动者在未依法享受基本养老保险待遇的情况下，劳动合同双方同意劳动者继续在用人单位工作的，并不违反劳动关系成立要件的要求，从平衡保护劳资双方的合法权益出发，应视为双方继续保持劳动合同关系。此外，清洁公司没有申请有关机构对陈某已达到法定退休年龄进行审核，其单方仅因陈某达到50周岁，擅自认定陈某达到法定退休年龄，进而称双方之后的用工关系为劳务关系的理由不充分，法院不予采纳。因此，2015年10月17日至2016年7月31日，清洁公司与陈某之间的劳动关系仍然存续。陈某自2016年8月1日起停止向清洁公司提供劳动，双方劳动合同关系终止。原审法院对此认定不当，法院予以纠正。故二审判决认定双方自2012年1月3日起至2016年7月31日存在劳动关系，并判令支付经济补偿金24,495.03元。清洁公司不服提起再审。

广东省高级人民法院再审认为，对于已达到法定退休年龄人员务工纠纷作出司法裁判，不能与现行劳动法律法规相冲突，没有足够理由也不能改变调整养老保险等劳动保障关系的现行规章规定。如确立为劳动关系，则由于已达到退休年龄人员不符合我国关于缴纳“五险一金”等相关规定的条件，用工单位将面临司法裁判确立义务难以履行的困境，容易激化社会矛盾，对于法治规则的内部统一也产生冲击。国务院制定的《劳动合同法实施条例》第21条规定，双方劳动关系应于达到退休年龄之日因法定事由而终止，并没有加以“享受养老保险待遇”作为退休的前提条件。对于已达到法定退休年龄人员，明确了劳动合同终止，法律对终止劳动关系并没有把没享受养老保险待遇的情形包括在内。而且，从最高人民法院《关于审理劳动争议案件适用法律若干问题的解释(三)》第7条的规定来看，已达到退休年龄人员并享受了养老保险待遇或领取养老金的，从事务工应认定为劳务关系。在同样性质的用工单位，从事同种性质的劳务，仅以是否已经享受养老保险待遇或领取退休金为由，分别认定为劳务关系与劳动关系，不符合同类事务同等处理的法律平等原则。况且，如果作出区别对待，将使用工单位更加倾向于招用已经享受养老保险待遇或领取退休金的人员，而未享受养老保险待遇或领取退休金的人员反而更难就业，与保护其合法权益的目的适得其反。故法院认定对于已达到法定退休年龄但没有享受基本养老保险待遇的人，其继续就业与用人单位形成的用工关系按劳务关系处理。故再审判决撤销了广州市中级人民法院二审判决，维持一审判决。

案例分析

本案中，二审法院与再审法院对于劳动者超出退休年龄是否构成劳动关系有截然不同的看法，二审法院从个案出发，紧扣法律的规定，认为法律没有禁止用人单位与超龄员工建立劳动关系，而且认定劳动关系也是对越来越多的老龄化就业人员的保护；再审法院却从更宏观的角度来论述不能认定劳动关系的原因，如果认定劳动关系，就必然带来要继续为劳动者缴纳社保的问题，但当时规定下是因为劳动者超出退休年龄无法缴纳社保，这必然导致出现司法判决无法执行的尴尬，其次也必然导致我国关于退休年龄的基本制度受到冲击，更为重要的是，由于将已达退休年龄但没有社保的员工认定为劳动关系，同样受到劳动法律法规保护，表面上是一种保护，实际上可能导致的后果是这类人员更难就业，因为没有了成本优势。

笔者认同再审法院的观点，人力资源和社会保障部在《对十二届全国人大四次会议第4419号建议的答复》（人社建字〔2016〕69号）中提到，"《劳动合同法实施条例》第21条规定，劳动者达到法定退休年龄的，劳动合同终止。按照《劳动合同法实施条例》，劳动者只要达到法定退休年龄，无论其是否享受养老保险待遇，劳动合同自然终止。女工人年满50周岁仍继续就业的，不属劳动关系"。从人社部以上答复观点来看，人社部认为劳动者到达退休年龄是自然终止劳动合同，无论用人单位是否作出终止通知，都不影响劳动关系的终止，此后如果用工形成的是劳务关系。该答复也印证了再审判决的正确性。

二、超过退休年龄的劳动者工伤认定问题

超过退休年龄的劳动者没有退出工作岗位，还在继续提供劳动而发生属于《工伤保险条例》可以认定为工伤或视同工伤的情形，是否可以认定工伤？这个问题的本质还是达到了退休年龄的劳动者能否认定为劳动关系的问题，因为原则上认定工伤的前提就是存在劳动关系（违法分包的法律关系中除外），而达到退休年龄的人员如果与用人单位不存在劳动关系，则无法认定工伤。如前文所述，《劳动合同法实施

条例》第21条明确规定:“劳动者达到法定退休年龄的,劳动合同终止。”该条文本身就是对《劳动合同法》第44条规定的补充,避免将“达到法定退休年龄”并“依法享受基本养老保险待遇”作为退休和终止劳动关系的唯一前提,保证我国退休制度的基本完整。且地方规定中也有不少条文规定到达退休年龄的用工不属于劳动关系,如江苏省高级人民法院、江苏省劳动争议仲裁委员会印发《关于审理劳动争议案件的指导意见》(苏高法审委〔2009〕47号)第3条规定:“用人单位招用已达到法定退休年龄的人员,双方形成的用工关系按雇佣关系处理”,四川省高级人民法院民一庭《关于审理劳动争议案件若干疑难问题的解答》(川高法民一〔2016〕1号)第18条规定:“用人单位招用已达到法定退休年龄但尚未享受基本养老保险待遇或领取退休金的劳动者,双方形成的用工关系按劳务关系处理。”

如前文所言,笔者赞同对超出退休年龄的员工不认定为劳动关系,不认定劳动关系并不必然导致这类员工的利益受损,劳动者也可根据民事法律关系追究用人单位相关赔偿责任,甚至可以在这类民事赔偿争议处理实践中调整归责原则,让用人单位承担更多的举证责任,但是在新的法律出台前,不宜通过认定劳动关系来冲击基本的退休制度。

但是实践中支持超出退休年龄用工应认定工伤的观点也有很充分的理由,通常包括以下几个方面:

1.2010年3月17日最高人民法院对山东省高级人民法院作出的《关于超过法定退休年龄的进城务工农民因工伤亡的,应否适用请示的答复》(〔2010〕行他字第10号)中规定:“……用人单位聘用的超过法定退休年龄的务工农民,在工作时间内、因工作原因伤亡的,应当适用《工伤保险条例》的有关规定进行工伤认定。”

2.2012年11月25日最高人民法院对江苏省高级人民法院作出的《关于超过法定退休年龄的进城务工农民在工作时间内因公伤亡的,能否认定工伤的答复》(〔2012〕行他字第13号)中也规定:“用人单位聘用的超过法定退休年龄的务工农民,在工作时间内、因工作原因伤亡的,应当适用《工伤保险条例》的有关规定进行工伤认定。”

3.最高人民法院《关于审理劳动争议案件适用法律问题的解释(一)》(法释〔2020〕26号)第32条第1款规定:“用人单位与其招用的已经依法享受养老保险待遇或领取退休金的人员发生用工争议,向人民法院提起诉讼的,人民法院应当按劳务关系处理。”支持者认为,按照此法条的逻辑倒推,未享受养老保险待遇或领取退休金的人员发生争议应属于劳动关系而不是劳务关系。

4. 部分地方司法性文件曾有过支持的规定，如原广东省高级人民法院、广东省劳动人事争议仲裁委员会《关于适用〈劳动争议调解仲裁法〉、〈劳动合同法〉若干问题的指导意见》(粤高法发〔2008〕13 号)第 17 条第 1 款之规定，用人单位招用已达法定退休年龄但未享受养老保险待遇或退休金的人员，双方形成的用工关系可按劳动关系处理。《上海市高级人民法院劳动争议案件审理要件指南(一)》(2013 年)也曾规定，“虽满法定退休年龄但未与用人单位解除劳动关系”还是按劳动关系处理。

正是因为理论上的争议不断，在实践中各地劳动人事争议仲裁委员会和法院关于超出退休年龄是否认定工伤的问题就更加混乱，不同法院或者同一法院不同时期不同法官所判决的案件都不相同，我们以能公开检索到的近期内广东省高级人民法院就涉及这一争议问题的部分再审判决或裁定为例，来看一下这个问题。

案例 1：江门旺佳纸业有限公司、何某荣劳动和社会保障行政管理(劳动、社会保障)再审案

案号：(2016)粤行申 1391 号

裁判日期：2017 年 4 月 28 日

裁判观点：支持超过退休年龄的员工构成劳动关系。

主要裁判理由：最高人民法院《关于审理劳动争议案件适用法律若干问题的解释(三)》第 7 条规定：“用人单位与其招用的已经依法享受养老保险待遇或领取退休金的人员发生用工争议，向人民法院提起诉讼的，人民法院应当按劳务关系处理。”《劳动法》并没有禁止用人单位聘用超过法定退休年龄的劳动者，用人单位聘用超过法定退休年龄的劳动者，签订用工协议，应当认定双方形成劳动关系，属于《工伤保险条例》调整的范围，劳动者享有依该条例享受工伤保险待遇的权利。因此，江门市新会区人力资源和社会保障局仅以林某星超过法定退休年龄为由，作出新人社工不认[2015]A4 号《不予认定工伤决定书》，决定对林某星的死亡不予认定为工伤，也不视同工伤，不符合上述司法解释的规定。一审法院撤销上述《不予认定工伤决定书》，由江门市新会区人力资源和社会保障局重新作出处理，二审法院予以维持，并无不当。

案例2:陈某明、佛山市南海区人力资源和社会保障局劳动和社会保障行政管理(劳动、社会保障)再审案

案号:(2016)粤行申1170号

裁判日期:2017年9月27日

裁判观点:不支持超过退休年龄的员工构成劳动关系。

主要裁判理由:《劳动合同法实施条例》第21条规定:"劳动者达到法定退休年龄的,劳动合同终止。"《广东省工伤保险条例》第65条规定:"劳动者达到法定退休年龄或者已经依法享受基本养老保险待遇的,不适用本条例……"由于陈某均发生事故时已年满60周岁,达到法定退休年龄,南海区人社局于2015年7月14日作出佛南人社不认工(2015)2168号工伤认定决定,以陈某均发生事故时超过法定退休年龄为由,不予认定为工伤,符合上述规定。一审判决驳回陈某明的诉讼请求,二审判决予以维持,并无不当。陈某明认为一审、二审判决错误的再审申请意见,理由不成立。

案例3:江门市英海饲料有限公司、陈某棠劳动和社会保障行政管理(劳动、社会保障)再审案

案号:(2017)粤行申1315号

裁判日期:2018年5月7日

裁判观点:支持超过退休年龄的员工构成劳动关系。

主要裁判理由:本案中,经一审、二审法院查明,被申请人陈某棠的妻子梁某盛于1964年1月13日出生,属农业家庭户口,其2014年1月14日达到法定退休年龄后仍在再审申请人江门英海饲料公司处工作。梁某盛于2015年9月1日驾驶电动自行车前往该公司方向途中发生交通事故,经抢救无效死亡。被申请人新会区人社局经审查后作出新人社工不认[2016]A12—013号《不予认定工伤决定书》,以梁某盛达到法定退休年龄为由,不予认定为工伤。由于《工伤保险条例》并未将超过法定退休年龄的人员排除在调整范围外,而梁某盛并未享受养老保险待遇,参照最高人民法院行政审判庭《关于超过法定退休年龄的进城务工农民因工伤亡的,应否适用〈工伤保险条例〉请示的答复》的规定,本案应适用《工伤保险条例》的有关规定进行工伤认定。新会区人社局仅以梁某盛达到法定退休年龄,不予认定为工伤不当,原审法院裁定撤销上述《不予认定工伤决定书》,由新会区人社局重作,并无不妥。江门英海饲料公司主张原审法院适用法律错误，理由不成立。

案例4：广州市金力清洁服务有限公司、陈某劳动争议再审案

案号：(2018)粤民再100号

裁判日期：2018年11月27日

裁判观点：不支持超过退休年龄的员工构成劳动关系。

主要裁判理由：综上，已达到法定退休年龄继续就业者与用人单位形成的是劳务关系，而非劳动关系，无论其是否享受基本养老保险待遇。本案中，陈某在达到退休年龄后，于2015年10月17日至2016年7月31日继续向金力公司提供劳动，陈某虽然没有依法享受养老保险待遇，但是，双方形成的用工关系按劳务关系处理。一审法院判决认定双方劳动关系存续期间为2012年1月3日至2015年10月16日正确，二审判决认定陈某在达到退休年龄后仍然与金力公司存在劳动关系至2016年7月31日是不当的，法院予以纠正。

案例5：深圳安利禾物业配套服务有限公司、深圳市人力资源和社会保障局劳动和社会保障行政管理(劳动、社会保障)再审案

案号：(2019)粤行再3号

裁判日期：2019年11月5日

裁判观点：支持超过退休年龄的员工构成劳动关系。

主要裁判理由：《工伤保险条例》没有明确将超过法定退休年龄的劳动者排除在适用范围外，因此，劳动者是否超过法定退休年龄，并不必然影响工伤认定。其次，就本案而言，吕某珍虽然超过法定退休年龄，但属于进城务工的农民工，未能办理退休手续、领取退休金，且目前亦不足以认定其在湖南省农村社会养老保险管理站领取的养老金待遇属于基本养老保险待遇。经深圳市公安局交通警察支队龙岗大队调查认定，吕某珍系遭受交通事故，因抢救无效而死亡，其本人并不负有事故责任。根据《工伤保险条例》第14条第1款第6项之规定，职工在上下班途中，受到非本人主要责任的交通事故或者城市轨道交通、客运轮渡、火车事故伤害的，应当认定为工伤。由此可见，吕某珍符合工伤认定条件，深圳市人社局基于本案的具体事实认定吕某珍为工伤，适用法律法规正确，程序合法。综上所述，二审判决认定事实清楚，适用法律法规正确，处理并无不当，法院再审予以维持。安利禾公司申诉请求撤销深圳市人社局作出的《工伤认定书》,依据不足,法院再审不予支持。

案例6:闭某克、佛山市南海区人力资源和社会保障局劳动和社会保障行政管理(劳动、社会保障)再审案

案号:(2019)粤行申983号

裁判日期:2020年1月16日

裁判观点:不支持超过退休年龄的员工构成劳动关系。

主要裁判理由:本案中,申请人之妻陆某奎在发生死亡事故时,已年满50周岁,达到法定退休年龄,属于不能适用《广东省工伤保险条例》认定为工伤的情形。被申请人南海区人社局根据该条例并结合所在市统一执行相关社保政策的情况,作出的涉案不予认定工伤决定,并未违反法律规定。原审法院未支持申请人的诉讼请求并无不妥。申请人提出陆某奎的死亡应认定为工伤的再审申请主张,理据不足,法院不予支持,其相关民事权益可另循法律救济途径解决。

以上六个案例是通过公开途径查询到的广东省高级人民法院从2017年4月至2020年2月以"超出退休年龄是否属于劳动关系"为主要争议焦点的再审案件。从以上的分析可以看出,对于"超出退休年龄是否属于劳动关系"的问题,再审判决呈现出忽然支持忽然又不支持的情形,即使同为广东省高级人民法院再审的案件,裁判标准也是极不统一,更遑论下面的中级法院或基层法院,司法实践的裁判标准不统一也使得企业的管理无所适从,一旦发生纠纷,企业与劳动者或者社保相关部门中任何一方都可以找到对自己有利的规定或判决来支撑自身观点,裁判标准不统一不利于纠纷的尽早解决和社会的和谐稳定,国家层面应当尽快出台规定统一规则。

三、女职工退休年龄引发的纠纷

员工退休问题中还有一个常常发生争议的问题就是女职工的退休年龄问题。回顾我国的退休政策制度,1978年6月2日,国务院以国发〔1978〕104号形式发布了关于颁发《关于安置老弱病残干部的暂行办法》和《关于工人退休、退职的暂行办法》的通知,其中《关于工人退休、退职的暂行办法》第1条规定:"全民所有制企业、事业单位和党政机关、群众团体的工人,符合下列条件之一的,应该退休:(一)男年满六十周岁,女年满五十周岁,连续工龄满十年的……"国务院《关于安置老弱病残干部的暂行办法》第4条规定："党政机关、群众团体、企业、事业单位的干部，符合下列条件之一的，都可以退休：(一)男年满六十周岁，女年满五十五周岁，参加革命工作年限满十年的……"这是当时的计划经济时代下的退休政策，把女职工区分为工人和干部两种身份而确立不同的退休年龄，但是随着市场经济的确立，劳动合同制度的施行和人事制度的变化，女职工不再区分工人和干部身份。于是，原劳动部在《关于贯彻执行〈中华人民共和国劳动法〉若干意见》(劳部发〔1995〕309号)第75条中规定："用人单位全部职工实行劳动合同制度后，职工在用人单位由转制前的原工人岗位转为原干部(技术)岗位，或由原干部(技术)岗位转为原工人岗位，其退休年龄的条件，按现岗位国家规定执行。"

各地也根据政策制定了相关的退休年龄政策，如广东省劳动厅和广东省社会保险管理局《转发劳动和社会保障部〈关于制止和纠正违反国家规定办理企业职工提前退休有关问题〉的通知》(粤劳薪〔1999〕114号)，其中第2点规定："对女职工现岗位的认定，以用人单位与劳动者签订的劳动合同为依据，即不论原身份是工人还是干部，其现岗位应以劳动合同中确定的岗位为准，凡在现岗位工作一年以上，均应以现岗位认定其身份。其退休年龄，在工人岗位工作的按50周岁，在管理岗位工作的按55周岁。"上海在《关于审核上海市企业职工办理退休退职手续若干问题的规定》(沪社保业—〔1996〕76号)中规定，凡男职工年满60周岁、女职工年满50周岁(从事管理和技术岗位工作的年满55周岁)，并已符合退休(职)条件的(下同)，可按有关规定办理退休、退职手续。女职工原从事管理和技术岗位工作，后因合同期满或其他工作需要又改为从事生产服务工作岗位的，经单位出具有关证明后，可按其实际从事的岗位核定退休、退职年龄。浙江省劳动厅转发原劳动部《关于贯彻执行〈中华人民共和国劳动法〉若干问题的意见》(浙劳政〔1996〕70号)第5条规定："用人单位全部职工实行劳动合同制度后，在用人单位内，原工人聘用到干部(技术)岗位连续工作满五年，并在该岗位退休的，其退休年龄和条件，按现岗位国家规定执行，根据本人自愿，也可按工人退休：原干部聘用到工人岗位连续工作满一年，并在该岗位退休的，其退休年龄和条件，按现岗位国家规定执行，根据本人自愿，也可按干部退休。转制前后聘用的年限尚未间断的，其聘用年限可合并计算。"浙江省劳动厅《关于全面实行劳动合同制度后女职工退休有关问题的复函》(浙劳复〔1998〕29号)第2条规定："符合浙劳政〔1996〕70号文件第五条规定，干部选择工人年龄退休，或工人选择干部年龄退休的，必须由职工本人在年满50周岁时作出明确选择，选择后应严格按选定的退休年龄执行，中途不能变更。工龄、缴费年限、基本养老金与在职职工一视同仁。”企业在各地处理相关纠纷时，应当按照当地的相关规定操作和处理。

而对于因女职工退休年龄引发的纠纷，在实务中各地法院处理方式不一，大体上有以下几种方式。

(一)认为退休年龄问题应由社保部门审核，不属于法院受理范围

这一处理方式一般会认为，退休年龄的认定具有法定性和程序性，属于相关行政主管部门的职能范畴，故应以相关行政主管部门的前置认定为据，在相关行政机关未对员工的退休年龄作出确认前，法院作为司法机关不宜直接认定涉诉员工的退休年龄，应以不属于法院受理范围为由驳回诉求。下面我们来看一个案例。

案例：李某与某酒店劳动争议案

李某于1993年9月1日入职某酒店，第一次《劳动合同书》约定合同期限从1995年7月10日起至2000年7月9日止，合同到期后，双方多次续签劳动合同，2008年7月21日，某酒店、李某签订无固定期限劳动合同。2008年7月21日《劳动合同书》约定李某的工作岗位为财务部查核经理。自2014年1月6日起，李某为某酒店财务部经理。李某2019年1月7日年满50周岁。2018年12月4日，某酒店向工会委员会致《工会函》，内容为：“我酒店财务经理李某将于2019年1月7日达到法定退休年龄，按相关规定酒店将通知其本人于2019年1月31日前到珠海市人才资源和社会保障局办理完退休手续，酒店将于2019年1月31日与其办理劳动合同终止手续。”2018年12月5日，某酒店向李某发出《通知》，内容为：“尊敬的李某女士：您将于2019年1月7日达到法定退休年龄，您的劳动合同终止日期为2019年1月31日。请您于2019年1月25日前完成工作交接及劳动合同终止手续，于2019年1月31日前按珠海市的规定完成退休相关手续办理事宜。”此后，李某与某酒店人事总监前往珠海市社保基金管理中心工作人员咨询办理退休及申领基本养老保险待遇事宜，社保基金管理中心工作人员称李某为酒店财务部经理，系管理人员，尚未达到法定退休年龄。2019年1月29日，李某向某酒店人事部递交《关于本人李某不符合退休条件的说明》，2019年1月31日，某酒店向珠海市人力资源与就业服务中心备案，终止了与李某的劳动合同。

2019年3月15日，李某向珠海市劳动人事争议仲裁院申请仲裁，请求被申请人（某酒店）支付违法解除劳动合同赔偿金644,390.78元，2019年8月26日，仲裁院裁决某酒店向李某支付违法解除劳动合同赔偿金468,103.50元。某酒店不服提起诉讼。一审法院判决结果与仲裁裁决相同。酒店不服提起上诉。

二审法院认为，根据广东省人力资源和社会保障厅《关于企业职工基本养老保险的经办规程》第4条、第22条等规定，李某所在岗位是否属于管理岗位、李某是工人身份还是干部身份、退休年龄是50周岁还是55周岁等问题，系人力资源和社会保障局审核的范畴，由此产生的争议，不属于人民法院审理的劳动争议案件的受理范围，故法院对李某所在岗位是否属于管理岗位、李某是工人身份还是干部身份、退休年龄是50周岁还是55周岁等问题不予审处。根据《劳动合同法实施条例》第21条的规定，劳动者达到法定退休年龄的，劳动合同终止，故某酒店是否属于违法终止劳动合同须待上述问题解决后才能予以认定，一审法院直接予以认定并判决某酒店支付违法终止劳动合同赔偿金不当，法院予以纠正，李某可待上述问题解决后再另行主张。故判决某酒店无须向李某支付违法终止劳动合同的赔偿金。

案例分析

这种处理方法的关键是如何看社保机构对退休年龄审核的性质？员工与企业因退休年龄发生的争议是否要以社保机构年龄审核为前提？笔者认为，社保机构根据法律法规规定的权限，依法审核员工的退休年龄是一种行政行为，如果员工的参保身份与退休年龄登记错误，员工或企业可以申请社保机构进行更正重新核定身份和退休年龄，本案虽然争议关键点是员工的退休年龄，但是员工诉求并不是对参保信息的更正，而是要求支付违法终止/解除劳动合同的赔偿金，而相关法规关于如何认定员工的退休身份及退休年龄有明确规定，法院完全有权利根据相关事实和证据认定员工的退休年龄，如果企业通知退休即终止劳动合同的决定存在错误，则理应认定为违法解除或终止劳动合同并判令支付赔偿金，法院在处理劳动争议中对于员工退休年龄的认定是一种法律事实的认定，并不需要以社保机构的审核为前提，反过来员工或企业可以根据法院的生效判决要求社保机构重新作出行政行为。法院以社保未审核为由不予处理不符合法律的规定，没有依法定分止争反而增加诉累，浪费司法资源。正如房屋产权人信息登记发生错误而引发产权纠纷时，法院也不能驳回当事人诉求反而要求当事人先去更正房产登记再来起诉是一样的道理。

（二）以劳动合同约定岗位来确定员工身份及退休年龄

这类纠纷的第二种处理方式是以劳动合同约定岗位来确定员工身份及退休年龄，再来看第二个案例。

案例：范某与某电视台劳动争议案

范某于2000年8月1日入职某电视台，自2007年1月1日起担任行政管理部副主管，双方先后签订了四份劳动合同，第四份劳动合同约定的合同期限自2013年1月1日起至法定的终止条件出现时止，工作职责为广播电视节目的制作、播出、传输开展相关工作，工作内容勾选为管理类。2018年7月27日，某电视台向范某发出《通知》，告知范某将于2018年8月13日达到法定退休年龄，双方于2018年8月13日终止劳动关系。范某主张离职前岗位是公共服务组副主管，主要负责话务员管理、整个科组的公共服务等，属于管理岗位，且双方在劳动合同中也约定范某为管理岗，故范某的退休年龄为55周岁，某电视台在范某年满50周岁时终止与范某之间的劳动关系是违法的。某电视台认为，范某的身份认定应由劳动人事行政主管部门负责，不应通过裁决机构认定，本案不应属于人民法院受理劳动争议民事案件的受案范围。范某入职时的参保身份是工人岗位，未曾变更为干部身份，且一直从事服务性岗位，工作性质为工勤类内容，主要负责接听转接电话，并非带有通过实施计划、组织、领导、协商、控制职能来统筹、安排的管理岗位性质，依照法律规定其年满50周岁即2018年8月13日达到法定退休年龄。

法院认为，参照《转发劳动和社会保障部〈关于制止和纠正违反国家规定办理企业职工提前退休有关问题〉的通知》（粤劳薪〔1999〕114号）第2条规定，对女职工现岗位的认定，以用人单位与劳动者签订的劳动合同为依据，即不论原身份是工人还是干部，其现岗位应以劳动合同中确定的岗位为准，凡在现岗位工作一年以上，均以现岗位认定其身份。在工人岗位工作的按50周岁，在管理岗位工作的按55周岁。本案中，从双方于2008年以后签订的三份劳动合同可以看出，范某的工作内容一直为管理类，虽然社保费征收信息系统仍登记范某身份为“工人”，但该信息登记内容与双方劳动合同中的岗位身份约定不符，且某电视台亦无证据证明范某的实际工作内容并非管理类，其主张亦不足以推翻双方约定范某原工作岗位为管理人员的内容，故范某的工作岗位应属管理岗位，退休年龄应为55周岁，某电视台以范某已达到法定退休年龄为由，于2018年8月13日与范某终止劳动关系属违法解除，依法应向范某支付违法终止劳动合同的赔偿金498,507.66元。

案例分析

本案发生在广东某地，由于广东当地的规定明确对女职工现岗位的认定是以用人单位与劳动者签订的劳动合同为依据，而本案中范某的多份劳动合同中都约定为管理岗，且用人单位又没有相反证据来证明范某从事的工作不是管理类的工作，因此认定范某为管理人员。法院的做法值得肯定，既参考了双方劳动合同的约定的岗位，同时也将证明范某不是管理人员的举证责任分配给用人单位承担，用人单位举证不了则推定员工主张成立。虽然范某的社保参保身份为工人，但是由于社保参保身份绝大多数情况下是由用人单位单方申报，员工不知情也没有确认程序，更重要的是即使员工知情且同意，社保中登记的参保身份只能证明办理社保登记时的身份，不等于员工退休时的身份，退休时的身份还是应以实际的情况来认定。

（三）以实际工作内容来确定员工身份及退休年龄

第三种应是实践中最多采纳的一种方式，这种处理方式既不以参保身份为依据，也不以劳动合同为依据，而是根据双方提供的证据所证明的员工实际工作内容为依据，来判断员工是否属于管理人员以确定退休年龄。来看下面一个案例。

案例：宋某与甲公司劳动争议案

宋某于2006年4月7日进入甲公司处工作，岗位为客服。2017年3月，双方签订了期限为2017年5月1日至2020年4月30日的劳动合同，合同载明宋某担任甲公司办公室岗位工作，工作地点在上海，月工资标准为2300元。2012年2月5日，宋某被任命为公司副总经理，并担任甲公司法定代表人。2017年7月19日，甲公司的法定代表人由宋某变更为现任法定代表人张某杰。2019年1月29日，甲公司向宋某下发退休通知，宋某在甲公司处工作至当日。2019年4月3日，宋某申请仲裁，请求甲公司支付宋某解除劳动合同赔偿金754,000元，2019年5月16日，该仲裁委员会出具裁决书，裁决驳回仲裁申请。宋某不服提起诉讼。

诉讼中，甲公司认为宋某的工作岗位不属于管理岗位。甲公司认为管理岗位定义是负责公司整体业务计划、组织、协调、决策、经营等管理活动，管理人员职责主要是通过管理下属完成,本身并不直接做相应事务性工作。甲公司提交了充分的证据证明宋某自 2017 年 4 月 10 日起已不再担任管理岗位,而是实际从事生产服务岗位。宋某辩称:不同意甲公司的上诉请求和事实理由。宋某一直从事管理岗位工作,甲公司提供的诸多邮件能体现宋某本人对整个部门、公司工作计划及整改方案等向总裁提出汇报。

法院认为,本案争议焦点主要在于宋某是否已届退休年龄。根据 1996 年上海市社会和劳动保障局《关于审核上海市企业职工办理退休退职手续若干问题的规定》和 2001 年国家经济贸易委员会、人事部、劳动和社会保障部《关于深化国有企业内部人事、劳动、分配制度改革的意见》规定,判断法定退休年龄应以劳动者工作岗位而非身份为依据。同样,在具体判断劳动者究竟属于哪一类别时,应当以劳动者所从事的具体工作内容来判断,而非仅以公司给予的职务名称作为判断的依据。本案中,即便如甲公司所述,宋某的副总职务早已被免除,但根据甲公司提交的宋某在宁波客服部以及甲公司环境客服部、样品室工作期间的工作汇报来看,宋某的汇报内容包含整个部门的现有问题剖析以及工作计划安排、整改方案提出。另外,甲公司亦确认宋某是去“抓”“负责”相关部门。可见,宋某从事的应当还是管理工作,而非具体操作工作。因此,甲公司以宋某 50 周岁退休为依据解除了双方的劳动合同,显然与有关规定相悖,故依法应当支付宋某赔偿金。故判决甲公司支付宋某违法解除劳动合同的赔偿金 563,904 元,甲公司不服上诉后,二审维持了一审判决。

案例分析

本案中宋某曾是甲公司的副总经理及法定代表人,但是在 2017 年后,宋某的法定代表人一职被更换,是否还担任副总经理双方各执一词并均提供了相应的证据,法官根据双方提供的证据,从双方均认可的工作汇报等材料中关于管理所使用的字眼来判断宋某即使已被免除副总经理职务,承担的应还是管理职责,故作出支持宋某诉求的判决。

一般来说涉及退休争议的劳动者履职的过程和时间都不会短,因此肯定会留下大量的相关材料,这些材料是工作邮件、会议记录,或者是汇报材料或者其他书面材料,均能反映出劳动者工作的性质是否具有管理特点,从而为这一类纠纷的处理提供依据。

四、退休员工管理要点

退休员工管理问题包括三个方面：一是针对还在职将来面临退休的职工如何管理的问题；二是即将退休的员工管理问题；三是招录已满退休年龄的员工管理的问题。

（一）将来面临退休的职工管理建议

结合前面的案例，为避免发生诸如女职工退休年龄等争议，建议在员工还在职时就可以从以下几个方面完善管理：

1. 在劳动合同或补充协议中约定职工的岗位性质。

不少企业在劳动合同中对于岗位性质约定不清导致发生争议，建议在员工的劳动合同中明确岗位的性质是管理岗、专业技术岗还是工人岗，以避免争议。

2. 制定规章制度明确管理人员范围。

企业可以在制定的制度中将企业管理性质岗位进行明确的规定并公示送达员工，避免争议。

3. 制定员工退休管理制度，对员工退休的流程进行规范，避免发生法律风险。

（二）即将退休员工的管理建议

对于即将办理退休的员工，应从以下方面完善管理：

1. 提前 3 个月以上启动员工退休的相关工作，以便有充足的时间处理相关问题；

2. 核查员工的社保缴纳情况及参保身份，如有欠缴或者身份与实际不符的，应及时补缴或更正；

3. 办理退休前提前让员工确认退休身份，对于需要变更身份提前退休或延迟退休的员工，应当让员工签字确认并取得一致意见；

4. 如单位与员工对实际岗位性质存在不同意见且无法协商解决的，应提前搜集相关支持单位主张的证据，寻求律师等专业人员的提前介入处理；

5. 对于存在争议的职工退休问题，尽量通过书面而不是口头进行沟通，并保存往来沟通书面记录，对于面谈等口头沟通的应录音录像留存证据；

6. 对于发生争议未能协商解决的，应在充分搜证的前提下及时处理，避免错过终止或解决的合理时间造成风险；

7. 如果企业与员工协商退休后返聘的，应当及时办理完退休手续后重新录用，并按劳务关系进行用工管理。

（三）招录已满退休年龄的员工管理建议

对于企业招录已满退休年龄的管理建议如下：

1. 招录已达到退休年龄的员工时，应着重核实其身份是否属于已享受基本养老保险待遇或者达到退休年龄的员工，避免招用“疑似退休”但实际未达到退休年龄的员工；

2. 应当与退休员工签署劳务协议，明确双方权利义务并按劳务关系进行用工管理；

3. 对于用工过程中退休员工可能发生意外伤害的风险，如果当地存在超过法定退休年龄劳动者等特定人员参加工伤保险地方政策的，应按照规定参加工伤保险，如当地暂无相关政策，建议通过商业保险如雇主责任险进行合法规避。

第十三章

劳动争议处理程序

前面十二章我们讨论的都是实体法律问题，劳动争议的处理当然也离不开程序性问题，即使实体操作合法合规但如果不遵守程序的要求和规则，也有可能“有理变没理”，导致败诉的后果，最典型的例子包括用人单位没有严格按照举证期限提供证据导致虽然证据充分但不被采纳而败诉、因错失起诉期限而导致对己方不利的仲裁裁决生效而无法推翻等，因此对于用人单位处理劳动争议来说，不仅要重视实体上的合同、制度等问题，也要重视程序中的问题。劳动争议的处理程序通常包括调解、仲裁、诉讼等，下面我们分别来谈一谈。

第一节　劳动争议纠纷处理的调解

劳动争议纠纷调解是指劳动争议纠纷发生后，通过依法设立的第三方机构进行居中调和化解双方分歧，从而达到解决争议的目的。根据纠纷处理阶段的不同以及调解组织的不同，我们可以把劳动争议调解分为企业劳动争议调解委员会的调解、基层人民调解组织的调解、工会组织的调解、仲裁诉讼的诉前联调、仲裁诉讼中的调解等类型。

一、企业劳动人事争议调解委员会的调解

企业劳动争议调解委员会是指在企业内部设立、由职工代表和企业代表组成，从事企业内部劳动争议调解的组织。

（一）企业劳动争议调解委员会的设立

根据人力资源和社会保障部制定的《企业劳动争议协商调解规定》，大中型企业应当依法设立调解委员会，并配备专职或者兼职工作人员。有分公司、分店、分厂的企业，可以根据需要在分支机构设立调解委员会。总部调解委员会指导分支机构调解委员会开展劳动争议预防调解工作。调解委员会可以根据需要在车间、工段、班组设立调解小组。小微型企业可以设立调解委员会，也可以由劳动者和企业共同推举人员，开展调解工作。

（二）企业劳动争议调解委员会的组成

《劳动争议调解仲裁法》第10条第2款规定："企业劳动争议调解委员会由职工代表和企业代表组成。职工代表由工会成员担任或者由全体职工推举产生，企业代表由企业负责人指定。企业劳动争议调解委员会主任由工会成员或者双方推举的人员担任。"《企业劳动争议协商调解规定》第15条同时规定："调解委员会由劳动者代表和企业代表组成，人数由双方协商确定，双方人数应当对等。劳动者代表由工会委员会成员担任或者由全体劳动者推举产生，企业代表由企业负责人指定。调解委员会主任由工会委员会成员或者双方推举的人员担任。"

（三）企业劳动争议调解委员会的职责

根据规定，企业劳动争议调解委员会履行下列职责：

1. 宣传劳动保障法律、法规和政策；
2. 对本企业发生的劳动争议进行调解；
3. 监督和解协议、调解协议的履行；
4. 聘任、解聘和管理调解员；
5. 参与协调履行劳动合同、集体合同、执行企业劳动规章制度等方面出现的问题；
6. 参与研究涉及劳动者切身利益的重大方案；
7. 协助企业建立劳动争议预防预警机制。

（四）企业劳动争议调解的调解员任职条件

企业劳动争议调解的调解员应当具备以下条件：

1. 公道正派、联系群众、热心调解工作；
2. 具有一定劳动保障法律政策知识和沟通协调能力的人员担任；
3. 由调解委员会聘任的本企业工作人员担任。

调解委员会成员均为调解员，调解员的聘期至少为 1 年，可以续聘。调解员不能履行调解职责时，调解委员会应当及时调整。调解员依法履行调解职责，需要占用生产或者工作时间的，企业应当予以支持，并按照正常出勤对待。

（五）企业劳动争议调解的启动和受理

发生劳动争议后，当事人可以口头或者书面形式向调解委员会提出调解申请，申请内容应当包括申请人基本情况、调解请求、事实与理由，口头申请的，调解委员会应当场记录。

调解委员会接到调解申请后，对属于劳动争议受理范围且双方当事人同意调解的，应当在 3 个工作日内受理。对不属于劳动争议受理范围或者一方当事人不同意调解的，应当做好记录，并书面通知申请人。

发生劳动争议，当事人没有提出调解申请，调解委员会可以在征得双方当事人同意后主动调解。

（六）企业劳动争议调解的处理

调解委员会调解劳动争议一般不公开进行，但是双方当事人要求公开调解的除外。调解委员会根据案件情况指定调解员或者调解小组进行调解，在征得当事人同意后，也可以邀请有关单位和个人协助调解。

调解员应当全面听取双方当事人的陈述，采取灵活多样的方式方法，开展耐心、细致的说服疏导工作，帮助当事人自愿达成调解协议。

调解委员会调解劳动争议，应当自受理调解申请之日起 15 日内结束。但是双方当事人同意延期的可以延长。在前述规定或同意延长的期限内未达成调解协议的，视为调解不成。

（七）企业劳动争议调解的效力

经调解达成调解协议的，由调解委员会制作调解协议书。调解协议书应当写明双方当事人基本情况、调解请求事项、调解的结果和协议履行期限、履行方式等。调解协议书由双方当事人签名或者盖章，经调解员签名并加盖调解委员会印章后生效。调解协议书一式三份，双方当事人和调解委员会各执一份。

生效的调解协议对双方当事人具有约束力，当事人应当履行。

达成调解协议后，一方当事人在协议约定期限内不履行调解协议的，另一方当事人可以依法申请仲裁。

因支付拖欠劳动报酬、工伤医疗费、经济补偿或者赔偿金事项达成调解协议，用人单位在协议约定期限内不履行的，劳动者可以持调解协议书依法向人民法院申请支付令，人民法院应当依法发出支付令。

但是如果双方当事人没有按规定提出仲裁审查申请，一方当事人在约定的期限内不履行调解协议的，另一方当事人只可以依法申请仲裁。仲裁委员会受理仲裁申请后，应当对调解协议进行审查，调解协议合法有效且不损害公共利益或者第三人合法利益的，在没有新证据出现的情况下，仲裁委员会可以依据调解协议作出仲裁裁决。也就是说在这种情况下，调解书并不能直接执行，仅作为证据效力，但是仲裁委员会在此情况下只需要对调解书进行审查，无须全案审理，如果没有新证据，调解书内容也合法，则按调解书内容进行裁决。

从以上内容可以看出，企业劳动争议调解委员会调解劳动争议有着就近解决、高效便利、熟悉情况、形式灵活、影响范围可控等优点，但是由于相对其他调解组织而言，缺少专业性、权威性，手段方法也较为单一，对于疑难复杂的纠纷较难处理。

二、基层人民调解组织的调解

基层人民调解组织包括村民委员会、居民委员会设立的人民调解委员会，乡镇、街道设立的人民调解委员会和根据需要设立的区域性、行业性的人民调解委员会等。

（一）村民委员会、居民委员会设立人民调解委员会

根据规定，村民委员会、居民委员会的人民调解委员会委员由村民会议或者村民代表会议、居民会议推选产生，人民调解委员会由委员 3 人以上组成，设主任一人，必要时可以设副主任。每届任期 3 年，可以连选连任。人民调解员应当由公道正派、热心人民调解工作，并具有一定文化水平、政策水平和法律知识的成年公民担任。

村民委员会、居民委员会设立人民调解委员会虽然主要处理的是村民居民间的纠纷，但是对于发生在村民委员会、居民委员会管辖范围内的劳动争议，同样也可以进行调解，尤其是在珠三角、长三角等经济发达地区，不少村本身就有设立企业等经济实体，也有不少企业租赁村委的土地或者厂房经营，如果发生劳动争议，由这类村居调解委员会介入处理也有利于及时平息纠纷、省时省力。

（二）乡镇、街道设立的人民调解委员会

根据司法部《人民调解工作若干规定》第 13 条规定，“乡镇、街道人民调解委员会委员由下列人员担任：（一）本乡镇、街道辖区内设立的村民委员会、居民委员会、企业事业单位的人民调解委员会主任；（二）本乡镇、街道的司法助理员；（三）在本乡镇、街道辖区内居住的懂法律、有专长、热心人民调解工作的社会志愿人员”。

根据该规定，乡镇、街道人民调解委员会委员应当具备高中以上文化程度。乡镇、街道人民调解委员会委员由乡镇、街道司法所（科）聘任。

由乡镇、街道人民调解委员会一般设立在乡镇、街道的司法所内，由乡镇、街道人民调解委员会介入劳动争议的处理，相对于企业内设的调解委员会和村居人民调解委员会来说，更具官方的色彩，也更加具有专业性和权威性，有利于纠纷的调处。

（三）区域性、行业性的人民调解委员会

实践中，也有根据需要设立的区域性、行业性的人民调解委员会，行业性的人民调解委员会更多在于调解专业性领域例如医疗纠纷、物业管理纠纷等专业性纠纷，而地域性人民调解委员会一般是跨区域、跨部门在一定范围内设立的调解委员会，如由行政区与行政区共同设立，或者由司法行政部门和法院联合设立等。地域性调解组织对于解决区域内劳动争议起到积极的作用。

三、仲裁诉讼的诉前联调

根据中共中央办公厅、国务院办公厅《关于完善矛盾纠纷多元化解机制的意见》，人力资源社会保障部等部门《关于进一步加强劳动人事争议调解仲裁完善多元处理机制的意见》，最高人民法院《关于人民法院进一步深化多元化纠纷解决机制改革的意见》，最高人民法院、中华全国总工会《关于在部分地区开展劳动争议多元化解试点工作的意见》，人力资源社会保障部、最高人民法院《关于劳动人事争议仲裁与诉讼衔接有关问题的意见（一）》等法律法规规章的规定，为化解劳动人事争议纠纷，在劳动人事仲裁和诉讼等程序中，实行调解前置、诉前联调等制度，有利于在仲裁或诉讼前通过调解实现化解纠纷的目的。

具体做法是由劳动人事争议仲裁机构或者法院设立专门的窗口或者专门的流程，在正式受理劳动人事争议仲裁或者诉讼前，通过由工会或第三方调解组织派驻的调解员对争议双方的纠纷进行调解，在进入劳动仲裁或司法程序前提前化解纠纷。如果双方经调解达成一致并签署调解协议，则可以通过法定程序申请劳动人事争议仲裁委员会出具仲裁调解书或者申请法院进行司法确认。劳动者或者企业应当根据案件的实际情况，充分利用调解程序化解纠纷。

四、仲裁诉讼中的调解

在劳动仲裁或者是诉讼中进行调解是法定的程序，《劳动争议调解仲裁法》第42条规定："仲裁庭在作出裁决前，应当先行调解。调解达成协议的，仲裁庭应当制作调解书。调解书应当写明仲裁请求和当事人协议的结果。调解书由仲裁员签名，加盖劳动争议仲裁委员会印章，送达双方当事人。调解书经双方当事人签收后，发生法律效力。调解不成或者调解书送达前，一方当事人反悔的，仲裁庭应当及时作

出裁决。”《民事诉讼法》第 96 条规定:“人民法院审理民事案件,根据当事人自愿的原则,在事实清楚的基础上,分清是非,进行调解。”第 99 条规定:“调解达成协议,必须双方自愿,不得强迫。调解协议的内容不得违反法律规定。”第 100 条规定:“调解达成协议,人民法院应当制作调解书。调解书应当写明诉讼请求、案件的事实和调解结果。调解书由审判人员、书记员署名,加盖人民法院印章,送达双方当事人。调解书经双方当事人签收后,即具有法律效力。”前述法律法规为在仲裁程序和诉讼程序中进行劳动人事争议纠纷的调解提供了制度保障。

五、调解程序对于企业人力资源管理的意义

对于劳动争议处理来说,调解程序还对企业人力资源管理具有重要的意义。

首先,调解有利于快速解决纠纷,促进企业劳资关系的和谐。任何纠纷发生后的处理都要牵涉包括人力部门、法务部门、业务部门甚至主管领导等精力,如果利用各种调解程序能够快速解决纠纷,当然有利于企业劳动关系的和谐。

其次,通过调解解决争议可以避免相关纠纷的公开,也有利于维护企业形象。

第一,如果无法调解解决争议,经过诉讼仲裁后公开的裁判文书有可能将双方争议的内容全部披露,包括但不限于企业的人事制度、劳动合同、业务管理流程、处理经过甚至相关领导员工的表述等都有可能在裁判文书中被一一对外公开,经过移动互联网络的传播和扩散,其中有一些证据或者言辞有可能对企业产生不利影响;第二,案件一旦败诉也会带来负面影响,不少求职的员工会通过裁判文书网站查询企业的案件来判断企业文化和管理风格;第三,天眼查、企查查等企业信息查询平台都会将企业的案件作为企业的风险事件,从另一个角度也会影响企业的形象。

第二节　劳动争议纠纷处理的仲裁

根据法律的规定,劳动争议除部分终局裁决案件外,大都实行“一裁两审”的程序,与其他法律争议不同的是,劳动争议仲裁是纠纷进行司法程序的前置程序,也是必经程序,虽然劳动争议仲裁裁决只要提起诉讼就不生效,但是由于仲裁前置程序处理的好坏直接影响法院一审、二审的结果,可以说如果没有仲裁阶段打好基础,也难有一审或二审的最终胜诉。不少企业经常有这样的误区,仲裁阶段不请律师派自己的员工上场应诉,如果打赢了就由员工继续出庭,如果输了再来找律师,但这种情

况下由于仲裁阶段应诉的思路选择错误，或者由于不专业导致不该提交的材料已经提交，或者不该陈述的意见已经在仲裁中陈述并被记录在案，即使一审阶段专业的律师介入，往往也回天乏力。因此企业必须正确认识仲裁阶段对案件处理的意义。

一、劳动争议仲裁的受理

（一）劳动仲裁的机构

劳动仲裁机构是指劳动人事争议仲裁委员会，仲裁委员会一般分为三级，省、自治区、直辖市劳动人事争议仲裁委员会，设区的市劳动人事争议仲裁委员会和区、县劳动人事争议仲裁委员会。

劳动人事争议仲裁委员会由劳动行政部门代表、工会代表和企业方面代表组成，且组成人员应当是单数。劳动人事争议仲裁委员会设立办事机构，负责办理劳动争议仲裁委员会的日常工作，办事机构一般称为劳动人事争议仲裁院，审理案件以劳动人事争议仲裁委员会的名义出具仲裁裁决。

劳动人事争议仲裁委员会通过聘任专职或者兼职仲裁员审理案件，仲裁员一般从曾任审判员的前法官、中级以上职称的法律研究和教学人员、符合条件的 HR 或工会人员、律师中选聘。

（二）劳动仲裁的管辖

劳动仲裁的管辖分为地域管辖和级别管辖。

地域管辖是指劳动争议应当在哪一个地域的劳动人事争议仲裁委员会管辖，根据法律的规定，劳动争议由劳动合同履行地或者用人单位所在地的劳动争议仲裁委员会管辖。劳动合同履行地为劳动者实际工作场所地，用人单位所在地为用人单位注册、登记地或者主要办事机构所在地。用人单位未经注册、登记的，其出资人、开办单位或者主管部门所在地为用人单位所在地。

双方当事人分别向劳动合同履行地和用人单位所在地的劳动争议仲裁委员会申请仲裁的，由劳动合同履行地的劳动争议仲裁委员会管辖；有多个劳动合同履行地的，由最先受理的仲裁委员会管辖。劳动合同履行地不明确的，由用人单位所在地的仲裁委员会管辖。

级别管辖是指不同层级的劳动人事争议仲裁委员会之间如何受理劳动争议纠

纷案件的问题，由各省、市、区、县出台规定划分管辖范围，一般根据案涉企业类型、企业注册资金大小等进行区分。

案件受理后，劳动合同履行地或者用人单位所在地发生变化的，不改变争议仲裁的管辖。案件当事人如果认为仲裁机构受理案件没有管辖权的，可以提出管辖异议的，管辖异议应当在答辩期满前书面提出。仲裁委员会应当审查当事人提出的管辖异议，异议成立的，将案件移送至有管辖权的仲裁委员会并书面通知当事人；异议不成立的，应当书面决定驳回。当事人逾期提出的，不影响仲裁程序的进行。

（三）劳动仲裁的申请及受理

申请人申请仲裁应当提交以下材料：

1. 仲裁申请书和证据，并按照被申请人人数提交副本，副本份数为对方人数再增加一份。

仲裁申请书内容包括劳动者的姓名、性别、出生日期、身份证件号码、住所、通讯地址和联系电话，用人单位的名称、住所、通讯地址、联系电话和法定代表人或者主要负责人的姓名、职务；仲裁请求和所根据的事实、理由；证据和证据来源，证人姓名和住所。

2. 当事人双方身份或合法设立的证明，包括居民身份证复印件、企业营业执照复印件及法定代表人身份证明等。

3. 证明案件属于拟受理劳动人事争议仲裁院管辖的证明，包括劳动合同履行证据或用人单位办公场所证明等。

仲裁委员会对符合条件的仲裁申请应当予以受理，并在收到仲裁申请之日起5日内向申请人出具受理通知书。受理条件包括属于劳动争议受理范围、有明确的仲裁请求和事实理由；申请人是与本案有直接利害关系的自然人、法人或者其他组织；有明确的被申请人；属于该仲裁委员会管辖范围。

对不符合要求的仲裁申请，仲裁委员会不予受理，并在收到仲裁申请之日起5日内向申请人出具不予受理通知书；如对不符合该仲裁委员会管辖范围的案件，仲裁委员会应当在收到仲裁申请之日起5日内，向申请人作出书面说明并告知申请人向有管辖权的仲裁委员会申请仲裁，而不是出具不予受理通知书。

对仲裁委员会逾期未作出决定或者决定不予受理的，申请人可以就该争议事项向人民法院提起诉讼。

（四）企业能否主动提起劳动仲裁

在劳动争议案件中，一般都是劳动者对用人单位提起劳动仲裁主张权利，而较少由用人单位主动提起劳动仲裁，那么用人单位能否主动提起劳动仲裁呢？

案例：甲公司与徐某确认劳动关系案

2019年2月14日，徐某至甲公司工作，岗位为操作工。2019年4月16日凌晨，徐某在工作过程中右手受伤。徐某当日因“机器压伤右手疼痛流血4小时”被送至苏州平江医院住院治疗，入院诊断为右拇食中环指复合缺损伤，于2019年5月12日出院。在该院住院期间花费医药费70,529.5元。后甲公司以保险理赔所需为由申请委托某市劳动能力鉴定委员会对徐某的工伤劳动能力进行鉴定。2019年8月7日，某市劳动能力鉴定委员会作出鉴定意见，认定徐某的伤残等级为六级。

甲公司于2019年9月2日向某市劳动人事争议仲裁委员会提交仲裁申请书，要求确认甲公司与徐某在2019年2月14日至2019年4月16日存在劳动关系以及要求裁决甲公司向徐某支付一次性伤残补助金。某市劳动人事争议仲裁委员会经审查，认为不符合受理条件，决定不予受理，于2019年9月6日出具不予受理通知书。不予受理通知书载明主要理由如下：“一、本案被申请人徐某已达到法定退休年龄，不具有劳动争议仲裁的主体资格。二、当事人申请劳动仲裁，应当具有诉的利益，即当事人向仲裁委提出的仲裁请求，具有必须通过仲裁审理并作出裁决予以解决的必要性和实效性。具体到本案，申请人如认为被申请人的受伤可享受工伤保险待遇，应先向工伤认定部门申请认定，申请人若对认定结论不服，可根据相关规定提起行政复议或者行政诉讼，而仲裁委员会并不具有工伤认定的行政职能，即本案缺乏仲裁处理的必要性。同时，如被申请人的受伤最终未被认定为工伤，被申请人亦可向申请人提起人身损害赔偿之诉，即本案并不能通过仲裁裁决使纠纷获得实质性解决。三、请求权系一方主体要求另一方主体为或不为一定行为的权利。本案申请人请求由申请人向被申请人支付一次性伤残补助金的提法不符合请求权的基本特征。”甲公司不服该裁决，向法院提起诉讼。

法院认为，《劳动合同法》第7条规定，用人单位自用工之日起即与劳动者建立劳动关系。依照《劳动合同法》相关规定，用人单位与劳动者之间是劳动关系还是劳务关系的决定性条件为是否享受基本养老保险待遇，而非是否达到法定退休年龄。

徐某于2019年2月14日入职时虽已达到法定退休年龄，但其未享受养老保险待遇。因此，徐某与甲公司之间建立的用工关系应认定为劳动关系。现甲公司要求确认其与徐某于2019年2月14日至2019年4月16日存在劳动关系，于法有据，本院予以支持。徐某关于双方之间属于劳务关系的主张难以成立。故判决徐某与甲公司于2019年2月14日至2019年4月16日存在劳动关系。

案例分析

这个案例很有意思，员工在工作中出现受伤的情况，由于员工已经超出退休年龄，双方对彼此存在的法律关系是劳动关系还是劳务关系产生争议，由于在该案中认定劳务关系的赔偿标准高于劳动关系项下的赔偿标准，因此用人单位主动提起仲裁申请，要求确认劳动关系并且判令自身向劳动者支付一次性伤残补助金。仲裁委员会以员工已达到退休年龄超出劳动争议案件受理范围和甲公司不具有诉的利益为由不予受理。法院则对是否属于劳动关系作出了判决，而对要求甲公司要求自身向徐某支付一次性伤残补助金的诉求因不具有诉的利益没有处理。

从上诉案例可以看出，用人单位也可以主动提起劳动仲裁的，理由如下：

1. 根据《劳动争议调解仲裁法》的规定，只要符合劳动争议案件的受理范围，就应当受理，并不区分是劳动者提起仲裁还是用人单位提起仲裁，更加没有限制用人单位提起仲裁，当然实践中由于劳动争议大都是劳动者主张权利，因此给人的印象好像是劳动仲裁只能是劳动者提出申请，实际上并非如此。

2. 就本案而言，根据《劳动争议调解仲裁法》第2条的规定，企业与劳动者之间因确认劳动关系，订立、履行、变更、解除和终止劳动合同，工作时间、休息休假、社会保险、福利、培训以及劳动保护，劳动报酬、工伤医疗费、经济补偿或者赔偿金等发生的争议都属于劳动争议受理范围，因此甲公司因确认劳动关系提出仲裁申请完全符合法律的规定。

管理指南

用人单位提起劳动仲裁，还应当注意以下事项：

1. 无论是劳动者还是用人单位提起仲裁或者诉讼，都必须符合“具有诉的利益”这一原则。诉的利益是指当事人提起的“诉”应当具有法院对诉讼请求进行审判的必要性和实效性，必要性是指法院有无必要通过判决来解决当事人之间的纠纷，实效性是指法院能否通过判决实际解决纠纷。在本案中,甲公司的诉求之一是要求判令甲公司自己向劳动者支付一次性伤残补助金,这一诉求就不符合诉的利益,因为没有由仲裁或者法院处理的必要性,如果甲公司认为应当支付一次性伤残补助金,直接向劳动者支付即可,如果劳动者拒绝接受,还可以通过公证提存等方式解决,根本没有必要由仲裁或者法院处理。

2. 用人单位提起劳动争议仲裁的诉求一般可分为三类:一是确认法律关系类的,如请求确认劳动关系;二是要求劳动者承担给付义务的,如请求员工赔偿因失职造成的损失、请求员工支付单位垫付的医药费等费用、请求员工返还多支付的劳动报酬等;三是要求确认不承担某种义务的,如请求确认无须支付年终奖等。

(五)仲裁时效

仲裁时效是指发生争议后,当事方多长时间内提起仲裁才能请求法律保护的期限。

1. 仲裁时效的起算。

根据法律的规定,劳动争议申请仲裁的时效期间为 1 年。仲裁时效期间从当事人知道或者应当知道其权利被侵害之日起计算。所谓知道或应当知道权利被侵害,一般是指当事方已经发生了纠纷,或者提出过诉求没有得到解决,就应当视为知道或应当知道权利被侵害。

2. 仲裁时效的中止与中断。

因不可抗力或者有其他正当理由,当事人不能在规定的仲裁时效期间申请仲裁的,仲裁时效中止。从中止时效的原因消除之日起,仲裁时效期间继续计算。例如,如果出现劳动者因突发疾病或疫情防控等无法申请仲裁,仲裁时效可以暂停计算,并在中止原因消失后继续计算。

仲裁时效中断是指因为出现法定事由,导致时效重新开始计算,法定事由包括以下几类:(1)一方当事人通过协商、申请调解等方式向对方当事人主张权利的;(2)一方当事人通过向有关部门投诉,向仲裁委员会申请仲裁,向人民法院起诉或者申请支付令等方式请求权利救济的;(3)对方当事人同意履行义务的。从中断时起,仲裁时效期间重新计算。

3. 仲裁时效的类型。

劳动争议的仲裁时效包括普通时效和特殊时效。普通时效是从当事人知道或应当知道开始起算1年，而特殊时效是针对劳动关系存续期间因拖欠劳动报酬发生的争议，劳动者在职期间申请仲裁不受1年的限制，但是如果劳动关系终止的，应当自劳动关系终止之日起1年内提出。

二、劳动争议仲裁的举证

举证是劳动争议仲裁程序中最重要的程序，没有之一。争议的裁判依据的就是双方提交的证据，如果举证工作没有做好，再正当合法的理由也难以获得胜诉，而仲裁是劳动争议处理的第一个环节，如果前面的基础没打好，程序越往后走越难纠正。因此用人单位必须高度重视仲裁阶段的举证工作。

（一）举证期限

举证期限是指劳动争议仲裁阶段当事各方提交证据的期限，《劳动争议调解仲裁法》没有就举证期限问题作出规定，而《劳动人事争议仲裁办案规则》第15条中则规定，承担举证责任的当事人应当在仲裁委员会指定的期限内提供有关证据。因此实践中具体案件的举证期限一般也是由仲裁委员会在受理案件后书面通知中明确规定举证期限。由于劳动争议仲裁案件的审理期限为45日，最长不超过60日，因此仲裁委员会指定的举证期限一般都很短，有的是收到材料后5个或10个工作日内，有的则要求在开庭前3个或5个工作日之前必须提交证据。

根据《劳动人事争议仲裁办案规则》的规定，当事人在举证期限内提供证据确有困难的，可以向仲裁委员会申请延长期限，仲裁委员会根据当事人的申请适当延长。当事人逾期提供证据的，仲裁委员会应当责令其说明理由；拒不说明理由或者理由不成立的，仲裁委员会可以根据不同情形不予采纳该证据，或者采纳该证据但予以训诫。但是实践中，不少仲裁委员会对于逾期提交证据一般都采取不再接收证据的做法，因此用人单位应当尽量严格按照仲裁委员会指定的期限提交证据，以免错过举证期限导致证据不被接纳。实在无法按期提交的，可以与仲裁员沟通后书面申请延长，争取延期举证。

（二）举证要求

用人单位提交证据一般应做到以下要求：

1. 证据应清晰整洁、纸张大小统一（个别图表除外）、装订整齐，方便翻阅查看；

2. 证据应附有证据清单，证据清单应列明证据名称、证明内容、页数，并在具体证据下方标明页码，方便仲裁员及对方查找；

3. 证据份数应按除自身外的当事人的数量加一份的标准提供，如案件中除自身外还有一方当事人，则应提供两份证据即可，并在证据清单上写上提交人身份并签名；

4. 证据应提交复印件并在开庭时携带原件备查。

（三）举证责任

结合法律法规规定及司法实践，劳动争议案件的举证责任一般按以下原则确定：

1. 以“谁主张，谁举证”为一般性举证原则；

2. 因用人单位作出的开除、除名、辞退、解除劳动合同、减少劳动报酬、计算劳动者工作年限等决定而发生的劳动争议，用人单位负举证责任；

3. 如果与争议事项有关的证据属于用人单位掌握管理的，用人单位应当提供；用人单位不提供的，应当承担不利后果；

4. 法律没有具体规定举证责任分配原则、也不属于用人单位掌握管理的证据，无法确定举证责任承担的，由仲裁庭根据公平原则和诚实信用原则，综合当事人举证能力等因素确定举证责任的承担；

5. 如果属于当事人因客观原因不能自行收集的证据，原则上当事人可以申请仲裁委员会调查取证，但实际上仲裁委员会调查取证的案件极少。

三、劳动争议仲裁的庭审

完成举证的环节后，接下来最重要的就是仲裁庭审，由于仲裁员手上一般都有大量的案件，庭前往往来不及消化太多的案件材料，如何利用庭审陈述观点说服仲裁委就变得非常重要。

（一）庭审前的准备工作

用人单位在庭审前应当做好以下准备工作：

1. 梳理案件事实，厘清双方劳动关系要点及争议的法律事实。

案件审理过程中，无论是陈述案情、表达观点还是回答仲裁员庭审中的提问，都需要对相关事实非常清楚,这些事实包括双方劳动关系的要点,如劳动合同签订情况、合同期限、岗位、薪酬、离职原因等,还包括双方争议的法律事实相关情况,如争议点是薪酬的发放问题,就需要对薪酬的约定、薪酬制度、薪酬已经支付的情况等都非常熟悉,才能在庭审中准确表达而不至于出现错误。

2. 准备好证据原件以供庭审核对。

正常情况下,开庭都要核对证据原件,因此庭审前用人单位应当搜集好已提交证据的全部原件,并按照证据清单的顺序排列好,以备庭审时核对。

3. 针对对方提交的证据提前准备好质证意见。

用人单位应当在庭前对劳动者一方提交的证据进行研究,并准备好书面的质证意见,以备开庭时当庭发表,质证意见应围绕证据"三性"表达意见,言简意赅,切勿长篇大论。

4. 拟好书面答辩状,并对双方争议的法律事实和观点准备好反驳意见。

用人单位应对劳动者的仲裁请求进行答辩,为了观点的表述准确、完善,一般在庭前就应当准备好书面的答辩状,针对劳动者的诉求一一进行答辩。除此之外,还应当结合案件争议的法律事实和观点准备好庭审中往来攻防的观点,以便庭审应对。

5. 与仲裁员沟通申请旁听等相关事宜。

(二)庭审流程

庭审流程一般包括核对到庭当事人身份、告知当事人相关权利义务、询问双方是否申请回避、申请人陈述仲裁申请及事实与事由、被申请人陈述答辩意见、双方各自的举证与质证、仲裁庭的调查、庭审辩论、双方最后陈述、调解。

(三)庭审时注意事项

庭审时应当注意以下事项:

1. 用人单位参加庭审应当遵守庭审纪律,尊重仲裁员并听从仲裁员的指挥,不要与仲裁员或书记员发生争吵,如认为仲裁员或书记员行为存在不妥,可以要求书记员将自己的诉求记录在案并事后进行投诉,但不应当庭争吵或者直接激怒仲裁员或书记员;

2. 应认真听清仲裁员的问题和表达,围绕仲裁员关心的问题进行回复,不要想当然自说自话；

3. 未经仲裁员准许不得进行录音、录像、摄影或者以移动通信等方式现场传播庭审活动；

4. 陈述事实或者观点时应注意语速，并配合书记员的记录速度，切忌说话语速过快；

5. 如遇到庭审过程中对仲裁员询问的问题不清楚或者对要求提交的材料没有准备，可以请求庭审结束后了解清楚或搜集材料后再书面回复仲裁庭，切勿凭感觉作答或者信口开河，以免出错无法挽回；

6. 庭审结束应当仔细核对庭审笔录并签名，如发现庭审笔记有关自己陈述的部分有误，可以要求更正，并在更正处签名；

7. 如有调解意愿，可以在仲裁员的主持下进行调解，也可以要求庭后自行沟通调解。

（四）庭审后的跟进事项

庭审结束后，用人单位跟案人员应当跟进的事项包括以下几点：

1. 根据庭审时仲裁员的要求，及时将要补充了解的事实或提交的材料书面回复仲裁庭并确认收到；

2. 根据庭审的情况结合仲裁员关注的重点，将庭审时没有表述完整的观点或者来不及陈述的事实进行整理，通过书面形式提交仲裁庭并确认收到；

3. 如遇仲裁员电话了解相关事实，应认真严肃对待，及时准确回复；

4. 将庭审相关情况书面整理汇报给公司相关领导；

5. 如愿意调解，应当及时将调解方案反馈给仲裁员或者对方当事人；

6. 不定期与仲裁员或者书记员沟了解案件进度，如对收到的裁决不服，应当在法定期限内及时提起诉讼。

四、劳动争议仲裁的终局裁决

劳动争议纠纷处理一直是“一裁两审”模式，《劳动争议调解仲裁法》出台后，创设了终局裁决的模式，成为劳动争议处理的一大特色。

（一）什么是终局裁决

终局裁决是指针对某些争议金额不大或者性质较为特殊的案件，法律规定仲裁裁决一经作出即对用人单位生效,用人单位不得再提起诉讼的处理模式。

从上述定义可以看出,终局裁决是单向的,只是限制用人单位的起诉权,而劳动者如果不服裁决,还是有权提起诉讼的。

(二)终局裁决的适用范围

《劳动争议调解仲裁法》第47条规定,下列劳动争议,除本法另有规定的外,仲裁裁决为终局裁决,裁决书自作出之日起发生法律效力:

1. 追索劳动报酬、工伤医疗费、经济补偿或者赔偿金,不超过当地月最低工资标准12个月金额的争议;

2. 因执行国家的劳动标准在工作时间、休息休假、社会保险等方面发生的争议。

而《劳动人事争议仲裁办案规则》第50条规定,"仲裁庭裁决案件时,申请人根据调解仲裁法第四十七条第(一)项规定,追索劳动报酬、工伤医疗费、经济补偿或者赔偿金,如果仲裁裁决涉及数项,对单项裁决数额不超过当地月最低工资标准十二个月金额的事项,应当适用终局裁决。

前款经济补偿包括《中华人民共和国劳动合同法》(以下简称劳动合同法)规定的竞业限制期限内给予的经济补偿、解除或者终止劳动合同的经济补偿等;赔偿金包括劳动合同法规定的未签订书面劳动合同第二倍工资、违法约定试用期的赔偿金、违法解除或者终止劳动合同的赔偿金等。

根据调解仲裁法第四十七条第(二)项的规定,因执行国家的劳动标准在工作时间、休息休假、社会保险等方面发生的争议,应当适用终局裁决。

仲裁庭裁决案件时,裁决内容同时涉及终局裁决和非终局裁决的,应当分别制作裁决书,并告知当事人相应的救济权利。"

根据前述法律法规我们可以得出以下结论:(1)小额案件的标准是针对单项诉求而不是总额;(2)因执行国家的劳动标准在工作时间、休息休假、社会保险等方面发生的争议,无论涉及金额大小,都是一裁终局;(3)同一案件分别涉及终局和非终局的裁决,应分别制作裁决书,终局裁决作出即生效,而非终局裁决双方均可以起诉。

(三)终局裁决的撤销程序

如果用人单位不服终局裁决,根据法律规定可以申请撤销生效的仲裁裁决。《劳动争议调解仲裁法》第49条规定:"用人单位有证据证明本法第四十七条规

定的仲裁裁决有下列情形之一,可以自收到仲裁裁决书之日起三十日内向劳动争议仲裁委员会所在地的中级人民法院申请撤销裁决:

(一)适用法律、法规确有错误的;

(二)劳动争议仲裁委员会无管辖权的;

(三)违反法定程序的;

(四)裁决所根据的证据是伪造的;

(五)对方当事人隐瞒了足以影响公正裁决的证据的;

(六)仲裁员在仲裁该案时有索贿受贿、徇私舞弊、枉法裁决行为的。

人民法院经组成合议庭审查核实裁决有前款规定情形之一的,应当裁定撤销。

仲裁裁决被人民法院裁定撤销的,当事人可以自收到裁定书之日起十五日内就该劳动争议事项向人民法院提起诉讼。"

根据前述法律的规定,应当注意以下事项:

1. 撤销仲裁裁决应当符合法定理由,这些法定理由基本上为程序方面的理由而非实体方面的理由,如果用人单位以实体方面的理由提出撤销申请不会得到支持。

案例:某农业公司与李某申请撤销仲裁裁决案

申请人某农业公司因与被申请人李某劳动争议一案,不服某仲裁委员会仲裁裁决,向中级人民法院申请撤销该仲裁裁决,该公司申请撤销的理由包括:(1)申请人与被申请人是投资关系,不存在劳动关系;(2)被申请人没有任何证据证实双方存在劳动关系,仲裁裁决认定双方存在劳动关系没有事实依据;(3)本案仲裁员对申请人的法定代表人公报私仇,没有依法调取相关材料,致使申请人承担举证不能的不利后果。并提供包括某农业公司开办及变更资料、开庭通知书等证据,李某对此均不予认可。

法院经审查认为,某农业公司主张双方法律关系的定性问题,属事实认定方面的问题,并非撤销劳动争议仲裁裁决的法定条件。且投资关系与劳动关系也并非无法并存的法律关系,即使李某与某农业公司系投资关系,也不能当然地否定其与某农业公司存在劳动关系。而某农业公司也未提供充分有效的证据证实,在其具备法定的应由仲裁机构调取证据,而仲裁机构无正当理由不予调取的情形。故某农业公司上述申请撤销仲裁裁决的理由,均不符合《劳动争议调解仲裁法》第 49 条第 1 款之规定,法院对其撤销仲裁裁决的申请不予准许,并裁定驳回申请人撤销仲裁裁决的申请。

2. 撤销仲裁裁决应当在收到仲裁裁决书之日起 30 日内提出申请，逾期则法院不予受理。

3. 仲裁裁决被法院裁定撤销后，当事人还可以自收到裁定书之日起 15 日内就该劳动争议事项向人民法院提起诉讼。撤销仲裁裁决后，法律规定不是重新进行仲裁，而是视为经过了仲裁裁决，当事人可以直接向法院提起诉讼，这也有利于节省时间和司法资源。

第三节 劳动争议纠纷处理的诉讼

除终局裁决外，劳动争议纠纷的当事人任何一方或双方对劳动争议仲裁裁决不服的，均可以在收到仲裁裁决之日起 15 日内向人民法院提起诉讼，让劳动争议纠纷进入诉讼程序。

一、劳动争议纠纷诉讼的受理

当事人不服劳动争议纠纷仲裁裁决后，在 15 日内向法院提起诉讼，即启动了劳动争议纠纷的诉讼程序。劳动争议纠纷诉讼案件的受理有以下注意事项。

（一）劳动争议纠纷诉讼的管辖

根据最高人民法院《关于审理劳动争议案件适用法律问题的解释（一）》（法释〔2020〕26 号）第 3 条的规定，劳动人事争议纠纷案件的诉讼地域管辖有两种：一是用人单位所在地；二是劳动合同履行地。如果两个地点不同，当事人可以向两个地点中任何一地的法院提起诉讼，两地的法院均有合法管辖权，但是同一当事人不能同时向两地法院提起诉讼。如果劳动合同履行地不明确的，则由用人单位所在地的基层人民法院管辖。

由于劳动者一般对劳动合同履行地较为熟悉和方便，而用人单位肯定对用人单位所在地更加熟悉和方便，前述法律关于地域管辖的规定，使用两地都有管辖权，而根据司法解释的规定，双方当事人就同一仲裁裁决分别向有管辖权的不同的人民法院起诉的，先受理的法院有管辖权，后受理的人民法院应当将案件移送给先受理的人民法院。因此为了取得对己方更为便利的"主场优势"，当事各方往往都会通过抢先立案来获得对自己有利的管辖权。

对于劳动争议纠纷的层级管辖，司法解释规定只能由基层人民法院管辖。

（二）劳动争议纠纷诉讼的原告与被告

一般来说，起诉一方为原告，被诉一方为被告，而在劳动争议案件中有所不同的是，由于经过了仲裁阶段，不服仲裁的才存在起诉问题，因此有可能劳动者追索工资或者经济补偿提出仲裁申请，但是由于仲裁支持了劳动者的诉求，用人单位提起诉讼，因此用人单位就是原告，而原先提起仲裁的劳动者则成了被告。

而如果是劳动者与用人单位均不服劳动争议仲裁机构的同一裁决，向同一人民法院起诉的，人民法院应当并案审理，双方当事人互为原告和被告，对双方的诉讼请求，人民法院应当一并作出裁决。在诉讼过程中，一方当事人撤诉的，人民法院应当根据另一方当事人的诉讼请求继续审理。

（三）特殊类型的劳动争议纠纷诉讼案件的受理

前面讲的都是正常类型的劳动争议纠纷诉讼案件的受理，实践中还有一些特殊类型的案件。

1. 当事人就劳动人事争议仲裁机构不予受理提起诉讼的案件。

劳动人事争议仲裁机构可能以不属于本机构管辖、不属于劳动人事争议纠纷或者以申请仲裁的主体不适格为由不予受理当事人的劳动人事争议仲裁申请，当事人凭仲裁机构出具的不予受理通知书向法院提起诉讼的，法院应分别根据不同情况进行处理。

第一，劳动人事争议仲裁机构以无管辖权为由对劳动争议案件不予受理的，如果法院经审查认为该劳动人事争议仲裁机构对案件确无管辖权的，应当告知当事人向有管辖权的劳动人事争议仲裁机构申请仲裁；如果法院经审查认为该劳动人事争议仲裁机构有管辖权的，应当告知当事人申请仲裁，并将审查意见书面通知该劳动人事争议仲裁机构；劳动人事争议仲裁机构仍不受理，当事人就该劳动人事争议事项提起诉讼的，人民法院应予受理。

第二，劳动人事争议仲裁机构以当事人申请仲裁的事项不属于劳动争议为由不予受理的，只要案件属于人民法院主管范围，无论是否属于劳动人事争议纠纷，法院均应受理。

第三，劳动人事争议仲裁机构以申请仲裁的主体不适格为由不予受理的，法院经审查确属主体不适格的，人民法院也不予受理；已经受理的，裁定驳回起诉。

2. 当事人就劳动人事争议仲裁机构逾期未作出受理决定或仲裁裁决提起诉讼的案件。

根据最高人民法院《关于审理劳动争议案件适用法律问题的解释（一）》（法释〔2020〕26号）第12条的规定，劳动人事争议仲裁机构逾期未作出受理决定或仲裁裁决，当事人直接提起诉讼的，人民法院应予受理，但申请仲裁的案件存在下列事由的除外：

（1）移送管辖的；

（2）正在送达或者送达延误的；

（3）等待另案诉讼结果、评残结论的；

（4）正在等待劳动争议仲裁机构开庭的；

（5）启动鉴定程序或者委托其他部门调查取证的；

（6）其他正当事由。

当事人以劳动人事争议仲裁机构逾期未作出仲裁裁决为由提起诉讼的，应当提交该仲裁机构出具的受理通知书或者其他已接受仲裁申请的凭证、证明。

3. 当事人就撤销仲裁裁决后提起诉讼的案件。

根据《劳动争议调解仲裁法》的规定，仲裁裁决被人民法院裁定撤销的，当事人可以自收到裁定书之日起15日内就该劳动争议事项向人民法院提起诉讼，法院应当受理。

（四）劳动争议纠纷诉讼立案应提供的材料

当事人立案时应当提供的材料包括民事起诉状、当事人身份证明复印件或企业营业执照复印件及法定代表人身份证明、证据材料、仲裁裁决书及送达证明。仲裁裁决书是为了证明案件经过了仲裁程序且不服仲裁裁决的案件，送达证明是为了证明案件起诉没有超过送达裁决后的15日，大多数仲裁裁决为了方便当事人，都会直接在裁决书的最后一页加盖章送证日期印章。如果没有经过仲裁阶段而是劳动人事争议仲裁机构不予受理的，则提供劳动人事争议仲裁机构出具的不予受理的通知书及送达证明即可。

二、劳动争议纠纷诉讼的举证

劳动争议纠纷诉讼案件受理后，下一步骤就是诉讼阶段的举证，由于已经经历过仲裁阶段的举证，诉讼阶段的举证工作相对而言轻松得多，只需要在原来仲裁阶段证据的基础上进行调整，具体注意事项如下。

1. 增加仲裁阶段来不及提交的证据、新产生或者新发现的证据。

如果仲裁阶段存在开庭前来不及提交的证据，或者超出仲裁庭指定期限举证而没有被接纳的证据，以及仲裁开庭后新产生、新发现的证据等，都可以补充进诉讼一审的证据中。

需要强调的是，仲裁阶段没有举的证据可以在一审阶段中提交，但是由于二审法院的审理一般都着重于法律审而不是事实审，因此一审的举证就变得非常重要，切忌不要把一审可以提交的证据不交而等到二审提交，这样可能效果适得其反。当然，如果确实是属于一审庭审结束后新发现的证据，也可以在二审中提交。

2. 根据仲裁双方的争议焦点和仲裁裁决的理由梳理抗辩思路及相应证据。

与仲裁阶段不同的是，仲裁阶段由于举证时双方还没有交锋，因此只能根据对方的证据或者案件受理前双方纠纷发生过程中了解的事实判断争议焦点，并据此整理提供证据。而到了一审举证阶段，由于已经过仲裁阶段，双方的观点都已十分清楚，仲裁的裁决理由也已知悉并研究，一审举证时应当根据双方庭审争议的主要焦点及裁判对己方不利的理由，梳理抗辩思路，并据此判断是否需要调整相应的证据。

3. 诉讼阶段可以采取证据保全、司法鉴定措施。

证据保全是指在证据有可能毁损、灭失，或以后难以取得的情况下，由法院采取措施对证据进行保护，以保证其证明力的一项措施。在劳动仲裁阶段由于没有证据保全的制度，使得即使存在可能灭失损毁的证据也无法采取保全措施，而到了法院阶段，证据保全有了完整的法律制度保障，当事人可以根据案件需要申请法院进行证据保全。

此外，虽然在仲裁阶段并不排斥司法鉴定，但是在实践中，由于审限、专业水准、配套措施等因素的限制，极少数的劳动争议案件在仲裁阶段会进行司法鉴定，而到了法院诉讼的阶段，司法鉴定的相关配套规定和制度都十分完备，申请司法鉴定更加便利。

4. 诉讼阶段的举证期限和证据交换。

根据法律和司法解释的规定，法院受理案件后会向当事人发现举证通知，告知举证期限，与仲裁阶段由仲裁庭指定举证期限不同，诉讼阶段的举证期限法律有明文的规定，“人民法院指定举证期限的，适用第一审普通程序审理的案件不得少于十五日，当事人提供新的证据的第二审案件不得少于十日。适用简易程序审理的案件不得超过十五日，小额诉讼案件的举证期限一般不得超过七日”。

证据交换是指在审判人员的主持下，组织双方相互出示和核对证据，对当事人无异议的事实、证据应当记录在卷；对有异议的证据，按照需要证明的事实分类记录在卷，并记载异议的理由。通过证据交换，确定双方当事人争议的主要问题。如果法院组织证据交换的，证据交换之日举证期限届满。

三、劳动争议纠纷诉讼的庭审

劳动争议纠纷诉讼的庭审流程包括：

1. 由书记员查明当事人和其他诉讼参与人是否到庭，宣布法庭纪律；

2. 由法官核对当事人，宣布案由，宣布审判人员、书记员名单，告知当事人有关的诉讼权利义务，询问当事人是否提出回避申请；

3. 法庭调查；包括由原告陈述诉讼请求、事实与理由，被告陈述答辩意见，双方分别举证质证，证人出庭作证接受法官及双方询问，宣读未到庭的证人证言、出示书证、物证、视听资料和电子数据，宣读鉴定意见和勘验笔录，相互发问，法官询问双方当事人等；

4. 法庭辩论；法庭辩论阶段一般按原告及其诉讼代理人发言、被告及其诉讼代理人答辩、第三人及其诉讼代理人发言或者答辩、互相辩论等顺序进行法庭辩论终结，由法官按照原告、被告、第三人的先后顺序征询各方最后意见；

5. 法庭调解；法庭调解环节，法官会征求各方意见是否接受调解，如果各方均接受调解，由法官当庭进行调解，如果有任何一方不接受调解，则不再组织调解。

庭审结束后，当事人同样应当仔细核对笔录并且签名，与仲裁并无差别，也有部分法庭进行全程的录音录像和电子化法庭形式，由相关设施全程记录庭审过程，不需要当事人签署笔录，节省当事人的时间。随着经济的发展和互联网大数据的应用，也有不少地方法院打造无纸化庭审，或者在疫情下实现网上庭审，方便各地当事人。

四、劳动争议纠纷诉讼的一审判决和上诉

劳动争议纠纷一审庭审结束后，法院应按法定的期限进行宣判，当然极个别的案件也不排除法官一次开庭后再次组织庭审的可能性。案件宣判一般也是直接寄

给判决书给当事人或者通过电子送达的方式发送裁判文书下载链接，鲜少公开开庭宣判。

案件审理分为简易程序和普通程序。简易程序一般适用于审理事实清楚、权利义务关系明确、争议不大的简单的民事案件，由审判员一人独任审理，案件应当在立案之日起 3 个月内审结，有特殊情况需要延长的，经本院院长批准，可以延长 1 个月；普通程序由审判员或审判员与陪审员组成合议庭，根据最高人民法院《民事诉讼程序繁简分流改革试点方案》的规定，在部分进行试点地区，也可以由审判员独任审理普通程序案件。应当在立案之日起 6 个月内审结。有特殊情况需要延长的，经本院院长批准，可以延长 6 个月；还需要延长的，报请上级人民法院批准。

当事人收到一审判决后，应当在收到判决之日起 15 日内提出上诉，上诉状应通过原审人民法院提出，并按照对方当事人人数提出副本。

五、劳动争议纠纷诉讼的二审程序

二审程序是终审程序，因此重要性也是不言而喻，二审程序与一审程序相比，有以下不同的注意事项：

1. 法院审理二审案件应组织合议庭审理，根据最高人民法院《民事诉讼程序繁简分流改革试点方案》的规定，在部分进行试点地区，也可以由审判员独任审理二审上诉案件。根据最新修订的《民事诉讼法》第 41 条第 2 款的规定，“中级人民法院对第一审适用简易程序审结或者不服裁定提起上诉的第二审民事案件，事实清楚、权利义务关系明确的，经双方当事人同意，可以由审判员一人独任审理”。

2. 二审案件审理范围是针对不服一审判决的请求内容，并非对全案进行审理，因此二审只需要针对上诉请求涉及的证据和事实进行准备。

3. 二审案件原则上应开庭审理，但是如果认为经过阅卷、调查和询问当事人，对没有提出新的事实、证据或者理由，人民法院认为不需要开庭审理的，可以不开庭审理。

4. 人民法院审理对判决的上诉案件，应当在第二审立案之日起 3 个月内审结。有特殊情况需要延长的，由本院院长批准。

六、小额劳动争议诉讼的一裁终局

为了优化司法资源配置，推进案件繁简分流、轻重分离、快慢分道，提升司法效能，促进司法公正，经全国人大授权，最高人民法院在部分地区试点改革小额诉讼案件审理程序，2021 年 12 月 24 日新修订的《民事诉讼法》再次在法律中完善了小额诉讼案件审理程序的规定。劳动争议案件由于标的额都不大，相当比例的案件都可能属于小额诉讼案件的范围。

（一）小额诉讼案件的范围

首先，根据法律的规定，由基层人民法院和它派出的法庭审理的事实清楚、权利义务关系明确、争议不大的简单金钱给付民事案件，标的额为各省、自治区、直辖市上年度就业人员年平均工资 50% 以下的，适用小额诉讼的程序审理。

其次，基层人民法院和它派出的法庭审理前款规定的民事案件，标的额超过各省、自治区、直辖市上年度就业人员年平均工资 50% 但在 2 倍以下的，当事人双方也可以约定适用小额诉讼的程序。

（二）不适用小额诉讼的民事案件范围

根据《民事诉讼法》第 166 条的规定，“人民法院审理下列民事案件，不适用小额诉讼的程序：（一）人身关系、财产确权案件；（二）涉外案件；（三）需要评估、鉴定或者对诉前评估、鉴定结果有异议的案件；（四）一方当事人下落不明的案件；（五）当事人提出反诉的案件；（六）其他不宜适用小额诉讼的程序审理的案件”。

（三）小额诉讼案件审理的特殊规定

1. 小额诉讼案件实行一审终审，即使不服一审判决，也不得上诉。

2. 人民法院适用小额诉讼的程序审理案件，可以一次开庭审结并且当庭宣判。

3. 法院适用小额诉讼的程序审理案件，应当在立案之日起 2 个月内审结。有特殊情况需要延长的，经本院院长批准，可以延长 1 个月。

（四）适用小额诉讼案件审理程序的异议

由于小额诉讼案件审理一审终审，必须影响到不服一审判决的当事人的实体权利义务，法律也规定，如果当事人认为案件适用小额诉讼的程序审理违反法律规定，可以向人民法院提出异议。人民法院对当事人提出的异议应当审查，异议成立的，应当适用简易程序的其他规定审理或者裁定转为普通程序；异议不成立的，裁定驳回。

七、劳动争议纠纷的支付令和先予执行

在劳动争议纠纷处理中，有时会碰到支付令和先予执行的法律措施，这一部分内容我们就来谈谈支付令与先予执行的问题。

（一）支付令的法律规定及法律后果

支付令是指在督促程序中由人民法院发布的限令债务人履行支付义务或者提出书面异议的法律文书。

根据《民事诉讼法》的规定，债权人请求债务人给付金钱、有价证券，符合下列条件的，可以向有管辖权的基层人民法院申请支付令：(1)债权人与债务人没有其他债务纠纷的；(2)支付令能够送达债务人的。申请书应当写明请求给付金钱或者有价证券的数量和所根据的事实、证据。

人民法院受理申请后，经审查债权人提供的事实、证据，对债权债务关系明确、合法的，应当在受理之日起15日内向债务人发出支付令；申请不成立的，裁定予以驳回。

债务人应当自收到支付令之日起15日内清偿债务，或者向人民法院提出书面异议。债务人在前款规定的期间不提出异议又不履行支付令的，债权人可以向人民法院申请执行。人民法院收到债务人提出的书面异议后，经审查，异议成立的，应当裁定终结督促程序，支付令自行失效。支付令失效的，转入诉讼程序，但申请支付令的一方当事人不同意提起诉讼的除外。

（二）在劳动争议纠纷中申请支付令的法律依据

(1)《劳动合同法》第30条规定："用人单位应当按照劳动合同约定和国家规定及时足额发放劳动报酬。用人单位拖欠或者未足额发放劳动报酬的，劳动者可以依法向当地人民法院申请支付令，人民法院应当依法发出支付令。"

(2)《劳动争议调解仲裁法》第16条规定："因支付拖欠劳动报酬、工伤医疗费、经济补偿或者赔偿金事项达成调解协议，用人单位在协议约定期限内不履行的，劳动者可以持调解协议书依法向人民法院申请支付令。人民法院应当依法发出支付令。"

(3)最高人民法院《关于审理劳动争议案件适用法律问题的解释(一)》(法释〔2020〕26号)第13条第1款规定:“劳动者依据劳动合同法第三十条第二款和调解仲裁法第十六条规定向人民法院申请支付令,符合民事诉讼法第十七章督促程序规定的,人民法院应予受理。”

依据上述法律法规,拖欠劳动报酬的可以直接申请支付令,而拖欠劳动报酬以外其他费用的,应在达成调解协议后方可申请支付令。

(三)劳动争议纠纷的先予执行

先予执行,是指法院在受理案件后、终审判决作出之前,根据一方当事人的申请,裁定对方当事人向申请一方当事人给付一定数额的金钱或其他财物,或者实施或停止某种行为,并立即付诸执行的一种程序。

根据《民事诉讼法》第109条规定,追索劳动报酬、抚恤金、医疗费用的,法院根据当事人的申请,可以裁定先予执行。同时,法院裁定先予执行的,应当符合下列条件:(1)当事人之间权利义务关系明确,不先予执行将严重影响申请人的生活或者生产经营的;(2)被申请人有履行能力。人民法院可以责令申请人提供担保,申请人不提供担保的,驳回申请。申请人败诉的,应当赔偿被申请人因先予执行遭受的财产损失。当事人对保全或者先予执行的裁定不服的,可以申请复议一次。复议期间不停止裁定的执行。

附件一

劳动争议纠纷处理常用法律文书

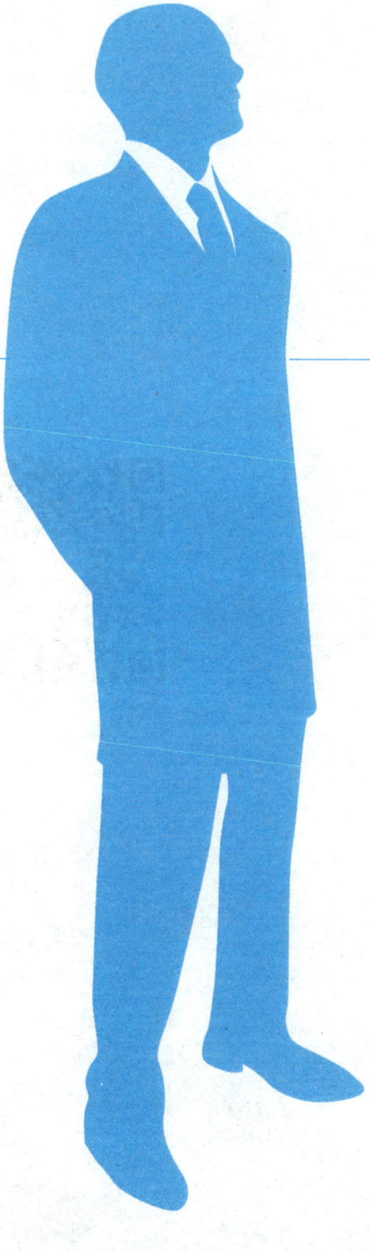

扫描二维码可获得本章文书范本电子版,如需下载使用请登录法律出版社有章网站搜索下载

1. 协商解除劳动合同协议书

甲方：________________

通讯地址：____________

乙方：________________　　身份证号码：__________________

通讯地址：____________

现甲、乙双方经平等协商，就解除劳动合同事宜达成以下一致意见，并共同遵守：

1. 双方同意，自________年____月____日起双方的劳动合同依法解除，双方的劳动合同权利义务随之消灭，乙方应于________年____月____日前办理完毕全部离职交接手续。

2. 甲方一次性向乙方支付人民币________元作为双方协商解除劳动合同的经济补偿。

双方确认，按照劳动合同解除时间折算，甲方应向乙方支付 2020 年、2021 年共计____天的未休年休假补偿________元、离职当月薪酬________元、奖金________元、加班工资________元，合计人民币________元。

除上述费用外，甲方无须再向乙方支付任何费用。

3. 上述款项在本协议签订生效后，且在乙方按规定办理完全部离职交接手续后____个工作日内由甲方一次性支付给乙方，由此产生的个人所得税均由甲方在上述款项中依法予以代扣代缴，乙方收款账户如下：

开户名：____

开户行：____

账号：____

4. 乙方清楚知悉有关劳动法律法规关于工作年限、经济补偿、劳动报酬、社保公积金及医疗待遇等相关规定以及具体的计算标准和计算方法，但乙方愿意选择通过协商的方式解除劳动合同。

5. 乙方确认除本协议第 2 条所列费用之外，双方不存在任何争议，本协议签订后乙方承诺不得再因劳动关系及解除劳动合同的相关事宜,包括但不限于经济补偿或赔偿金、劳动报酬、加班工资、未休年休假工资、高温津贴、社保及公积金补偿、医疗费待遇、医疗补助费等任何问题,在任何时候和以任何方式向甲方或甲方的关联公司提出要求,否则甲方有权要求乙方返还签订本协议后获得的全部款项。

6. 乙方保证对在甲方任职期间所知悉的甲方的商业信息(包括但不限于技术信息、经营信息)承担保密义务,该保密义务不因乙方离职而消除。

7. 乙方承诺在离职后,不得作出任何有损甲方名誉或利益之行为,并对本协议承担保密义务。

8. 本协议一式贰份,双方签字或盖章后生效,甲、乙双方各持一份,具有同等法律效力。

甲方(盖章):____________　　　　乙方(签字):____________

________年____月____日　　　　________年____月____日

2. 保密协议

甲方:________________

法定代表人:__________

地址:________________

乙方:________________

身份证号码:__________

户籍地址:____________

鉴于:

1. 乙方受聘于甲方,在甲方履行相关职务(具体参见劳动合同、岗位说明书、领导分配的工作等),已经知晓、将要知晓或可能知晓甲方的商业秘密(定义见下文)或者对甲方的竞争优势具有重要影响的信息。

2. 乙方在其受聘于甲方期间或之后的任何对保密信息的未经授权的披露、使用或处置将可能对甲方带来不利的影响,或给甲方造成不可弥补的损害和损失。乙方负有保守甲方商业秘密的义务。

3. 甲、乙双方根据国家有关法律法规，本着平等、自愿、公平、诚信的精神，经过平等协商，共同达成协议。

第一章　保 密 义 务

第一条　双方确认，乙方在任职期间，因履行职务或主要是利用甲方物质技术、业务信息等产生的发明创造、产品、计算机软件、技术秘密及其他商业秘密信息，有关的知识产权均属于甲方享有。甲方可以在其业务范围内充分自由地利用这些发明创造、产品、计算机软件、技术秘密或其他商业秘密信息，进行生产、经营或者向第三方转让。乙方应依照甲方要求，提供一切必要的信息，采取一切必要的行动，包括申请、注册、登记等，协助甲方取得和行使有关的知识产权。

第二条　乙方在甲方任职期间所完成的、与乙方业务相关的发明创造、产品、计算机软件、技术秘密或其他商业秘密信息，乙方认为由其本人享有知识产权的，应当及时向甲方申明。经甲方核实，并明确属于非职务成果的，由乙方享有知识产权，甲方不得在未经乙方明确授权的前提下利用这些成果进行生产、经营，亦不得向第三方转让。

第三条　乙方没有申明的，推定其属于职务成果，甲方可以使用这些成果进行生产、经营或者向第三方转让。即使日后证明实际上是非职务成果的，乙方亦不得通过诉讼途径解决。

第四条　乙方申明后，甲方对成果的权属有异议的，可以通过协商解决，协商不成的，通过诉讼途径解决。

第五条　乙方在甲方任职期间，必须遵守甲方规定的任何成文和不成文保密规章、制度，履行与其工作岗位相应的保密职责。

第六条　甲方的保密规章、制度没有规定或者规定不明确之处，乙方必须本着谨慎、诚实的态度，采取任何必要、合理的措施，维护其于任职期间知悉或者持有的任何属于甲方或者虽属于第三方但甲方承诺有保密义务的技术秘密或其他商业秘密信息，以保持其机密性。

第七条　除了履行职务的需要外，乙方承诺，未经甲方同意，不得以泄露、告知、公布、发表、出版、传授、转让或者其他任何形式使任何第三方（包括按照保密制度的规定不得知悉该项秘密的相关其他职员）知悉属于甲方或者虽属于他人但甲方承诺有保密义务的技术秘密或其他商业秘密信息，也不得在履行职务之外使用这些秘密信息。

第八条 乙方因工作需要或其他原因调离工作岗位时，应将接触到的所有甲方商业、技术秘密的文档、记录笔记、数据、程序清单、提纲、软盘及其他媒介形式的资料如数交回甲方，尤其对产品的开发资料（包括草稿、文件、目标产品等各种资料信息及物品）应做专项移交。

第九条 双方同意，乙方在无论因何种原因离职之后，仍对其在甲方任职期间接受知悉的属于甲方或者属于第三方但甲方承诺有保密义务的技术秘密或其他商业秘密信息，承担如同任职期间一样的保密义务和不擅自使用有关秘密信息的义务，直到这些信息在本行业中成为公知信息为止。

第十条 乙方因职务上的需要所持有或保管的一切记录着甲方秘密信息的文件、资料、图表、笔记、报告、信件、传真、磁带、磁盘、仪表、仪器以及其他形式的载体，均归甲方所有，而无论这些秘密信息有无商业上的价值。

第十一条 乙方应当于离职时，或者于甲方提出要求时，返还属于甲方的财物，包括记载着甲方秘密信息的一切载体。但当记录着秘密信息的载体是由乙方自备的，且秘密信息可以在载体上消除或复制出来时，须由乙方将秘密信息复制到甲方享有所有权的其他载体上，原载体上秘密信息必须在甲方指定人员监督下消除。如果该秘密信息不可被消除或复制，则乙方必须将载体归还甲方，甲方也无须给予乙方经济赔偿。

第十二条 本协议提及的技术秘密，包括但不限于技术方案、工程设计、制造方法、配方、工艺流程、技术指标、计算机软件、数据库、研究开发记录、技术报告、检测报告、实验数据、试验结果、图纸、样品、样机、模型、模具、操作手册、技术文件、相关的函电等。

第十三条 本协议提及的其他商业秘密，包括但不限于客户名单、行业计划、采购资料、定价政策、财务资料、进货渠道等。

第十四条 本协议称的任职期间，以乙方从甲方劳动合同、协议上规定的起始期限为标志。本协议所称的离职，以任何一方明确表示解除或辞去聘用关系的时间为准。

第十五条 乙方如违反本协议任何条款，甲方将追究乙方相应的法律责任，并有权不经预告，立即终止与乙方的劳动关系，且不支付任何补偿金。乙方的违约行为给甲方造成损失的，双方确认按照公司评估的标准作为损失赔偿，并同意从乙方的工资报酬中扣除，若乙方的工资报酬不足以赔偿损失的，则由乙方在规定时间内另行支付未赔偿损失金额给到甲方。

第二章　违反保密协议的处理规定

第十六条　乙方无论因任何原因泄密的（包括但不限于《公司保密信息清单》和上述所提及的各类秘密，密级没有明确的，以甲方认定为准），如触犯法律的，移交司法机关追究相应法律责任。

第十七条　乙方故意泄密的，甲方有权不予预告，立即解除劳动关系并不予任何经济补偿，如乙方的故意泄密行为给甲方造成损失的，乙方应赔偿甲方的损失。

第十八条　乙方因过失泄密的，按照甲方违纪管理规定，原则上应不予预告，立即解除劳动关系并不予任何经济补偿，但甲方可视情节轻重和给甲方造成的后果酌情给予书面警告、处分等处置，如乙方的过失泄密行为给甲方造成损失的，乙方应赔偿甲方的损失。

第十九条　本协议一式贰份，双方各执一份，从双方签字或盖章后生效。如以往所签订合同、协议等资料中的内容，与本协议有冲突的，以此协议规定为准。

附：《公司保密信息清单》（员工本人声明已知晓本协议附件所有信息）

（以下无正文）

甲方（盖章）：____________　　　　乙方（签字）：____________

________年____月____日　　　　________年____月____日

3. 竞业限制协议

甲方：________________

乙方：________________　身份证号码：__________________

鉴于乙方受聘于或服务于甲方，在职或服务期间乙方有从甲方获得商业秘密的机会，有利用甲方物质技术资料进行创作的机会，有获得及增进知识、经验、技能的机会；甲方给乙方的劳动支付了工资、奖金、提成、奖励等报酬；乙方明白不与甲方竞业是获取以上回报的必要条件。为切实保护甲方的商业秘密及其他合法权益，确保乙方不与甲方竞业，根据相关法律规定，双方协商一致签订以下竞业限制协议。

1. 乙方在甲方工作期间及乙方从甲方离职之日起________年内,乙方不得在与甲方或甲方关联公司生产、经营同类产品、提供同类服务或存在其他有竞争关系的其他企业、事业单位、社会团队等担任任何职务,包括股东、合伙人、董事、监事、经理、职员、代理人、顾问等,不得组建、参与组建或持股与甲方或甲方关联公司同类且有竞争关系或其他利害关系的经营企业/公司,不得自营与甲方或甲方关联公司类似的产品或服务,或者受雇于甲方或甲方关联公司同类且有竞争关系或其他利害关系的第三方,或该第三方投资控股、参股的其他单位,无论该工作是兼职还是专职的,是有偿还是无偿的。同时不为任何第三方或该第三方投资控股、参股的其他单位的类似经营、产品或服务提供任何长期的或临时性的顾问、建议、咨询等服务。

前款所述关联公司是指与甲方存在控制或被控制关系、共同控制第三方或对第三方施加重大影响,以及与甲方同受一方控制、共同控制或重大影响的公司:

(1)甲方的母公司;

(2)甲方投资设立的公司(包括甲方控股或参股但不具有实际控制权的公司);

(3)与甲方受同一母公司控制的其他企业;

(4)对甲方实施共同控制的投资方;

(5)与甲方的股东、董事会成员、监事其中两项以上存在重合的企业。

2. 乙方在甲方工作期间及乙方从甲方离职后,乙方承担的其他义务包括但不限于不泄露、不使用、不使他人获得或使用甲方的商业秘密;不传播、不扩散不利于甲方的消息或报道;不直接或间接的劝诱或帮助他人劝诱甲方员工离开甲方或甲方客户终止与甲方的合作。乙方履行本条义务,甲方无须给予任何补偿。

3. 第1条所指的"有竞争关系"是指与该员工离职时甲方或其关联公司已开展的业务有竞争关系。竞争关系具体是指:

(1)与甲方或其关联企业处于相同或者相近似的商业、技术领域;

(2)与甲方或其关联企业经营范围相同或相近似;

(3)与甲方或其关联企业所提供的产品、服务或者所面向的客户群相同或者相近似;

(4)与甲方或其关联企业在其主要经营范围、经营领域、技术领域、产品、服务等业务外最新开拓的业务相同或相近似;

(5)法律法规规定与甲方或其关联企业存在竞争关系的其他情形。

4. 甲方有权针对本协议约定的与甲方或甲方关联公司有竞争关系的单位进行

列举式的描述，且有权将竞争单位不定期整理成清单，通知乙方。对于通知清单中的公司若后期发生名称变更、股权变动、分立、合并等法律关系上的变动，乙方在竞业限制期限内仍针对法律关系变动后的公司主体遵守本协议项下的竞业限制义务。甲方亦有权对通知后的单位清单进行调整，若发生调整更新，甲方应及时通知乙方，乙方同意在竞业限制期内对调整更新后的主体遵守本协议项下的竞业限制义务。

5. 乙方从甲方离职时，应提前与甲方确认其是否开始离职后的竞业限制义务，甲方也可主动审查确认乙方有无竞业限制的必要，如确认有必要的，应发给乙方《竞业限制开始通知书》（参见附件一）。乙方从甲方离职时，甲方如确认乙方无竞业限制必要，应发给《无须履行竞业限制通知书》（参见附件二），乙方无须承担离职后竞业限制义务，甲方无须支付竞业限制经济补偿。乙方从甲方离职后在竞业限制期间内，甲方如无乙方再履行竞业限制义务的必要，则甲方应发给乙方《竞业限制终止通知书》（参考附件三），乙方无须再履行竞业限制义务，甲方也无须再支付竞业限制补偿。

6. 乙方在离开甲方时未提出确认申请的，甲方也未向乙方发放《无须履行竞业限制义务通知书》或《竞业限制开始通知书》的，视为乙方无须履行竞业限制义务，即使乙方主动履行了竞业限制义务，则甲方仍无须向乙方支付竞业限制补偿。

7. 乙方在与甲方的劳动关系存续期间，乙方同样需要履行竞业限制义务，由于乙方在职期间已经获得了甲方支付的劳动报酬和乙方负有忠诚的义务，因此甲方无须给乙方任何补偿。乙方在与甲方解除或终止劳动关系后按照本协议约定履行竞业限制义务，甲方应给予乙方竞业限制经济补偿。竞业限制经济补偿每月的数额为乙方在劳动合同解除或终止前 24 个月平均工资的 30%，工作未满 24 个月的按实际工作月数的平均工资的 30% 计算。

8. 乙方的竞业限制经济补偿由甲方按月向其支付，乙方同意甲方将竞业限制经济补偿支付到乙方的工资银行卡中（开户行：__________；银行账号：______________）。

乙方拒绝接受、自行放弃、不领取竞业限制经济补偿，或因乙方原因导致甲方无法正常发放竞业限制经济补偿的，因此造成的责任由乙方自行承担，且不免除乙方的竞业限制义务。其中，甲方依时向乙方提供的银行账户汇付经济补偿，但因乙方账户原因被银行退回或拒绝的，视为甲方已履行支付义务。

9. 乙方被新单位录用后应在一周内将新单位的名称及乙方的职位通知甲方。同时乙方应将自己负有竞业限制义务的情况告知其新工作单位。甲方对乙方存在违反竞业限制义务的行为有合理怀疑的，甲方可以要求乙方提供相关的材料予以说明，乙方应予配合。如乙方拒绝配合的，则甲方有权暂停支付竞业限制经济补偿，但乙方仍应继续履行竞业限制义务。

10. 甲方如认为乙方已无竞业限制必要，有权随时通知乙方终止其竞业限制义务，自甲方通知乙方的具体终止日期起，乙方竞业限制义务终止，甲方应按照乙方已承担竞业限制义务的时间支付竞业限制经济补偿。

11. 乙方可与甲方协商解除竞业限制义务，但乙方不得单方面终止自己的竞业限制义务。

12. 甲方逾期支付竞业限制经济补偿，应按同期全国银行间同业拆借中心公布的贷款市场报价利率支付违约金。

13. 乙方违反本协议第 1 条，应立即与甲方的竞争单位脱离关系，继续履行本协议，并按照竞业限制期间竞业限制经济补偿总额的 5 倍向甲方支付违约金。甲方因此而受到的损失大于该违约金的，应赔偿甲方因此受到的全部损失，甲方因调查乙方的违约行为而支付的合理费用，应当包含在损失赔偿额之内。损失额依照以下三种方式计算，以计算结果最高的为准：获取或开发该产品技术的全部费用；甲方相关业务因此损失的利润；竞争单位相关业务因此取得的利润。

14. 因履行本协议发生争议，双方首先应协商解决，如协商不成，任何一方提起的诉讼均由甲方所在地人民法院管辖。

15.《竞业限制开始通知书》《无须履行竞业限制义务通知书》《竞业限制终止通知书》是本协议的附件，与本协议不一致的，以本协议主文约定为准。

16. 双方传递文件的通讯地址如下：

甲方：______________________________　　邮编：____________________

乙方：______________________________　　邮编：____________________

任何一方变更通讯地址均应以书面方式及时通知对方，否则视为未变更。

17. 本协议一式贰份，由双方签字或者盖章后生效，均具同等法律效力。

（以下无正文）

甲方（盖章）：　　　　　　　　　　乙方（签字或盖章）：

授权代表人：____________

（签字）

日期：____________　　　　　　　　日期：____________

4. 竞业限制开始通知书

员工姓名：________，身份证号码：____________________

您于________年____月____日与公司解除/终止劳动合同，您所负有的竞业限制义务自________年____月____日开始生效。竞业限制协议履行期间的的权利义务按照双方签订的《竞业限制协议》中的相关条款执行。

特此通知！

公司：____________

日期：____________

《竞业限制开始通知书》签收回执

本人已收到____________公司于________年____月____日发出的《竞业限制开始通知书》，本人已完全知悉需要承担的竞业限制义务。

离职人签名：______

日期：____________

5. 无须履行竞业限制通知书

经公司综合评估，离职员工：________（身份证号码：____________________）离职后无须履行竞业限制义务，公司也无须发放竞业限制经济补偿。

特此通知！

《无须履行竞业限制通知书》签收回执

本人已收到____________公司于________年____月____日发出的《无须履行竞业限制通知书》，本人已完全知悉离职后不需要履行竞业限制义务，公司亦无须发放竞业限制经济补偿。

离职人签名：______

日期：____________

6. 竞业限制终止通知书

经公司决定，自________年____月____日终止离职员工：________（身份证号码：____________________）在离职期间所承担的竞业限制义务，双方签署的《竞业限制协议》同时终止失效。

公司：____________

日期：____________

《竞业限制终止通知书》签收回执

本人已收到____________公司于________年____月____日发出的《竞业限制终止通知书》，自________年____月____日起终止本人所负的竞业限制义务，双方签署的《竞业限制协议》同时终止失效。

离职人签名：______

日期：____________

7. 限期返岗通知书

________________：

您自________年____月____日以来，一直未为我司提供任何劳动，且未向我司履行任何请假手续。现我司通知您于________年____月____日之前来公司（地址：____________________）报到，依据您所在岗位的岗位职责开展工作任务，同时接受我司依据规章制度进行处理。

如您有特殊情况，应提交书面签字材料予以说明并提供相应证据，我司将不予认可任何口头沟通的结果。

如不能按时报到，我司有权按相关规章制度进行相应的处理。

特此通知！

（单位名）

________年____月____日

附：公司联系人

×××，联系电话：×××××××××××

（备注：本通知书用于员工存在旷工缺勤情形的督促返岗）

8. 按期返岗通知书

____________（身份证号码：______________________）：

根据相关法律规定及公司有关医疗期的规定，您的医疗期将于________年____月____日结束，按照规定，您应当于________年____月____日返岗履行岗位职责，若不能按时按要求到岗，也未履行任何请假手续，您的行为将被视为旷工，我司将依据相关规章制度进行处理。

如您有特殊情况，应提交书面签字材料予以说明并提供相应证据，我司将不予认可任何口头沟通的结果。

特此通知！

（单位名）

________年____月____日

《按期返岗通知书》签收回执

（单位名）：

本人已收到××公司在________年____月____日发出的《限期返岗通知书》，本人同意遵守公司规定按时返岗。

签收人：______

________年____月____日

（备注：本通知书用于员工医疗期满的返岗通知）

9. 督促履行义务通知书

________________：

我司于________年____月____日通知您____________（填写具体的工作安排），

但您一直不服从我司的工作安排，也未提供任何合理正当的理由，现我司郑重通知您按照我司安排和您所在岗位的岗位职责开展＿＿＿＿＿工作。

如您有特殊情况，应提交书面签字材料予以说明并提供相应证据，我司将不予认可任何口头沟通的结果。

如不服从我司的正常管理，我司有权按相关规章制度进行相应的处理。

特此通知！

（单位名）

＿＿＿＿年＿＿月＿＿日

附：公司联系人

×××，联系电话：×××××××××××

（备注：本通知书用于员工不服从工作安排时督促其履行相关义务的通知）

10. 解除劳动合同通知书（严重违纪）

员工姓名（身份证号码：＿＿＿＿＿＿＿＿＿＿）：

鉴于您存在＿＿＿＿＿等严重违纪行为，按照公司的规章制度和《劳动合同法》第39条的规定，公司决定于＿＿＿＿年＿＿月＿＿日解除与您的劳动合同，请您在＿＿＿＿年＿＿月＿＿日前至人力资源部办理相关离职交接手续！

特此通知！

（单位名）

＿＿＿＿年＿＿月＿＿日

《解除劳动合同通知书》签收回执

本人确认已经收到＿＿＿＿＿有限公司于＿＿＿＿年＿＿月＿＿日发出的解除劳动合同通知书。

签收人：＿＿＿＿＿

签字日期：＿＿＿＿＿

回执邮寄地址：＿＿＿＿＿＿＿＿＿＿，×××收，电话：×××××××××××

（备注：本通知书用于员工存在严重违纪情形的单方解除通知）

11. 解除劳动合同通知书（不胜任工作）

员工姓名（身份证号码：____________________）：

鉴于您不能胜任工作，且经公司培训或调整工作岗位，仍然不能胜任工作，按照《劳动合同法》第 40 条的规定，公司决定于________年____月____日解除与您的劳动合同，请您在________年____月____日前至人力资源部办理相关离职交接手续！

特此通知！

____________有限公司

________年____月____日

《解除劳动合同通知书》签收回执

本人确认已经收到____________有限公司于________年____月____日发出的解除劳动合同通知书。

签收人：______________

签字日期：____________

回执邮寄地址：____________________，×××收，电话：×××××××××××

（备注：本通知书用于员工不胜任工作的单方解除通知）

12. 通知工会函

____________公司工会委员会：

我司于______年____月____日与________员工（身份证号码：____________________）建立劳动关系。因该员工在职期间存在____________________行为，现我司决定根据劳动法律规定及规章制度解除其劳动合同。

我司按照《劳动合同法》第 43 条的规定，特此通知贵工会。

公司（盖公章）

________年____月____日

《通知工会函》签收回执

现收到____________公司发出的拟解除________员工劳动合同的通知函，本工会已完全知悉通知函的内容。

签收人：______________

工会职务：______________

日期：______________

（请注意盖工会公章）

（备注：本通知书用于用人单位单方解除劳动合同通知工会）

13. 离职交接清单

<table>
<tr><td rowspan="2">离职员工</td><td>姓名</td><td></td><td>部门</td><td></td><td>职务</td><td></td></tr>
<tr><td>入职时间</td><td></td><td>申请离职时间</td><td></td><td>填表时间</td><td></td></tr>
<tr><td colspan="7">离职原因：□个人原因辞职　□协商一致解除　□公司单方解除　□其他
员工签名确认：　　　　日期：</td></tr>
<tr><td colspan="2" rowspan="3">员工所在部门交接</td><td>部门资产移交</td><td colspan="2"></td><td colspan="2" rowspan="3">接手人签字确认：</td></tr>
<tr><td>部门工作移交</td><td colspan="2"></td></tr>
<tr><td>部门文件移交</td><td colspan="2"></td></tr>
<tr><td colspan="2" rowspan="8">公司财产移交情况</td><td>档案资料</td><td colspan="2"></td><td colspan="2" rowspan="8">接手人签字确认：</td></tr>
<tr><td>宿舍退还</td><td colspan="2"></td></tr>
<tr><td>电脑</td><td colspan="2"></td></tr>
<tr><td>借阅书籍</td><td colspan="2"></td></tr>
<tr><td>工牌</td><td colspan="2"></td></tr>
<tr><td>（以下根据公司实际补充）</td><td colspan="2"></td></tr>
<tr><td>……</td><td colspan="2"></td></tr>
<tr><td>……</td><td colspan="2"></td></tr>
</table>

续表

<table>
<tr><td rowspan="4">人事行政部意见</td><td>社保及公积金停缴情况</td><td></td><td rowspan="4">人事签确认：</td></tr>
<tr><td>培训协议履行情况</td><td></td></tr>
<tr><td>是否需要履行竞业限制</td><td>是□　　否□</td></tr>
<tr><td>（以下根据公司实际补充）……</td><td></td></tr>
<tr><td rowspan="3">财务部意见</td><td rowspan="2">借支情况</td><td>□无　　□未清</td><td rowspan="3">财务签字确认：</td></tr>
<tr><td>尚欠金额：</td></tr>
<tr><td>报销情况</td><td>未清金额：
处理方式：</td></tr>
<tr><td>离职声明</td><td colspan="3">本人承诺：本人在职期间所领取的所有物品及款项已全部结清归还，工作及文件也已全部移交，否则本人愿承担因此所引起的一切后果。
本人确认自______年____月____日起即与公司解除劳动关系，今后本人所从事的一切活动均与公司无关。
签名：　　　　日期：</td></tr>
<tr><td>备注</td><td colspan="3">离职人员须按上述所列事项到相关部门移交所有工作、物品等。移交后需将此表与交接清单明细表一起交至行政人事部存档后方可离岗。未办理或未完全办理离职交接手续而离职的，员工将承担因未及时移交所导致的一切后果。</td></tr>
</table>

14. 离职薪资结算确认函

员工________（身份证号码：____________________，下称“员工”），在××有限公司（下称“公司”）的劳动合同于________年____月____日解除/终止。现员工就以下事项及费用进行离职结算确认。

一、工资确认		
项目	任职期间工资发放确认 （不含离职当月）	离职前未付工资发放确认
金额确认	见以往工资条或银行转账记录	
发放情况	已按月足额发放且员工已签收	
员工银行账号	收款行名称： 收款账号： 收款人及联系方式：	

二、年假休假及年假折算情况确认		
项目	任职期间年假情况确认 （不含离职当年）	离职当年年假情况确认
年假期间		
享受情况	应享受的年假均已按规定享受完毕。	1. 应享受天数： 2. 已享受天数： 3. 剩余应享受天数：
折算金额	无	
发放情况	无	

三、劳动合同于________年____月____日解除/终止，相关经济补偿的确认	
经济补偿金额合计	
发放时间	
员工银行账号	收款行名称： 收款账号： 收款人及联系方式：

员工充分理解上述工资、年假、经济补偿等折算方式、数额且无任何异议，并确认如下：

1. 员工知晓并同意上列费用共计________元（大写：______________）为公司应发金额（缴纳个人所得税之前的金额），个人实得金额均以按国家规定缴税后的数据为准。

2. 公司支付上列费用后，员工在公司工作期间的所有经济补偿或赔偿金、劳动报酬、加班工资、未休年休假工资、高温津贴、社保及公积金补偿、医疗费待遇、医疗补助费等劳动关系项下所有费用、事项全部结清，无任何拖欠。

3. 上述结算情况经员工逐一确认并认定无误的情况下签字确认，为员工的真实意思表示，不存在任何欺诈、胁迫、乘人之危、重大误解或者显失公平情形。

员工确认签字：__________

员工签署日期：__________

15. 终止劳动合同通知书

________先生/女士（身份证号码：________________）：

根据《劳动合同法》第44条的规定，我们双方于________年____月____日签订的劳动合同因________________原因将于________年____月____日终止。现我司特此通知，请您于________年____月____日前到 人事 部门（联系人：________，联系电话：__________）办理终止劳动合同的相关手续。

（公司盖章）

________年____月____日

《终止劳动合同通知书》签收回执

本人已收到单位于________年____月____日发出的《终止劳动合同通知书》。

被通知方（签名）：__________

________年____月____日

16. 员工辞职申请书

____________公司：

本人________（身份证号码：________________）现因个人原因向公司提出辞职申请，希望于________年____月____日正式离职，请公司批准。本人承诺将配合公司做好离职交接工作并在离职后继续承担保护公司商业秘密的义务。

衷心祝愿公司业绩蒸蒸日上！

员工签名：__________

________年____月____日

17. 离职证明

兹有__________(员工姓名、身份证号码)自________年____月____日至________年____月____日期间为我公司员工,与我司存在劳动关系,离职前担任__________岗位,双方劳动关系于________年____月____日正式解除,并已办理完毕离职交接手续,特此证明!

(单位章)

________年____月____日

离职证明

兹有________(员工姓名、身份证号码)自________年____月____日至________年____月____日期间为我公司员工,与我司存在劳动关系,离职前担任__________岗位,双方劳动关系于________年____月____日正式解除,并已办理完毕离职交接手续,特此证明!

(单位章)

________年____月____日

本人已签收离职证明正本原件一份,正本与副本内容一致。

签收人(签字、捺印):__________

签收时间:________年____月____日

18. 培训通知书

________(先生/女士,身份证号码:__________________):

由于您__________,根据公司规章制度的规定,您的表现属于不能胜任工作,按照《劳动合同法》及公司相关制度的相关规定,公司将安排您进行培训学习,培训期间具体安排如下:

1. 培训时间:自________年____月____日起,暂安排至________年____月____日止。

2. 培训地点：____。

3. 培训内容：详见培训安排表。（注：培训内容应当针对员工不能胜任工作的情况具体制定，包括但不限于专业培训、工作能力培训、技能培训等）

4. 培训期间的薪酬按照公司规章制度执行。

5. 培训期间公司将安排考核，如您的考核成绩未能达到______将视为不合格，公司将延长培训时间。

6. 如您未按要求在指定时间、指定地点进行培训的，将按照旷工处理。

特此通知！

________有限公司（盖章）

________年____月____日

回　　执

本人确认并收到___________有限公司于________年____月____日发出的《培训通知书》，本人清楚并知悉该通知内容。

签收人（签字）：____________　签收日期：____________

19. 绩效改进计划（PIP）确认函

________（先生/女士，身份证号码：____________________）：

鉴于您在________年____月____日至________年____月____日的考核周期内，未能达到所任职岗位要求，具体表现为：

1. ____；
2. ____；
3. ____。

根据公司规章制度的规定及与您的约定，您已构成不能胜任工作。

基于公司绩效管理制度的规定，公司将对您进行绩效改进。绩效改进计划内容具体如下：

1. 培训安排：在________年____月____日至________年____月____日期间，您应当接受公司关于________的培训安排。

2. 绩效改进周期________年____月____日至________年____月____日。

3. 绩效改进目标

改进项目	改进标准	改进方式	考核权重
例:专业技能提升	通过公司内部等级考核	自学并向他人学习,1 月 1 日前申请等级考试,2 月 1 日前通过等级考试	20%
……			

4. 结果应用:绩效改进周期届满,考核分数未达到 80 分的,视为不胜任工作,公司可提前 1 个月通知或支付 1 个月工资作为代通知金与您解除劳动合同;若考核分数达到 80 分及以上的,则通过本次绩效改进,公司将继续履行与您的劳动合同。

________有限公司(盖章)

________年____月____日

本人知悉并同意按照上述绩效改进计划执行。

员工(签名):　　　　　　　　　　　　　　　　　　　　日期:

20. 绩效改进计划(PIP)实施评价表

<table>
<tr><td>改进对象</td><td></td><td>职位</td><td></td><td>改进周期</td><td>____年____月____日
至
____年____月____日</td></tr>
<tr><td>考评人员</td><td></td><td>职位</td><td></td><td>填表时间</td><td>____年____月____日</td></tr>
<tr><td>改进项目</td><td>改进标准</td><td colspan="2">实施过程记录</td><td colspan="2">改进结果</td></tr>
<tr><td>例:专业技能提升</td><td>通过公司内部等级考试</td><td colspan="2">2021 年 11 月 1 日报名第四季度考试,分数为 67 分(及格分数 60 分)</td><td colspan="2">完成</td></tr>
<tr><td></td><td></td><td colspan="2"></td><td colspan="2"></td></tr>
<tr><td></td><td></td><td colspan="2"></td><td colspan="2"></td></tr>
<tr><td></td><td></td><td colspan="2"></td><td colspan="2"></td></tr>
<tr><td></td><td></td><td colspan="2"></td><td colspan="2"></td></tr>
<tr><td></td><td></td><td colspan="2"></td><td colspan="2"></td></tr>
</table>

续表

周期结束评价	□优秀：出色完成绩效改进计划 □达标：完成绩效改进计划 □不达标：距离改进标准仍有差距
改进结果具体说明	
考评人员签字	______年____月____日
改进对象签字	______年____月____日

21. 单方变更劳动合同通知书（不胜任工作）

______（身份证号码：______________）：

鉴于您的绩效考核结果为无法胜任现有本职工作，现我司通知您，根据您个人的工作能力和表现，自______年____月____日起将您的工作岗位调整为：

岗位名称	
岗位级别	
岗位职责	详见附件《岗位职责说明》
工作地点	
岗位薪酬	
直线经理	

请您于______年____月____日到上述新岗位上班，否则我司将依照规章制度进行处理，期待您在新岗位上的表现。

特此通知！

（单位名称）

______年____月____日

签 收 回 执

本人确认已收到__________公司于______年____月____日发出的单方变

更劳动合同通知书。

签名:__________ 日期:__________

22. 单方变更劳动合同通知书（患病或者非因工负伤）

______（身份证号码:________________）:

鉴于您的个人身体状况无法胜任现有本职工作，现我司通知您，根据您个人的身体状况和工作能力，自______年____月____日起将您的工作岗位调整为:

岗位名称	
岗位级别	
岗位职责	详见附件《岗位职责说明》
工作地点	
岗位薪酬	
直线经理	

请您于______年____月____日到上述新岗位上班，否则我司将依照规章制度进行处理，期待您在新岗位上的表现。

特此通知!

（单位名称）

______年____月____日

签收回执

本人确认已收到__________公司于______年____月____日发出的单方变更劳动合同通知书。

签名:__________ 日期:__________

23. 单方变更劳动合同通知书
（单位生产经营需要）

________（身份证号码：____________________）：

鉴于我司的生产经营需要，现我司通知您，根据我司的需要和您的工作能力，自________年____月____日起将您的工作岗位调整为：

岗位名称	
岗位级别	
岗位职责	详见附件《岗位职责说明》
岗位薪酬	
工作地点	
直线经理	

请您于________年____月____日到上述新岗位上班，否则我司将依照规章制度进行处理，期待您在新岗位上的表现。

特此通知！

（单位名称）

________年____月____日

签 收 回 执

本人确认已收到____________公司于________年____月____日发出的单方变更劳动合同通知书。

签名：____________　　日期：____________

24. 单方变更劳动合同通知书（调整工作地点）

________（身份证号码：____________________）：

鉴于____________原因，需要调整您的工作地点，现我司通知您，自________年____月____日起将您的工作地点调整为____________，您的岗位、薪酬福利待遇等均保持不变。

请您于________年____月____日到上述新的工作地点上班，否则我司将依照规章制度进行处理，继续期待您优异的工作表现。

特此通知！

（单位名称）

________年____月____日

签 收 回 执

本人确认已收到____________公司于________年____月____日发出的单方变更劳动合同通知书。

签名：____________ 日期：____________

25. 协商变更劳动合同协议书

甲方（用人单位）：________________

乙方（劳动者）：__________________，身份证号码：________________

根据《劳动合同法》等相关法律法规的规定，甲、乙双方在平等自愿、协商一致的前提下，对双方签订的期限为20××年××月××日至20××年××月××日的《劳动合同》变更达成如下协议：

一、劳动合同变更内容

1. 工作内容：自________年____月____日起，乙方的工作岗位由________变更为________。

2. 劳动报酬及福利待遇：自________年____月____日起，根据甲方现有的薪酬管理制度，乙方的工资等级由________变更为________，工资结构由________变更为________，劳动报酬发放时间由每月××日发放本月工资变更为________。

3. 工作地点：自________年____月____日起，乙方工作地点由________省________市变更为________省________市。

4. 其他：____。

二、本协议为《劳动合同》有效附件。本合协议签订后，除上述第1条约定的变更内容外，原《劳动合同》其他内容不变，双方仍继续履行。《劳动合同》中与本协议约定有冲突的，以本协议内容为准。

三、本协议自双方签字或盖章之日起生效。

四、本协议一式两份，甲、乙双方各执一份，具有同等法律效力。

（以下无正文）

甲方（盖章）：____________　　　　乙方（签字、捺印）：____________

________年____月____日　　　　________年____月____日

26. 录用通知书

编号：____________

________________：

您好！

我们非常高兴地通知您，您已通过____________的考核选拔程序，公司拟录用您为正式员工并拟与您签订劳动合同，欢迎您加入我们的大家庭！

您入职后的工作地点：____________________

您入职后的首份劳动合同期限：暂定为________年，试用期为____个月

您入职后的薪资待遇：

基本工资：________元/月

绩效/项目奖金：当您参与绩效考核计划或者具体项目时，公司会制定相应的绩效/项目奖金方案，以作为您完成考核及项目工作的激励。

年终奖金：您在公司工作满1年之后，可开始参与年终奖金计划，具体奖金细则以届时公司发布的为准。

签约奖：为了奖励您与公司签订劳动合同并依约履行，在您入职满 6 个月并且已通过试用期考核时，公司将向您发放________元以作为签约奖。

您入职后的福利待遇：

社会保险：公司将依法为您缴纳养老、生育、医疗、工伤、失业保险，缴纳地点为公司注册地。

公积金：公司将依法为您缴纳住房公积金，缴纳地点为公司注册地。

企业年金：您将参与企业年金计划，相关细则可见相应的规章制度。

商业保险：公司将为您购买________（险种）。

其他补贴：根据您实际工作情况，公司将依照规章制度为您提供住房补贴、交通补贴、通讯补贴等各项补贴，具体以报到当天与您确认的补贴内容为准。

您入职时的注意事项：

请您于________年____月____日备齐相关材料到公司（地址：________省________市________区________路________号________楼）人力资源管理部门报到，签订劳动合同并办理入职手续。请在报到当天提供以下材料：

□本通知书；

□身份证原件及复印件、户籍证明或户口簿原件及复印件；

□毕业证书、学位证书原件及复印件；

□前一用人单位离职证明或终止、解除劳动合同的证明原件；

□本人一寸免冠彩色照片 2 张；

□____________银行卡原件及复印件 1 张；

□公司通知要求提供的其他材料。

1. 如您未在本通知书确定的日期到公司报到，或者您在报到当天未备齐或拒不提供上述证件或材料，或者您拒绝按照公司的规定签订劳动合同并办理入职手续的，公司有权不予录用，由此产生的后果由您本人承担。

2. 公司要求入职者须提供真实的个人信息及资料，若公司发现入职者所提供的个人信息及资料是虚假或伪造的，公司有权不予录用，已经录用后发现的，视为严重违纪，公司有权解除劳动合同。

3. 本录用通知书有效期至________年____月____日止，超过该有效期的，本录用通知书自动失效。

4. 本录用通知书的内容属于公司机密，不得向任何第三方透露，否则将导致本录用通知书的失效。

5. 本通知书如与入职时签署的劳动合同不一致,以劳动合同约定为准。

如果您在报到方面有任何困难或其他需要咨询的地方,请与公司联系,联系电话:____________,联系人:________。

____________公司

________年____月____日

《录用通知书》签收回执

本人确认:兹收到本《录用通知书》原件。本人知悉并同意《录用通知书》的全部内容并遵照执行。

签名:____________

________年____月____日

27. 录用条件告知确认函

姓名:______ 部门:__________ 岗位:__________ 入职日期:__________

鉴于您与公司已签订了劳动合同,约定试用期自________年____月____日起至________年____月____日止,试用期内是您与公司之间相互了解相互协作的时间。因我公司的录用条件系以员工的学识、能力、品格、体格、技能均适合其从事岗位的需要为准,为便于您了解我公司录用条件,先特向您出具本告知书,告知不符合录用条件的情形及后果如下:

一、不符合录用条件情形如下:

1. 不具备国家相关法律法规或当地政府规定的就业条件、就业手续的;

2. 未能提供办理录用、入职、社保、公积金等所需要的材料的;

3. 提供虚假或不实的个人资料或信息的,包括但不限于身份证、学历、学位证书、职称证书、获奖证书、工作简历、体检信息等;

4. 在试用期满之前,无法按照甲方规定办理入职手续或备齐相关文件的;

5. 患有精神病或按国家法律法规应禁止工作的传染病的,或者身体健康条件不符合工作岗位要求的;

6. 不能按质按量完成工作任务或经试用期考核等分60分以下的；

7. 职业技能考察、考核不合格，不符合所从事岗位工作的要求；

8. 拒绝接受领导交办工作任务的；

9. 试用期内连续缺勤达到2天或累计缺勤达到3天的；

10. 存在违反治安管理或其他违法、犯罪行为的；

11. 隐瞒曾经受过法律处罚或任何纪律处分的事实；

12. 正处于通缉在案或被取保候审、监视居住的状态；

13. 曾经被本公司及关联企业开除或未经批准擅自离职的；

14. 从其他单位离职，尚未解除劳动关系的；

15. 虽与其他单位解除劳动关系，但入职我司将违反竞业限制义务的；

16. 拖欠其他企业或单位公款尚未清偿的；

17. 存在违反《劳动合同》约定情形的；

18. 存在违反公司规章制度规定情形的；

19. 存在其他不符合用人单位规定的具体岗位的录用条件的情形的。

二、试用期内不符合录用条件的后果

在试用期内，如果您存在上述任何不符合公司录用条件的情形，公司有权解除与您的劳动关系，并无须支付任何经济补偿金。

《录用条件告知确认函》签收回执

本人已认真仔细阅读了本公司的《录用条件告知确认函》，并完全知悉和理解该告知确认函的内容及其法律含义。

特此确认。

确认人(签字)：__________　　　　日期：______年____月____日

28. 带薪年休假安排通知书

______(先生/女士，身份证号码：______________)：

根据国家有关带薪年休假的法律法规及公司规章制度的规定，您在______年度可享受带薪年休假____天，根据公司的生产经营情况，公司拟安排您于______

年____月____日至________年____月____日期间休带薪年休假,合计休假____天。

年休假需在公司安排的时间内休完,如因临时工作安排无法一次性休完的,应当提前告知人力资源部,并另行安排本年度休假时间。

特此通知。

________公司(盖章)

________年____月____日

《带薪年休假安排通知书》确认回执

本人确认已收到____________公司发出的《带薪年休假安排通知书》,同意所载内容并同意于________年____月____日至________年____月____日期间休带薪年休假。

签收人(签字):________

________年____月____日

29. 自愿放弃年休假安排声明

____________公司:

本人在________年度共可享有带薪年休假____天,其中已休____天,未休____天,公司曾安排本人于________年____月____日至________年____月____日期间休带薪年休假,但由于本人个人原因,无法在公司安排的上述时间内休完年休假。本人清楚知悉带薪年休假的相关法律规定,现本人声明自愿放弃本人________年度未休年休假,并不再就上述未休年休假及相关待遇向公司提出任何主张或诉求。

特此声明。

声明人(签字):________

________年____月____日

30. 劳动仲裁申请书

(用人单位适用)

申请人:____________________

法定代表人:________________

住所:______________________

统一社会信用代码:__________

联系人:____________________ 联系电话:____________________

被申请人:__________________

身份证号码:________________

住址:______________________

通讯地址:__________________

联系电话:__________________

(以上写明当事人和其他诉讼参加人的姓名或者名称等基本信息)

仲裁请求:

1. 裁决被申请人……

2. ……

(以上写明申请人一方的仲裁请求,例:1. 裁决被申请人向申请人支付竞业限制违约金×××元)

事实和理由:

申请人与被申请人于________年____月____日签订《劳动合同》,确立劳动关系。________年____月____日,被申请人因……

(注:简单描述事情的背景,以及提出仲裁请求的理由)

基于上述事实,为维护自身权益,根据《劳动争议调解仲裁法》等规定,申请人特具申请致贵委,恳请贵委依法及时作出公正裁决。

此致

________劳动人事争议仲裁委员会

申请人(盖章):____________公司

法定代表人:________

________年____月____日

31. 劳动争议调解协议书

编号:____________

申请人:__________________

委托代理人:______________

被申请人:________________

委托代理人:______________

____________与____________因____________发生争议,在调解组织主持下,进行了自愿、平等协商,自愿达成如下协议:

一、……

二、……

三、双方在劳动关系项下的权利义务均已结清,申请人(指劳动者)承诺不得再就劳动关系有关事项向被申请人或被申请人的关联公司提出任何主张和要求,否则申请人应返还被申请人在此协议项下支付的全部款项。

本调解协议自双方当事人签名或者盖章并经调解员签名、调解组织盖章后生效。调解协议对双方当事人具有约束力,当事人应当履行。

本协议一式____份,当事人、调解组织各持一份。

申请人(签名并按指模或盖章):

被申请人(签名并按指模或盖章):

调解员(签名):________

(调解组织印章)

________年____月____日

注:生效的调解协议对双方当事人具有约束力,当事人应当履行。双方当事人可以自调解协议生效之日起15日内共同向有管辖权的劳动人事争议仲裁机构提出审查确认申请。双方当事人未提出审查确认申请,一方当事人在约定的期限内不履行调解协议的,另一方当事人可以依法申请仲裁。当事人也可以依法向人民法院申

请司法确认。

32. 答　辩　状

案号：____________

答辩人（本案被申请人）：____________________

被答辩人（本案申请人）：____________________

答辩人现就本案申请人×××（下称“申请人”）诉本案被申请人×××（下称“被申请人”）劳动争议一案，提出答辩意见具体如下：

一、……

二、……

三、……

（注：根据申请人的诉求顺序一一进行答辩）

综上，申请人的仲裁请求均无事实与法律依据，申请人的主张依法应予驳回。

以上答辩意见，敬请贵委考虑采纳为盼！

此致

________劳动人事争议仲裁委员会

答辩人（盖章）：

代理人：____________

________年____月____日

33. 民事起诉状

原告：____________________

法定代表人：____________

住所：____________________

统一社会信用代码：________

联系人：____________________　　联系电话：____________________

被告:____________________

身份证号码:________________

住址:____________________

通讯地址:________________

联系电话:________________

(以上写明当事人和其他诉讼参加人的姓名或者名称等基本信息)

原告与被告劳动争议纠纷一案,因不服____________劳动人事争议仲裁委员会____________号仲裁裁决,特向贵院提起诉讼。

诉讼请求:

1. ……

2. ……

3. 本案的全部诉讼费用均由被告承担。

(以上写明原告方的诉讼请求,例:裁决被告向原告支付竞业限制违约金×××元)

事实和理由:

……

(注:简单描述事情的背景,以及提出仲裁请求的理由)

综上所述,为维护原告自身的合法权益,根据劳动合同法等法律规定,原告现具状致贵院,恳请贵院依法及时作出公正判决。

此致

________人民法院

附:本起诉状副本×份

(起诉状提交份数=当事人数量,另需额外自留一份存档)

起诉人(盖章):

法定代表人:________

________年____月____日

34. 劳动争议一审答辩状

案号：________

答辩人(本案被告)：________

被答辩人(本案原告)：________

答辩人现就本案原告×××(下称“原告”)诉本案被告×××(下称“被告”)劳动争议一案，提出答辩意见具体如下：

一、……

二、……

三、……

(注：根据原告的诉求顺序一一进行答辩)

综上，原告的诉讼请求均无事实与法律依据，原告的主张依法应予驳回。

以上答辩意见，敬请贵院考虑采纳为盼！

此致

________人民法院

答辩人(盖章)：

代理人：________

________年____月____日

35. 民事上诉状

上诉人：________

法定代表人：________

住所：________

统一社会信用代码：________

联系人：________　联系电话：________

被上诉人：________

身份证号码：________

住址：________________

通讯地址：______________

联系电话：______________

（以上写明当事人和其他诉讼参加人的姓名或者名称等基本信息）

×××因与×××劳动争议纠纷一案，不服××××人民法院××××年××月××日作出的（××××）……号民事判决/裁定，现提起上诉。

上诉请求：

1. ……

2. ……

3. 本案一审、二审全部诉讼费用均由被上诉人承担。

（写明上诉请求，如果对一审判决结果全部不服的，诉讼请求先写：依法撤销××××人民法院作出的……号民事判决/裁定，然后依次写请求改判的上诉请求；如果对一审判决结果部分不服的，可以写：依法撤销……号民事判决/裁定第×项，改判……）

上诉理由：

……

（上诉理由主要从事实和法律适用两方面进行阐述，将对一审判决不认可的部分写清楚）

此致

________人民法院

附：本上诉状副本×份

上诉人（盖章）：

法定代表人：________

________年____月____日

附件二

劳动争议处理常用法律法规

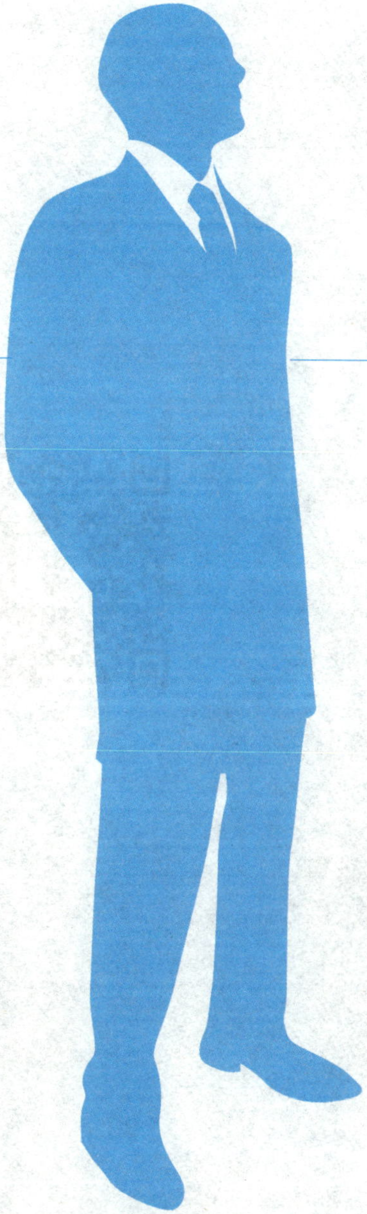

扫描二维码,可获得更多人力资源常用法律法规

1. 中华人民共和国劳动法

（1994 年 7 月 5 日第八届全国人民代表大会常务委员会第八次会议通过　根据 2009 年 8 月 27 日第十一届全国人民代表大会常务委员会第十次会议《关于修改部分法律的决定》修正　根据 2018 年 12 月 29 日第十三届全国人民代表大会常务委员会第七次会议《关于修改〈中华人民共和国劳动法〉等七部法律的决定》第二次修正）

第一章　总　　则

第一条　为了保护劳动者的合法权益，调整劳动关系，建立和维护适应社会主义市场经济的劳动制度，促进经济发展和社会进步，根据宪法，制定本法。

第二条　在中华人民共和国境内的企业、个体经济组织（以下统称用人单位）和与之形成劳动关系的劳动者，适用本法。

国家机关、事业组织、社会团体和与之建立劳动合同关系的劳动者，依照本法执行。

第三条　劳动者享有平等就业和选择职业的权利、取得劳动报酬的权利、休息休假的权利、获得劳动安全卫生保护的权利、接受职业技能培训的权利、享受社会保险和福利的权利、提请劳动争议处理的权利以及法律规定的其他劳动权利。

劳动者应当完成劳动任务，提高职业技能，执行劳动安全卫生规程，遵守劳动纪律和职业道德。

第四条　用人单位应当依法建立和完善规章制度，保障劳动者享有劳动权利和履行劳动义务。

第五条　国家采取各种措施，促进劳动就业，发展职业教育，制定劳动标准，调节社会收入，完善社会保险，协调劳动关系，逐步提高劳动者的生活水平。

第六条　国家提倡劳动者参加社会义务劳动，开展劳动竞赛和合理化建议活动，鼓励和保护劳动者进行科学研究、技术革新和发明创造，表彰和奖励劳动模范和先进工作者。

第七条　劳动者有权依法参加和组织工会。

工会代表和维护劳动者的合法权益，依法独立自主地开展活动。

第八条　劳动者依照法律规定，通过职工大会、职工代表大会或者其他形式，参与民主管理或者就保护劳动者合法权益与用人单位进行平等协商。

第九条 国务院劳动行政部门主管全国劳动工作。

县级以上地方人民政府劳动行政部门主管本行政区域内的劳动工作。

第二章 促进就业

第十条 国家通过促进经济和社会发展,创造就业条件,扩大就业机会。

国家鼓励企业、事业组织、社会团体在法律、行政法规规定的范围内兴办产业或者拓展经营,增加就业。

国家支持劳动者自愿组织起来就业和从事个体经营实现就业。

第十一条 地方各级人民政府应当采取措施,发展多种类型的职业介绍机构,提供就业服务。

第十二条 劳动者就业,不因民族、种族、性别、宗教信仰不同而受歧视。

第十三条 妇女享有与男子平等的就业权利。在录用职工时,除国家规定的不适合妇女的工种或者岗位外,不得以性别为由拒绝录用妇女或者提高对妇女的录用标准。

第十四条 残疾人、少数民族人员、退出现役的军人的就业,法律、法规有特别规定的,从其规定。

第十五条 禁止用人单位招用未满十六周岁的未成年人。

文艺、体育和特种工艺单位招用未满十六周岁的未成年人,必须遵守国家有关规定,并保障其接受义务教育的权利。

第三章 劳动合同和集体合同

第十六条 劳动合同是劳动者与用人单位确立劳动关系、明确双方权利和义务的协议。

建立劳动关系应当订立劳动合同。

第十七条 订立和变更劳动合同,应当遵循平等自愿、协商一致的原则,不得违反法律、行政法规的规定。

劳动合同依法订立即具有法律约束力,当事人必须履行劳动合同规定的义务。

第十八条 下列劳动合同无效:

(一)违反法律、行政法规的劳动合同;

(二)采取欺诈、威胁等手段订立的劳动合同。

无效的劳动合同,从订立的时候起,就没有法律约束力。确认劳动合同部分无效的,如果不影响其余部分的效力,其余部分仍然有效。

劳动合同的无效,由劳动争议仲裁委员会或者人民法院确认。

第十九条 劳动合同应当以书面形式订立,并具备以下条款:

(一)劳动合同期限;

(二)工作内容;

(三)劳动保护和劳动条件;

(四)劳动报酬;

(五)劳动纪律;

(六)劳动合同终止的条件;

(七)违反劳动合同的责任。

劳动合同除前款规定的必备条款外,当事人可以协商约定其他内容。

第二十条 劳动合同的期限分为有固定期限、无固定期限和以完成一定的工作为期限。

劳动者在同一用人单位连续工作满十年以上,当事人双方同意续延劳动合同的,如果劳动者提出订立无固定期限的劳动合同,应当订立无固定期限的劳动合同。

第二十一条 劳动合同可以约定试用期。试用期最长不得超过六个月。

第二十二条 劳动合同当事人可以在劳动合同中约定保守用人单位商业秘密的有关事项。

第二十三条 劳动合同期满或者当事人约定的劳动合同终止条件出现,劳动合同即行终止。

第二十四条 经劳动合同当事人协商一致,劳动合同可以解除。

第二十五条 劳动者有下列情形之一的,用人单位可以解除劳动合同:

(一)在试用期间被证明不符合录用条件的;

(二)严重违反劳动纪律或者用人单位规章制度的;

(三)严重失职,营私舞弊,对用人单位利益造成重大损害的;

(四)被依法追究刑事责任的。

第二十六条 有下列情形之一的,用人单位可以解除劳动合同,但是应当提前三十日以书面形式通知劳动者本人:

（一）劳动者患病或者非因工负伤，医疗期满后，不能从事原工作也不能从事由用人单位另行安排的工作的；

（二）劳动者不能胜任工作，经过培训或者调整工作岗位，仍不能胜任工作的；

（三）劳动合同订立时所依据的客观情况发生重大变化，致使原劳动合同无法履行，经当事人协商不能就变更劳动合同达成协议的。

第二十七条 用人单位濒临破产进行法定整顿期间或者生产经营状况发生严重困难，确需裁减人员的，应当提前三十日向工会或者全体职工说明情况，听取工会或者职工的意见，经向劳动行政部门报告后，可以裁减人员。

用人单位依据本条规定裁减人员，在六个月内录用人员的，应当优先录用被裁减的人员。

第二十八条 用人单位依据本法第二十四条、第二十六条、第二十七条的规定解除劳动合同的，应当依照国家有关规定给予经济补偿。

第二十九条 劳动者有下列情形之一的，用人单位不得依据本法第二十六条、第二十七条的规定解除劳动合同：

（一）患职业病或者因工负伤并被确认丧失或者部分丧失劳动能力的；

（二）患病或者负伤，在规定的医疗期内的；

（三）女职工在孕期、产期、哺乳期内的；

（四）法律、行政法规规定的其他情形。

第三十条 用人单位解除劳动合同，工会认为不适当的，有权提出意见。如果用人单位违反法律、法规或者劳动合同，工会有权要求重新处理；劳动者申请仲裁或者提起诉讼的，工会应当依法给予支持和帮助。

第三十一条 劳动者解除劳动合同，应当提前三十日以书面形式通知用人单位。

第三十二条 有下列情形之一的，劳动者可以随时通知用人单位解除劳动合同：

（一）在试用期内的；

（二）用人单位以暴力、威胁或者非法限制人身自由的手段强迫劳动的；

（三）用人单位未按照劳动合同约定支付劳动报酬或者提供劳动条件的。

第三十三条 企业职工一方与企业可以就劳动报酬、工作时间、休息休假、劳动安全卫生、保险福利等事项，签订集体合同。集体合同草案应当提交职工代表大会或者全体职工讨论通过。

集体合同由工会代表职工与企业签订;没有建立工会的企业,由职工推举的代表与企业签订。

第三十四条 集体合同签订后应当报送劳动行政部门;劳动行政部门自收到集体合同文本之日起十五日内未提出异议的,集体合同即行生效。

第三十五条 依法签订的集体合同对企业和企业全体职工具有约束力。职工个人与企业订立的劳动合同中劳动条件和劳动报酬等标准不得低于集体合同的规定。

第四章 工作时间和休息休假

第三十六条 国家实行劳动者每日工作时间不超过八小时、平均每周工作时间不超过四十四小时的工时制度。

第三十七条 对实行计件工作的劳动者,用人单位应当根据本法第三十六条规定的工时制度合理确定其劳动定额和计件报酬标准。

第三十八条 用人单位应当保证劳动者每周至少休息一日。

第三十九条 企业因生产特点不能实行本法第三十六条、第三十八条规定的,经劳动行政部门批准,可以实行其他工作和休息办法。

第四十条 用人单位在下列节日期间应当依法安排劳动者休假:

(一)元旦;

(二)春节;

(三)国际劳动节;

(四)国庆节;

(五)法律、法规规定的其他休假节日。

第四十一条 用人单位由于生产经营需要,经与工会和劳动者协商后可以延长工作时间,一般每日不得超过一小时;因特殊原因需要延长工作时间的,在保障劳动者身体健康的条件下延长工作时间每日不得超过三小时,但是每月不得超过三十六小时。

第四十二条 有下列情形之一的,延长工作时间不受本法第四十一条的限制:

(一)发生自然灾害、事故或者因其他原因,威胁劳动者生命健康和财产安全,需要紧急处理的;

(二)生产设备、交通运输线路、公共设施发生故障,影响生产和公众利益,必须及时抢修的；

（三）法律、行政法规规定的其他情形。

第四十三条 用人单位不得违反本法规定延长劳动者的工作时间。

第四十四条 有下列情形之一的，用人单位应当按照下列标准支付高于劳动者正常工作时间工资的工资报酬：

（一）安排劳动者延长工作时间的，支付不低于工资的百分之一百五十的工资报酬；

（二）休息日安排劳动者工作又不能安排补休的，支付不低于工资的百分之二百的工资报酬；

（三）法定休假日安排劳动者工作的，支付不低于工资的百分之三百的工资报酬。

第四十五条 国家实行带薪年休假制度。

劳动者连续工作一年以上的，享受带薪年休假。具体办法由国务院规定。

第五章 工 资

第四十六条 工资分配应当遵循按劳分配原则，实行同工同酬。

工资水平在经济发展的基础上逐步提高。国家对工资总量实行宏观调控。

第四十七条 用人单位根据本单位的生产经营特点和经济效益，依法自主确定本单位的工资分配方式和工资水平。

第四十八条 国家实行最低工资保障制度。最低工资的具体标准由省、自治区、直辖市人民政府规定，报国务院备案。

用人单位支付劳动者的工资不得低于当地最低工资标准。

第四十九条 确定和调整最低工资标准应当综合参考下列因素：

（一）劳动者本人及平均赡养人口的最低生活费用；

（二）社会平均工资水平；

（三）劳动生产率；

（四）就业状况；

（五）地区之间经济发展水平的差异。

第五十条 工资应当以货币形式按月支付给劳动者本人。不得克扣或者无故拖欠劳动者的工资。

第五十一条 劳动者在法定休假日和婚丧假期间以及依法参加社会活动期间，用人单位应当依法支付工资。

第六章 劳动安全卫生

第五十二条 用人单位必须建立、健全劳动安全卫生制度，严格执行国家劳动安全卫生规程和标准，对劳动者进行劳动安全卫生教育，防止劳动过程中的事故，减少职业危害。

第五十三条 劳动安全卫生设施必须符合国家规定的标准。

新建、改建、扩建工程的劳动安全卫生设施必须与主体工程同时设计、同时施工、同时投入生产和使用。

第五十四条 用人单位必须为劳动者提供符合国家规定的劳动安全卫生条件和必要的劳动防护用品，对从事有职业危害作业的劳动者应当定期进行健康检查。

第五十五条 从事特种作业的劳动者必须经过专门培训并取得特种作业资格。

第五十六条 劳动者在劳动过程中必须严格遵守安全操作规程。

劳动者对用人单位管理人员违章指挥、强令冒险作业，有权拒绝执行；对危害生命安全和身体健康的行为，有权提出批评、检举和控告。

第五十七条 国家建立伤亡事故和职业病统计报告和处理制度。县级以上各级人民政府劳动行政部门、有关部门和用人单位应当依法对劳动者在劳动过程中发生的伤亡事故和劳动者的职业病状况，进行统计、报告和处理。

第七章 女职工和未成年工特殊保护

第五十八条 国家对女职工和未成年工实行特殊劳动保护。

未成年工是指年满十六周岁未满十八周岁的劳动者。

第五十九条 禁止安排女职工从事矿山井下、国家规定的第四级体力劳动强度的劳动和其他禁忌从事的劳动。

第六十条 不得安排女职工在经期从事高处、低温、冷水作业和国家规定的第三级体力劳动强度的劳动。

第六十一条 不得安排女职工在怀孕期间从事国家规定的第三级体力劳动强度的劳动和孕期禁忌从事的劳动。对怀孕七个月以上的女职工，不得安排其延长工作时间和夜班劳动。

第六十二条 女职工生育享受不少于九十天的产假。

第六十三条 不得安排女职工在哺乳未满一周岁的婴儿期间从事国家规定的第三级体力劳动强度的劳动和哺乳期禁忌从事的其他劳动,不得安排其延长工作时间和夜班劳动。

第六十四条 不得安排未成年工从事矿山井下、有毒有害、国家规定的第四级体力劳动强度的劳动和其他禁忌从事的劳动。

第六十五条 用人单位应当对未成年工定期进行健康检查。

第八章 职 业 培 训

第六十六条 国家通过各种途径,采取各种措施,发展职业培训事业,开发劳动者的职业技能,提高劳动者素质,增强劳动者的就业能力和工作能力。

第六十七条 各级人民政府应当把发展职业培训纳入社会经济发展的规划,鼓励和支持有条件的企业、事业组织、社会团体和个人进行各种形式的职业培训。

第六十八条 用人单位应当建立职业培训制度,按照国家规定提取和使用职业培训经费,根据本单位实际,有计划地对劳动者进行职业培训。

从事技术工种的劳动者,上岗前必须经过培训。

第六十九条 国家确定职业分类,对规定的职业制定职业技能标准,实行职业资格证书制度,由经备案的考核鉴定机构负责对劳动者实施职业技能考核鉴定。

第九章 社会保险和福利

第七十条 国家发展社会保险事业,建立社会保险制度,设立社会保险基金,使劳动者在年老、患病、工伤、失业、生育等情况下获得帮助和补偿。

第七十一条 社会保险水平应当与社会经济发展水平和社会承受能力相适应。

第七十二条 社会保险基金按照保险类型确定资金来源,逐步实行社会统筹。用人单位和劳动者必须依法参加社会保险,缴纳社会保险费。

第七十三条 劳动者在下列情形下,依法享受社会保险待遇:

(一)退休;

(二)患病、负伤;

(三)因工伤残或者患职业病;

(四)失业;

（五）生育。

劳动者死亡后，其遗属依法享受遗属津贴。

劳动者享受社会保险待遇的条件和标准由法律、法规规定。

劳动者享受的社会保险金必须按时足额支付。

第七十四条　社会保险基金经办机构依照法律规定收支、管理和运营社会保险基金，并负有使社会保险基金保值增值的责任。

社会保险基金监督机构依照法律规定，对社会保险基金的收支、管理和运营实施监督。

社会保险基金经办机构和社会保险基金监督机构的设立和职能由法律规定。

任何组织和个人不得挪用社会保险基金。

第七十五条　国家鼓励用人单位根据本单位实际情况为劳动者建立补充保险。

国家提倡劳动者个人进行储蓄性保险。

第七十六条　国家发展社会福利事业，兴建公共福利设施，为劳动者休息、休养和疗养提供条件。

用人单位应当创造条件，改善集体福利，提高劳动者的福利待遇。

第十章　劳动争议

第七十七条　用人单位与劳动者发生劳动争议，当事人可以依法申请调解、仲裁、提起诉讼，也可以协商解决。

调解原则适用于仲裁和诉讼程序。

第七十八条　解决劳动争议，应当根据合法、公正、及时处理的原则，依法维护劳动争议当事人的合法权益。

第七十九条　劳动争议发生后，当事人可以向本单位劳动争议调解委员会申请调解；调解不成，当事人一方要求仲裁的，可以向劳动争议仲裁委员会申请仲裁。当事人一方也可以直接向劳动争议仲裁委员会申请仲裁。对仲裁裁决不服的，可以向人民法院提起诉讼。

第八十条　在用人单位内，可以设立劳动争议调解委员会。劳动争议调解委员会由职工代表、用人单位代表和工会代表组成。劳动争议调解委员会主任由工会代表担任。

劳动争议经调解达成协议的，当事人应当履行。

第八十一条　劳动争议仲裁委员会由劳动行政部门代表、同级工会代表、用人单位方面的代表组成。劳动争议仲裁委员会主任由劳动行政部门代表担任。

第八十二条　提出仲裁要求的一方应当自劳动争议发生之日起六十日内向劳动争议仲裁委员会提出书面申请。仲裁裁决一般应在收到仲裁申请的六十日内作出。对仲裁裁决无异议的，当事人必须履行。

第八十三条　劳动争议当事人对仲裁裁决不服的，可以自收到仲裁裁决书之日起十五日内向人民法院提起诉讼。一方当事人在法定期限内不起诉又不履行仲裁裁决的，另一方当事人可以申请人民法院强制执行。

第八十四条　因签订集体合同发生争议，当事人协商解决不成的，当地人民政府劳动行政部门可以组织有关各方协调处理。

因履行集体合同发生争议，当事人协商解决不成的，可以向劳动争议仲裁委员会申请仲裁；对仲裁裁决不服的，可以自收到仲裁裁决书之日起十五日内向人民法院提起诉讼。

第十一章　监督检查

第八十五条　县级以上各级人民政府劳动行政部门依法对用人单位遵守劳动法律、法规的情况进行监督检查，对违反劳动法律、法规的行为有权制止，并责令改正。

第八十六条　县级以上各级人民政府劳动行政部门监督检查人员执行公务，有权进入用人单位了解执行劳动法律、法规的情况，查阅必要的资料，并对劳动场所进行检查。

县级以上各级人民政府劳动行政部门监督检查人员执行公务，必须出示证件，秉公执法并遵守有关规定。

第八十七条　县级以上各级人民政府有关部门在各自职责范围内，对用人单位遵守劳动法律、法规的情况进行监督。

第八十八条　各级工会依法维护劳动者的合法权益，对用人单位遵守劳动法律、法规的情况进行监督。

任何组织和个人对于违反劳动法律、法规的行为有权检举和控告。

第十二章　法律责任

第八十九条　用人单位制定的劳动规章制度违反法律、法规规定的，由劳动行政部门给予警告，责令改正；对劳动者造成损害的，应当承担赔偿责任。

第九十条 用人单位违反本法规定，延长劳动者工作时间的，由劳动行政部门给予警告，责令改正，并可以处以罚款。

第九十一条 用人单位有下列侵害劳动者合法权益情形之一的，由劳动行政部门责令支付劳动者的工资报酬、经济补偿，并可以责令支付赔偿金：

（一）克扣或者无故拖欠劳动者工资的；

（二）拒不支付劳动者延长工作时间工资报酬的；

（三）低于当地最低工资标准支付劳动者工资的；

（四）解除劳动合同后，未依照本法规定给予劳动者经济补偿的。

第九十二条 用人单位的劳动安全设施和劳动卫生条件不符合国家规定或者未向劳动者提供必要的劳动防护用品和劳动保护设施的，由劳动行政部门或者有关部门责令改正，可以处以罚款；情节严重的，提请县级以上人民政府决定责令停产整顿；对事故隐患不采取措施，致使发生重大事故，造成劳动者生命和财产损失的，对责任人员依照刑法有关规定追究刑事责任。

第九十三条 用人单位强令劳动者违章冒险作业，发生重大伤亡事故，造成严重后果的，对责任人员依法追究刑事责任。

第九十四条 用人单位非法招用未满十六周岁的未成年人的，由劳动行政部门责令改正，处以罚款；情节严重的，由市场监督管理部门吊销营业执照。

第九十五条 用人单位违反本法对女职工和未成年工的保护规定，侵害其合法权益的，由劳动行政部门责令改正，处以罚款；对女职工或者未成年工造成损害的，应当承担赔偿责任。

第九十六条 用人单位有下列行为之一，由公安机关对责任人员处以十五日以下拘留、罚款或者警告；构成犯罪的，对责任人员依法追究刑事责任：

（一）以暴力、威胁或者非法限制人身自由的手段强迫劳动的；

（二）侮辱、体罚、殴打、非法搜查和拘禁劳动者的。

第九十七条 由于用人单位的原因订立的无效合同，对劳动者造成损害的，应当承担赔偿责任。

第九十八条 用人单位违反本法规定的条件解除劳动合同或者故意拖延不订立劳动合同的，由劳动行政部门责令改正；对劳动者造成损害的，应当承担赔偿责任。

第九十九条　用人单位招用尚未解除劳动合同的劳动者，对原用人单位造成经济损失的，该用人单位应当依法承担连带赔偿责任。

第一百条　用人单位无故不缴纳社会保险费的，由劳动行政部门责令其限期缴纳，逾期不缴的，可以加收滞纳金。

第一百零一条　用人单位无理阻挠劳动行政部门、有关部门及其工作人员行使监督检查权，打击报复举报人员的，由劳动行政部门或者有关部门处以罚款；构成犯罪的，对责任人员依法追究刑事责任。

第一百零二条　劳动者违反本法规定的条件解除劳动合同或者违反劳动合同中约定的保密事项，对用人单位造成经济损失的，应当依法承担赔偿责任。

第一百零三条　劳动行政部门或者有关部门的工作人员滥用职权、玩忽职守、徇私舞弊，构成犯罪的，依法追究刑事责任；不构成犯罪的，给予行政处分。

第一百零四条　国家工作人员和社会保险基金经办机构的工作人员挪用社会保险基金，构成犯罪的，依法追究刑事责任。

第一百零五条　违反本法规定侵害劳动者合法权益，其他法律、法规已规定处罚的，依照该法律、行政法规的规定处罚。

第十三章　附　　则

第一百零六条　省、自治区、直辖市人民政府根据本法和本地区的实际情况，规定劳动合同制度的实施步骤，报国务院备案。

第一百零七条　本法自 1995 年 1 月 1 日起施行。

2. 中华人民共和国劳动合同法

（2007 年 6 月 29 日第十届全国人民代表大会常务委员会第二十八次会议通过　根据 2012 年 12 月 28 日第十一届全国人民代表大会常务委员会第三十次会议《关于修改〈中华人民共和国劳动合同法〉的决定》修正）

第一章　总　　则

第一条　为了完善劳动合同制度，明确劳动合同双方当事人的权利和义务，保护劳动者的合法权益，构建和发展和谐稳定的劳动关系，制定本法。

第二条 中华人民共和国境内的企业、个体经济组织、民办非企业单位等组织(以下称用人单位)与劳动者建立劳动关系,订立、履行、变更、解除或者终止劳动合同,适用本法。

国家机关、事业单位、社会团体和与其建立劳动关系的劳动者,订立、履行、变更、解除或者终止劳动合同,依照本法执行。

第三条 订立劳动合同,应当遵循合法、公平、平等自愿、协商一致、诚实信用的原则。

依法订立的劳动合同具有约束力,用人单位与劳动者应当履行劳动合同约定的义务。

第四条 用人单位应当依法建立和完善劳动规章制度,保障劳动者享有劳动权利、履行劳动义务。

用人单位在制定、修改或者决定有关劳动报酬、工作时间、休息休假、劳动安全卫生、保险福利、职工培训、劳动纪律以及劳动定额管理等直接涉及劳动者切身利益的规章制度或者重大事项时,应当经职工代表大会或者全体职工讨论,提出方案和意见,与工会或者职工代表平等协商确定。

在规章制度和重大事项决定实施过程中,工会或者职工认为不适当的,有权向用人单位提出,通过协商予以修改完善。

用人单位应当将直接涉及劳动者切身利益的规章制度和重大事项决定公示,或者告知劳动者。

第五条 县级以上人民政府劳动行政部门会同工会和企业方面代表,建立健全协调劳动关系三方机制,共同研究解决有关劳动关系的重大问题。

第六条 工会应当帮助、指导劳动者与用人单位依法订立和履行劳动合同,并与用人单位建立集体协商机制,维护劳动者的合法权益。

第二章 劳动合同的订立

第七条 用人单位自用工之日起即与劳动者建立劳动关系。用人单位应当建立职工名册备查。

第八条 用人单位招用劳动者时,应当如实告知劳动者工作内容、工作条件、工作地点、职业危害、安全生产状况、劳动报酬,以及劳动者要求了解的其他情况;用人单位有权了解劳动者与劳动合同直接相关的基本情况,劳动者应当如实说明。

第九条 用人单位招用劳动者，不得扣押劳动者的居民身份证和其他证件，不得要求劳动者提供担保或者以其他名义向劳动者收取财物。

第十条 建立劳动关系，应当订立书面劳动合同。

已建立劳动关系，未同时订立书面劳动合同的，应当自用工之日起一个月内订立书面劳动合同。

用人单位与劳动者在用工前订立劳动合同的，劳动关系自用工之日起建立。

第十一条 用人单位未在用工的同时订立书面劳动合同，与劳动者约定的劳动报酬不明确的，新招用的劳动者的劳动报酬按照集体合同规定的标准执行；没有集体合同或者集体合同未规定的，实行同工同酬。

第十二条 劳动合同分为固定期限劳动合同、无固定期限劳动合同和以完成一定工作任务为期限的劳动合同。

第十三条 固定期限劳动合同，是指用人单位与劳动者约定合同终止时间的劳动合同。

用人单位与劳动者协商一致，可以订立固定期限劳动合同。

第十四条 无固定期限劳动合同，是指用人单位与劳动者约定无确定终止时间的劳动合同。

用人单位与劳动者协商一致，可以订立无固定期限劳动合同。有下列情形之一，劳动者提出或者同意续订、订立劳动合同的，除劳动者提出订立固定期限劳动合同外，应当订立无固定期限劳动合同：

（一）劳动者在该用人单位连续工作满十年的；

（二）用人单位初次实行劳动合同制度或者国有企业改制重新订立劳动合同时，劳动者在该用人单位连续工作满十年且距法定退休年龄不足十年的；

（三）连续订立二次固定期限劳动合同，且劳动者没有本法第三十九条和第四十条第一项、第二项规定的情形，续订劳动合同的。

用人单位自用工之日起满一年不与劳动者订立书面劳动合同的，视为用人单位与劳动者已订立无固定期限劳动合同。

第十五条 以完成一定工作任务为期限的劳动合同，是指用人单位与劳动者约定以某项工作的完成为合同期限的劳动合同。

用人单位与劳动者协商一致，可以订立以完成一定工作任务为期限的劳动合同。

第十六条 劳动合同由用人单位与劳动者协商一致,并经用人单位与劳动者在劳动合同文本上签字或者盖章生效。

劳动合同文本由用人单位和劳动者各执一份。

第十七条 劳动合同应当具备以下条款:

(一)用人单位的名称、住所和法定代表人或者主要负责人;

(二)劳动者的姓名、住址和居民身份证或者其他有效身份证件号码;

(三)劳动合同期限;

(四)工作内容和工作地点;

(五)工作时间和休息休假;

(六)劳动报酬;

(七)社会保险;

(八)劳动保护、劳动条件和职业危害防护;

(九)法律、法规规定应当纳入劳动合同的其他事项。

劳动合同除前款规定的必备条款外,用人单位与劳动者可以约定试用期、培训、保守秘密、补充保险和福利待遇等其他事项。

第十八条 劳动合同对劳动报酬和劳动条件等标准约定不明确,引发争议的,用人单位与劳动者可以重新协商;协商不成的,适用集体合同规定;没有集体合同或者集体合同未规定劳动报酬的,实行同工同酬;没有集体合同或者集体合同未规定劳动条件等标准的,适用国家有关规定。

第十九条 劳动合同期限三个月以上不满一年的,试用期不得超过一个月;劳动合同期限一年以上不满三年的,试用期不得超过二个月;三年以上固定期限和无固定期限的劳动合同,试用期不得超过六个月。

同一用人单位与同一劳动者只能约定一次试用期。

以完成一定工作任务为期限的劳动合同或者劳动合同期限不满三个月的,不得约定试用期。

试用期包含在劳动合同期限内。劳动合同仅约定试用期的,试用期不成立,该期限为劳动合同期限。

第二十条 劳动者在试用期的工资不得低于本单位相同岗位最低档工资或者劳动合同约定工资的百分之八十,并不得低于用人单位所在地的最低工资标准。

第二十一条 在试用期中,除劳动者有本法第三十九条和第四十条第一项、第二项规定的情形外,用人单位不得解除劳动合同。用人单位在试用期解除劳动合同的,应当向劳动者说明理由。

第二十二条 用人单位为劳动者提供专项培训费用,对其进行专业技术培训的,可以与该劳动者订立协议,约定服务期。

劳动者违反服务期约定的,应当按照约定向用人单位支付违约金。违约金的数额不得超过用人单位提供的培训费用。用人单位要求劳动者支付的违约金不得超过服务期尚未履行部分所应分摊的培训费用。

用人单位与劳动者约定服务期的,不影响按照正常的工资调整机制提高劳动者在服务期期间的劳动报酬。

第二十三条 用人单位与劳动者可以在劳动合同中约定保守用人单位的商业秘密和与知识产权相关的保密事项。

对负有保密义务的劳动者,用人单位可以在劳动合同或者保密协议中与劳动者约定竞业限制条款,并约定在解除或者终止劳动合同后,在竞业限制期限内按月给予劳动者经济补偿。劳动者违反竞业限制约定的,应当按照约定向用人单位支付违约金。

第二十四条 竞业限制的人员限于用人单位的高级管理人员、高级技术人员和其他负有保密义务的人员。竞业限制的范围、地域、期限由用人单位与劳动者约定,竞业限制的约定不得违反法律、法规的规定。

在解除或者终止劳动合同后,前款规定的人员到与本单位生产或者经营同类产品、从事同类业务的有竞争关系的其他用人单位,或者自己开业生产或者经营同类产品、从事同类业务的竞业限制期限,不得超过二年。

第二十五条 除本法第二十二条和第二十三条规定的情形外,用人单位不得与劳动者约定由劳动者承担违约金。

第二十六条 下列劳动合同无效或者部分无效:

(一)以欺诈、胁迫的手段或者乘人之危,使对方在违背真实意思的情况下订立或者变更劳动合同的;

(二)用人单位免除自己的法定责任、排除劳动者权利的;

(三)违反法律、行政法规强制性规定的。

对劳动合同的无效或者部分无效有争议的,由劳动争议仲裁机构或者人民法院确认。

第二十七条　劳动合同部分无效，不影响其他部分效力的，其他部分仍然有效。

第二十八条　劳动合同被确认无效，劳动者已付出劳动的，用人单位应当向劳动者支付劳动报酬。劳动报酬的数额，参照本单位相同或者相近岗位劳动者的劳动报酬确定。

第三章　劳动合同的履行和变更

第二十九条　用人单位与劳动者应当按照劳动合同的约定，全面履行各自的义务。

第三十条　用人单位应当按照劳动合同约定和国家规定，向劳动者及时足额支付劳动报酬。

用人单位拖欠或者未足额支付劳动报酬的，劳动者可以依法向当地人民法院申请支付令，人民法院应当依法发出支付令。

第三十一条　用人单位应当严格执行劳动定额标准，不得强迫或者变相强迫劳动者加班。用人单位安排加班的，应当按照国家有关规定向劳动者支付加班费。

第三十二条　劳动者拒绝用人单位管理人员违章指挥、强令冒险作业的，不视为违反劳动合同。

劳动者对危害生命安全和身体健康的劳动条件，有权对用人单位提出批评、检举和控告。

第三十三条　用人单位变更名称、法定代表人、主要负责人或者投资人等事项，不影响劳动合同的履行。

第三十四条　用人单位发生合并或者分立等情况，原劳动合同继续有效，劳动合同由承继其权利和义务的用人单位继续履行。

第三十五条　用人单位与劳动者协商一致，可以变更劳动合同约定的内容。变更劳动合同，应当采用书面形式。

变更后的劳动合同文本由用人单位和劳动者各执一份。

第四章　劳动合同的解除和终止

第三十六条　用人单位与劳动者协商一致，可以解除劳动合同。

第三十七条　劳动者提前三十日以书面形式通知用人单位，可以解除劳动合同。劳动者在试用期内提前三日通知用人单位，可以解除劳动合同。

第三十八条 用人单位有下列情形之一的,劳动者可以解除劳动合同:

(一)未按照劳动合同约定提供劳动保护或者劳动条件的;

(二)未及时足额支付劳动报酬的;

(三)未依法为劳动者缴纳社会保险费的;

(四)用人单位的规章制度违反法律、法规的规定,损害劳动者权益的;

(五)因本法第二十六条第一款规定的情形致使劳动合同无效的;

(六)法律、行政法规规定劳动者可以解除劳动合同的其他情形。

用人单位以暴力、威胁或者非法限制人身自由的手段强迫劳动者劳动的,或者用人单位违章指挥、强令冒险作业危及劳动者人身安全的,劳动者可以立即解除劳动合同,不需事先告知用人单位。

第三十九条 劳动者有下列情形之一的,用人单位可以解除劳动合同:

(一)在试用期间被证明不符合录用条件的;

(二)严重违反用人单位的规章制度的;

(三)严重失职,营私舞弊,给用人单位造成重大损害的;

(四)劳动者同时与其他用人单位建立劳动关系,对完成本单位的工作任务造成严重影响,或者经用人单位提出,拒不改正的;

(五)因本法第二十六条第一款第一项规定的情形致使劳动合同无效的;

(六)被依法追究刑事责任的。

第四十条 有下列情形之一的,用人单位提前三十日以书面形式通知劳动者本人或者额外支付劳动者一个月工资后,可以解除劳动合同:

(一)劳动者患病或者非因工负伤,在规定的医疗期满后不能从事原工作,也不能从事由用人单位另行安排的工作的;

(二)劳动者不能胜任工作,经过培训或者调整工作岗位,仍不能胜任工作的;

(三)劳动合同订立时所依据的客观情况发生重大变化,致使劳动合同无法履行,经用人单位与劳动者协商,未能就变更劳动合同内容达成协议的。

第四十一条 有下列情形之一,需要裁减人员二十人以上或者裁减不足二十人但占企业职工总数百分之十以上的,用人单位提前三十日向工会或者全体职工说明情况,听取工会或者职工的意见后,裁减人员方案经向劳动行政部门报告,可以裁减人员:

(一)依照企业破产法规定进行重整的;

（二）生产经营发生严重困难的；

（三）企业转产、重大技术革新或者经营方式调整，经变更劳动合同后，仍需裁减人员的；

（四）其他因劳动合同订立时所依据的客观经济情况发生重大变化，致使劳动合同无法履行的。

裁减人员时，应当优先留用下列人员：

（一）与本单位订立较长期限的固定期限劳动合同的；

（二）与本单位订立无固定期限劳动合同的；

（三）家庭无其他就业人员，有需要扶养的老人或者未成年人的。

用人单位依照本条第一款规定裁减人员，在六个月内重新招用人员的，应当通知被裁减的人员，并在同等条件下优先招用被裁减的人员。

第四十二条 劳动者有下列情形之一的，用人单位不得依照本法第四十条、第四十一条的规定解除劳动合同：

（一）从事接触职业病危害作业的劳动者未进行离岗前职业健康检查，或者疑似职业病病人在诊断或者医学观察期间的；

（二）在本单位患职业病或者因工负伤并被确认丧失或者部分丧失劳动能力的；

（三）患病或者非因工负伤，在规定的医疗期内的；

（四）女职工在孕期、产期、哺乳期的；

（五）在本单位连续工作满十五年，且距法定退休年龄不足五年的；

（六）法律、行政法规规定的其他情形。

第四十三条 用人单位单方解除劳动合同，应当事先将理由通知工会。用人单位违反法律、行政法规规定或者劳动合同约定的，工会有权要求用人单位纠正。用人单位应当研究工会的意见，并将处理结果书面通知工会。

第四十四条 有下列情形之一的，劳动合同终止：

（一）劳动合同期满的；

（二）劳动者开始依法享受基本养老保险待遇的；

（三）劳动者死亡，或者被人民法院宣告死亡或者宣告失踪的；

（四）用人单位被依法宣告破产的；

（五）用人单位被吊销营业执照、责令关闭、撤销或者用人单位决定提前解散的；

（六）法律、行政法规规定的其他情形。

第四十五条 劳动合同期满,有本法第四十二条规定情形之一的,劳动合同应当续延至相应的情形消失时终止。但是,本法第四十二条第二项规定丧失或者部分丧失劳动能力劳动者的劳动合同的终止,按照国家有关工伤保险的规定执行。

第四十六条 有下列情形之一的,用人单位应当向劳动者支付经济补偿:

(一)劳动者依照本法第三十八条规定解除劳动合同的;

(二)用人单位依照本法第三十六条规定向劳动者提出解除劳动合同并与劳动者协商一致解除劳动合同的;

(三)用人单位依照本法第四十条规定解除劳动合同的;

(四)用人单位依照本法第四十一条第一款规定解除劳动合同的;

(五)除用人单位维持或者提高劳动合同约定条件续订劳动合同,劳动者不同意续订的情形外,依照本法第四十四条第一项规定终止固定期限劳动合同的;

(六)依照本法第四十四条第四项、第五项规定终止劳动合同的;

(七)法律、行政法规规定的其他情形。

第四十七条 经济补偿按劳动者在本单位工作的年限,每满一年支付一个月工资的标准向劳动者支付。六个月以上不满一年的,按一年计算;不满六个月的,向劳动者支付半个月工资的经济补偿。

劳动者月工资高于用人单位所在直辖市、设区的市级人民政府公布的本地区上年度职工月平均工资三倍的,向其支付经济补偿的标准按职工月平均工资三倍的数额支付,向其支付经济补偿的年限最高不超过十二年。

本条所称月工资是指劳动者在劳动合同解除或者终止前十二个月的平均工资。

第四十八条 用人单位违反本法规定解除或者终止劳动合同,劳动者要求继续履行劳动合同的,用人单位应当继续履行;劳动者不要求继续履行劳动合同或者劳动合同已经不能继续履行的,用人单位应当依照本法第八十七条规定支付赔偿金。

第四十九条 国家采取措施,建立健全劳动者社会保险关系跨地区转移接续制度。

第五十条 用人单位应当在解除或者终止劳动合同时出具解除或者终止劳动合同的证明,并在十五日内为劳动者办理档案和社会保险关系转移手续。

劳动者应当按照双方约定,办理工作交接。用人单位依照本法有关规定应当向劳动者支付经济补偿的,在办结工作交接时支付。

用人单位对已经解除或者终止的劳动合同的文本,至少保存二年备查。

第五章　特别规定

第一节　集体合同

第五十一条　企业职工一方与用人单位通过平等协商，可以就劳动报酬、工作时间、休息休假、劳动安全卫生、保险福利等事项订立集体合同。集体合同草案应当提交职工代表大会或者全体职工讨论通过。

集体合同由工会代表企业职工一方与用人单位订立；尚未建立工会的用人单位，由上级工会指导劳动者推举的代表与用人单位订立。

第五十二条　企业职工一方与用人单位可以订立劳动安全卫生、女职工权益保护、工资调整机制等专项集体合同。

第五十三条　在县级以下区域内，建筑业、采矿业、餐饮服务业等行业可以由工会与企业方面代表订立行业性集体合同，或者订立区域性集体合同。

第五十四条　集体合同订立后，应当报送劳动行政部门；劳动行政部门自收到集体合同文本之日起十五日内未提出异议的，集体合同即行生效。

依法订立的集体合同对用人单位和劳动者具有约束力。行业性、区域性集体合同对当地本行业、本区域的用人单位和劳动者具有约束力。

第五十五条　集体合同中劳动报酬和劳动条件等标准不得低于当地人民政府规定的最低标准；用人单位与劳动者订立的劳动合同中劳动报酬和劳动条件等标准不得低于集体合同规定的标准。

第五十六条　用人单位违反集体合同，侵犯职工劳动权益的，工会可以依法要求用人单位承担责任；因履行集体合同发生争议，经协商解决不成的，工会可以依法申请仲裁、提起诉讼。

第二节　劳务派遣

第五十七条　经营劳务派遣业务应当具备下列条件：

（一）注册资本不得少于人民币二百万元；

（二）有与开展业务相适应的固定的经营场所和设施；

（三）有符合法律、行政法规规定的劳务派遣管理制度；

（四）法律、行政法规规定的其他条件。

经营劳务派遣业务，应当向劳动行政部门依法申请行政许可；经许可的，依法办理相应的公司登记。未经许可,任何单位和个人不得经营劳务派遣业务。

第五十八条　劳务派遣单位是本法所称用人单位,应当履行用人单位对劳动者的义务。劳务派遣单位与被派遣劳动者订立的劳动合同,除应当载明本法第十七条规定的事项外,还应当载明被派遣劳动者的用工单位以及派遣期限、工作岗位等情况。

劳务派遣单位应当与被派遣劳动者订立二年以上的固定期限劳动合同,按月支付劳动报酬;被派遣劳动者在无工作期间,劳务派遣单位应当按照所在地人民政府规定的最低工资标准,向其按月支付报酬。

第五十九条　劳务派遣单位派遣劳动者应当与接受以劳务派遣形式用工的单位(以下称用工单位)订立劳务派遣协议。劳务派遣协议应当约定派遣岗位和人员数量、派遣期限、劳动报酬和社会保险费的数额与支付方式以及违反协议的责任。

用工单位应当根据工作岗位的实际需要与劳务派遣单位确定派遣期限,不得将连续用工期限分割订立数个短期劳务派遣协议。

第六十条　劳务派遣单位应当将劳务派遣协议的内容告知被派遣劳动者。

劳务派遣单位不得克扣用工单位按照劳务派遣协议支付给被派遣劳动者的劳动报酬。

劳务派遣单位和用工单位不得向被派遣劳动者收取费用。

第六十一条　劳务派遣单位跨地区派遣劳动者的,被派遣劳动者享有的劳动报酬和劳动条件,按照用工单位所在地的标准执行。

第六十二条　用工单位应当履行下列义务:

(一)执行国家劳动标准,提供相应的劳动条件和劳动保护;

(二)告知被派遣劳动者的工作要求和劳动报酬;

(三)支付加班费、绩效奖金,提供与工作岗位相关的福利待遇;

(四)对在岗被派遣劳动者进行工作岗位所必需的培训;

(五)连续用工的,实行正常的工资调整机制。

用工单位不得将被派遣劳动者再派遣到其他用人单位。

第六十三条　被派遣劳动者享有与用工单位的劳动者同工同酬的权利。用工单位应当按照同工同酬原则,对被派遣劳动者与本单位同类岗位的劳动者实行相同的劳动报酬分配办法。用工单位无同类岗位劳动者的,参照用工单位所在地相同或者相近岗位劳动者的劳动报酬确定。

劳务派遣单位与被派遣劳动者订立的劳动合同和与用工单位订立的劳务派遣协议,载明或者约定的向被派遣劳动者支付的劳动报酬应当符合前款规定。

第六十四条 被派遣劳动者有权在劳务派遣单位或者用工单位依法参加或者组织工会,维护自身的合法权益。

第六十五条 被派遣劳动者可以依照本法第三十六条、第三十八条的规定与劳务派遣单位解除劳动合同。

被派遣劳动者有本法第三十九条和第四十条第一项、第二项规定情形的,用工单位可以将劳动者退回劳务派遣单位,劳务派遣单位依照本法有关规定,可以与劳动者解除劳动合同。

第六十六条 劳动合同用工是我国的企业基本用工形式。劳务派遣用工是补充形式,只能在临时性、辅助性或者替代性的工作岗位上实施。

前款规定的临时性工作岗位是指存续时间不超过六个月的岗位;辅助性工作岗位是指为主营业务岗位提供服务的非主营业务岗位;替代性工作岗位是指用工单位的劳动者因脱产学习、休假等原因无法工作的一定期间内,可以由其他劳动者替代工作的岗位。

用工单位应当严格控制劳务派遣用工数量,不得超过其用工总量的一定比例,具体比例由国务院劳动行政部门规定。

第六十七条 用人单位不得设立劳务派遣单位向本单位或者所属单位派遣劳动者。

第三节 非全日制用工

第六十八条 非全日制用工,是指以小时计酬为主,劳动者在同一用人单位一般平均每日工作时间不超过四小时,每周工作时间累计不超过二十四小时的用工形式。

第六十九条 非全日制用工双方当事人可以订立口头协议。

从事非全日制用工的劳动者可以与一个或者一个以上用人单位订立劳动合同;但是,后订立的劳动合同不得影响先订立的劳动合同的履行。

第七十条 非全日制用工双方当事人不得约定试用期。

第七十一条 非全日制用工双方当事人任何一方都可以随时通知对方终止用工。终止用工,用人单位不向劳动者支付经济补偿。

第七十二条　非全日制用工小时计酬标准不得低于用人单位所在地人民政府规定的最低小时工资标准。

非全日制用工劳动报酬结算支付周期最长不得超过十五日。

第六章　监督检查

第七十三条　国务院劳动行政部门负责全国劳动合同制度实施的监督管理。

县级以上地方人民政府劳动行政部门负责本行政区域内劳动合同制度实施的监督管理。

县级以上各级人民政府劳动行政部门在劳动合同制度实施的监督管理工作中，应当听取工会、企业方面代表以及有关行业主管部门的意见。

第七十四条　县级以上地方人民政府劳动行政部门依法对下列实施劳动合同制度的情况进行监督检查：

（一）用人单位制定直接涉及劳动者切身利益的规章制度及其执行的情况；

（二）用人单位与劳动者订立和解除劳动合同的情况；

（三）劳务派遣单位和用工单位遵守劳务派遣有关规定的情况；

（四）用人单位遵守国家关于劳动者工作时间和休息休假规定的情况；

（五）用人单位支付劳动合同约定的劳动报酬和执行最低工资标准的情况；

（六）用人单位参加各项社会保险和缴纳社会保险费的情况；

（七）法律、法规规定的其他劳动监察事项。

第七十五条　县级以上地方人民政府劳动行政部门实施监督检查时，有权查阅与劳动合同、集体合同有关的材料，有权对劳动场所进行实地检查，用人单位和劳动者都应当如实提供有关情况和材料。

劳动行政部门的工作人员进行监督检查，应当出示证件，依法行使职权，文明执法。

第七十六条　县级以上人民政府建设、卫生、安全生产监督管理等有关主管部门在各自职责范围内，对用人单位执行劳动合同制度的情况进行监督管理。

第七十七条　劳动者合法权益受到侵害的，有权要求有关部门依法处理，或者依法申请仲裁、提起诉讼。

第七十八条　工会依法维护劳动者的合法权益，对用人单位履行劳动合同、集体合同的情况进行监督。用人单位违反劳动法律、法规和劳动合同、集体合同的，工会有权提出意见或者要求纠正；劳动者申请仲裁、提起诉讼的，工会依法给予支持和帮助。

第七十九条 任何组织或者个人对违反本法的行为都有权举报，县级以上人民政府劳动行政部门应当及时核实、处理，并对举报有功人员给予奖励。

第七章 法律责任

第八十条 用人单位直接涉及劳动者切身利益的规章制度违反法律、法规规定的，由劳动行政部门责令改正，给予警告；给劳动者造成损害的，应当承担赔偿责任。

第八十一条 用人单位提供的劳动合同文本未载明本法规定的劳动合同必备条款或者用人单位未将劳动合同文本交付劳动者的，由劳动行政部门责令改正；给劳动者造成损害的，应当承担赔偿责任。

第八十二条 用人单位自用工之日起超过一个月不满一年未与劳动者订立书面劳动合同的，应当向劳动者每月支付二倍的工资。

用人单位违反本法规定不与劳动者订立无固定期限劳动合同的，自应当订立无固定期限劳动合同之日起向劳动者每月支付二倍的工资。

第八十三条 用人单位违反本法规定与劳动者约定试用期的，由劳动行政部门责令改正；违法约定的试用期已经履行的，由用人单位以劳动者试用期满月工资为标准，按已经履行的超过法定试用期的期间向劳动者支付赔偿金。

第八十四条 用人单位违反本法规定，扣押劳动者居民身份证等证件的，由劳动行政部门责令限期退还劳动者本人，并依照有关法律规定给予处罚。

用人单位违反本法规定，以担保或者其他名义向劳动者收取财物的，由劳动行政部门责令限期退还劳动者本人，并以每人五百元以上二千元以下的标准处以罚款；给劳动者造成损害的，应当承担赔偿责任。

劳动者依法解除或者终止劳动合同，用人单位扣押劳动者档案或者其他物品的，依照前款规定处罚。

第八十五条 用人单位有下列情形之一的，由劳动行政部门责令限期支付劳动报酬、加班费或者经济补偿；劳动报酬低于当地最低工资标准的，应当支付其差额部分；逾期不支付的，责令用人单位按应付金额百分之五十以上百分之一百以下的标准向劳动者加付赔偿金：

（一）未按照劳动合同的约定或者国家规定及时足额支付劳动者劳动报酬的；

（二）低于当地最低工资标准支付劳动者工资的；

（三）安排加班不支付加班费的；

（四）解除或者终止劳动合同，未依照本法规定向劳动者支付经济补偿的。

第八十六条 劳动合同依照本法第二十六条规定被确认无效，给对方造成损害的，有过错的一方应当承担赔偿责任。

第八十七条 用人单位违反本法规定解除或者终止劳动合同的，应当依照本法第四十七条规定的经济补偿标准的二倍向劳动者支付赔偿金。

第八十八条 用人单位有下列情形之一的，依法给予行政处罚；构成犯罪的，依法追究刑事责任；给劳动者造成损害的，应当承担赔偿责任：

（一）以暴力、威胁或者非法限制人身自由的手段强迫劳动的；

（二）违章指挥或者强令冒险作业危及劳动者人身安全的；

（三）侮辱、体罚、殴打、非法搜查或者拘禁劳动者的；

（四）劳动条件恶劣、环境污染严重，给劳动者身心健康造成严重损害的。

第八十九条 用人单位违反本法规定未向劳动者出具解除或者终止劳动合同的书面证明，由劳动行政部门责令改正；给劳动者造成损害的，应当承担赔偿责任。

第九十条 劳动者违反本法规定解除劳动合同，或者违反劳动合同中约定的保密义务或者竞业限制，给用人单位造成损失的，应当承担赔偿责任。

第九十一条 用人单位招用与其他用人单位尚未解除或者终止劳动合同的劳动者，给其他用人单位造成损失的，应当承担连带赔偿责任。

第九十二条 违反本法规定，未经许可，擅自经营劳务派遣业务的，由劳动行政部门责令停止违法行为，没收违法所得，并处违法所得一倍以上五倍以下的罚款；没有违法所得的，可以处五万元以下的罚款。

劳务派遣单位、用工单位违反本法有关劳务派遣规定的，由劳动行政部门责令限期改正；逾期不改正的，以每人五千元以上一万元以下的标准处以罚款，对劳务派遣单位，吊销其劳务派遣业务经营许可证。用工单位给被派遣劳动者造成损害的，劳务派遣单位与用工单位承担连带赔偿责任。

第九十三条 对不具备合法经营资格的用人单位的违法犯罪行为，依法追究法律责任；劳动者已经付出劳动的，该单位或者其出资人应当依照本法有关规定向劳动者支付劳动报酬、经济补偿、赔偿金；给劳动者造成损害的，应当承担赔偿责任。

第九十四条 个人承包经营违反本法规定招用劳动者，给劳动者造成损害的，发包的组织与个人承包经营者承担连带赔偿责任。

第九十五条 劳动行政部门和其他有关主管部门及其工作人员玩忽职守、不履行法定职责,或者违法行使职权,给劳动者或者用人单位造成损害的,应当承担赔偿责任;对直接负责的主管人员和其他直接责任人员,依法给予行政处分;构成犯罪的,依法追究刑事责任。

第八章　附　　则

第九十六条 事业单位与实行聘用制的工作人员订立、履行、变更、解除或者终止劳动合同,法律、行政法规或者国务院另有规定的,依照其规定;未作规定的,依照本法有关规定执行。

第九十七条 本法施行前已依法订立且在本法施行之日存续的劳动合同,继续履行;本法第十四条第二款第三项规定连续订立固定期限劳动合同的次数,自本法施行后续订固定期限劳动合同时开始计算。

本法施行前已建立劳动关系,尚未订立书面劳动合同的,应当自本法施行之日起一个月内订立。

本法施行之日存续的劳动合同在本法施行后解除或者终止,依照本法第四十六条规定应当支付经济补偿的,经济补偿年限自本法施行之日起计算;本法施行前按照当时有关规定,用人单位应当向劳动者支付经济补偿的,按照当时有关规定执行。

第九十八条 本法自2008年1月1日起施行。

3.中华人民共和国劳动争议调解仲裁法

(2007年12月29日第十届全国人民代表大会常务委员会第三十一次会议通过　自2008年5月1日起施行)

第一章　总　　则

第一条 为了公正及时解决劳动争议,保护当事人合法权益,促进劳动关系和谐稳定,制定本法。

第二条 中华人民共和国境内的用人单位与劳动者发生的下列劳动争议,适用本法:

(一)因确认劳动关系发生的争议;

(二)因订立、履行、变更、解除和终止劳动合同发生的争议;

(三)因除名、辞退和辞职、离职发生的争议;

(四)因工作时间、休息休假、社会保险、福利、培训以及劳动保护发生的争议;

(五)因劳动报酬、工伤医疗费、经济补偿或者赔偿金等发生的争议;

(六)法律、法规规定的其他劳动争议。

第三条 解决劳动争议,应当根据事实,遵循合法、公正、及时、着重调解的原则,依法保护当事人的合法权益。

第四条 发生劳动争议,劳动者可以与用人单位协商,也可以请工会或者第三方共同与用人单位协商,达成和解协议。

第五条 发生劳动争议,当事人不愿协商、协商不成或者达成和解协议后不履行的,可以向调解组织申请调解;不愿调解、调解不成或者达成调解协议后不履行的,可以向劳动争议仲裁委员会申请仲裁;对仲裁裁决不服的,除本法另有规定的外,可以向人民法院提起诉讼。

第六条 发生劳动争议,当事人对自己提出的主张,有责任提供证据。与争议事项有关的证据属于用人单位掌握管理的,用人单位应当提供;用人单位不提供的,应当承担不利后果。

第七条 发生劳动争议的劳动者一方在十人以上,并有共同请求的,可以推举代表参加调解、仲裁或者诉讼活动。

第八条 县级以上人民政府劳动行政部门会同工会和企业方面代表建立协调劳动关系三方机制,共同研究解决劳动争议的重大问题。

第九条 用人单位违反国家规定,拖欠或者未足额支付劳动报酬,或者拖欠工伤医疗费、经济补偿或者赔偿金的,劳动者可以向劳动行政部门投诉,劳动行政部门应当依法处理。

第二章 调 解

第十条 发生劳动争议,当事人可以到下列调解组织申请调解:

(一)企业劳动争议调解委员会;

(二)依法设立的基层人民调解组织;

(三)在乡镇、街道设立的具有劳动争议调解职能的组织。

企业劳动争议调解委员会由职工代表和企业代表组成。职工代表由工会成员担任或者由全体职工推举产生,企业代表由企业负责人指定。企业劳动争议调解委员会主任由工会成员或者双方推举的人员担任。

第十一条 劳动争议调解组织的调解员应当由公道正派、联系群众、热心调解工作,并具有一定法律知识、政策水平和文化水平的成年公民担任。

第十二条 当事人申请劳动争议调解可以书面申请,也可以口头申请。口头申请的,调解组织应当当场记录申请人基本情况、申请调解的争议事项、理由和时间。

第十三条 调解劳动争议,应当充分听取双方当事人对事实和理由的陈述,耐心疏导,帮助其达成协议。

第十四条 经调解达成协议的,应当制作调解协议书。

调解协议书由双方当事人签名或者盖章,经调解员签名并加盖调解组织印章后生效,对双方当事人具有约束力,当事人应当履行。

自劳动争议调解组织收到调解申请之日起十五日内未达成调解协议的,当事人可以依法申请仲裁。

第十五条 达成调解协议后,一方当事人在协议约定期限内不履行调解协议的,另一方当事人可以依法申请仲裁。

第十六条 因支付拖欠劳动报酬、工伤医疗费、经济补偿或者赔偿金事项达成调解协议,用人单位在协议约定期限内不履行的,劳动者可以持调解协议书依法向人民法院申请支付令。人民法院应当依法发出支付令。

第三章 仲 裁

第一节 一般规定

第十七条 劳动争议仲裁委员会按照统筹规划、合理布局和适应实际需要的原则设立。省、自治区人民政府可以决定在市、县设立;直辖市人民政府可以决定在区、县设立。直辖市、设区的市也可以设立一个或者若干个劳动争议仲裁委员会。劳动争议仲裁委员会不按行政区划层层设立。

第十八条 国务院劳动行政部门依照本法有关规定制定仲裁规则。省、自治区、直辖市人民政府劳动行政部门对本行政区域的劳动争议仲裁工作进行指导。

第十九条 劳动争议仲裁委员会由劳动行政部门代表、工会代表和企业方面代表组成。劳动争议仲裁委员会组成人员应当是单数。

劳动争议仲裁委员会依法履行下列职责：

（一）聘任、解聘专职或者兼职仲裁员；

（二）受理劳动争议案件；

（三）讨论重大或者疑难的劳动争议案件；

（四）对仲裁活动进行监督。

劳动争议仲裁委员会下设办事机构，负责办理劳动争议仲裁委员会的日常工作。

第二十条 劳动争议仲裁委员会应当设仲裁员名册。

仲裁员应当公道正派并符合下列条件之一：

（一）曾任审判员的；

（二）从事法律研究、教学工作并具有中级以上职称的；

（三）具有法律知识、从事人力资源管理或者工会等专业工作满五年的；

（四）律师执业满三年的。

第二十一条 劳动争议仲裁委员会负责管辖本区域内发生的劳动争议。

劳动争议由劳动合同履行地或者用人单位所在地的劳动争议仲裁委员会管辖。双方当事人分别向劳动合同履行地和用人单位所在地的劳动争议仲裁委员会申请仲裁的，由劳动合同履行地的劳动争议仲裁委员会管辖。

第二十二条 发生劳动争议的劳动者和用人单位为劳动争议仲裁案件的双方当事人。

劳务派遣单位或者用工单位与劳动者发生劳动争议的，劳务派遣单位和用工单位为共同当事人。

第二十三条 与劳动争议案件的处理结果有利害关系的第三人，可以申请参加仲裁活动或者由劳动争议仲裁委员会通知其参加仲裁活动。

第二十四条 当事人可以委托代理人参加仲裁活动。委托他人参加仲裁活动，应当向劳动争议仲裁委员会提交有委托人签名或者盖章的委托书，委托书应当载明委托事项和权限。

第二十五条 丧失或者部分丧失民事行为能力的劳动者，由其法定代理人代为参加仲裁活动；无法定代理人的，由劳动争议仲裁委员会为其指定代理人。劳动者死亡的，由其近亲属或者代理人参加仲裁活动。

第二十六条 劳动争议仲裁公开进行，但当事人协议不公开进行或者涉及国家秘密、商业秘密和个人隐私的除外。

第二节　申请和受理

第二十七条　劳动争议申请仲裁的时效期间为一年。仲裁时效期间从当事人知道或者应当知道其权利被侵害之日起计算。

前款规定的仲裁时效，因当事人一方向对方当事人主张权利，或者向有关部门请求权利救济，或者对方当事人同意履行义务而中断。从中断时起，仲裁时效期间重新计算。

因不可抗力或者有其他正当理由，当事人不能在本条第一款规定的仲裁时效期间申请仲裁的，仲裁时效中止。从中止时效的原因消除之日起，仲裁时效期间继续计算。

劳动关系存续期间因拖欠劳动报酬发生争议的，劳动者申请仲裁不受本条第一款规定的仲裁时效期间的限制；但是，劳动关系终止的，应当自劳动关系终止之日起一年内提出。

第二十八条　申请人申请仲裁应当提交书面仲裁申请，并按照被申请人人数提交副本。

仲裁申请书应当载明下列事项：

（一）劳动者的姓名、性别、年龄、职业、工作单位和住所，用人单位的名称、住所和法定代表人或者主要负责人的姓名、职务；

（二）仲裁请求和所根据的事实、理由；

（三）证据和证据来源、证人姓名和住所。

书写仲裁申请确有困难的，可以口头申请，由劳动争议仲裁委员会记入笔录，并告知对方当事人。

第二十九条　劳动争议仲裁委员会收到仲裁申请之日起五日内，认为符合受理条件的，应当受理，并通知申请人；认为不符合受理条件的，应当书面通知申请人不予受理，并说明理由。对劳动争议仲裁委员会不予受理或者逾期未作出决定的，申请人可以就该劳动争议事项向人民法院提起诉讼。

第三十条　劳动争议仲裁委员会受理仲裁申请后，应当在五日内将仲裁申请书副本送达被申请人。

被申请人收到仲裁申请书副本后，应当在十日内向劳动争议仲裁委员会提交答辩书。劳动争议仲裁委员会收到答辩书后,应当在五日内将答辩书副本送达申请人。被申请人未提交答辩书的,不影响仲裁程序的进行。

第三节　开庭和裁决

第三十一条　劳动争议仲裁委员会裁决劳动争议案件实行仲裁庭制。仲裁庭由三名仲裁员组成,设首席仲裁员。简单劳动争议案件可以由一名仲裁员独任仲裁。

第三十二条　劳动争议仲裁委员会应当在受理仲裁申请之日起五日内将仲裁庭的组成情况书面通知当事人。

第三十三条　仲裁员有下列情形之一,应当回避,当事人也有权以口头或者书面方式提出回避申请:

(一)是本案当事人或者当事人、代理人的近亲属的;

(二)与本案有利害关系的;

(三)与本案当事人、代理人有其他关系,可能影响公正裁决的;

(四)私自会见当事人、代理人,或者接受当事人、代理人的请客送礼的。

劳动争议仲裁委员会对回避申请应当及时作出决定,并以口头或者书面方式通知当事人。

第三十四条　仲裁员有本法第三十三条第四项规定情形,或者有索贿受贿、徇私舞弊、枉法裁决行为的,应当依法承担法律责任。劳动争议仲裁委员会应当将其解聘。

第三十五条　仲裁庭应当在开庭五日前,将开庭日期、地点书面通知双方当事人。当事人有正当理由的,可以在开庭三日前请求延期开庭。是否延期,由劳动争议仲裁委员会决定。

第三十六条　申请人收到书面通知,无正当理由拒不到庭或者未经仲裁庭同意中途退庭的,可以视为撤回仲裁申请。

被申请人收到书面通知,无正当理由拒不到庭或者未经仲裁庭同意中途退庭的,可以缺席裁决。

第三十七条　仲裁庭对专门性问题认为需要鉴定的,可以交由当事人约定的鉴定机构鉴定;当事人没有约定或者无法达成约定的,由仲裁庭指定的鉴定机构鉴定。

根据当事人的请求或者仲裁庭的要求,鉴定机构应当派鉴定人参加开庭。当事人经仲裁庭许可，可以向鉴定人提问。

第三十八条 当事人在仲裁过程中有权进行质证和辩论。质证和辩论终结时，首席仲裁员或者独任仲裁员应当征询当事人的最后意见。

第三十九条 当事人提供的证据经查证属实的，仲裁庭应当将其作为认定事实的根据。

劳动者无法提供由用人单位掌握管理的与仲裁请求有关的证据，仲裁庭可以要求用人单位在指定期限内提供。用人单位在指定期限内不提供的，应当承担不利后果。

第四十条 仲裁庭应当将开庭情况记入笔录。当事人和其他仲裁参加人认为对自己陈述的记录有遗漏或者差错的，有权申请补正。如果不予补正，应当记录该申请。

笔录由仲裁员、记录人员、当事人和其他仲裁参加人签名或者盖章。

第四十一条 当事人申请劳动争议仲裁后，可以自行和解。达成和解协议的，可以撤回仲裁申请。

第四十二条 仲裁庭在作出裁决前，应当先行调解。

调解达成协议的，仲裁庭应当制作调解书。

调解书应当写明仲裁请求和当事人协议的结果。调解书由仲裁员签名，加盖劳动争议仲裁委员会印章，送达双方当事人。调解书经双方当事人签收后，发生法律效力。

调解不成或者调解书送达前，一方当事人反悔的，仲裁庭应当及时作出裁决。

第四十三条 仲裁庭裁决劳动争议案件，应当自劳动争议仲裁委员会受理仲裁申请之日起四十五日内结束。案情复杂需要延期的，经劳动争议仲裁委员会主任批准，可以延期并书面通知当事人，但是延长期限不得超过十五日。逾期未作出仲裁裁决的，当事人可以就该劳动争议事项向人民法院提起诉讼。

仲裁庭裁决劳动争议案件时，其中一部分事实已经清楚，可以就该部分先行裁决。

第四十四条 仲裁庭对追索劳动报酬、工伤医疗费、经济补偿或者赔偿金的案件，根据当事人的申请，可以裁决先予执行，移送人民法院执行。

仲裁庭裁决先予执行的，应当符合下列条件：

（一）当事人之间权利义务关系明确；

（二）不先予执行将严重影响申请人的生活。

劳动者申请先予执行的,可以不提供担保。

第四十五条 裁决应当按照多数仲裁员的意见作出,少数仲裁员的不同意见应当记入笔录。仲裁庭不能形成多数意见时,裁决应当按照首席仲裁员的意见作出。

第四十六条 裁决书应当载明仲裁请求、争议事实、裁决理由、裁决结果和裁决日期。裁决书由仲裁员签名,加盖劳动争议仲裁委员会印章。对裁决持不同意见的仲裁员,可以签名,也可以不签名。

第四十七条 下列劳动争议,除本法另有规定的外,仲裁裁决为终局裁决,裁决书自作出之日起发生法律效力:

(一)追索劳动报酬、工伤医疗费、经济补偿或者赔偿金,不超过当地月最低工资标准十二个月金额的争议;

(二)因执行国家的劳动标准在工作时间、休息休假、社会保险等方面发生的争议。

第四十八条 劳动者对本法第四十七条规定的仲裁裁决不服的,可以自收到仲裁裁决书之日起十五日内向人民法院提起诉讼。

第四十九条 用人单位有证据证明本法第四十七条规定的仲裁裁决有下列情形之一,可以自收到仲裁裁决书之日起三十日内向劳动争议仲裁委员会所在地的中级人民法院申请撤销裁决:

(一)适用法律、法规确有错误的;

(二)劳动争议仲裁委员会无管辖权的;

(三)违反法定程序的;

(四)裁决所根据的证据是伪造的;

(五)对方当事人隐瞒了足以影响公正裁决的证据的;

(六)仲裁员在仲裁该案时有索贿受贿、徇私舞弊、枉法裁决行为的。

人民法院经组成合议庭审查核实裁决有前款规定情形之一的,应当裁定撤销。

仲裁裁决被人民法院裁定撤销的,当事人可以自收到裁定书之日起十五日内就该劳动争议事项向人民法院提起诉讼。

第五十条 当事人对本法第四十七条规定以外的其他劳动争议案件的仲裁裁决不服的,可以自收到仲裁裁决书之日起十五日内向人民法院提起诉讼;期满不起诉的,裁决书发生法律效力。

第五十一条 当事人对发生法律效力的调解书、裁决书,应当依照规定的期限履行。一方当事人逾期不履行的，另一方当事人可以依照民事诉讼法的有关规定向人民法院申请执行。受理申请的人民法院应当依法执行。

第四章 附 则

第五十二条 事业单位实行聘用制的工作人员与本单位发生劳动争议的，依照本法执行；法律、行政法规或者国务院另有规定的，依照其规定。

第五十三条 劳动争议仲裁不收费。劳动争议仲裁委员会的经费由财政予以保障。

第五十四条 本法自2008年5月1日起施行。

4. 劳动人事争议仲裁办案规则

（2009年1月1日人力资源和社会保障部令第2号公布 自公布之日起施行）

第一章 总 则

第一条 为公正及时处理劳动、人事争议（以下简称争议），规范仲裁办案程序，根据《中华人民共和国劳动争议调解仲裁法》（以下简称调解仲裁法）以及《中华人民共和国公务员法》（以下简称公务员法）、《中国人民解放军文职人员条例》和有关法律法规、国务院有关规定，制定本规则。

第二条 本规则适用下列争议的仲裁：

（一）企业、个体经济组织、民办非企业单位等组织与劳动者之间，以及机关、事业单位、社会团体与其建立劳动关系的劳动者之间，因确认劳动关系，订立、履行、变更、解除和终止劳动合同，工作时间、休息休假、社会保险、福利、培训以及劳动保护，劳动报酬、工伤医疗费、经济补偿或者赔偿金等发生的争议；

（二）实施公务员法的机关与聘任制公务员之间、参照公务员法管理的机关（单位）与聘任工作人员之间因履行聘任合同发生的争议；

（三）事业单位与工作人员之间因除名、辞退、辞职、离职等解除人事关系以及履行聘用合同发生的争议；

（四）社会团体与工作人员之间因除名、辞退、辞职、离职等解除人事关系以及履行聘用合同发生的争议；

（五）军队文职人员聘用单位与文职人员之间因履行聘用合同发生的争议；

（六）法律、法规规定由仲裁委员会处理的其他争议。

第三条 仲裁委员会处理争议案件，应当遵循合法、公正的原则，先行调解，及时裁决。

第四条 劳动者一方在十人以上的争议，或者因履行集体合同发生的劳动争议，仲裁委员会可优先立案，优先审理。

仲裁委员会处理因履行集体合同发生的劳动争议，应当按照三方原则组成仲裁庭处理。

第二章 一般规定

第五条 因履行集体合同发生的劳动争议，经协商解决不成的，工会可以依法申请仲裁；尚未建立工会的，由上级工会指导劳动者推举产生的代表依法申请仲裁。

第六条 发生争议的劳动者一方在十人以上，并有共同请求的，劳动者可以推举三至五名代表人参加仲裁活动。

第七条 代表人参加仲裁的行为对其所代表的当事人发生效力，但代表人变更、放弃仲裁请求或者承认对方当事人的仲裁请求，进行和解，必须经被代表的当事人同意。

第八条 发生争议的用人单位被吊销营业执照、责令关闭、撤销以及用人单位决定提前解散、歇业，不能承担相关责任的，依法将其出资人、开办单位或主管部门作为共同当事人。

第九条 劳动者与个人承包经营者发生争议，依法向仲裁委员会申请仲裁的，应当将发包的组织和个人承包经营者作为当事人。

第十条 在争议申请仲裁的时效期间内，有下列情形之一的，仲裁时效中断；从中断时起，仲裁时效期间重新计算：

（一）一方当事人通过协商、申请调解等方式向对方当事人主张权利的；

（二）一方当事人通过向有关部门投诉，向仲裁委员会申请仲裁，向人民法院起诉或者申请支付令等方式请求权利救济的；

（三）对方当事人同意履行义务的。

第十一条 因不可抗力，或者有无民事行为能力或者限制民事行为能力劳动者的法定代理人未确定等其他正当理由，当事人不能在规定的仲裁时效期间申请仲裁的，仲裁时效中止。从中止时效的原因消除之日起，仲裁时效期间继续计算。

第十二条 劳动合同履行地为劳动者实际工作场所地，用人单位所在地为用人单位注册、登记地。用人单位未经注册、登记的，其出资人、开办单位或主管部门所在地为用人单位所在地。

案件受理后，劳动合同履行地和用人单位所在地发生变化的，不改变争议仲裁的管辖。

多个仲裁委员会都有管辖权的，由先受理的仲裁委员会管辖。

第十三条 仲裁委员会发现已受理案件不属于其管辖范围的，应当移送至有管辖权的仲裁委员会，并书面通知当事人。

对上述移送案件，受移送的仲裁委员会应依法受理。受移送的仲裁委员会认为受移送的案件依照规定不属于本仲裁委员会管辖，或仲裁委员会之间因管辖争议协商不成的，应当报请共同的上一级仲裁委员会主管部门指定管辖。

第十四条 当事人提出管辖异议的，应当在答辩期满前书面提出。当事人逾期提出的，不影响仲裁程序的进行，当事人因此对仲裁裁决不服的，可以依法向人民法院起诉或者申请撤销。

第十五条 当事人提出回避申请，应当说明理由，在案件开始审理时提出；回避事由在案件开始审理后知道的，也可以在庭审辩论终结前提出；当事人在庭审辩论终结后提出的，不影响仲裁程序的进行，当事人因此对仲裁裁决不服的，可以依法向人民法院起诉或者申请撤销。

被申请回避的人员在仲裁委员会作出是否回避的决定前，应当暂停参与本案的处理，但因案件需要采取紧急措施的除外。

第十六条 仲裁员是否回避，由仲裁委员会主任或其授权的办事机构负责人决定。仲裁委员会主任担任案件仲裁员是否回避，由仲裁委员会决定。

第十七条 当事人对自己提出的主张有责任提供证据。与争议事项有关的证据属于用人单位掌握管理的，用人单位应当提供；用人单位不提供的，应当承担不利后果。

第十八条 在法律没有具体规定，依本规则第十七条规定无法确定举证责任承担时，仲裁庭可以根据公平原则和诚实信用原则，综合当事人举证能力等因素确定举证责任的承担。

第十九条 承担举证责任的当事人应当在仲裁委员会指定的期限内提供有关证据。当事人在指定期限内不提供的，应当承担不利后果。

第二十条　当事人因客观原因不能自行收集的证据，仲裁委员会可以根据当事人的申请，参照《中华人民共和国民事诉讼法》有关规定予以收集；仲裁委员会认为有必要的，也可以决定参照《中华人民共和国民事诉讼法》有关规定予以收集。

第二十一条　仲裁委员会依法调查取证时，有关组织和个人应当协助配合。

第二十二条　争议处理中涉及证据形式、证据提交、证据交换、证据质证、证据认定等事项，本规则未规定的，参照民事诉讼证据规则的有关规定执行。

第二十三条　仲裁期间包括法定期间和仲裁委员会指定期间。

仲裁委员会送达仲裁文书必须有送达回证，由受送达人在送达回证上记明收到日期，签名或盖章。受送达人在送达回证上的签收日期为送达日期。

仲裁期间的计算和仲裁文书的送达方式，仲裁委员会可以参照民事诉讼关于期间的计算和送达方式的有关规定执行。

第二十四条　案件处理终结后，仲裁委员会应当将处理过程中形成的全部材料立卷归档。

第二十五条　仲裁案卷分正卷和副卷装订。

正卷包括：仲裁申请书、受理（不予受理）通知书、答辩书、法定代表人身份证明书、授权委托书、调查证据、勘验笔录、开庭通知、庭审笔录、延期通知书、仲裁建议书、调解书、裁决书、送达回执等。

副卷包括：评议记录、立案审批表、调查提纲、阅卷笔录、会议笔录、底稿、结案审批表等。

第二十六条　仲裁委员会应当建立案卷查阅制度。对不需要保密的内容，应当允许当事人及其代理人查阅、复印。

第二十七条　仲裁调解和其他方式结案的案卷，保存期不少于五年，仲裁裁决结案的案卷，保存期不少于十年，国家另有规定的从其规定。保存期满后的案卷，应按照国家有关档案管理的规定处理。

第二十八条　在仲裁活动中涉及国家秘密和军事秘密的，按照国家和军队有关保密规定执行。

第三章　仲裁程序

第一节　申请和受理

第二十九条　申请人申请仲裁应当提交书面仲裁申请，并按照被申请人人数提交副本。

仲裁申请书应当载明下列事项：

(一)劳动者的姓名、性别、年龄、职业、工作单位、住所、通讯地址和联系电话，用人单位的名称、住所、通讯地址、联系电话和法定代表人或者主要负责人的姓名、职务；

(二)仲裁请求和所根据的事实、理由；

(三)证据和证据来源，证人姓名和住所。

书写仲裁申请确有困难的，可以口头申请，由仲裁委员会记入笔录，经申请人签名或者盖章确认。

申请人的书面仲裁申请材料齐备的，仲裁委员会应当出具收件回执。

对于仲裁申请书不规范或者材料不齐备的，仲裁委员会应当当场或者在五日内一并告知申请人需要补正的全部材料。申请人按要求补正全部材料的，仲裁委员会应当出具收件回执。

第三十条 仲裁委员会对符合下列条件的仲裁申请应当予以受理，并在收到仲裁申请之日起五日内向申请人出具受理通知书：

(一)属于本规则第二条规定的争议范围；

(二)有明确的仲裁请求和事实理由；

(三)在申请仲裁的法定时效期间内；

(四)属于仲裁委员会管辖范围。

第三十一条 对不符合第三十条第一、二、三项规定之一的仲裁申请，仲裁委员会不予受理，并在收到仲裁申请之日起五日内向申请人出具不予受理通知书。

对不符合第三十条第四项规定的仲裁申请，仲裁委员会应当在收到仲裁申请之日起五日内，向申请人作出书面说明并告知申请人向有管辖权的仲裁委员会申请仲裁。

对仲裁委员会逾期未作出决定或决定不予受理的，申请人可以就该争议事项向人民法院提起诉讼。

第三十二条 仲裁委员会受理案件后，发现不应当受理的，除本规则第十三条规定外，应当撤销案件，并自决定撤销案件后五日内，按照本规则第三十一条的规定书面通知当事人。

第三十三条 仲裁委员会在申请人申请仲裁时，可以引导当事人通过协商、调解等方式解决争议，给予必要的法律释明及风险提示。

第三十四条 仲裁委员会受理仲裁申请后，应当在五日内将仲裁申请书副本送达被申请人。

被申请人收到仲裁申请书副本后，应当在十日内向仲裁委员会提交答辩书。仲裁委员会收到答辩书后，应当在五日内将答辩书副本送达申请人。被申请人逾期未提交答辩书的，不影响仲裁程序的进行。

第三十五条 被申请人可以在答辩期间提出反申请，仲裁委员会应当自收到被申请人反申请之日起五日内决定是否受理并通知被申请人。

决定受理的，仲裁委员会可以将反申请和申请合并处理。

该反申请如果是应当另行申请仲裁的争议，仲裁委员会应当书面告知被申请人另行申请仲裁；该反申请如果是不属于本规则规定应当受理的争议，仲裁委员会应当向被申请人出具不予受理通知书。

被申请人在答辩期满后对申请人提出反申请的，应当另行提出，另案处理。

第二节 开庭和裁决

第三十六条 仲裁委员会应当在受理仲裁申请之日起五日内组成仲裁庭并将仲裁庭的组成情况书面通知当事人。

第三十七条 仲裁庭应当在开庭五日前，将开庭日期、地点书面通知双方当事人。当事人有正当理由的，可以在开庭三日前请求延期开庭。是否延期，由仲裁委员会根据实际情况决定。

第三十八条 申请人收到书面通知，无正当理由拒不到庭或者未经仲裁庭同意中途退庭的，可以按撤回仲裁申请处理，申请人重新申请仲裁的，仲裁委员会不予受理。被申请人收到书面通知，无正当理由拒不到庭或者未经仲裁庭同意中途退庭的，可以缺席裁决。

第三十九条 开庭审理时，仲裁员应当听取申请人的陈述和被申请人的答辩，主持庭审调查、质证和辩论、征询当事人最后意见，并进行调解。

第四十条 仲裁庭应当将开庭情况记入笔录。当事人或者其他仲裁参加人认为对自己陈述的记录有遗漏或者差错的，有权申请补正。仲裁庭认为申请无理由或者无必要的，可以不予补正，但是应当记录该申请。

仲裁员、记录人员、当事人和其他仲裁参加人应当在庭审笔录上签名或者盖章。

当事人或者其他仲裁参加人拒绝在庭审笔录上签名或者盖章的，仲裁庭应记明情况附卷。

第四十一条 申请人在举证期限届满前可以提出增加或者变更仲裁请求；仲裁庭对申请人增加或者变更的仲裁请求审查后认为应当受理的，应当通知被申请人并给予答辩期，被申请人明确表示放弃答辩期的除外。

申请人在举证期限届满后提出增加或变更仲裁请求的，应当另行提出，另案处理。

第四十二条 当事人申请仲裁后，可以自行和解。达成和解协议的，可以撤回仲裁申请，也可以请求仲裁庭根据和解协议制作调解书。

第四十三条 仲裁调解达成协议的，仲裁庭应当制作调解书。

调解书应当写明仲裁请求和当事人协议的结果。调解书由仲裁员签名，加盖仲裁委员会印章，送达双方当事人。调解书经双方当事人签收后，发生法律效力。

调解不成或者调解书送达前，一方当事人反悔的，仲裁庭应当及时作出裁决。

第四十四条 仲裁庭裁决案件，应当自仲裁委员会受理仲裁申请之日起四十五日内结束。案情复杂需要延期的，经仲裁委员会主任批准，可以延期并书面通知当事人，但延长期限不得超过十五日。

第四十五条 有下列情形的，仲裁期限按照下列规定计算：

（一）申请人需要补正材料的，仲裁委员会收到仲裁申请的时间从材料补正之日起计算；

（二）增加、变更仲裁申请的，仲裁期限从受理增加、变更仲裁申请之日起重新计算；

（三）仲裁申请和反申请合并处理的，仲裁期限从受理反申请之日起重新计算；

（四）案件移送管辖的，仲裁期限从接受移送之日起计算；

（五）中止审理期间不计入仲裁期限内；

（六）有法律、法规规定应当另行计算的其他情形的。

第四十六条 因出现案件处理依据不明确而请示有关机构，或者案件处理需要等待工伤认定、伤残等级鉴定、司法鉴定结论，公告送达以及其他需要中止仲裁审理的客观情形，经仲裁委员会主任批准，可以中止案件审理，并书面通知当事人。中止审理的客观情形消除后，仲裁庭应当恢复审理。

第四十七条 当事人因仲裁庭逾期未作出仲裁裁决而向人民法院提起诉讼的，

仲裁委员会应当裁定该案件终止审理;当事人未就该争议事项向人民法院提起诉讼,并且双方当事人同意继续仲裁的,仲裁委员会可以继续处理并裁决。

第四十八条 仲裁庭裁决案件时,其中一部分事实已经清楚,可以就该部分先行裁决,当事人就该部分达成调解协议的,可以先行出具调解书。当事人对先行裁决不服的,可以依照调解仲裁法有关规定处理。

第四十九条 仲裁庭裁决案件时,裁决内容同时涉及终局裁决和非终局裁决的,应分别作出裁决并告知当事人相应的救济权利。

第五十条 仲裁庭对追索劳动报酬、工伤医疗费、经济补偿或者赔偿金的案件,根据当事人的申请,可以裁决先予执行,移送人民法院执行。

仲裁庭裁决先予执行的,应当符合下列条件:

(一)当事人之间权利义务关系明确;

(二)不先予执行将严重影响申请人的生活。

劳动者申请先予执行的,可以不提供担保。

第五十一条 裁决应当按照多数仲裁员的意见作出,少数仲裁员的不同意见应当记入笔录。仲裁庭不能形成多数意见时,裁决应当按照首席仲裁员的意见作出。

第五十二条 裁决书应当载明仲裁请求、争议事实、裁决理由、裁决结果、当事人权利和裁决日期。裁决书由仲裁员签名,加盖仲裁委员会印章。对裁决持不同意见的仲裁员,可以签名,也可以不签名。

第五十三条 对裁决书中的文字、计算错误或者仲裁庭已经裁决但在裁决书中遗漏的事项,仲裁庭应当及时予以补正并送达当事人。

第五十四条 对于权利义务明确、事实清楚的简单争议案件或经双方当事人同意的其他争议案件,仲裁委员会可指定一名仲裁员独任处理,并可在庭审程序、案件调查、仲裁文书送达、裁决方式等方面进行简便处理。

第五十五条 当事人对裁决不服向人民法院提起诉讼的,依照调解仲裁法的有关规定处理。

第四章 附 则

第五十六条 本规则未作规定的人事争议仲裁涉及事项,依照《人事争议处理规定》有关规定执行。

第五十七条 本规则规定的“三日”、“五日”,指工作日。

第五十八条 本规则自颁布之日起施行。1993 年 10 月 18 日原劳动部颁布的《劳动争议仲裁委员会办案规则》和 1999 年 9 月 6 日原人事部颁布的《人事争议处理办案规则》同时废止。

5. 人力资源社会保障部、最高人民法院关于劳动人事争议仲裁与诉讼衔接有关问题的意见(一)

(人社部发〔2022〕9 号)

各省、自治区、直辖市人力资源社会保障厅(局)、高级人民法院,解放军军事法院,新疆生产建设兵团人力资源社会保障局、新疆维吾尔自治区高级人民法院生产建设兵团分院:

为贯彻党中央关于健全社会矛盾纠纷多元预防调处化解综合机制的要求,落实《人力资源社会保障部、最高人民法院关于加强劳动人事争议仲裁与诉讼衔接机制建设的意见》(人社部发〔2017〕70 号),根据相关法律规定,结合工作实践,现就完善劳动人事争议仲裁与诉讼衔接有关问题,提出如下意见。

一、劳动人事争议仲裁委员会对调解协议仲裁审查申请不予受理或者经仲裁审查决定不予制作调解书的,当事人可依法就协议内容中属于劳动人事争议仲裁受理范围的事项申请仲裁。当事人直接向人民法院提起诉讼的,人民法院不予受理,但下列情形除外:

(一)依据《中华人民共和国劳动争议调解仲裁法》第十六条规定申请支付令被人民法院裁定终结督促程序后,劳动者依据调解协议直接提起诉讼的;

(二)当事人在《中华人民共和国劳动争议调解仲裁法》第十条规定的调解组织主持下仅就劳动报酬争议达成调解协议,用人单位不履行调解协议约定的给付义务,劳动者直接提起诉讼的;

(三)当事人在经依法设立的调解组织主持下就支付拖欠劳动报酬、工伤医疗费、经济补偿或者赔偿金事项达成调解协议,双方当事人依据《中华人民共和国民事诉讼法》第二百零一条规定共同向人民法院申请司法确认,人民法院不予确认,劳动者依据调解协议直接提起诉讼的。

二、经依法设立的调解组织调解达成的调解协议生效后,当事人可以共同向有管辖权的人民法院申请确认调解协议效力。

三、用人单位依据《中华人民共和国劳动合同法》第九十条规定，要求劳动者承担赔偿责任的，劳动人事争议仲裁委员会应当依法受理。

四、申请人撤回仲裁申请后向人民法院起诉的，人民法院应当裁定不予受理；已经受理的，应当裁定驳回起诉。

申请人再次申请仲裁的，劳动人事争议仲裁委员会应当受理。

五、劳动者请求用人单位支付违法解除或者终止劳动合同赔偿金，劳动人事争议仲裁委员会、人民法院经审查认为用人单位系合法解除劳动合同应当支付经济补偿的，可以依法裁决或者判决用人单位支付经济补偿。

劳动者基于同一事实在仲裁辩论终结前或者人民法院一审辩论终结前将仲裁请求、诉讼请求由要求用人单位支付经济补偿变更为支付赔偿金的，劳动人事争议仲裁委员会、人民法院应予准许。

六、当事人在仲裁程序中认可的证据，经审判人员在庭审中说明后，视为质证过的证据。

七、依法负有举证责任的当事人，在诉讼期间提交仲裁中未提交的证据的，人民法院应当要求其说明理由。

八、在仲裁或者诉讼程序中，一方当事人陈述的于己不利的事实，或者对于己不利的事实明确表示承认的，另一方当事人无需举证证明，但下列情形不适用有关自认的规定：

（一）涉及可能损害国家利益、社会公共利益的；

（二）涉及身份关系的；

（三）当事人有恶意串通损害他人合法权益可能的；

（四）涉及依职权追加当事人、中止仲裁或者诉讼、终结仲裁或者诉讼、回避等程序性事项的。

当事人自认的事实与已经查明的事实不符的，劳动人事争议仲裁委员会、人民法院不予确认。

九、当事人在诉讼程序中否认在仲裁程序中自认事实的，人民法院不予支持，但下列情形除外：

（一）经对方当事人同意的；

（二）自认是在受胁迫或者重大误解情况下作出的。

十、仲裁裁决涉及下列事项，对单项裁决金额不超过当地月最低工资标准十二个月金额的，劳动人事争议仲裁委员会应当适用终局裁决：

（一）劳动者在法定标准工作时间内提供正常劳动的工资；

（二）停工留薪期工资或者病假工资；

（三）用人单位未提前通知劳动者解除劳动合同的一个月工资；

（四）工伤医疗费；

（五）竞业限制的经济补偿；

（六）解除或者终止劳动合同的经济补偿；

（七）《中华人民共和国劳动合同法》第八十二条规定的第二倍工资；

（八）违法约定试用期的赔偿金；

（九）违法解除或者终止劳动合同的赔偿金；

（十）其他劳动报酬、经济补偿或者赔偿金。

十一、裁决事项涉及确认劳动关系的，劳动人事争议仲裁委员会就同一案件应当作出非终局裁决。

十二、劳动人事争议仲裁委员会按照《劳动人事争议仲裁办案规则》第五十条第四款规定对不涉及确认劳动关系的案件分别作出终局裁决和非终局裁决，劳动者对终局裁决向基层人民法院提起诉讼、用人单位向中级人民法院申请撤销终局裁决、劳动者或者用人单位对非终局裁决向基层人民法院提起诉讼的，有管辖权的人民法院应当依法受理。

审理申请撤销终局裁决案件的中级人民法院认为该案件必须以非终局裁决案件的审理结果为依据，另案尚未审结的，可以中止诉讼。

十三、劳动者不服终局裁决向基层人民法院提起诉讼，中级人民法院对用人单位撤销终局裁决的申请不予受理或者裁定驳回申请，用人单位主张终局裁决存在《中华人民共和国劳动争议调解仲裁法》第四十九条第一款规定情形的，基层人民法院应当一并审理。

十四、用人单位申请撤销终局裁决，当事人对部分终局裁决事项达成调解协议的，中级人民法院可以对达成调解协议的事项出具调解书；对未达成调解协议的事项进行审理，作出驳回申请或者撤销仲裁裁决的裁定。

十五、当事人就部分裁决事项向人民法院提起诉讼的，仲裁裁决不发生法律效力。当事人提起诉讼的裁决事项属于人民法院受理的案件范围的，人民法院应当进行审理。当事人未提起诉讼的裁决事项属于人民法院受理的案件范围的，人民法院应当在判决主文中予以确认。

十六、人民法院根据案件事实对劳动关系是否存在及相关合同效力的认定与当事人主张、劳动人事争议仲裁委员会裁决不一致的，人民法院应当将法律关系性质或者民事行为效力作为焦点问题进行审理，但法律关系性质对裁判理由及结果没有影响，或者有关问题已经当事人充分辩论的除外。

当事人根据法庭审理情况变更诉讼请求的，人民法院应当准许并可以根据案件的具体情况重新指定举证期限。

不存在劳动关系且当事人未变更诉讼请求的，人民法院应当判决驳回诉讼请求。

十七、对符合简易处理情形的案件，劳动人事争议仲裁委员会按照《劳动人事争议仲裁办案规则》第六十条规定，已经保障当事人陈述意见的权利，根据案件情况确定举证期限、开庭日期、审理程序、文书制作等事项，作出终局裁决，用人单位以违反法定程序为由申请撤销终局裁决的，人民法院不予支持。

十八、劳动人事争议仲裁委员会认为已经生效的仲裁处理结果确有错误，可以依法启动仲裁监督程序，但当事人提起诉讼，人民法院已经受理的除外。

劳动人事争议仲裁委员会重新作出处理结果后，当事人依法提起诉讼的，人民法院应当受理。

十九、用人单位因劳动者违反诚信原则，提供虚假学历证书、个人履历等与订立劳动合同直接相关的基本情况构成欺诈解除劳动合同，劳动者主张解除劳动合同经济补偿或者赔偿金的，劳动人事争议仲裁委员会、人民法院不予支持。

二十、用人单位自用工之日起满一年未与劳动者订立书面劳动合同，视为自用工之日起满一年的当日已经与劳动者订立无固定期限劳动合同。

存在前款情形，劳动者以用人单位未订立书面劳动合同为由要求用人单位支付自用工之日起满一年之后的第二倍工资的，劳动人事争议仲裁委员会、人民法院不予支持。

二十一、当事人在劳动合同或者保密协议中约定了竞业限制和经济补偿，劳动合同解除或者终止后，因用人单位的原因导致三个月未支付经济补偿，劳动者请求解除竞业限制约定的，劳动人事争议仲裁委员会、人民法院应予支持。

6. 最高人民法院关于审理劳动争议案件适用法律问题的解释（一）

（2020年12月25日最高人民法院审判委员会第1825次会议通过 2020年12月29日法释〔2020〕26号公布 自2021年1月1日起施行）

为正确审理劳动争议案件，根据《中华人民共和国民法典》《中华人民共和国劳动法》《中华人民共和国劳动合同法》《中华人民共和国劳动争议调解仲裁法》《中华人民共和国民事诉讼法》等相关法律规定，结合审判实践，制定本解释。

第一条 劳动者与用人单位之间发生的下列纠纷，属于劳动争议，当事人不服劳动争议仲裁机构作出的裁决，依法提起诉讼的，人民法院应予受理：

（一）劳动者与用人单位在履行劳动合同过程中发生的纠纷；

（二）劳动者与用人单位之间没有订立书面劳动合同，但已形成劳动关系后发生的纠纷；

（三）劳动者与用人单位因劳动关系是否已经解除或者终止，以及应否支付解除或者终止劳动关系经济补偿金发生的纠纷；

（四）劳动者与用人单位解除或者终止劳动关系后，请求用人单位返还其收取的劳动合同定金、保证金、抵押金、抵押物发生的纠纷，或者办理劳动者的人事档案、社会保险关系等移转手续发生的纠纷；

（五）劳动者以用人单位未为其办理社会保险手续，且社会保险经办机构不能补办导致其无法享受社会保险待遇为由，要求用人单位赔偿损失发生的纠纷；

（六）劳动者退休后，与尚未参加社会保险统筹的原用人单位因追索养老金、医疗费、工伤保险待遇和其他社会保险待遇而发生的纠纷；

（七）劳动者因为工伤、职业病，请求用人单位依法给予工伤保险待遇发生的纠纷；

（八）劳动者依据劳动合同法第八十五条规定，要求用人单位支付加付赔偿金发生的纠纷；

（九）因企业自主进行改制发生的纠纷。

第二条 下列纠纷不属于劳动争议：

（一）劳动者请求社会保险经办机构发放社会保险金的纠纷；

（二）劳动者与用人单位因住房制度改革产生的公有住房转让纠纷；

（三）劳动者对劳动能力鉴定委员会的伤残等级鉴定结论或者对职业病诊断鉴定委员会的职业病诊断鉴定结论的异议纠纷；

（四）家庭或者个人与家政服务人员之间的纠纷；

（五）个体工匠与帮工、学徒之间的纠纷；

（六）农村承包经营户与受雇人之间的纠纷。

第三条　劳动争议案件由用人单位所在地或者劳动合同履行地的基层人民法院管辖。

劳动合同履行地不明确的，由用人单位所在地的基层人民法院管辖。

法律另有规定的，依照其规定。

第四条　劳动者与用人单位均不服劳动争议仲裁机构的同一裁决，向同一人民法院起诉的，人民法院应当并案审理，双方当事人互为原告和被告，对双方的诉讼请求，人民法院应当一并作出裁决。在诉讼过程中，一方当事人撤诉的，人民法院应当根据另一方当事人的诉讼请求继续审理。双方当事人就同一仲裁裁决分别向有管辖权的人民法院起诉的，后受理的人民法院应当将案件移送给先受理的人民法院。

第五条　劳动争议仲裁机构以无管辖权为由对劳动争议案件不予受理，当事人提起诉讼的，人民法院按照以下情形分别处理：

（一）经审查认为该劳动争议仲裁机构对案件确无管辖权的，应当告知当事人向有管辖权的劳动争议仲裁机构申请仲裁；

（二）经审查认为该劳动争议仲裁机构有管辖权的，应当告知当事人申请仲裁，并将审查意见书面通知该劳动争议仲裁机构；劳动争议仲裁机构仍不受理，当事人就该劳动争议事项提起诉讼的，人民法院应予受理。

第六条　劳动争议仲裁机构以当事人申请仲裁的事项不属于劳动争议为由，作出不予受理的书面裁决、决定或者通知，当事人不服依法提起诉讼的，人民法院应当分别情况予以处理：

（一）属于劳动争议案件的，应当受理；

（二）虽不属于劳动争议案件，但属于人民法院主管的其他案件，应当依法受理。

第七条　劳动争议仲裁机构以申请仲裁的主体不适格为由，作出不予受理的书面裁决、决定或者通知，当事人不服依法提起诉讼，经审查确属主体不适格的，人民法院不予受理;已经受理的,裁定驳回起诉。

第八条 劳动争议仲裁机构为纠正原仲裁裁决错误重新作出裁决,当事人不服依法提起诉讼的,人民法院应当受理。

第九条 劳动争议仲裁机构仲裁的事项不属于人民法院受理的案件范围,当事人不服依法提起诉讼的,人民法院不予受理;已经受理的,裁定驳回起诉。

第十条 当事人不服劳动争议仲裁机构作出的预先支付劳动者劳动报酬、工伤医疗费、经济补偿或者赔偿金的裁决,依法提起诉讼的,人民法院不予受理。

用人单位不履行上述裁决中的给付义务,劳动者依法申请强制执行的,人民法院应予受理。

第十一条 劳动争议仲裁机构作出的调解书已经发生法律效力,一方当事人反悔提起诉讼的,人民法院不予受理;已经受理的,裁定驳回起诉。

第十二条 劳动争议仲裁机构逾期未作出受理决定或仲裁裁决,当事人直接提起诉讼的,人民法院应予受理,但申请仲裁的案件存在下列事由的除外:

(一)移送管辖的;

(二)正在送达或者送达延误的;

(三)等待另案诉讼结果、评残结论的;

(四)正在等待劳动争议仲裁机构开庭的;

(五)启动鉴定程序或者委托其他部门调查取证的;

(六)其他正当事由。

当事人以劳动争议仲裁机构逾期未作出仲裁裁决为由提起诉讼的,应当提交该仲裁机构出具的受理通知书或者其他已接受仲裁申请的凭证、证明。

第十三条 劳动者依据劳动合同法第三十条第二款和调解仲裁法第十六条规定向人民法院申请支付令,符合民事诉讼法第十七章督促程序规定的,人民法院应予受理。

依据劳动合同法第三十条第二款规定申请支付令被人民法院裁定终结督促程序后,劳动者就劳动争议事项直接提起诉讼的,人民法院应当告知其先向劳动争议仲裁机构申请仲裁。

依据调解仲裁法第十六条规定申请支付令被人民法院裁定终结督促程序后,劳动者依据调解协议直接提起诉讼的,人民法院应予受理。

第十四条 人民法院受理劳动争议案件后,当事人增加诉讼请求的,如该诉讼请求与讼争的劳动争议具有不可分性,应当合并审理;如属独立的劳动争议,应当告知当事人向劳动争议仲裁机构申请仲裁。

第十五条 劳动者以用人单位的工资欠条为证据直接提起诉讼,诉讼请求不涉及劳动关系其他争议的,视为拖欠劳动报酬争议,人民法院按照普通民事纠纷受理。

第十六条 劳动争议仲裁机构作出仲裁裁决后,当事人对裁决中的部分事项不服,依法提起诉讼的,劳动争议仲裁裁决不发生法律效力。

第十七条 劳动争议仲裁机构对多个劳动者的劳动争议作出仲裁裁决后,部分劳动者对仲裁裁决不服,依法提起诉讼的,仲裁裁决对提起诉讼的劳动者不发生法律效力;对未提起诉讼的部分劳动者,发生法律效力,如其申请执行的,人民法院应当受理。

第十八条 仲裁裁决的类型以仲裁裁决书确定为准。仲裁裁决书未载明该裁决为终局裁决或者非终局裁决,用人单位不服该仲裁裁决向基层人民法院提起诉讼的,应当按照以下情形分别处理:

(一)经审查认为该仲裁裁决为非终局裁决的,基层人民法院应予受理;

(二)经审查认为该仲裁裁决为终局裁决的,基层人民法院不予受理,但应告知用人单位可以自收到不予受理裁定书之日起三十日内向劳动争议仲裁机构所在地的中级人民法院申请撤销该仲裁裁决;已经受理的,裁定驳回起诉。

第十九条 仲裁裁决书未载明该裁决为终局裁决或者非终局裁决,劳动者依据调解仲裁法第四十七条第一项规定,追索劳动报酬、工伤医疗费、经济补偿或者赔偿金,如果仲裁裁决涉及数项,每项确定的数额均不超过当地月最低工资标准十二个月金额的,应当按照终局裁决处理。

第二十条 劳动争议仲裁机构作出的同一仲裁裁决同时包含终局裁决事项和非终局裁决事项,当事人不服该仲裁裁决向人民法院提起诉讼的,应当按照非终局裁决处理。

第二十一条 劳动者依据调解仲裁法第四十八条规定向基层人民法院提起诉讼,用人单位依据调解仲裁法第四十九条规定向劳动争议仲裁机构所在地的中级人民法院申请撤销仲裁裁决的,中级人民法院应当不予受理;已经受理的,应当裁定驳回申请。

被人民法院驳回起诉或者劳动者撤诉的,用人单位可以自收到裁定书之日起三十日内,向劳动争议仲裁机构所在地的中级人民法院申请撤销仲裁裁决。

第二十二条 用人单位依据调解仲裁法第四十九条规定向中级人民法院申请撤销仲裁裁决，中级人民法院作出的驳回申请或者撤销仲裁裁决的裁定为终审裁定。

第二十三条 中级人民法院审理用人单位申请撤销终局裁决的案件，应当组成合议庭开庭审理。经过阅卷、调查和询问当事人，对没有新的事实、证据或者理由，合议庭认为不需要开庭审理的，可以不开庭审理。

中级人民法院可以组织双方当事人调解。达成调解协议的，可以制作调解书。一方当事人逾期不履行调解协议的，另一方可以申请人民法院强制执行。

第二十四条 当事人申请人民法院执行劳动争议仲裁机构作出的发生法律效力的裁决书、调解书，被申请人提出证据证明劳动争议仲裁裁决书、调解书有下列情形之一，并经审查核实的，人民法院可以根据民事诉讼法第二百三十七条规定，裁定不予执行：

（一）裁决的事项不属于劳动争议仲裁范围，或者劳动争议仲裁机构无权仲裁的；

（二）适用法律、法规确有错误的；

（三）违反法定程序的；

（四）裁决所根据的证据是伪造的；

（五）对方当事人隐瞒了足以影响公正裁决的证据的；

（六）仲裁员在仲裁该案时有索贿受贿、徇私舞弊、枉法裁决行为的；

（七）人民法院认定执行该劳动争议仲裁裁决违背社会公共利益的。

人民法院在不予执行的裁定书中，应当告知当事人在收到裁定书之次日起三十日内，可以就该劳动争议事项向人民法院提起诉讼。

第二十五条 劳动争议仲裁机构作出终局裁决，劳动者向人民法院申请执行，用人单位向劳动争议仲裁机构所在地的中级人民法院申请撤销的，人民法院应当裁定中止执行。

用人单位撤回撤销终局裁决申请或者其申请被驳回的，人民法院应当裁定恢复执行。仲裁裁决被撤销的，人民法院应当裁定终结执行。

用人单位向人民法院申请撤销仲裁裁决被驳回后，又在执行程序中以相同理由提出不予执行抗辩的，人民法院不予支持。

第二十六条 用人单位与其它单位合并的，合并前发生的劳动争议，由合并后的单位为当事人；用人单位分立为若干单位的，其分立前发生的劳动争议，由分立后的实际用人单位为当事人。

用人单位分立为若干单位后，具体承受劳动权利义务的单位不明确的，分立后的单位均为当事人。

第二十七条 用人单位招用尚未解除劳动合同的劳动者，原用人单位与劳动者发生的劳动争议，可以列新的用人单位为第三人。

原用人单位以新的用人单位侵权为由提起诉讼的，可以列劳动者为第三人。

原用人单位以新的用人单位和劳动者共同侵权为由提起诉讼的，新的用人单位和劳动者列为共同被告。

第二十八条 劳动者在用人单位与其他平等主体之间的承包经营期间，与发包方和承包方双方或者一方发生劳动争议，依法提起诉讼的，应当将承包方和发包方作为当事人。

第二十九条 劳动者与未办理营业执照、营业执照被吊销或者营业期限届满仍继续经营的用人单位发生争议的，应当将用人单位或者其出资人列为当事人。

第三十条 未办理营业执照、营业执照被吊销或者营业期限届满仍继续经营的用人单位，以挂靠等方式借用他人营业执照经营的，应当将用人单位和营业执照出借方列为当事人。

第三十一条 当事人不服劳动争议仲裁机构作出的仲裁裁决，依法提起诉讼，人民法院审查认为仲裁裁决遗漏了必须共同参加仲裁的当事人的，应当依法追加遗漏的人为诉讼当事人。

被追加的当事人应当承担责任的，人民法院应当一并处理。

第三十二条 用人单位与其招用的已经依法享受养老保险待遇或者领取退休金的人员发生用工争议而提起诉讼的，人民法院应当按劳务关系处理。

企业停薪留职人员、未达到法定退休年龄的内退人员、下岗待岗人员以及企业经营性停产放长假人员，因与新的用人单位发生用工争议而提起诉讼的，人民法院应当按劳动关系处理。

第三十三条 外国人、无国籍人未依法取得就业证件即与中华人民共和国境内的用人单位签订劳动合同，当事人请求确认与用人单位存在劳动关系的，人民法院不予支持。

持有《外国专家证》并取得《外国人来华工作许可证》的外国人，与中华人民共和国境内的用人单位建立用工关系的，可以认定为劳动关系。

第三十四条 劳动合同期满后，劳动者仍在原用人单位工作，原用人单位未表示异议的，视为双方同意以原条件继续履行劳动合同。一方提出终止劳动关系的，人民法院应予支持。

根据劳动合同法第十四条规定，用人单位应当与劳动者签订无固定期限劳动合同而未签订的，人民法院可以视为双方之间存在无固定期限劳动合同关系，并以原劳动合同确定双方的权利义务关系。

第三十五条 劳动者与用人单位就解除或者终止劳动合同办理相关手续、支付工资报酬、加班费、经济补偿或者赔偿金等达成的协议，不违反法律、行政法规的强制性规定，且不存在欺诈、胁迫或者乘人之危情形的，应当认定有效。

前款协议存在重大误解或者显失公平情形，当事人请求撤销的，人民法院应予支持。

第三十六条 当事人在劳动合同或者保密协议中约定了竞业限制，但未约定解除或者终止劳动合同后给予劳动者经济补偿，劳动者履行了竞业限制义务，要求用人单位按照劳动者在劳动合同解除或者终止前十二个月平均工资的30%按月支付经济补偿的，人民法院应予支持。

前款规定的月平均工资的30%低于劳动合同履行地最低工资标准的，按照劳动合同履行地最低工资标准支付。

第三十七条 当事人在劳动合同或者保密协议中约定了竞业限制和经济补偿，当事人解除劳动合同时，除另有约定外，用人单位要求劳动者履行竞业限制义务，或者劳动者履行了竞业限制义务后要求用人单位支付经济补偿的，人民法院应予支持。

第三十八条 当事人在劳动合同或者保密协议中约定了竞业限制和经济补偿，劳动合同解除或者终止后，因用人单位的原因导致三个月未支付经济补偿，劳动者请求解除竞业限制约定的，人民法院应予支持。

第三十九条 在竞业限制期限内，用人单位请求解除竞业限制协议的，人民法院应予支持。

在解除竞业限制协议时，劳动者请求用人单位额外支付劳动者三个月的竞业限制经济补偿的，人民法院应予支持。

第四十条 劳动者违反竞业限制约定，向用人单位支付违约金后，用人单位要求劳动者按照约定继续履行竞业限制义务的，人民法院应予支持。

第四十一条 劳动合同被确认为无效，劳动者已付出劳动的，用人单位应当按照劳动合同法第二十八条、第四十六条、第四十七条的规定向劳动者支付劳动报酬和经济补偿。

由于用人单位原因订立无效劳动合同，给劳动者造成损害的，用人单位应当赔偿劳动者因合同无效所造成的经济损失。

第四十二条 劳动者主张加班费的，应当就加班事实的存在承担举证责任。但劳动者有证据证明用人单位掌握加班事实存在的证据，用人单位不提供的，由用人单位承担不利后果。

第四十三条 用人单位与劳动者协商一致变更劳动合同，虽未采用书面形式，但已经实际履行了口头变更的劳动合同超过一个月，变更后的劳动合同内容不违反法律、行政法规且不违背公序良俗，当事人以未采用书面形式为由主张劳动合同变更无效的，人民法院不予支持。

第四十四条 因用人单位作出的开除、除名、辞退、解除劳动合同、减少劳动报酬、计算劳动者工作年限等决定而发生的劳动争议，用人单位负举证责任。

第四十五条 用人单位有下列情形之一，迫使劳动者提出解除劳动合同的，用人单位应当支付劳动者的劳动报酬和经济补偿，并可支付赔偿金：

（一）以暴力、威胁或者非法限制人身自由的手段强迫劳动的；

（二）未按照劳动合同约定支付劳动报酬或者提供劳动条件的；

（三）克扣或者无故拖欠劳动者工资的；

（四）拒不支付劳动者延长工作时间工资报酬的；

（五）低于当地最低工资标准支付劳动者工资的。

第四十六条 劳动者非因本人原因从原用人单位被安排到新用人单位工作，原用人单位未支付经济补偿，劳动者依据劳动合同法第三十八条规定与新用人单位解除劳动合同，或者新用人单位向劳动者提出解除、终止劳动合同，在计算支付经济补偿或赔偿金的工作年限时，劳动者请求把在原用人单位的工作年限合并计算为新用人单位工作年限的，人民法院应予支持。

用人单位符合下列情形之一的，应当认定属于“劳动者非因本人原因从原用人单位被安排到新用人单位工作”：

（一）劳动者仍在原工作场所、工作岗位工作，劳动合同主体由原用人单位变更为新用人单位；

（二）用人单位以组织委派或任命形式对劳动者进行工作调动；

（三）因用人单位合并、分立等原因导致劳动者工作调动；

（四）用人单位及其关联企业与劳动者轮流订立劳动合同；

（五）其他合理情形。

第四十七条 建立了工会组织的用人单位解除劳动合同符合劳动合同法第三十九条、第四十条规定，但未按照劳动合同法第四十三条规定事先通知工会，劳动者以用人单位违法解除劳动合同为由请求用人单位支付赔偿金的，人民法院应予支持，但起诉前用人单位已经补正有关程序的除外。

第四十八条 劳动合同法施行后，因用人单位经营期限届满不再继续经营导致劳动合同不能继续履行，劳动者请求用人单位支付经济补偿的，人民法院应予支持。

第四十九条 在诉讼过程中，劳动者向人民法院申请采取财产保全措施，人民法院经审查认为申请人经济确有困难，或者有证据证明用人单位存在欠薪逃匿可能的，应当减轻或者免除劳动者提供担保的义务，及时采取保全措施。

人民法院作出的财产保全裁定中，应当告知当事人在劳动争议仲裁机构的裁决书或者在人民法院的裁判文书生效后三个月内申请强制执行。逾期不申请的，人民法院应当裁定解除保全措施。

第五十条 用人单位根据劳动合同法第四条规定，通过民主程序制定的规章制度，不违反国家法律、行政法规及政策规定，并已向劳动者公示的，可以作为确定双方权利义务的依据。

用人单位制定的内部规章制度与集体合同或者劳动合同约定的内容不一致，劳动者请求优先适用合同约定的，人民法院应予支持。

第五十一条 当事人在调解仲裁法第十条规定的调解组织主持下达成的具有劳动权利义务内容的调解协议，具有劳动合同的约束力，可以作为人民法院裁判的根据。

当事人在调解仲裁法第十条规定的调解组织主持下仅就劳动报酬争议达成调解协议，用人单位不履行调解协议确定的给付义务，劳动者直接提起诉讼的，人民法院可以按照普通民事纠纷受理。

第五十二条 当事人在人民调解委员会主持下仅就给付义务达成的调解协议，双方认为有必要的，可以共同向人民调解委员会所在地的基层人民法院申请司法确认。

第五十三条 用人单位对劳动者作出的开除、除名、辞退等处理，或者因其他原因解除劳动合同确有错误的，人民法院可以依法判决予以撤销。

对于追索劳动报酬、养老金、医疗费以及工伤保险待遇、经济补偿金、培训费及其他相关费用等案件，给付数额不当的，人民法院可以予以变更。

第五十四条 本解释自 2021 年 1 月 1 日起施行。